JUVENILE
LAW

中国未成年人法治发展报告

(1991~2021)

REPORT ON THE DEVELOPMENT OF
CHINA'S JUVENILE LAW
(1991-2021)

李红勃／主编
中国政法大学法治政府研究院／编

社会科学文献出版社
SOCIAL SCIENCES ACADEMIC PRESS (CHINA)

说　明

中共中央印发的《法治中国建设规划（2020—2025 年）》明确提出："到 2035 年，法治国家、法治政府、法治社会基本建成，中国特色社会主义法治体系基本形成，人民平等参与、平等发展权利得到充分保障，国家治理体系和治理能力现代化基本实现。"在全面推进法治中国建设的系统性工程中，未成年人事务治理法治化，是其中非常重要的一个环节，受到了社会各界的普遍重视。

为了系统梳理自 1991 年《中华人民共和国未成年人保护法》出台 20 年以来我国未成年人法治的发展，中国政法大学法治政府研究院、未成年人事务治理与法律研究基地组织编写了国内第一部《中国未成年人法治发展报告（1991~2021）》，编写团队由来自中国政法大学、华东政法大学、北京师范大学、北京市人民检察院第一分院、北京市海淀区人民法院、上海市嘉定区检察院、上海市师资培训中心等多家学校、机构的专家学者和法官、检察官组成。报告由"总报告"和"专题报告"两部分组成：总报告是"面"，旨在呈现未成年人法治领域的整体发展情况，主要包括未成年人法律体系、政府保护、社会保护、网络保护、司法保护、国际履约、法学研究等方面；专题报告是"点"，旨在反映未成年人法治领域特定主题、特定领域的发展情况，是对总报告的体现和补充，主要包括未成年人犯罪预防与矫正、未成年人性侵害预防与惩治、未成年人的受教育权保护、儿童福利与保护相关调研、未成年人欺凌的预防与矫治、青少年法治教育、中小学法治教育教师队伍教育等议题。

《中国未成年人法治发展报告（1991~2021）》旨在系统梳理过去 20 年中国在未成年人法治领域进行的探索和取得的成就，在此基础上，分析存在的问题，探讨未来前行的方向。报告将定期出版，希望为中国未成年人立法、执法、司法和法学研究提供全面、权威的资料，见证和推动中国未成年人法学和法治的发展。

目 录 ⤵

Ⅰ 总报告

Ⅱ 专题报告

总 报 告

未成年人法律体系建设

李红勃 马新新 蒋倩*

摘 要： 自1991年《中华人民共和国未成年人保护法》出台以来，我
国的未成年人立法不断推进，形成了以未成年人保护法为基
础，涵盖未成年人教育、司法保护等制度的未成年人法律体
系，成为中国特色社会主义法律体系的重要组成部分。在国
家稳步推进的同时，全国各地运用自己的立法权，结合当地
实际情况，细化落实法律，并积极探索，取得了明显的成
就。当前，随着未成年人法治的发展，中央和地方立法需要
进一步完善相关法律制度，出台新的法律，修订旧的法律，
打造更加完备和优良的未成年人法律体系，为未成年人保护
提供坚实的制度支撑。

关键词： 未成年人法律体系 国家立法 地方立法

---

* 李红勃，中国政法大学法治政府研究院教授，未成年人事务治理与法律研究基地执行主任；
马新新，中国政法大学法学院硕士研究生；蒋倩，中国政法大学法学院硕士研究生。

自 20 世纪 90 年代以来，我国的未成年人立法开始驶入快车道，无论是国家层面，还是地方层面，均出台了一系列法律法规，这些法律法规为未成年人权利保护提供了制度支撑，发挥了积极作用。全面依法治国基本方略对未成年人事务治理法治化提出了更高要求，未成年人立法需要在总结现有成就与不足的基础上，顺应时代发展，进一步打造完备而优良的未成年人法律体系。

一 国家立法的基本情况

（一）未成年人保护立法

1. 《未成年人保护法》的出台

在 1989 年召开的第 44 届联合国大会上，《儿童权利公约》获得通过，公约的出台督促各缔约国进一步关注儿童权益，从而推动了各国未成年人保护国内立法的发展。

我国在 1991 年批准了《儿童权利公约》，同期完成了《未成年人保护法》的立法活动。在此之前，我国对未成年人这一群体的保护只能依据既有法律法规中的部分权益条款。随着社会对未成年人权益的重视以及侵害未成年人权益事件的不断出现，对一部专门保护未成年人权益的法律的需求越来越强烈。在这一背景下，《中华人民共和国未成年人保护法》（以下简称《未成年人保护法》）的制定成为一项重要且紧迫的任务。在该法出台之前，北京、上海、福建、湖南等 17 个省、自治区、直辖市已经各自制定了本地区的未成年人保护条例，在这些地方立法的经验和基础上，《未成年人保护法》在 1991 年获得通过，于 2000 年开始实施。

《未成年人保护法》确立了未成年人家庭保护、学校保护、社会保护、司法保护的基本架构。在家庭保护层面，该法规定了未成年人的父母或者监护人应当照顾未成年人的身心健康、落实未成年人的受教育权、保障未成年人的人格尊严以及未成年人的人身自由，切实尽到监护职责。在学校保护层面，该法对包括幼儿园在内的学校的教学内容和培养目标作出了明确的指引，对学校开除学生和教师惩戒学生作了严格限定。在社会保护层面，该法引导各社会团体、人民政府在未成年人成长过程中创造有益于未成年人身心健康发展的社会环境。在司法保护层面，该法从未成年人群体的特殊性出发，规定了专门适用于未成年人的司法原则。

2.《未成年人保护法》的修正与修订

1991 年通过的《未成年人保护法》实施之后，未成年人保护工作实现了有法可依，在一定时间内取得了很好的实施效果。但是，随着现实情况不断变化，《未成年人保护法》的原则性规定过多、操作实施困难、保护体系不周全等问题日渐明显。随后，立法机关适时启动了《未成年人保护法》的修订工作。目前，未成年人保护法已经进行过三次修订，分别为 2006 年、2012 年和 2020 年。其中，2006 年和 2020 年是两次较大、较为全面的修订。见表 1。

表 1　《未成年人保护法》历次修订内容

2006 年修订	2012 年修正	2020 年修订
未成年人的权利更加明确	把对于未成年犯罪嫌疑人、被告人进行讯问、审判以及对未成年证人、被害人进行询问时陪同的主体扩充至未成年人的法定代理人或者其他人员	强化保护未成年人隐私
		增加"强制报告"制度
		扩大家庭保护的主体
		丰富、细化监护内容
突出未成年人受到特殊、优先保护		注重保护未成年人安全
		促进未成年人全面发展
		发挥基层组织、新闻媒体的作用
		增设"网络保护"专章
着力解决现实中的突出问题		增设"政府保护"专章
		加强对未成年人的司法保护

2006 年《未成年人保护法》的修订呈现三个特点：首先，第 3 条明确规定了未成年人享有生存权、发展权、受保护权、参与权等权利，这些权利在《儿童权利公约》中均有所体现，如此一来，国内、国外法律得以有效衔接。其次，更加突出未成年人受到特殊、优先保护的地位，如规定教

育基地、图书馆、青少年宫、儿童活动中心等场所，应当对未成年人免费开放，当学校、幼儿园、托儿所和公共场所出现突发事件时，未成年人应当是首先得到救助的对象等。最后，着力解决现实中存在的突出问题。2006年的修订强调了监护人为未成年人创造良好、和睦的家庭环境的重要性，明文规定禁止对未成年人实施家庭暴力、虐待、遗弃。此外，婴儿、女童和残疾未成年人成为重点关注和保护的对象。为了提高监护人的监护能力，此次修订还引导监护人学习专门的家庭教育知识，同时规定有关国家机关和社会组织应当承担起指导监护人的职责。在学校保护方面，更加注重对未成年人进行素质教育和提高创新实践能力，明确了学校开展应急演练应对突发事件、开展安全教育等加强校园保障的义务。在社会保护方面，主要强调社会尤其是政府部门和福利机构应当发挥作用，对生活无着落的流浪和乞讨未成年人进行及时的救助。在司法保护方面，明确了对未成年人提供法律援助和司法救助的必要性，同时明确对犯罪未成年人的处罚应当依法从轻、减轻或者免除。

2020年对《未成年人保护法》的修订将关注点更多放在校园安全、未成年人人身权益受侵害、网络沉迷等问题上。具体而言，此次修订主要包括如下几个方面：其一，强化保护未成年人的隐私。本次修订将保护未成年人隐私权和个人信息明确作为办理未成年人各种事务的具体要求之一。其二，增加"强制报告"制度，即特定主体发现未成年人身心遭受侵害的，应立即向教育、公安等部门报告。其三，扩大了对未成年人提供家庭保护的主体范围，规定与未成年人共同生活的其他家庭成员在培育未成年人的过程中负有协助义务。其四，注重保护未成年人的人身安全。强调学校以及幼儿园等教育机构建立安全管理制度的重要性，最大限度减少伤害事故的发生。其五，发挥基层组织的作用。在村委会、居委会等基层组织设立专岗，负责对未成年人的保护。其六，增设"网络保护"专章和"政府保护"专章。此次修订特别重视网络时代未成年人网络沉迷问题，设立了游戏开发、上网时间限制、直播活动参与管理等相关制度，明确了政府部门的职责，真正做到了权责分明。其七，加强对未成年人的司法保护。

对为未成年人提供法律援助的律师提高了要求，规定要由熟悉未成年人身心特点的律师进行援助。

（二）未成年人教育立法

未成年人教育立法，一直都是未成年人法律体系建设的重要组成部分。当前，我国未成年人教育立法包含以下几个方面。

1. 学前教育立法

学前教育是以 0～6 岁儿童为对象开展的教育。为了解决幼儿园办学中出现的问题，推动我国幼儿教育事业的健康发展，国务院制定的《幼儿园管理条例》于 1990 年开始实施，该条例对举办幼儿园的基本条件和审批程序、幼儿园的保育和教育、对幼儿园的监督和管理等事项作出了明确规定，为学前教育的健康发展提供了法律依据。

随着社会的发展，学前教育在取得成就的同时，也出现了问题和不足，如保教人员数量不够，普惠性幼儿园供给不足，幼儿园管理和安全存在漏洞、幼儿教育观念存在偏差等。在此背景下，全国人大常委会开始将《学前教育法》的制定纳入工作日程，2020 年，《中华人民共和国学前教育法草案（征求意见稿）》开始向社会公开征求意见，①《学前教育法》正在渐行渐近。

2. 义务教育立法

接受义务教育，是每个公民的基本权利，也是基本义务，而公民受教育权的实现，需要完备的法律制度支持。为落实宪法的相关教育权条款，保障适龄儿童、少年接受义务教育的权利，保证义务教育的实施，提高全民族素质，全国人大在 1986 年出台了《中华人民共和国义务教育法》（以下简称《义务教育法》），《义务教育法》对学生、学校、教师、教育教学、经费保障等作出了明确规定，促进和保障了我国义务教育的

---

① 《教育部关于〈中华人民共和国学前教育法草案（征求意见稿）〉公开征求意见的公告》，载教育部官网：http://www.moe.gov.cn/jyb_ xwfb/s248/202009/t20200907_ 485819.html，最后访问日期：2020 年 10 月 18 日。

健康发展。此后，2006 年、2015 年、2018 年，国家先后三次修改了《义务教育法》，促进了义务教育的普及，推动了城乡义务教育的一体化发展。

（三）预防未成年人犯罪与相关诉讼程序立法

1. 预防未成年人犯罪立法

为有效预防未成年人犯罪，保护未成年犯罪人相关权利，提升对犯罪未成年人的惩戒矫正效果，使之再次回归社会，全国人大常委会于 1999 年制定了《预防未成年人犯罪法》。该法规定了如何预防未成年人出现不良行为、如何矫治未成年人不良行为以及如何预防犯罪未成年人再次犯罪等内容。对于有严重不良行为的未成年人，该法规定了多种矫治方式，包括将其送入工读学校、给予治安处罚、责令其父母管教或直接由政府收容教养等。

2012 年，全国人大常委会对《预防未成年人犯罪法》进行了一次细节性修订，即将第 45 条第 2 款修改为："对于审判的时候被告人不满十八周岁的刑事案件，不公开审理。"

2020 年，全国人大常委会对《预防未成年人犯罪法》进行了再一次修订。修订的重点有两个方面：第一，对预防未成年人犯罪实行分级预防，对不良行为进行干预，对严重不良行为开展矫治，对犯罪行为惩处的同时进行帮教。第二，对收容教养进行改革完善，将它纳入专门教育，建立专门矫治教育制度。

2. 刑诉法中增设未成年人刑事案件特别程序

为完善我国的未成年人司法制度，2012 年修订的《刑事诉讼法》专门增设了未成年人刑事案件诉讼程序一章，主要内容包括：其一，将"教育、感化、挽救"和"教育为主、惩罚为辅"作为办理未成年人刑事案件的方针与原则，与成年人的相关规定明显不同。其二，明确规定了对没有委托辩护人的未成年犯罪嫌疑人、被告人，由相关部门负责为其提供法律援助。其三，规定了公安、检察院、法院在办理未成年人犯罪案件时应当调查涉罪未成年人的成长经历、犯罪原因、目前所接受的监护教育等情况，并将这一调查结果作为参考，在综合考虑涉罪未成年人的犯罪情况后决定对其采取相应的引导和矫正措施。其四，明确严格适用逮捕措施，分别关押。其五，规定了合适成年人到场和附条件不起诉制度以及未成年人犯罪记录封存制度。

（四）未成年人其他方面的立法

1. 未成年人民事权益保护

《民法典》出台后，未成年人民事权益的保护制度更加完善，除了对固有制度继承外，还有很多创新。例如，《民法典》规定了收养八周岁以上未成年人时应当征得被收养人的同意，这一规定充分尊重了被送养的未成年人的意愿，对其健康成长具有积极意义。《民法典》明确将遭受性侵害未成年人的损害赔偿请求权的诉讼时效起始时间规定为该受侵害未成年人年满十八周岁之日，这无疑为未成年人维护自身权益开拓了更为广阔的空间。

2. 优化未成年人成长环境

未成年人主要活动于家庭和校园之中，因此，《学生伤害事故处理办法》和《反家庭暴力法》的立法与实施也是未成年人保护法治建设过程中浓墨重彩的一笔。

2002 年，教育部颁布的《学生伤害事故处理办法》正式实施。该办法的目的在于规范在校学生伤害事故的预防和处理，明确相关部门的责任与受伤害学生的救济途径，更好保护未成年人人身权益。

2016 年《中华人民共和国反家庭暴力法》开始实施，对保护未成年人免受家庭暴力伤害发挥了积极作用。该法的亮点之一是规定了"强制报告"制度，学校、幼儿园、医疗机构、居委会和村委会以及社会工作服务机构等对于工作中发现的遭受或者疑似遭受家庭暴力的未成年人，应将其遭受家庭暴力的情况及时报告给公安机关。

二 地方立法的基本情况

（一）未成年人保护的地方立法

1. 未成年人保护领域实现地方立法全覆盖

1987 年，上海市制定了《上海市青年保护条例》，是我国地方制定的第一部反映地方特色的未成年人保护法规。自此以后，各地陆续开展了未成年人保护的地方立法工作。到 1998 年重庆市制定《重庆市实施〈中华人民共和国未成年人保护法〉办法》后，我国 22 个省、4 个直辖市、5 个自治区（港澳台除外）都制定了相应的未成年人保护条例或实施办法，实现了未成年人保护地方立法全覆盖（见图 1）。

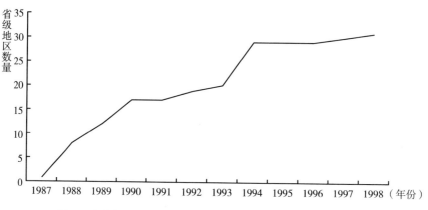

图 1 未成年人保护地方立法制定情况（省级地方性法规）[①]

2. 未成年人保护地方立法质量不断提高

1991 年，我国《未成年人保护法》出台。1992 年，北京市依据上位法对《北京市青少年保护条例》进行了修订；随后，1994 年，上海、河北、福建、贵州也进行了第一次修订；至 1997 年，我国未成年人保护地方立法迎来了第

---

① 本章的所有数据，均为课题组自行采集，特此说明。

一次修订高峰,共有 16 个省、自治区、直辖市对本地省级地方性法规进行修订,其中,北京、上海、河北、福建、湖南、贵州为第二次修订。1998~2008年,少数地方对当地未成年人保护法规进行修订。2009~2010年,未成年人保护地方立法修订出现了第二个小高峰,各地依据《未成年人保护法》的修订内容,分别对本地的未成年人保护法规进行了完善调整。自此之后,未成年人保护省级地方性法规的修订工作趋于平缓(见图2)。

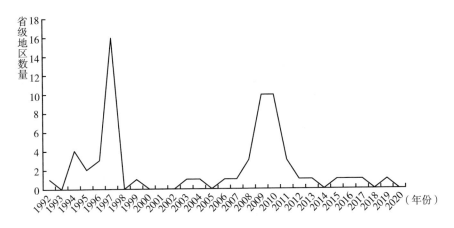

图2 未成年人保护地方立法修订情况(省级地方性法规)

3. 创新未成年人保护方式

一是设立未成年人专门保护机构——未成年人保护委员会。我国目前有 20 多个省已通过立法设立了未成年人保护委员会,明确执法责任主体,加强各单位之间的协调配合,扎实做好未成年人保护工作。未成年人保护委员会以贯彻《未成年人保护法》为主线,突出思想引领、净化成长环境、强化基础保障,确保未成年人保护工作取得新进展、实现新进步、迈上新台阶。

二是注重未成年女学生的特殊保护。广东、陕西、福建、黑龙江、四川、青海等 6 个省强调了对未成年女学生的特殊保护,要求学校加强相关设施的建设和管理,应当根据未成年男女学生的生理特点区别对待,并应当照顾未成年女学生,体现未成年男女生实质上的平等。

三是加强未成年人保护的宣传力度。吉林省与江西省分别将每年9月第二周、第三周作为全省未成年人保护宣传周，是我国在省级地方性法规中规定未成年人保护宣传周的仅有的两个省份。未成年人保护宣传周致力于宣传中央及地方保护未成年人的立法精神，开展关于未成年人身心健康、权益保护、家庭教育、安全教育等话题的主题活动，宣传普及未成年人保护理念，动员社会力量关注、参与未成年人保护工作，营造社会关心未成年人发展的良好氛围。

四是引导未成年人形成自我保护观念。上海、广东、吉林、青海、西藏、新疆等地方的《未成年人保护条例》或《实施办法》均设"自我保护"专章，要求未成年人增强自我保护的意识和能力，强调未成年人独立的权利主体地位，在未成年人的合法权益遭受侵害时，其可以自己或通过监护人、学校或其他人员向有关主管部门或公安机关报告，用合法手段维护自己的基本权益。当未成年人被父母或其他监护人遗弃、虐待时，也可以向有关未成年人保护机构、公安机关等机关团体请求相应的保护，并要求相关机关团体不得拒绝、推诿。

4. 地方特色与民族特点日益凸显

地方未成年人保护立法的生命力在于具有较强的针对性，最大限度地体现地方特色与民族特点。我国各省、自治区、直辖市结合地方实际情况，以求真务实的态度，积极推进地方未成年人保护立法工作有序化、规范化，大胆创新，使地方未成年人保护法规真正体现地方特色与民族特点，为地方开展未成年人保护打下了坚实的基础。

宁夏回族自治区、新疆维吾尔自治区、内蒙古自治区等少数民族地区，明确在其未成年人保护地方性法规中规定，未成年人有权学习、使用本民族语言文字，各民族的风俗习惯应当得到尊重，不得因民族风俗习惯不同而歧视或侮辱未成年人。除此之外，福建省基于其侨乡的特点，制定了符合自身发展的未成年人保护办法，积极稳妥做好归侨、华侨和香港、澳门、台湾同胞的未成年子女的入学工作。而部分经济发达地区则鼓励社会各界尊重未成年人的发展规律，结合未成年人的兴趣爱好，创作有益于未成年人身心健康的文化产品。并且，博物馆、科技馆等具有教育意义的场所对未成年人优惠开放。

（二）预防犯罪方面的地方立法

当前，有关预防未成年人犯罪的地方立法均以省级地方性法规的形式进行。我国目前有 12 个省份制定了相应的地方性法规，分别是天津市、江苏省、湖北省、山东省、云南省、广东省、安徽省、陕西省、湖南省、新疆维吾尔自治区、西藏自治区、宁夏回族自治区。从 2004 年湖南省制定其实施办法以来，各地立法总量呈现持续上升的趋势（见图 3）。

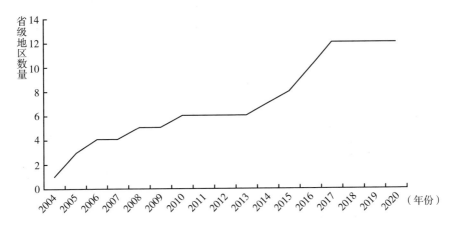

图3　预防未成年人犯罪立法制定情况（省级地方性法规）

总体而言，我国预防未成年人犯罪地方立法呈现如下特征。

一是注重综合治理与重点预防、特殊预防的有效配合。预防未成年人犯罪是一项系统性、长期性的社会工程，需要各级党委、政府以及全社会的共同努力与密切配合。目前，我国预防未成年人犯罪领域的 12 部省级地方立法都强调了综合治理的必要性。在综合治理原则的指导下，突出源头治理、重点预防和特殊预防，要求各部门通力合作，以解决问题为导向，做好未成年人犯罪预防工作。

二是创新未成年人犯罪预防协作机制。宁夏、广东等省份都明确要求建立预防未成年人犯罪工作协调机构，地方政府要联合有关部门、司法机关、社会团体、学校、家庭等，群策群力，共同为未成年人的健康成长创造良好的环境。同时在工作中也需各司其职，针对不同的未成年人群体采取不同的预防措施，做到权责统一、职责分明。

三是制定符合当地未成年人犯罪特点和规律的地方立法。地方关于预防未成年人犯罪的立法在遵循上位法的立法精神及规定的基础上，对《预防未成年人犯罪法》进行细化，结合地区未成年人犯罪的实际情况，制定具有针对性的、有地方特色的具体规定。比如，安徽是第一个出台《预防未成年人犯罪条例》的省份，其内容有较多亮点与特色。将"对未成年人的监护"作为专章，规定了未成年人监护人的具体职责。并且，开创性地提出了政府应当为家庭经济困难的未成年人提供适当的学习资助，并为其减免相应的学费等，具体减免工作由学校来实施，政府进行监管与督促。而江苏则在其《预防未成年人犯罪条例》中首次强调了未成年人毒品预防的重要性，要求公安机关会同有关部门建立多方毒品预防教育衔接机制。除此之外，江苏积极探索教育、帮扶未成年人新途径，要求司法机关联合公安机关、相关司法行政部门建立未成年人观护教育基地，对符合条件的未成年人采取符合其实际情况、身心特点的观察保护措施。不同时期、不同地区的预防未成年人犯罪立法均各有特色、各有侧重。

四是设置专门学校，实现对具有不良行为的未成年人的有效矫治。工读教育在处理未成年人不良行为中发挥着重要的作用。我国目前出台了相关条例的省份都有关于专门学校的规定。专门学校除了对学生进行常规的学校素质教育以外，也应当针对未成年人的具体状况及心理状态，开展相应的未成年人矫治工作，加强思想道德教育及法治教育，并进行适当的职业技术培训，帮助具有不良行为的未成年人纠正偏差行为，更好地回归社会。

当前，未成年人犯罪情况依然比较严重，各省区市预防未成年人犯罪工作总体形势依然不容乐观。尽管我国部分省区市制定了相应的地方预防未成年人犯罪条例或实施办法，但总体数量依然较少，许多地方在开展预防未成年人犯罪工作方面缺少具有针对性的地方性法规。因此，各省区市应当提高对地方预防未成年人犯罪条例的重视程度，认识到其必要性及重要性，尽快出台相应的地方性法规。

（三）其他方面的地方立法

1. 未成年人教育立法

（1）学前教育地方立法实践取得较大进展

学前教育立法问题一直受到各地人大和政府的高度重视，在国家层面推动学前教育立法的同时，部分省市也积极开展地方学前教育立法的探索实践，制定了相应的地方性法规或政府规章，为地方学前教育事业的发展提供了有力的支撑。

从 2003 年开始，我国各地方人大、政府陆续制定了学前教育法规、规章，主要由设区的市人大及地方政府先行开展立法探索实践。北京于 2011 年出台了《北京市学前教育条例》，紧接其后，江苏、云南、吉林、安徽等也制定了当地学前教育地方性法规。目前现行有效的以"学前教育"命名的地方性法规、规章共 25 部，其中省级地方性法规 9 部、设区的市地方性法规 9 部，政府规章 7 部（见图 4）。

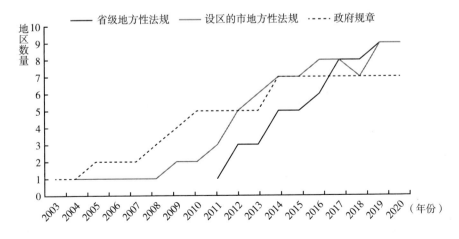

图 4 学前教育地方立法制定情况

总体而言，这些学前教育地方立法有如下特点。

一是强调了学前教育的重要作用。学前教育是国民教育体系的重要组成部分，也是一项重要的社会公益事业。学前教育地方立法以保障学前儿童权益为核心，贯彻儿童最大利益原则，坚持政府主导、合理布局、社会参与、公办民办并举的原则，大力发展公办幼儿园，扶持普惠性民办幼儿园，鼓励社会力量以多种形式举办幼儿园，逐步满足适龄儿童入园需求。

二是明确各部门分工负责，普及学前三年教育。明确各级政府在学前教育规划、投入、师资队伍建设、监管等方面的责任，各级政府应当高度重视学前教育工作，把学前教育纳入基础教育体系，关注学前教育资源配置问题，力求实现学前教育公共服务城乡全覆盖，积极普及学前三年教育。除此之外，确立并完善有关部门分工负责、相互配合的学前教育管理机制，找准出发点，突出学前教育公益普惠性的特点，扩大普惠性学前教育资源的供给，实现学前教育的普及，推动学前教育事业的发展。

三是保障幼儿园教师待遇，努力打造专业化保教人员队伍。首先，对保教人员的道德水平、专业素质等提出了高要求，要求聘用具有管理经验和专业知识的幼儿园园长，幼儿教师、卫生保健人员、安全保卫人员，都应当受过相应的专业知识培训、取得必需的专业资格证书、具有较高的专业水平。其次，确保教师待遇。保障教师的工资福利待遇，并依法缴纳社会保险。民办幼儿园教师和公办幼儿园内的非事业编制教师，在职称评定、培训、表彰奖励等方面，应当与公办幼儿园事业编制教师享有同等待遇，激发民办幼儿园教师的工作热情，稳定民办幼儿园教师队伍。此外，建立健全学前教育师资培养、培训体系，组织多层次全方位的岗位培训，培养高素质的学前教育教师人才，提高幼儿教师队伍整体素质，保障学前教育质量。

四是加强对学前教育的管理和监督。规定各级政府应当加强领导，做好学前教育管理与监督工作。首先，各地政府应当强化学前教育的经费保障，建立政府投入、社会举办者投入、家庭合理分担的学前教育投入保障机制。

其次，各级人民政府应当定期对学前教育规划落实、资源配置、经费投入、教职工待遇保障、保教质量等相关问题进行监督评估，对监督评估结果进行公告，以确保相关政策得到切实有效的实施。

（2）义务教育地方立法彰显地方特色

辽宁、江苏最早于1984年制定了《普及初等义务教育暂行条例》，自此以后，我国各地陆续开展了义务教育地方立法工作。至1995年，我国有22个省、4个直辖市、5个自治区（港澳台除外）制定了有关义务教育的省级地方性法规。在当前我国所有义务教育省级地方性法规中，浙江为两件，其余省份均为一件。宁夏回族自治区于2014年废止了当地《义务教育条例》，暂无新法出台。随着1986年《义务教育法》的出台，当年迎来了地方义务教育立法的小高峰，10个省均在1986年制定了当地第一部义务教育省级地方性法规。包头、沈阳、苏州、青岛等31个设区的市制定了地方性法规（见图5）。

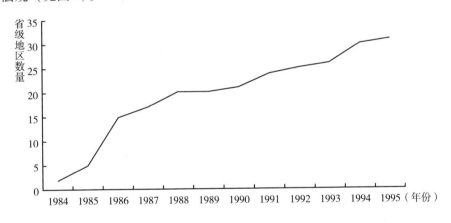

图5　义务教育地方立法制定情况（省级地方性法规）

《义务教育法》自出台以来经过了三次修订，地方紧跟中央的立法、修法动态，聚焦地方义务教育问题，陆续修订地方义务教育条例，落实中央要求并创造性地因应地方需求。当前除了浙江2009年发布的《浙江省义务教育条例》外，其他省份均重新制定或修订了义务教育地方性法规（见图6）。

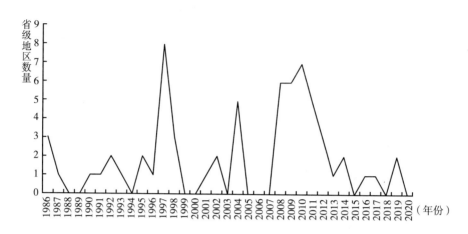

图6 义务教育地方立法修订情况（省级地方性法规）

在我国现行有效的31件义务教育省级地方性法规中，有14件（45.2%）为重新制定的新法，16件（51.6%）经过了数次修订，1件（3.2%）（《浙江省义务教育条例》）自2009年制定到现在未经修订，仍然有效（见图7）。

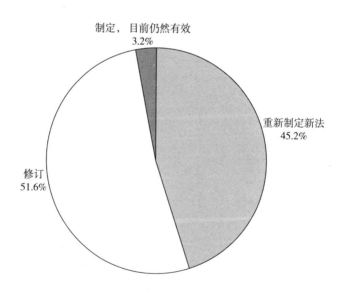

图7 义务教育省级地方性法规制定、修订情况

我国义务教育地方立法有如下特点。

一是保障适龄儿童平等接受义务教育,推进义务教育均衡发展。浙江、江苏等地《义务教育条例》中均明确了均衡发展是义务教育的本质要求。规定各级人民政府应当将普及义务教育的要求落到实处,高度重视义务教育事业的发展,合理配置义务教育资源,缩小办学条件和办学水平的差距,并且明文规定不得将学校分为重点学校和非重点学校,通过建立健全教师和校长的流动制度,实行艰苦贫困地区教师补助津贴制度,促进义务教育均衡发展。

二是深入推进素质教育,促进学生全面发展。我国各地都坚定地贯彻国家的教育方针,实施素质教育,注重德育,在教育教学活动中鼓励学生实现德智体美劳全面发展,引导学生形成正确的思想价值观念,促进思想品德健康发展,培育社会责任感。其次,江苏、福建、河南等地深化基础教育课程改革,按照国家要求制定符合教育发展规律和人才成长规律以及新时期基础教育改革与发展方向的课程标准,各学校根据学生的个性差异,关注学生的个性特点,因材施教,鼓励其个性发展。再次,切实落实减负措施。要求建立起学生课业负担检测及公告制度,学校不得在假期、课余时间组织学生补课;家长则应当树立正确的教育观念,支持学生健康发展,积极与学校沟通交流,共同减轻学生的课业负担。促进学生健康发展也是素质教育中一项重要内容。福建、贵州等地大力推行国家《学生体质健康标准》,在地方义务教育立法中要求建立学生体质健康监测机制,强化体育锻炼,保证学生每天在校体育锻炼时间不少于 1 小时。

(3)稳步推进家庭教育地方立法,为家庭教育法的出台打下基础

截至 2020 年 10 月,中国 22 个省、4 个直辖市、5 个自治区(港澳台除外)中,有 6 个省、1 个直辖市已经制定了《家庭教育促进条例》,部分省份已经出台了家庭教育指导意见、通知等相关文件。江西省于 2019 年对当地《家庭教育促进条例》进行了二次修订。家庭教育地方立法仍处于起步阶段,重庆最早开始通过制定省级地方性法规管理并促进家庭教育的发展,其后部分省份陆续进行了积极的立法探索。各地《家庭教育促进条例》的立法实践,为国家制定《家庭教育法》提供了借鉴(见图 8)。

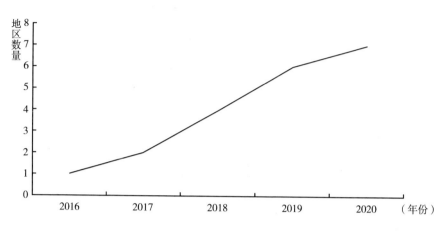

图8　家庭教育省级地方立法制定情况

我国家庭教育地方立法有如下特点。

一是狭义定义"家庭教育"概念。目前省级地方性法规关于"家庭教育"的定义均属于狭义的家庭教育。《重庆市家庭教育促进条例》中所称家庭教育是指父母或者其他监护人对未成年子女的教育和影响，而《江苏省家庭教育促进条例》则规定家庭教育是指父母或者其他监护人以及有监护能力的家庭成员通过言传身教和生活实践，对未成年人进行的正面引导和积极影响。其他省级地方性法规关于家庭教育的定义与上述省市在细节上有所出入，但均是从狭义角度来定义"家庭教育"，家庭教育的主要内容均是围绕子女的素质教育来设计的。

二是形成家庭、政府、学校、社会四位一体的家庭教育新格局。首先，明确父母或者其他监护人是实施家庭教育的主体和直接责任人，应当建立健全家庭教育工作机制，帮助家长提高家庭教育水平，丰富家庭教育方式，规范家庭教育行为。其次，合理确定政府责任，突出了政府对家庭教育的保障作用。江苏、重庆等省市的《家庭教育促进条例》规定各级政府从组织领导、经费保障、督导评估、科学研究、宣传引导等方面保障、支持家庭教育进一步发展。再次，学校指导是贯彻落实《家庭教育促进条例》各项规定的必不可少的推动力。学校在家庭教育中扮演着至关重要的参与者的角色，承担着家庭教育指导与帮助等责任。除此之外，山西、江苏、江西等省份均鼓励社会各界积极参与到促进家庭教育的工作中来，如要求婚姻登记机构对于办理结婚登记或离婚登记的申请人进行家庭教育宣传指导等。新闻媒体、公共服务场所、儿童社会福利机构等社会力量都应发挥自身力量，助力家庭教育工作常态化开展。多方各司其职，通力合作，促进家庭教育的发展。

三是推动家庭学校和家长委员会的建立，实现学校和家庭协同育人的目标。江苏、山西、江西、贵州、重庆等省份都明文规定要建立健全家庭教育工作制度，要求学校建立家长学校和家长委员会。家长学校的建设有利于完善家庭教育指导服务体系，家长学校应把握家庭教育科学规律、未成年人身心健康成长内在规律，针对未成年人不同年龄阶段的特点，对父母或其他监护人进行有关家庭教育的培训、辅导工作，指导父母或其他监护人更好地进行家庭教育。而家长委员会则起到沟通、协调学校教育与家庭教育的作用，逐步推进家校合作。总而言之，制度支持和机构依托是学校开展家庭教育指导和服务的重要保障，对推动家庭教育常态化和持续化运行具有重大现实意义，有利于建立学校和家庭之间协同育人的伙伴关系。

四是规定了对特殊困境未成年人的特别促进措施。各省份在制定《家庭教育促进条例》时考虑到了特殊困境未成年人的家庭教育问题。安徽、重庆、贵州等省份通过立法要求各级人民政府建立特殊困境未成年人关爱救助机制，对特殊困境未成年人提供关爱救助，组织其他相关部门，为贫困、重病、残疾等未成年人提供家庭教育帮扶和指导，指导特殊家庭履行家庭教育义务。除此之外，留守儿童家庭缺失的问题也得到了应有的重视，部分省份在《家庭教育促进条例》中细化了关于留守儿童的关爱保护措施。各省市要求通过搭建信息化网络平台，及时有效掌握此类未成年人家庭教育的现状及其中存在的问题，实现家庭教育支持服务常态化、专业化。各地《家庭教育促进条例》均体现了对特殊困境未成年人的关怀与照顾，保障特殊困境未成年人享受优质公平的家庭教育资源的权利。

2.反家庭暴力地方立法成为《反家庭暴力法》落实的主动力

我国目前13个省份制定了反家庭暴力的省级地方性法规，分别是重庆市、河北省、辽宁省、吉林省、浙江省、山东省、湖南省、湖北省、贵州省、青海省、海南省、内蒙古自治区、新疆维吾尔自治区。其中，内蒙古、吉林、新疆、海南四个省份均在 2020 年根据地区实际情况，重新制定了有关反家庭暴力的省级地方性法规。银川、西安、大同、厦门等 8 个设区的市也制定了相应的地方性法规（见图9）。

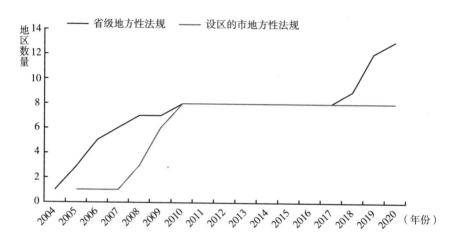

图9　反家庭暴力地方立法制定情况

我国反家庭暴力地方立法有如下特点。

一是贯彻人权保障理念。各地反家庭暴力立法都要求加强对未成年人等家庭暴力受害人的隐私权、人身权的保障。山东、湖北等省份在立法中明文规定要保护未成年人隐私，包括户籍、学籍等信息，并且给予遭受家庭暴力的未成年人特殊保护。除此之外，对因遭受家庭暴力及目睹家庭暴力造成精神伤害的未成年人提供法律咨询、心理辅导服务。河北、吉林、浙江等省均要求各级人民政府建立或指定相应的救助场所，为家庭暴力的受害者提供临时庇护和紧急救助。这些规定都体现了立法的人文关怀，突出了人权保障理念。

二是注重家庭暴力预防工作，预防与救助两手抓。我国目前多个省份反家庭暴力立法都规定了要求加强法治教育的条款。要求将反家庭暴力法律法规宣传纳入普法规划中,组织开展有关反家庭暴力的宣传活动,将反家庭暴力宣传教育与法治宣传教育相结合。重庆、河北、吉林、山西等省份的相关立法都有相应的规定,引导广大群众树立正确的家庭伦理观念,普及反家暴的相关知识,增强公民的反家暴意识,有效预防和制止家庭暴力。

三是完善家庭暴力证据制度。家庭暴力举证难的问题是阻碍反家庭暴力工作顺利开展的因素之一。我国地方立法在完善家庭暴力证据制度上做了许多有益尝试:浙江、山东、河北、青海、吉林等省份的专项立法中均规定司法鉴定机构应当受理家庭暴力受害人的伤情鉴定申请,并及时出具伤情鉴定结论,对于经济困难的家庭暴力受害人减免一定的伤情鉴定费用;内蒙古自治区、吉林、湖北等省要求医疗机构应当接受家庭暴力受害人就诊,及时进行救治,做好诊疗记录,为受害人保存相关证据,依法配合有关部门调查取证。各地均以解决问题为导向,聚焦家庭暴力举证难的问题,健全证据制度,推动反家庭暴力工作的有效开展。

3. 校园欺凌专项整治成为重中之重

2018年,天津出台了《天津市预防和治理校园欺凌若干规定》,这是预防和治理校园欺凌的首部地方性法规。在通过地方立法解决校园欺凌方面进行了有益探索。《天津市预防和治理校园欺凌若干规定》出台后,其他部分地区也在学习天津的有益经验,并根据实际情况探索本地区校园欺凌治理办法,以期有效解决校园欺凌问题。但目前主要是通过制定政策来整治校园欺凌,其落实程度与有效程度都远远不够,需要必要的立法跟进。

三 完善未成年人法律体系的对策建议

(一)国家层面立法的对策与建议

1. 加快学前教育立法

近年来,我国的学前教育得到了稳步发展,但也存在一些突出的问题。

首先，学前教育资源总量十分有限，公办幼儿园的数量虽不在少数，但仍然不能满足幼儿的入园需求，教育资源的供需矛盾仍然十分明显。其次，学前教育的财政保障和支持不足。很多幼儿园尤其是民办幼儿园因资金不足而不得不选择闭园。最后，学前教育的监管制度存在缺陷，幼儿教师的能力参差不齐，侵害幼儿权益的事件时有发生，引起了社会的强烈不满。① 目前，《学前教育法》的制定已经正式启动，草案也向社会公布并征求意见，期待这部法律早日出台，以完备优良的法律规范学前教育发展，全面提高我国学前教育的法治化水平。

2. 完善未成年人诉讼程序

未成年人犯罪以及与未成年人权益相关的民事纠纷，在当前呈现高发的态势。针对未成年人的司法诉讼程序，应当与未成年人的身心发展程度相适应，与成年人的诉讼程序有所不同。2012年《刑事诉讼法》修订，新增了"未成年人刑事案件诉讼程序"专章，在一定程度上构建起了我国未成年人刑事诉讼程序的基本框架，但是，这一部分规定的内容过于简单，不能完全满足未成年人刑事案件处理的需要。2021年，最高人民法院发布了《关于加强新时代未成年人审判工作的意见》的司法政策，提出"深化涉及未成年人案件综合审判改革，将与未成年人权益保护和犯罪预防关系密切的涉及未成年人的刑事、民事及行政诉讼案件纳入少年法庭受案范围。少年法庭包括专门审理涉及未成年人刑事、民事、行政案件的审判庭、合议庭、审判团队以及法官"。随着少年法庭的实践不断开展，在积累了一定的经验之后，未来可以考虑制定专门针对未成年人的司法程序，通过科学合理的诉讼制度，规范未成年人案件审判，维护未成年人的合法权益。

3. 加强校园欺凌治理

当前，校园欺凌是教育治理领域一个突出问题，解决这一问题，既要靠教育行政部门及时出台相关政策，更要不断完善校园欺凌防控的法律。当前

---

① 庞丽娟：《加快推进〈学前教育法〉立法进程》，《教育研究》2011年第8期。

关于校园欺凌的法律规定，还存在一些问题：首先，"校园欺凌"概念模糊；其次，缺乏预防校园欺凌的有效机制；最后，在校园欺凌事件的处理方面，报告、调查、惩戒机制尚不健全。解决这些问题，需要对相关法律及时进行修订，以推动校园欺凌防控法律制度不断完善。①

（二）地方立法的对策与建议

当前，我国的地方立法在未成年人保护、教育等方面取得了一定的成就，但还存在一些问题，主要表现为：校园欺凌立法层级较低，难以真正发挥整治校园欺凌的作用；网络时代下未成年人保护问题未受到足够的重视；融合教育的实行缺少法治保障，残疾儿童平等受教育权的实现受到阻碍。因此，未来地方立法的完善，可以从如下方面开展。

1. 重视校园欺凌问题，推进校园欺凌地方立法

治理校园欺凌是一项重要的长期性工作。自教育部等 11 个部门联合发布了《加强中小学生欺凌综合治理方案》后，全国各地纷纷制订了一系列校园欺凌整治方案，起到了积极作用。但是，对于校园欺凌问题，各地大多是通过发布政策文件来进行治理的，而政策文件因其法律效力较弱，无法形成长效机制。事实上，通过地方立法来治理校园欺凌，才是解决问题的根本途径，在这方面，天津市人大常委会制定的《天津市预防和治理校园欺凌若干规定》起到了一定的带头作用，具有示范效应。

因此，为有效治理校园欺凌问题，各地可以以国家相关法律为依据，结合本地的实际情况，适时出台相关地方性法规或地方政府规章。地方立法要重点在两方面进行探索：一方面，建立健全校园欺凌预防机制，加强对学生的法治教育，改变学生的不良行为，引导未成年人尊法、守法、用法，营造良好的校园环境，打造文明校园、平安校园；另一方面，要建立完善的校园欺凌事件的报告、调查、处理、评估、事后观察等工作程序，建立强制报告

---

① 王贞会、林苗、胡发清：《校园欺凌的现象观察及其治理路径重塑》，《中国青年研究》
2021 年第 3 期，第 103～109 页。

制度，一旦发现校园欺凌行为，应当及时向有关部门报告。校园欺凌事件的解决，要引入多方参与，开展综合治理。

2. 未成年人网络保护的地方立法需要进一步完善

在信息时代，网络给未成年人的学习、生活带来了很大便利，但网络性侵、网络欺凌、网络诈骗等问题也使未成年人面临着严重的风险。在解决这一问题的过程中，地方立法可以发挥积极作用。

未成年人网络保护的地方立法，首先要注重解决现实中的突出问题，主要包括未成年人隐私和个人信息的保护、网络欺凌的防范、未成年人网络沉迷、未成年人支付能力和风险防范、未成年人不良信息管理以及未成年人网络犯罪防范与治理等，针对这些问题，设计出合理、有效的法律解决方案。其次要建立多方协作的工作机制。未成年人网络保护需要全社会的共同努力，也是全社会的共同责任，需要多方协同。对此，立法应明确规定司法机构、政府部门、企业、社会组织、学校和家庭的职责，形成完善的未成年人网络保护的社会共治体系，努力为未成年人营造健康文明的网络生态环境。

3. 通过立法推进融合教育，保障残疾儿童平等的受教育权

融合教育指的是让残障儿童进入普通班级，与其他身体正常儿童一起学习的模式。实行融合教育，既有利于残疾儿童的健康成长，对其他儿童的全面发展也有积极意义。当前，江苏、安徽实施的《学前教育条例》均规定，幼儿园应当积极创造条件，接收并为具有接受普通教育能力的学龄前残疾儿童提供融合教育。广东、湖南、安徽、江苏、江西的《残疾人保障条例》或《实施办法》中也要求普通幼儿教育机构应当接收能适应生活的残疾幼儿，实行融合教育。其中，广东省《实施〈中华人民共和国残疾人保障法〉办法》更是将融合教育的范围扩展和延伸到了义务教育领域，要求各级人民政府推进融合教育，建立残疾儿童、少年随班就读支持保障体系，将具有接受普通教育能力的残疾儿童、少年纳入普通教育机构实施学前教育和义务教育，为其学习提供方便和帮助。同时还要求政府和教育机构配备专业人员，加强基础设施和特殊教育资源教室的建设，为残疾儿童的学习、生活提

供便利。可以说，广东省关于融合教育的地方立法具有一定的前瞻性，值得其他地方学习和借鉴。全面推行融合教育，是我国教育发展的一种必然趋势。因此，各地应当在地方相关立法中对融合教育作出明确规定，尤其要重点解决好机构设置、经费保障、无障碍设施配备、教师队伍建设等问题，以法治为融合教育发展"保驾护航"。

未成年人的政府保护

苑宁宁*

摘　要： 从法律规定的变迁来看，未成年人政府保护机构与机制不断
强化，呈现统分结合、向基层延伸的趋势。目前，政府负责
未成年人保护的主要工作机构与机制包括：国务院妇女儿童
工作委员会、国务院农村留守儿童关爱保护和困境儿童保障
工作部际联席会议制度、各地未成年人保护委员会以及与未
成年人保护密切相关的政府组成部门。从未成年人政府保护
的职责内容来看，主要包括促进家庭教育、保障义务教育均
衡发展、促进婴幼儿照护服务和学前教育发展、促进职业教
育、保障特殊教育、保障校园及其周边安全、促进适合未成
年人活动的场所和设施、促进未成年人卫生保健服务、对困
境未成年人实施分类保障、建立政府临时和长期监护、开通
全国统一的未成年人保护热线、建立特定违法犯罪人员信息
查询系统和密切接触未成年人从业限制制度，促进未成年人
保护支持体系发展。

关键词： 未成年人政府保护　统分结合　机构机制

---

* 苑宁宁，中国政法大学未成年人事务治理与法律研究基地执行副主任，法学博士、政治学博
士后。

一 政府负责未成年人保护的机构与机制

（一）法律规定方面的变化

1991年制定和通过的《未成年人保护法》规定，中央和地方各级国家机关应当在各自的职责范围内做好未成年人保护工作。国务院和省、自治区、直辖市的人民政府根据需要，采取组织措施，协调有关部门做好未成年人保护工作。

2006年修订的《未成年人保护法》规定，中央和地方各级国家机关应当在各自的职责范围内做好未成年人保护工作。国务院和地方各级人民政府领导有关部门做好未成年人保护工作。国务院和省、自治区、直辖市人民政府采取组织措施，协调有关部门做好未成年人保护工作。具体机构由国务院和省、自治区、直辖市人民政府规定。

2020年修订的《未成年人保护法》规定，县级以上人民政府应当建立未成年人保护工作协调机制，统筹、协调、督促和指导有关部门在各自职责范围内做好未成年人保护工作。协调机制具体工作由县级以上人民政府民政部门承担，省级人民政府也可以根据本地实际情况确定由其他有关部门承担。县级以上人民政府承担未成年人保护协调机制具体工作的职能部门，应当明确相关内设机构或者专门人员负责承担未成年人保护工作。乡镇人民政府和街道办事处应当设立未成年人保护工作站或者指定专门人员，及时办理未成年人相关事务；支持、指导居民委员会、村民委员会设立专人专岗，做好未成年人保护工作。

梳理分析以上法律规定方面的变化，可以看出未成年人政府保护机构机制不断强化统分结合、向基层延伸的趋势。未成年人健康成长，离不开教育、医疗、就业等多方面的长期保障。因此，未成年人保护工作具有分散性，同时这些工作不能彼此割裂，需要密切协调配合，形成统一的系统。因此，未成年人保护工作最根本的规律是统分结合、协同合作。所谓"分"，就是需要明确政府有关部门的职责，保障依法各尽其责，履职到位。所谓"统"，就是要有顶层设计、总体布局、统筹协调、整体推进。处理不好统分关系，就容易出现"木桶效应"。

一方面，从1991年制定《未成年人保护法》至今，法律一直坚持共同责任、各尽其责。所谓共同责任，是指政府及有关部门有保护未成年人的责任。所谓各尽其责，是要求政府及有关部门在各自职责范围内承担相关工作，各方职责的具体内容、承担方式是有差别的。特别是为了解决未成年人政府保护"最后一公里"的问题，2020年修订的《未成年人保护法》专门明确了基层的工作机制。

另一方面，从1991年制定《未成年人保护法》到2020年修订《未成年人保护法》，未成年人保护的统筹协调机制不断强化。未成年人保护工作包含大量的日常事务性工作，协调机制往往无法及时作出部署和安排，这就需要有一个具体的部门来承担协调机制的具体工作。很长一个时期以来，我国行政机构中没有日常主责未成年人工作的部门，未成年人保护缺乏强有力的统筹，存在政府各部门职能交叉重叠和空白、权责脱节等问题。针对这一症结，2020年修订的《未成年人保护法》作出了更为具体的要求。

（二）国家机构改革方面的变迁

1. 国务院妇女儿童工作委员会①

1981年5月，全国儿童少年工作协调委员会在北京成立，由全国妇联牵头，时任全国妇联主席的康克清担任主任。1990年2月，国务院妇女儿童工作协调委员会正式成立，取代了原由全国妇联牵头的全国儿童少年工作协调委员会，成为国务院负责妇女儿童工作的议事协调机构。1993年8月4日，国务院妇女儿童工作协调委员会更名为国务院妇女儿童工作委员会，简称国务院妇儿工委，是国务院负责妇女儿童工作的议事协调机构，负责协调和推动政府有

① 相关信息来源于国务院妇女儿童工作委员会官网，网址为：http://www.nwccw.gov.cn，最后访问时间为2021年4月3日。

关部门执行妇女儿童的各项法律法规和政策措施，发展妇女儿童事业。

国务院妇儿工委的职责包括：协调和推动政府有关部门做好维护妇女儿童权益工作；协调和推动政府有关部门制定和实施妇女和儿童发展纲要；协调和推动政府有关部门为开展妇女儿童工作和发展妇女儿童事业提供必要的人力、财力、物力；指导、督促和检查各省、自治区、直辖市人民政府妇女儿童工作委员会的工作。国务院妇女儿童工作委员会的组成单位由国务院批准，目前有35个部委和人民团体，包括中央宣传部、中央网信办、外交部、国家发展改革委、教育部、科技部、工业和信息化部、国家民委、公安部、民政部、司法部、财政部、人力资源社会保障部、自然资源部、生态环境部、住房城乡建设部、交通运输部、水利部、农业农村部、商务部、文化和旅游部、国家卫生健康委、应急部、市场监管总局、广电总局、体育总局、统计局、医保局、扶贫办、全国总工会、共青团中央、全国妇联、中国残联、中国科协、中国关工委。

为了处理国务院妇儿工委的日常事务，设立国务院妇儿工委办公室，作为国务院妇儿工委的日常办事机构，设在全国妇联。其工作职责包括：编制中国妇女和儿童发展纲要并组织实施和监测评估；协调和推动国务院妇女儿童工作委员会35个成员单位做好维护妇女儿童权益、实施妇女儿童纲要工作；开展调查研究，为妇女儿童发展中的重大问题决策提供依据；承办全国妇女儿童工作会、国务院妇女儿童工作委员会全委会、专题会和经验交流与表彰工作；指导省级妇女儿童工作委员会办公室的工作；负责日常行政事务，编发各类文件，并完成国务院妇女儿童工作委员会交办的其他工作；执行国际合作项目。

2. 国务院农村留守儿童关爱保护和困境儿童保障工作部际联席会议制度①

（1）前身——农村留守儿童关爱保护工作部际联席会议制度

2016年4月5日，为加强对农村留守儿童关爱保护工作的组织领导和

---

① 相关信息来源于《国务院办公厅关于同意建立农村留守儿童关爱保护和困境儿童保障工作部际联席会议制度的函》，网址为：http://www.gov.cn/zhengce/content/2018 - 08/21/content_ 5315377. htm，最后访问时间为2021年4月3日。

统筹协调，强化部门间协作配合，及时研究解决工作中面临的重大问题，经国务院同意，建立农村留守儿童关爱保护工作部际联席会议制度。

联席会议由民政部主要负责同志担任召集人，各成员单位有关负责同志为联席会议成员。原则上，联席会议每年召开一次全体会议，由召集人或召集人委托的同志主持。根据国务院领导同志指示或工作需要，可以临时召开会议。联席会议办公室设在民政部，承担联席会议日常工作。联席会议设联络员，由各成员单位有关司局负责同志担任。

由民政部等27个部门建立农村留守儿童关爱保护工作部际联席会议制度，统筹协调全国农村留守儿童关爱保护工作。联席会议的主要职能包括：研究拟订农村留守儿童关爱保护工作政策措施和年度工作计划，向国务院提出建议；组织协调和指导农村留守儿童关爱保护工作，推动部门沟通与协作，细化职责任务分工，加强政策衔接和工作对接，完善关爱服务体系，健全救助保护机制；督促、检查农村留守儿童关爱保护工作的落实，及时通报工作进展情况等。

（2）调整——农村留守儿童关爱保护和困境儿童保障工作部际联席会议制度

为加强对农村留守儿童关爱保护和困境儿童保障工作的组织领导和统筹协调，强化部门间协作配合，及时研究解决工作中面临的重大问题，经国务院同意，调整农村留守儿童关爱保护工作部际联席会议制度，建立农村留守儿童关爱保护和困境儿童保障工作部际联席会议（以下简称联席会议）制度。

联席会议的职能包括：在国务院领导下，统筹协调全国农村留守儿童关爱保护和困境儿童保障工作；研究拟订农村留守儿童关爱保护和困境儿童保障工作政策措施和年度工作计划，向国务院提出建议；组织协调和指导农村留守儿童关爱保护和困境儿童保障工作，推动部门沟通与协作，细化职责任务分工，加强政策衔接和工作对接，完善关爱服务体系，健全救助保护机制；督促、检查农村留守儿童关爱保护和困境儿童保障工作的落实，及时通报工作进展情况；完成国务院交办的其他事项。

联席会议由民政部、中央政法委、中央网信办、国家发展改革委、教育部、公安部、司法部、财政部、人力资源社会保障部、住房城乡建设部、农业农村部、国家卫生健康委、税务总局、广电总局、统计局、医保局、妇儿工委办公室、扶贫办、全国人大常委会法工委、最高法院、最高检院、全国总工会、共青团中央、全国妇联、中国残联、中国关工委等 26 个部门和单位组成，民政部为牵头单位。

联席会议由民政部部长担任召集人，各成员单位有关负责同志为联席会议成员。联席会议可根据工作需要，邀请其他相关部门参加。联席会议成员因工作变动需要调整的，由所在单位提出，联席会议确定。联席会议办公室设在民政部，承担联席会议日常工作。联席会议设联络员，由各成员单位有关司局负责同志担任。

联席会议原则上每年召开一次全体会议，由召集人或召集人委托的同志主持。根据国务院领导同志指示或工作需要，可以临时召开会议。在联席会议召开之前，召开联络员会议，研究讨论联席会议议题和需提交联席会议议定的事项及其他有关事项。联席会议以会议纪要形式明确议定事项，经与会单位同意后印发有关方面。重大事项按程序报国务院。

3. 地方未成年人保护委员会

目前，我国省级行政区域普遍设立了当地的未成年人保护委员会，负责议事协调，未成年人保护委员会办公室负责日常工作，办公室设立在共青团系统权益部门。比如，北京市和下辖区设立未成年人保护委员会，由人民政府及其有关部门、审判机关、检察机关和工会、共青团委员会、妇女联合会、文学艺术界联合会、科学技术协会、社会科学界联合会、律师协会、红十字会、残疾人联合会等社会团体的负责人及社会知名人士组成。委员会的主任委员由人民政府的主要负责人担任，委员会的办事机构由有关部门和共青团委员会的人员组成。未成年人保护委员会的职责包括：宣传国家保护未成年人的法律法规；监督国家有关保护未成年人的法律法规的实施；协调有关部门对未成年人的教育保护工作；接受对侵犯未成年人合法权益行为的投诉、举报，交由有关部门查处，为受害者提供或者寻求法律帮助；对因国家机关和国家机关工作人员的违法、失职行为致使未成年人合法权益受到严重损害的，有权建议有关机关对责任人员给予行政处分，直至依法追究刑事责任；建立完善未成年人保护工作相关制度，研究未成年人保护工作中的重大事项，并可向主管机关和部门提出意见和建议；完善未成年人保护工作队伍建设。

4. 承担未成年人保护职责的政府部门

未成年人保护是政府的职责，由政府部门根据自身职责开展相关工作。从国务院政府组成部门来看，民政部设立了儿童福利司，其他部委局由相关内设机构分别承担。

教育行政部门的未成年人保护职责主要包括：合理配置教育资源，保障适龄未成年人平等接受义务教育；采取措施，保障家庭经济困难的、残疾的、留守的、流动的、在未成年人犯管教所服刑的或者其他处于困境中的未成年人接受义务教育；发展面向未成年人的特殊教育，重视和完善专门教育，在经费、师资、教学设施等方面予以保障；促进开办职业、技术学校，为未成年人提供就业技能培训；发展学前教育，满足3~6岁儿童教育需求。根据人口趋势，科学规划幼儿园建设，不断提升学前教育质量；采取多种形式，科学培养和严格管理教师以及幼儿园的保教人员，提高其职业道德素质和业务能力；加强对家庭教育的指导，支持和引导办好家长学校、家庭教育指导中心；在中小学校与托幼机构配备专业的驻校社工，为在学校学习和生活中遇到问题与困难的学生提供专业的咨询与辅导服务；制定应对各种灾害、传染性疾病、食物中毒、意外伤害等突发事件的预案，配备相应设施；其他与未成年人保护相关的教育行政管理职责，以及配合其他部门和单位做好未成年人保护的相关工作。

公安机关的未成年人保护职责包括：维护和协同治理校园及周边治安秩序和交通秩序；预防、制止和依法打击侵害未成年人合法权益的违法犯罪行为；采取多样、有效的教育措施，预防未成年人违法犯罪；在办理涉及未成年人的治安案件和刑事案件过程中，尊重未成年人的身心发展特点，保障未成年人的合法权益；对存在忽视、虐待等监护不力的父母或者其他监护人进行批评教育，必要时给予警告、训诫，要求接受亲职教育，涉嫌构成违法犯罪的依法予以处理；牵头协调开展反对拐卖未成年人工作，解救被拐卖未成年人，寻找失踪未成年人，护送流浪乞讨或者离家出走的未成年人到救助场所；联合教育行政部门和学校开展对未成年人的法治教育、禁毒教育以及网络安全教育等；联合有关部门或组织出台儿童安全座椅国家强制性标准、与儿童有关的产品安全标准等；联合有关部门或组织加强对网络服务营业场所、各类娱乐场所等不适宜未成年人出入的场所的管理，加强对烟酒等不适宜未成年人接触的物品的管理；配合有关部门或组织做好被判处非监禁刑、刑满释放、解除收容教养等未成年人的帮教工作；联合或配合其他有关部门和单位做好未成年人保护的相关工作。

民政部门的未成年人保护职责包括：建立未成年人救助制度，根据需要设立救助机构和救助场所，支持有条件的社会组织和个人建立未成年人救助机构和救助场所，负责属于社会救助对象的未成年人的权益保护和生活救助；统筹各方资源，充分发挥政府、市场、社会作用，完善儿童福利机构设施，健全服务功能，增强服务能力，负责孤儿、弃婴以及残疾未成年人的收养、治疗、康复、教育工作；在城乡社区发展儿童托育服务，兴办儿童托育机构，为因疾病、家庭与工作紧张、突发事件等原因临时不能监护儿童的家庭，提供儿童托养服务，防止幼儿因无人照顾而发生意外伤害。牵头负责和推动留守儿童关爱保护工作、困境儿童保障工作，推动利用现有公共服务设施开辟儿童之家等儿童活动和服务场所，将面向儿童服务功能纳入社区公共服务体系；制定儿童福利督导员或儿童权利监察员工作规范，明确工作职责，强化责任意识，提高服务能力；建设儿童保护社工队伍，以专业化的社会工作服务做好儿童虐待问题的预防和干预，切实提升儿童虐待问题处置的规范化与专业化水平；发展面向受虐待儿童、遭遇其他暴力伤害的儿童以及可能面临伤害的高风险儿童的辅导服务，协助遭遇或可能遭遇暴力伤害的儿童恢复社会关系并重新融入社会；拟订未成年人收养政策，承办政府间儿童收养政策协调事宜，维护被收养未成年人的合法权益；办理结婚登记时，为新婚夫妇提供优生优育以及亲职教育知识；建立针对虐待儿童的监护人的强制亲职教育制度，根据虐待儿童的性质与程度，强制虐童监护人接受亲职教育指导；配合其他部门和单位做好与本部门职责相关的其他未成年人保护工作。

司法行政部门的未成年人保护职责包括：组织、指导、配合有关部门或组织，加强有关保护未成年人法律法规的宣传，根据未成年人的特点向未成年人普及法律常识，进行法治教育；建立健全未成年人法律援助体系，指导各类法律工作机构为未成年人提供法律服务和法律援助；完善未成年服刑人员、未成年强制隔离戒毒人员以及被收容教养人员的教育改造、教育矫正工作，组织、指导村（居）民委员会和相关单位安置、帮教刑满释放解除收容教养的未成年人；在起草、审查法律法规草案中，注意保护未成年人权益，促进未成年人保护工作；配合其他部门和单位做好与本部门职责相关的其他未成年人保护工作。

人力资源和社会保障部门的未成年人保护职责包括：开办职业技术学校，为已完成义务教育未再升学的未成年人提供技术培训，为其创造劳动就业条件；监督执行国家在工种、劳动时间、劳动强度和保护措施等方面保护未成年人的规定，依法保护未成年工的合法权益和身心健康；依法查处非法招用童工的企业事业单位和个体工商户；配合其他部门和单位做好与本部门职责相关的其他未成年人保护工作。

文化和旅游部门的未成年人保护职责包括：建设和管理公益性文化设施，指导、推动各类博物馆、纪念馆、展览馆、青少年宫、儿童活动中心、科技馆、美术馆、烈士陵园等爱国主义教育基地免费或者优惠向未成年人开放；会同科技、体育部门组织，推动图书馆、文化馆、体育场馆、科技馆、影剧院等场所开展面向未成年人的文化教育活动；扶持以未成年人为对象的各类文学、艺术作品的创作与生产；加强对文化市场管理，联合其他公安、工商管理等部门组织对文化市场的稽查，依法查处文化市场中的违法犯罪活动；会同有关部门查处网吧及娱乐场所违法接纳未成年人行为；配合其他部门和单位做好与本部门职责相关的其他未成年人保护工作。

卫生健康部门的未成年人保护职责包括：普及未成年人保健以及疾病预防等卫生科技知识；对未成年人进行卫生保健和营养指导，提供必要的卫生保健条件，做好疾病预防工作；牵头婴幼儿照护服务发展工作，联合其他部门加强对婴幼儿照护服务的指导、监督和管理，加强社会监督，强化行业自律；对儿童实行预防接种证制度，积极防治儿童常见病、多发病，加强对传染病防治工作的监督管理，加强对托儿所、幼儿园卫生保健的业务指导和监督检查；改善未成年人保健服务设施和条件，提高服务能力；依法进行未成年人保健服务和管理，降低婴幼儿死亡率；采取措施减少出生缺陷发生，提高出生人口素质；配合其他部门和单位做好与本部门职责相关的其他未成年人保护工作。

工业和信息化部门的未成年人保护职责包括：鼓励建立专门面向未成年人的互联网站和上网服务场所；联合公安、文化、市场管理等部门，加强对互联网上网服务经营场所、互联网站和电话声讯台的管理，及时查处相关违法犯罪活动；配合有关部门加强网上正面信息的宣传，为少年儿童健康成长营造良好的网络环境；开展行业自律，配合有关部门做好网上不良信息的清理整治；配合其他部门和单位做好与本部门职责相关的其他未成年人保护工作。

市场监督管理部门的未成年人保护职责包括：依法监督流通领域商品和服务的质量，查处假冒伪劣商品侵害未成年人合法权益的违法行为；依法对损害未成年人形象，侵害未成年人合法权益的广告进行监督管理；推动未成年人用品、游乐设施和食品的质量、安全规范的立法工作，制定国家标准、行政规章、安全技术规范和强制性标准；对涉及有关未成年人的标准化工作实施统一管理，建立健全严格的市场准入、检验检测和监督检查制度；配合其他部门和单位做好与本部门职责相关的其他未成年人保护工作。

新闻出版管理部门的未成年人保护职责包括：组织并扶持出版以未成年人为对象的读物、音像制品、电子出版物等文化产品；会同其他有关部门加强出版市场的管理，依法查处以未成年人为对象，含有色情、暴力、迷信、恐怖等内容的非法出版物，防止不良文化产品对未成年人的侵害。

广播电视部门的未成年人保护职责包括：开设并办好少儿专栏或者专题

节目；扶持少儿电视作品创作、拍摄、制作和发行、放映、播出；指导广播电视机构开展未成年人的思想、道德和法治教育；制止包含淫秽、色情、暴力、封建迷信等各种不良信息的影视广播节目播出；配合其他部门和单位做好与本部门职责相关的其他未成年人保护工作。

（三）机构与机制存在的问题与未来的发展

从中央国家机关层面看，涉及未成年人保护工作的国家机关有三十多家，在立足各自职能范围的基础上，承担着部分工作。其中，有个别部门设立了独立的未成年人保护工作机构，其他大多数部门的未成年人工作分散在不同的业务部门，并无特别区分。为协调分散在各个部门的工作，中央和地方在机构与机制方面进行了诸多探索，基本形成了共同负责的工作格局，同时存在以下突出问题。

第一，缺乏全面统筹主管未成年人工作的机构。在中央政府层面，国务院所属三十多个部委局均负有部分未成年人工作的职责，条线、条块分割，碎片化问题严重；在公安部、教育部、司法部等重点部门内，职能分散于多个业务司局。由于没有负责全面统筹、日常管理的机构，经常出现各管一块、各行其是的局面。

第二，多领域开展、互相牵头。参与未成年人工作的有中宣部、教育部、公安部、民政部、司法部、人力资源社会保障部、文化和旅游部、国家卫生健康委员会、国家广播电视总局、国家新闻出版署、共青团中央、全国妇联、中国残联、中国关工委等，涉及教育、医疗、思想道德建设、犯罪预防和处置、困境救助等领域。其中，既有党中央相关部门，也有国务院相关部委局，还有群团组织。开展不同的工作时，由不同的部门牵头，存在互为成员单位的现象。

第三，现有议事协调机构与机制的作用未得到充分发挥。纵览现有的多个议事协调机构与机制，其办公室设在群团组织。近年来，随着群团组织去行政化改革，加之其本身不具备行政职能，缺乏行政资源，在协调、推进工作时有一定的局限，已经无法完全承担日常工作机构的大量协调、督促性事务，统筹协调的实效低于预期。

第四，重视程度、发展水平不尽相同。有专门机构或工作机制的部门，对未成年人工作相对重视，也更加专业，出台的政策措施能够切实解决问题。反之，分散在以成年人群体为工作重点的司局和处室，未成年人事务只是其诸多工作中的一项，重视程度不高，发展相对缓慢、滞后。

总体来讲，政府在未成年人工作方面投入的人、财、物也不少，但因责权配置不尽合理，影响了党和国家法律政策贯彻落实的效果：政出多门，资源重复投入，缺乏联动和协调配合；职能交叉重叠、涵盖不全，一些职责处于空白；责任边界不清，导致扯皮推诿，责任稀释，出现问题时谁都不负责任；工作缺乏长远统一规划，更多是"救急救火式"的被动应对；等等。针对这些症结，政府负责未成年人保护工作的机构与机制未来有进一步改善的空间。一方面，坚持优化、协同、高效的导向，认真研究和贯彻落实《未成年人保护法》规定的统筹协调机制。承担协调机制具体工作的首要选择是民政部门，主要理由包括：民政部门设有儿童福利专门机构，民政部门承担着留守儿童和困境儿童、孤残儿童等兜底性保障工作，民政部门具有可以延伸至群众基层自治组织、发动社会组织等社会力量的优势。另外，民政部近些年来承担着国务院统筹协调留守儿童和困境儿童相关工作的日常事务，积攒了一定的工作经验，有着一定的组织基础。未成年人保护协调机制的发展有一个过程，民政部门承担具体工作也需要一定时间不断探索和完善，但未来的趋势是以国家治理体系和治理能力现代化为导向，坚持一类事项原则上由一个部门统筹、一件事情原则上由一个部门负责，从中央到地方保持一致，逐渐过渡到由民政部门承担协调机制的具体工作。另一方面，国务院各部委局层面可以整合设立专门机构，也可以确定主管司局。与未成年人工作联系最为紧密的民政部、教育部、公安部、司法部、国家卫生健康委等，适度整合部委内与未成年人相关的职能，成立专门的司局，统筹负责相关业务。对于其他部委局，确定某一相关的内设司局，作为未成年人相关工作的主责部门。主责司局负责对外联络、对内协调，其他业务司局各司其职，配合开展工作，承担有关具体业务。

二 政府开展未成年人保护工作的基本内容

《宪法》规定，儿童受国家保护，国家培养儿童、少年、青年在德智体方面全面发展。根据 2020 年修订的《未成年人保护法》的规定，国家保障未成年人的生存权、发展权、受保护权、参与权等权利，而且要保障未成年人依法平等地享有各项权利，不因本人及其父母或者其他监护人的民族、种族、性别、户籍、职业、宗教信仰、教育程度、家庭状况、身心健康状况等受到歧视。这些规定旗帜鲜明地表明了未成年人保护的国家责任。落实国家责任，重要的环节之一就是明确政府及有关部门的职责，有效保障和不断促进未成年人福利。因此，2020 年修订的《未成年人保护法》增设了"政府保护"专章，从政府及有关部门如何保障和促进未成年人在家庭、学校、社会等领域享有的福利出发，分别规定了政府保护的工作机制、家庭教育促进、义务教育保障、学前教育和婴幼儿照护服务发展、职业教育和特殊教育促进、校园安全及周边治安保障、适合未成年人活动场所的促进、卫生保健服务、困境未成年人分类保障、民政监护、未成年人保护热线、社会支持服务等措施。以下结合《未成年人保护法》专章的规定分别阐述。

（一）家庭教育促进

家庭是社会的基本细胞。注重家庭、注重家教、注重家风，对于国家发展、民族进步、社会和谐具有十分重要的意义。家庭是孩子的第一个课堂，父母是孩子的第一任老师。家庭教育是终身教育，它开始于孩子出生之日（甚至可上溯到胎儿期），婴幼儿时期的家庭教育是"人之初"的教育，在人的一生中起着奠基的作用。未成年人上了小学、中学后，家庭教育既是学校教育的基础，又是学校教育的补充和延伸。家庭教育工作开展得如何，关系到孩子的终身发展，关系到千家万户的切身利益，关系到国家和民族的未来。近年来，经过各地不断努力探索，家庭教育工作取得了积极进展，但还存在认识不到位、教育水平不高、相关资源缺乏等问题，导致一些家庭出现了重智轻德、重知轻能、过分宠爱、过高要求等现象，影响了孩子的健康成长和全面发展。当前，我国家庭教育指导服务很多时候处于零散的而非系统的、民间的而非官方的、单一的而非多元化的阶段，起步晚，发展慢。主要依托代际经验的传递、大众媒体的传播、偶发性的学校讲座等方式实施，内容零散、缺乏长远规划。数据表明，未成年人出现问题多数源于父母，要么是没有监护意识，要么是监护方式和教育方法不当。为从根源上弥补这些不足，解决有关问题，需要多渠道创造机会使公民了解、学习相关知识，政府应当采取下列措施促进家庭教育指导服务。① 一是将家庭教育指导服务纳入城乡公共服务体系。这项要求有两个基本点：①提供服务的主体是政府，是社会公益事业；②服务的对象是广大家长，内容是最广泛、最贴近百姓的基本内容。二是积极推动将家庭教育纳入基本公共服务体系，一方面争取专门经费支持，通过家委会、家长学校、家长课堂、购买服务等形式，形成政府、家庭、学校、社会联动的家庭教育工作体系。另一方面推动家庭教育指导服务体系的建立。三是开展家庭教育知识宣传。积极搭建新媒体服务平台，在广播、电视、报刊等传统媒体设立家庭教育专栏、专题，开展公益宣传，探索建立远程家庭教育服务网络。四是鼓励和支持有关人民团体、企业事业单位、社会组织开展家庭教育指导服务。积极引导多元社会主体参与家庭教育指导服务，利用各类社会资源单位开展家庭教育指导和实践活动，扩大活动覆盖面，推动有条件的地方由政府购买公益岗位。

（二）义务教育保障

义务教育是国家统一实施的所有适龄未成年人必须接受的教育，是教育工作的重中之重，是国家必须予以保障的基础性、公益性事业。因此，政府承担着如何保障教育均衡发展、保障适应未成年人接受义务教

---

① 比如，2016 年全国妇联联合教育部、中央文明办、民政部、文化部、国家卫生计生委、国家新闻出版广电总局、中国科协、中国关工委联合印发《关于指导推进家庭教育的五年规划（2016—2020 年）》。

育的职责。① 近年来，政府建立了城乡统一、重在农村的义务教育经费保障机制，实现了城乡免费义务教育，义务教育覆盖面、入学率、巩固率持续提高。一是统筹推进城乡义务教育一体化改革发展，合理规划城乡义务教育学校布局建设，完善城乡义务教育经费保障机制，统筹城乡教育资源配置，向乡村和城乡结合部倾斜，努力提高乡村教育质量，适度稳定乡村生源，增加城镇义务教育学位和乡镇学校寄宿床位，推进城镇义务教育。二是采取措施保障重点未成年人群体接受并完成义务教育。对留守未成年人来说，政府优先满足留守未成年人教育基础设施建设，通过科学规划，在留守未成年人集中的地区建设农村寄宿制学校，使农村寄宿制学校的教室、宿舍、食堂、厕所、浴室等办学条件得到明显改善。对于困境未成年人来说，政府在不断加大省级统筹力度，落实城市低保家庭和农村家庭经济困难的寄宿学生生活费补助政策。对于残疾未成年人来说，政府根据特殊教育学校学生实际，制定学生人均公用经费标准，建立完善残疾学生特殊学习用品、教育训练、交通费等补助政策，采取措施落实特殊教育教师待遇。三是合力做好控辍保学。一方面，压实不同级政府的责任。省级人民政府全面负责区域内义务教育控辍保学工作，县级人民政府履行控辍保学主体责任。其中，教育行政部门是主责部门，依托全国中小学生学籍信息管理系统建立控辍保学动态监测机制，加强对农村、边远、贫困、民族等重点地区，初中等重点学段，以及流动留守未成年人、家庭经济贫困未成年人等重点群体的监控。另一方面，政府需要牢牢盯住学校和家长。学校必须建立和完善辍学学生劝返复学、登记与书面报告制度，加强家校联系，配合政府部门做好辍学学生劝返复学工作。对于无正当理由父母或者其他法定监护人未送适龄儿童少年入学接受义务教育或造成辍学的，教育行政部门给予批评教育，责令父母或者其他监护人将其送入学校接受义务教育；逾期不改的，由司法部门依法发放相关司法

---

① 比如，中共中央、国务院 2019 年印发《关于深化教育教学改革全面提高义务教育质量的意见》，国务院办公厅 2017 年印发《关于进一步加强控辍保学提高义务教育巩固水平的通知》，国务院 2016 年印发《关于统筹推进县域内城乡义务教育一体化改革发展的若干意见》。

文书，敦促其保证辍学学生尽早复学；情节严重或构成犯罪的，依法追究法律责任。

（三）婴幼儿照护服务和学前教育促进

三岁以下婴幼儿（简称婴幼儿）照护服务是生命全周期服务管理的重要内容，事关婴幼儿健康成长，事关千家万户。学前教育是终身学习的开端，是国民教育体系的重要组成部分，是重要的社会公益事业。为进一步完善托育、学前教育公共服务体系，政府承担着发展托育、学前教育事业的职责。[①]

政府应当将婴幼儿照护服务纳入经济社会发展规划，加快完善相关政策，强化政策引导和统筹引领，充分调动社会力量积极性，大力推动婴幼儿照护服务发展，优先支持普惠性婴幼儿照护服务机构。政府应当规范发展多种形式的婴幼儿照护服务机构，将需要独立占地的婴幼儿照护服务设施和场地建设布局纳入相关规划，新建、扩建、改建一批婴幼儿照护服务机构和设施。充分发挥市场在资源配置中的决定性作用，梳理社会力量进入的堵点和难点，采取多种方式鼓励和支持社会力量举办婴幼儿照护服务机构。鼓励地方政府通过采取提供场地、减免租金等政策措施，加大对社会力量开展婴幼儿照护服务、用人单位内设婴幼儿照护服务机构的支持力度。

政府应当充分考虑人口变化和城镇化发展趋势，制定幼儿园布局规划，切实把普惠性幼儿园建设纳入城乡公共管理和公共服务设施统一规划，列入本地区控制性详细规划和土地招拍挂建设项目成本，选定具体位置，明确服务范围，确定建设规模，确保优先建设。公办园资源不足的城镇地区，新建、改扩建一批公办园。大力发展农村学前教育，每个乡镇原则上至少办好一所公办中心园，大村独立建园或设分园，小村联合办园，人口分散地区根据实际情况可举办流动幼儿园、季节班等，配备专职巡回指导教师，完善县

---

① 比如，国务院办公厅 2019 年印发《关于促进 3 岁以下婴幼儿照护服务发展的指导意见》，中共中央、国务院 2018 年印发《关于学前教育深化改革规范发展的若干意见》。

乡村三级学前教育公共服务网络。把发展普惠性学前教育作为重点任务，着力构建以普惠性资源为主体的办园体系，大力发展公办园，充分发挥公办园保基本、兜底线、引领方向、平抑收费的主渠道作用，同时鼓励引导规范社会力量办园，特别是加大扶持力度引导社会力量更多举办普惠性幼儿园，通过购买服务、综合奖补、减免租金、派驻公办教师、培训教师、教研指导等方式，支持普惠性民办园发展，并将提供普惠性学位数量和办园质量作为奖补和支持的重要依据。

（四）职业教育促进

职业教育是国民教育体系的重要环节，是很多未成年学生走向成年、个性形成、自主发展的关键时期，肩负着为各类人才成长奠基、培养高素质技术技能型人才的使命，也关系未成年人的发展权的实现。但是，与未成年人实现充分发展的需求相比，与建设现代化经济体系、建设教育强国的要求相比，我国职业教育还存在着体系建设不够完善、有利于未成年人接受职业教育的配套政策尚待完善等问题。因此，政府承担着促进和保障未成年人接受职业教育的职责。[1] 一是提高中等职业教育发展水平，积极招收初高中毕业未升学未成年学生，鼓励中等职业学校联合中小学开展劳动和职业启蒙教育，将动手实践内容纳入中小学相关课程和学生综合素质评价。二是推进高等职业教育高质量发展，吸引未成年人报考高等职业院校，扩大对初中毕业生实行中高职贯通培养的招生规模。三是鼓励和支持人民团体、企业事业单位、社会组织为未成年人提供职业技能培训服务。

（五）特殊教育保障

发展特殊教育是保障身心障碍未成年人受教育权的重要举措，是推进教育公平、实现教育现代化的重要内容，是坚持以人为本理念、弘扬人道主义

---

[1] 比如，国务院 2019 年印发《国家职业教育改革实施方案》，教育部等九部门 2020 年印发《职业教育提质培优行动计划（2020—2023 年)》。

精神的重要举措。多年来，我国特殊教育事业取得较大发展，各级政府投入明显增加，残疾未成年人义务教育普及水平显著提高，非义务教育阶段特殊教育办学规模不断扩大，残疾学生在国家助学体系中得到优先保障。但总体上看，我国特殊教育整体发展依然不平衡、不充分。农村残疾未成年人义务教育普及率不高，非义务教育阶段特殊教育发展水平偏低，特殊教育学校办学条件有待改善，特殊教育条件保障机制还不够完善。为进一步保障残疾未成年人受教育权利，帮助未成年残疾人全面发展和更好融入社会，政府负有发展和保障特殊教育的职责。① 一是应当坚持统筹推进，普特结合，形成以普通学校和幼儿园随班就读为主体、以特殊教育学校和幼儿园为骨干、以送教上门和远程教育为补充的融合教育格局。二是加快发展非义务教育阶段特殊教育。政府采取措施，支持普通幼儿园接收残疾未成年人，设置专门招收残疾未成年人的特殊幼儿园，保障普通高中和中等职业学校通过随班就读、举办特教班等扩大招收残疾学生的规模，依托现有特殊教育和职业教育资源，集中力量办好盲人高中（部）、聋人高中（部）和残疾人中等职业学校。三是保障特殊教育学校、幼儿园的办学、办园条件，加强特殊教育基础能力建设，探索教育与康复相结合的特殊教育模式，健全特殊教育经费投入机制，在制定学前、高中阶段和高等教育的生均财政拨款标准时，重点向特殊教育倾斜，加强专业化特殊教育教师队伍建设，大力推进特殊教育课程教学改革。四是鼓励和支持社会力量举办特殊教育学校、幼儿园，支持符合条件的非营利性社会福利机构向残疾未成年人提供特殊教育。

（六）校园及周边安全保障

校园应当是最阳光、最安全的地方。加强中小学、幼儿园安全工作是全面贯彻党的教育方针，保障学生健康成长、全面发展的前提和基础，关系广大师生的人身安全，事关亿万家庭幸福和社会和谐稳定。长期以来，政府高

---

① 比如，教育部 2020 年印发《关于加强残疾儿童少年义务教育阶段随班就读工作的指导意见》，教育部等七部门 2017 年印发《第二期特殊教育提升计划（2017—2020 年）》。

度重视学校安全工作，采取了一系列措施维护学校安全，学校安全形势总体稳定。但是，受各种因素影响，学校安全工作还存在相关制度不完善、不配套，预防风险、处理事故的机制不健全、意识和能力不强等问题。为切实加强学校及周边安全风险防控工作，有效减少安全事故发生，确保未成年学生生命安全，政府承担着保障和促进校园安全、维护学校和幼儿园周边治安和交通秩序的职责。① 一是政府应当重视学校安全风险防控工作，将学校安全作为经济社会发展的重要指标和社会治理的重要内容，建立政府主导、相关部门和单位参加的学校安全风险防控体系建设协调机制，定期研究和及时解决学校安全工作中的突出问题。二是政府各相关部门要切实承担起学校安全日常管理的职责，制定具体细则或办法，加强沟通协调，协同推动防控机制建设，形成各司其职、齐抓共管的工作格局。三是政府教育督导机构应当将学校安全工作作为教育督导的重要内容，加强对政府及各有关部门、学校落实安全风险防控职责的监督、检查。四是公安机关、教育行政部门和学校应当在信息沟通、应急处置等方面健全协作联动机制，加强校园周边综合治理，在学校周边探索实行学生安全区域制度。五是公安机关应当进一步完善与维护校园安全相适应的组织机构设置形式和警力配置，加强学校周边"护学岗"或者警务室建设，健全日常巡逻防控制度，完善高峰勤务机制，派出经验丰富的民警加强学校安全防范工作指导。六是公安交管部门要加强交通秩序管理，完善交通管理设施。七是公安机关、教育行政部门应当联合建立学校周边治安形势研判预警机制，对涉及学校和学生安全的违法犯罪行为和犯罪团伙，要及时组织开展专项打击整治行动，防止发展蔓延。

（七）适合未成年人活动场所和设施促进

联合国《儿童权利公约》第 31 条要求缔约国确认儿童有享有休息和闲暇、从事和儿童年龄相宜的游戏和娱乐活动，以及自由参加文化和艺术活动的权利。缔约国要尊重并促进儿童的相关权利，并采取措施鼓励提供适当和

---

① 比如，国务院办公厅 2017 年印发《关于加强中小学幼儿园安全风险防控体系建设的意见》。

均等的机会。1996 年，联合国儿童基金会发起了"儿童友好"城市倡议，指出政府应当全方面履行《儿童权利公约》，不管是大城市、中等城市还是小城市以及社区，都应该充分尊重和保障儿童体能和智能、身体和心理充分发展的权利，保证儿童对城市环境及环境中教育资源的合理使用权，并尊重儿童参与社区生活、参与社区公共事务的权利。2010 年，国务院妇女儿童工作委员会办公室制定了《中国"儿童友好城市"的创建目标与策略措施》。目前，已有深圳、北京、长沙、成都和浙江海宁等多个城市将建设儿童友好型城市作为未来城市发展规划的重要组成部分。2016 年，我国"儿童友好社区工作委员会"成立，出台了《中国儿童友好示范社区建设指南》，从政策友好、环境友好、服务友好三个维度来构建和评估"中国儿童友好社区生态体系"。根据儿童友好城市和友好社区建设的要求，政府负有保障和促进适合未成年人活动场所和设施的职责。一是促进适合未成年人的活动场所和设施建设。地方人民政府应当将适合未成年人的公益性活动场所建设纳入国民经济和社会发展规划，将管理和使用经费纳入政府财政预算。大中城市应当逐步建立布局合理、规模适当、经济实用、功能配套的未成年人校外活动场所。二是鼓励和支持学校在国家法定节假日、休息日及寒暑假期将文化体育设施对未成年人免费或者优惠开放。三是地方人民政府应当采取措施，防止任何组织或者个人侵占、破坏学校、幼儿园、婴幼儿照护服务机构等未成年人活动场所的场地、房屋和设施。

（八）卫生保健服务促进

中小学期间的未成年人处于成长发育的关键阶段。加强中小学健康促进，增强他们的体质，是促进中小学生健康成长和全面发展的需要。此外，随着成长发育，中小学生自我意识逐渐增强，认知、情感、意志、个性发展逐渐成熟，人生观、世界观、价值观逐渐形成。因此，在此期间有效保护、积极促进其身心健康成长意义重大。为保障未成年人健康成长的权益，政府承担着促进未成年人卫生保健服务的职责。一是对未成年人进行卫生保健和营养指导，提供卫生保健服务。二是卫生健康部门应当依法做好未成年人医疗卫生保健工作。三是加强心理健康教育和心理问题诊治。教育行政部门应当建立健全儿童心理健康教育制度，重点加强对留守儿童和孤儿、残疾儿童、自闭症儿童的心理辅导。

（九）困境未成年人分类保障

近年来，一些未成年人因家庭经济贫困、自身残疾、缺乏有效监护等原因，面临生存、发展和安全困境，一些冲击社会道德底线的极端事件时有发生，不仅侵害未成年人权益，也影响社会和谐稳定。为加强困境未成年人保障工作，确保困境未成年人生存、发展、安全权益得到有效保障，政府对困境未成年人负有分类保障的职责。①

困境未成年人包括因家庭贫困导致生活、就医、就学等困难的未成年人，因自身残疾导致康复、照料、护理和社会融入等困难的未成年人，以及因家庭监护缺失或监护不当遭受虐待、遗弃、意外伤害、不法侵害等导致人身安全受到威胁或侵害的未成年人。保障困境未成年人的合法权益，政府负责主导，制定配套政策措施，健全工作机制，统筹各方资源，针对困境未成年人监护、生活、教育、医疗、康复、服务和安全保护等方面的突出问题，根据困境未成年人自身、家庭情况分类施策，促进困境未成年人健康成长。针对困境未成年人生存发展面临的突出问题和困难，完善落实社会救助、社会福利等保障政策，拓展保障范围和内容，实现制度有效衔接，形成困境未成年人保障政策合力。一是保障基本生活。对于无法定抚养人的儿童，纳入孤儿保障范围。对于无劳动能力、无生活来源、法定抚养人无抚养能力的未满十六周岁儿童，纳入特困人员救助供养范围。二是保障基本医疗。对于经济困难的重病、重残儿童，城乡居民基本医疗保险和大病保险给予适当倾斜，医疗救助对符合条件的适当提高报销比例和封顶线。加强城乡居民基本医疗保险、大病保险、医疗救助、疾病应急救助和慈善救助的有效衔接，实施好基本公共卫生服务项目，形成困境未成年人医疗保障合力。三是强化教

---

① 比如，国务院2016年印发《关于加强困境儿童保障工作的意见》。

育保障。对于家庭经济困难儿童，落实教育资助政策和义务教育阶段"两免一补"政策。对于残疾儿童，建立随班就读支持保障体系，为其中家庭经济困难的提供包括义务教育、高中阶段教育在内的十二年免费教育。四是落实监护责任。对于失去父母、查找不到生父母的儿童，纳入孤儿安置渠道，采取亲属抚养、机构养育、家庭寄养和依法收养方式妥善安置。对于父母没有监护能力且无其他监护人的儿童，以及人民法院指定由民政部门担任监护人的儿童，由民政部门设立的儿童福利机构收留抚养。五是加强残疾未成年人福利服务。对于六周岁以下视力、听力、言语、智力、肢体残疾儿童和孤独症儿童，加快建立康复救助制度，逐步实现手术免费、康复辅助器具配置和康复训练等服务免费。

（十）政府监护

对未成年人实行监护，既关系到被监护人的个人利益，也关系到家庭幸福、社会稳定的社会利益，是国家应当承担的重要职责。近年来，未成年人的不幸事件时有报道，这些报道一方面体现了传统家庭监护的不足与缺陷，另一方面也折射出我国未成年人保护中"国家监护"的缺位。未成年人国家监护制度包括临时监护和长期监护。当未成年人暂时处于无监护保护状态或者暂时不宜由监护人继续监护时，民政部门出于对未成年人的保护，代表国家负责临时监护。民政长期监护指的是民政部门已经取得监护资格，作为未成年人的监护人依法履行对未成年人抚养、教育和保护的职责。

具有下列情形之一的，民政部门应当依法对未成年人进行临时监护：未成年人流浪乞讨或者身份不明，暂时查找不到父母或者其他监护人；监护人下落不明且无其他人可以担任监护人；监护人因自身客观原因或者因发生自然灾害、事故灾难、公共卫生事件等突发事件不能履行监护职责，导致未成年人监护缺失；监护人拒绝或者怠于履行监护职责，导致未成年人处于无人照料的状态；监护人教唆、利用未成年人实施违法犯罪行为，未成年人需要被带离安置；未成年人遭受监护人严重伤害或者面临人身安全威胁，需要被紧急安置；法律规定的其他情形。对临时监护的未成年人，民政部门可以采取委托亲属抚养、家庭寄养等方式进行安置，也可以交由未成年人救助保护机构或者儿童福利机构进行收留、抚养。临时监护期间，经民政部门评估，监护人重新具备履行监护职责条件的，民政部门可以将未成年人送回监护人抚养。

具有下列情形之一的，民政部门应当依法对未成年人进行长期监护：查找不到未成年人的父母或者其他监护人；监护人死亡或者被宣告死亡且无其他人可以担任监护人；监护人丧失监护能力且无其他人可以担任监护人；人民法院判决撤销监护人资格并指定由民政部门担任监护人；法律规定的其他情形。民政部门进行收养评估后，可以依法将其长期监护的未成年人交由符合条件的申请人收养。收养关系成立后，民政部门与未成年人的监护关系终止。

民政部门承担临时监护或者长期监护职责的，财政、教育、卫生健康、公安等部门应当根据各自职责予以配合。县级以上人民政府及其民政部门应当根据需要设立未成年人救助保护机构、儿童福利机构，负责收留、抚养由民政部门监护的未成年人。

（十一）开通全国统一未成年人保护热线

为进一步拓宽未成年人保护工作渠道，及时发现侵害未成年人的情形，更加方便、快捷、有效保护未成年人，解决未成年人保护线索发现难、报告难、干预难、联动难、监督难问题，县级以上人民政府负有开通全国统一的未成年人保护热线的职责。

开通未成年人保护热线，及时受理、转介侵犯未成年人合法权益的投诉、举报，形成报告、受理、登记、移送、核实、处理、反馈、监督的未成年人保护机制。按照"统一平台、一号对外、集中受理、分级介入、限时办理、统一回复"原则，打造服务流程闭环化、服务体系网络化、资源链接高效化、系统功能智能化的"一站式"未成年人保护综合平台。未成年人保护热线工作涉及多部门、多领域，需要多方协调、统筹推进，充分发挥政府未成年人保护工作协调机制的作用，明确民政、公安、教育、司法、卫生健康、人力资源和社会保障、文化和旅游、共青团、妇联等单位和组织的职责，打通未成年人保护全链条、上下游各环节，形成工作闭环。开通全国统一的未成年人保护热线，应当充分保障资金、场所、设施设备、人员队伍等投入，可以建立或明确专门机构及团队负责热线运行全面工作，也可以依托未成年人救助保护机构负责热线受理和运营工作，还可以采取购买服务或委托社会组织负责热线受理等具体事宜，推动建立法律、心理、社工等领域专家和志愿者队伍，参与个案受理、咨询、处置等工作。

（十二）建立特定违法犯罪人员信息查询系统

国家建立性侵害、虐待、拐卖、暴力伤害等违法犯罪人员信息查询系统，向密切接触未成年人的单位提供免费查询服务。

近年来，侵害未成年人人身权利的违法犯罪案件时有发生，一些从业人员利用职业便利所实施的侵害行为，更是严重危害未成年人身心健康及家长、社会公众的安全感，同时也严重损害了相关行业的社会形象。性侵害、虐待等违法犯罪行为具有极高的再犯可能性，而且利用职业便利实施的隐蔽性更强，再犯预防的必要性非常突出。在密切接触未成年人的行业中尽快构筑从业禁止的预防体系显得十分必要且紧迫。虽然我国刑法和相关行业性法律法规已经为从业禁止制度提供了基本法律依据，但仍然存在操作性不足、强制性不够、系统性欠缺等诸多机制层面的瓶颈问题。因此，国家需要建立性侵害、虐待、拐卖、暴力伤害等违法犯罪人员信息查询系统，向密切接触未成年人的单位提供免费查询服务，以落实密切接触未成年人从业查询和限制制度。首先，由国家建立信息查询系统，以打破违法犯罪记录的地域壁垒。其次，查询的是性侵害、虐待、拐卖、暴力伤害等违法犯罪记录，违法犯罪记录所指的被害人不限于未成年人，包括成年人和未成年人。最后，国家应当采取措施，保障向密切接触未成年人的单位提供免费查询服务。

（十三）社会支持体系促进

未成年人保护工作的核心内容是为未成年人提供专业服务，这就需要依靠专业的社会力量。一方面，政府应当通过委托、项目合作、重点推介、孵化扶持等多种方式，积极培育未成年人服务类的社会组织，支持相关社会组织加强专业化、精细化、精准化服务能力建设，在场地提供、水电优惠、食宿保障等方面提供优惠便利条件。另一方面，推进政府购买服务，建立有效的监督评价机制，引导和规范社会组织、社会工作者提供专业服务，包括但不限于家庭教育指导、心理辅导、康复救助、监护及收养评估。

中国未成年人社会保护进展研究

夏吟兰　张爱桐*

摘　要：　全社会应共同努力，保护未成年人的健康成长。作为未成年人社会保护的重要代表，妇联、共青团等人民团体及社会组织多年来积极投身未成年人保护事业，采取措施保障未成年人的合法权益和健康成长。其中，妇联在推动女童保护、促进农村留守儿童保护以及援助受监护人侵害的未成年人等方面发挥了重要作用；共青团在健全未成年人维权机制、预防未成年人违法犯罪以及协调领导相关青年团体加强对未成年人的保护等领域取得了较大进展。此外，其他人民团体、社会组织也发挥了重要作用。一方面，各人民团体、社会组织充分发挥辅助功能，协助政府部门及妇联、共青团等组织开展工作。另一方面，各人民团体、社会组织积极发挥主观能动性，在自己的专业领域推动对未成年人的社会保护。面向未来，为促进社会力量更有效地参与对未成年人的保护，建议明确定位，发挥妇联、共青团等团体组织的桥梁和纽带作用；建议发展力量，培育未成年人保护专业社会组织；建议完善机制，指导、协调并推动志愿者队伍建设。

关键词：　未成年人权利　社会保护　妇联　共青团

---

* 夏吟兰，中国政法大学教授，博士生导师；张爱桐，中国政法大学博士研究生。

《世界人权宣言》第 25 条规定"儿童有权享受特别照顾和协助"，《儿童权利公约》也强调对儿童的特别保护。1989 年 11 月 20 日，联合国《儿童权利公约》重申对儿童的特别保护并明确将儿童界定为"18 岁以下的任何人"。中国于 1991 年决定批准加入《儿童权利公约》，近三十年来也采取了一系列措施保障未成年人权益，促进未成年人的健康成长，在未成年人保护事业中取得了突出进展。这充分体现了中国积极履行国家人权义务的大国担当。未成年人成长于社会之中，未成年人的成长需求需要通过社会途径来满足，我们必须正视社会经济快速发展以及互联网等新技术变革给未成年人保护事业带来的挑战。在新的时代背景下，为保障未成年人健康成长，在继续完善对未成年人的立法、行政执法及司法保护的基础上，必须树立保护未成年人的社会共识，培育关爱未成年人的社会氛围并充分发挥相关人民团体、社会组织的重要作用，重视并逐步加强未成年人的社会保护。

《中华人民共和国未成年人保护法》（以下简称《未成年人保护法》）明确了保护未成年人的共同责任，要求共青团、妇联等有关人民团体、社会组织协助政府做好未成年人保护工作。未成年人是国家未来发展的关键力量，全社会应共同努力，在未成年人保护事业中发挥推动作用。作为未成年人保护社会力量的重要代表，妇联、共青团等人民团体、社会组织应积极投身未成年人保护事业，采取措施保障未成年人的合法权益和健康成长。本报告共分为五个部分：对未成年人社会保护整体情况的概述，对妇联、共青团及其他人民团体、社会组织保护未成年人工作进展的综述，以及立足现实情况和已取得的有益经验提出关于未成年人社会保护未来发展的思考与展望。

一　未成年人社会保护整体情况概述

本报告所涉未成年人的社会保护集中关注妇联、共青团等人民团体、社会组织对未成年人的保护。对未成年人社会保护的发展及人民团体、社会组织推动未成年人保护的主要路径进行简要概述，有利于从宏观视角了解未成年人社会保护的整体情况，可为准确把握妇联、共青团等人民团体、社会组织的具体工作成果提供基础。

（一）未成年人社会保护的历史发展

人民团体、社会组织的建立和发展是未成年人社会保护的组织基础，中国社会组织的发展主要经历了四个阶段：第一，1949年至1966年的初期阶段。出于政治需要建立了青联、妇联、工商联、科联等人民团体和社会团体。第二，1966年至1978年的停滞阶段。受"文化大革命"的影响，这一时期已成立的社团几乎停止了活动。第三，1978年至1995年的恢复阶段。在改革开放的时代背景下，社会团体大量涌现。1991年《未成年人保护法》规定了保护未成年人的社会责任，明确了中国未成年人社会保护应遵循的基本原则和法律依据。第四，1995年至今，中国社团组织的发展取得了突破性进展，其逐步在社会经济和政治发展中扮演重要角色。[1] 各人民团体、社会组织积极投身未成年人保护事业。

近年来，妇联、共青团等人民团体、社会组织在未成年人保护中发挥了越来越重要的作用。2011年8月，国务院办公厅发布《关于加强和改进流浪未成年人救助保护工作的意见》，明确坚持政府主导和社会参与的基本原则，鼓励调动社会力量，形成保护未成年人的工作合力。[2] 2013年11月，《中共中央关于全面深化改革若干重大问题的决定》强调要改进社会治理方式，激发社会组织活力。[3] 2016年，国务院先后发布《关于加强农村留守儿童关爱保护工作的意见》及《关于加强困境儿童保障工作的意见》，要求妇联、共青团等群团组织发挥自身优势，在保护农村留守儿童、困境儿童工作

---

[1] 参见杨芳勇《社会工作机构参与社会治理的作用机制研究——以江西省未成年人社会保护项目为例》，载《社会工作》2017年第5期，第60页。

[2] 参见国务院办公厅《关于加强和改进流浪未成年人救助保护工作的意见》（国办发〔2011〕39号），2011年8月18日。

[3] 参见《中共中央关于全面深化改革若干重大问题的决定》，载中华人民共和国国务院新闻办公室网站：http://www.scio.gov.cn/zxbd/nd/2013/document/1374228/1374228_1.htm，最后访问日期：2020年10月25日。

中发挥积极作用。[①] 2018 年 7 月，国务院发布《关于建立残疾儿童康复救助制度的意见》，强调更好发挥社会力量作用，扩大针对残疾儿童的康复服务供给，提高康复服务质量。[②] 2020 年 3 月，国务院应对新型冠状病毒感染肺炎疫情联防联控机制印发《因新冠肺炎疫情影响造成监护缺失儿童救助保护工作方案》的通知，强调了基层妇联执行委员会等社会工作力量在监护缺失儿童救助工作中的重要作用。[③] 新时代党和政府为社会组织参与未成年人保护提出了新的要求，社会组织通过对社会治理各相关领域的参与，在保护未成年人等社会弱势群体、维护社会稳定等方面发挥了积极作用。

中国未成年人社会保护呈现两方面主要特点：第一，政府主导的社会组织成为未成年人社会保护的重要力量。政府拥有强大的行政权力、行政资源和组织动员能力，建设服务型政府需要大量的社会组织来承接从政府剥离出来的职能，如妇联、共青团等群团组织在未成年人保护工作中扮演着越来越重要的角色。第二，蓬勃兴起的民间组织成为孕育未成年人社会保护力量的土壤，越来越多的民间非政府组织在未成年人保护工作中发挥积极作用。[④] 对未成年人的保护涉及社会各个领域，全社会对未成年人的成长负有共同责任，未成年人保护事业的发展必须依靠植根于人民群众的各类社会组织的共同努力。

（二）人民团体、社会组织推动未成年人保护的主要路径

从整体来看，人民团体、社会组织通过推动完善相关立法及国家政策、制定机构指导性文件、进行宣传教育并组织开展未成年人保护专项活动，以

---

① 参见国务院《关于加强农村留守儿童关爱保护工作的意见》（国发〔2016〕13 号），2016 年 2 月 14 日；国务院：《关于加强困境儿童保障工作的意见》（国发〔2016〕36 号），2016 年 6 月 16 日。

② 参见国务院《关于建立残疾儿童康复救助制度的意见》（国发〔2018〕20 号），2018 年 7 月 10 日。

③ 参见国务院应对新型冠状病毒感染肺炎疫情联防联控机制：《因新冠肺炎疫情影响造成监护缺失儿童救助保护工作方案》（国发明电〔2020〕11 号），2020 年 3 月 15 日。

④ 参见李五一主编、褚敏副主编《共青团协助政府管理青少年事务的研究与实践》，中国社会出版社，2009，第 109 ~ 110 页。

及推动国际交流与合作等途径在未成年人社会保护事业中发挥积极作用。

第一，人民团体、社会组织在开展专题研究的基础上，推动未成年人保护相关立法及国家政策的健全和完善。一方面，人民团体、社会组织通过提交议案、撰写专题报告等渠道促进未成年人保护相关立法的修订完善。例如，妇联、共青团等人民团体通过参与立法调研、提出立法建议等途径有效推进《未成年人保护法》、《中华人民共和国预防未成年人犯罪法》（以下简称《预防未成年人犯罪法》）等保护未成年人专门立法的制定和修订完善。另一方面，人民团体、社会组织与其他国家部门协作，推动未成年人保护相关国家政策的建立健全。例如，为打击拐卖儿童问题，2000年3月，全国妇联与最高人民检察院等部门发布《关于打击拐卖妇女儿童犯罪有关问题的通知》；①为预防学生欺凌和校园暴力犯罪事件的发生，共青团配合教育部门持续发力，于2016年、2017年联合下发指导意见和治理方案。此外，妇联、共青团等群团组织还积极参与《儿童发展纲要》等政策文件的制定和更新完善。

第二，以国家立法和相关政策为指导，各人民团体、社会组织通过制定机构指导性文件推动对未成年人的保护。例如，根据《未成年人保护法》及《儿童发展纲要》，全国妇联制定了《全国家庭教育指导大纲》《全国家长学校工作指导意见》《家长教育行为规范》等指导性文件，以推动家庭教育工作。② 近年来，各地共青团在制定青少年发展规划方面进行了有益尝试，如北京、上海等地共青团制定《北京市"十一五"时期青少年事业发展规划》《上海青少年发展"十一五"规划》等，明确了保障未成年人健康成长的具体措施。③

第三，人民团体、社会组织通过宣传教育并组织开展专项活动，推动对未成年人的保护。在宣传教育方面，各级妇联设立儿童工作部门，形成了覆

---

① 参见联合国儿童权利委员会《1997年到期的缔约国第二次定期报告·中国》，2005年7月15日，文件编号：CRC/C/83/Add. 9，第377段。

② 参见联合国儿童权利委员会《1997年到期的缔约国第二次定期报告·中国》，2005年7月15日，文件编号：CRC/C/83/Add. 9，第122段。

③ 参见李五一主编、褚敏副主编《共青团协助政府管理青少年事务的研究与实践》，中国社会出版社，2009，第43页。

盖全国的家庭教育指导工作网络。① 各级共青团广泛开展"童心港湾""七彩假期"等项目，对未成年人进行防溺水、防性侵、交通安全、人身安全、心理健康等自我保护教育。在组织活动方面，妇联因地制宜开设母亲教育讲堂，引导家长为孩子讲好"人生第一课"，② 面向儿童开展"爱的教育"活动，鼓励未成年人爱自己、爱家人、爱生活。③ 共青团中央设立"12355"青少年服务台，其中设立的"青少年维权岗"为未成年人权益个案转介、处置提供坚强支撑。④ 通过开展宣传教育并组织专项活动，各人民团体、社会组织在提高未成年人保护意识，营造关爱未成年人社会环境方面扮演了重要角色。

第四，人民团体、社会组织通过开展国际交流与合作推动对未成年人的保护。一方面，相关人民团体、社会组织通过参与国家报告的撰写及提交"影子报告"，协助国家履行提交缔约国报告的国家义务，实现与联合国机构的沟通与协作。另一方面，相关人民团体、社会组织通过组织召开国际会议，交流保护未成年人权益的良好经验，扩大保护未成年人权益的影响力。例如，共青团中央、全国青联、联合国儿童基金会于2017年在第四届世界互联网大会中主办"未成年人网络保护论坛"，呼吁在保护未成年人工作中进行国际合作。⑤ 最后，相关人民团体、社会组织通过开展国际合作项目保护未成年人权益。例如，全国妇联与国际劳工组织在云南合作开展"湄公河流域反对对妇女儿童拐卖项目"，有效开展宣传、预防和康复服务，为建立综合性反拐机制打下良好基础。⑥

---

① 参见联合国儿童权利委员会《应于2009年提交的缔约国第三次和第四次定期报告·中国》，2012年7月6日，文件编号：CRC/C/CHN/3-4，第84、85段。

② 参见黄晓薇在中国妇女第十二次全国代表大会的报告《高举习近平新时代中国特色社会主义思想伟大旗帜 团结动员各族各界妇女为决胜全面建成小康社会实现中华民族伟大复兴的中国梦而不懈奋斗》，2018年10月30日。

③ 联合国儿童权利委员会：《1997年到期的缔约国第二次定期报告·中国》，2005年7月15日，文件编号：CRC/C/83/Add.9，第258段。

④ 参见共青团中央维护青少年权益部《积极用好未成年人保护的法律利器》，载《中国青年报》2020年10月29日第02版。

⑤ 参见《第四届世界互联网大会"守护未来·未成年人网络保护"分论坛举行》，载《中国青年报》2017年12月5日第01版。

⑥ 参见联合国儿童权利委员会《1997年到期的缔约国第二次定期报告·中国》，2005年7月15日，文件编号：CRC/C/83/Add.9，第381段。

二　妇联保护未成年人的工作进展

中华全国妇女联合会成立于 1949 年 4 月 3 日。维护妇女儿童的合法权益是妇联的主要任务。中国妇女全国代表大会工作报告多次强调儿童是革命的未来，祖国的希望，做好未成年人工作，促进未成年人健康成长是妇联工作的重要内容。① 近年来，妇联在推动女童保护、促进农村留守儿童保护以及援助受监护侵害未成年人等方面作出了一系列努力并取得了显著成果。

（一）推动加强对女童的保护

不论儿童性别如何，不受歧视、平等地受到保护是多项国际人权公约在保护儿童方面确立的重要原则。1993 年《维也纳宣言和行动纲领》重申了保护妇女和女童人权的重要意义。② 根据第六次人口普查数据，中国未成年人女性共 12903.758 万人，占总人口比例约 9.68%。③ 全国妇联在推动保护女童的受教育权、保护女童免受剥削和拐卖及消除对女童的性别歧视等方面取得了良好进展。

第一，妇联积极推动女童受教育权的充分实现。《中华人民共和国义务教育法》及《中华人民共和国妇女权益保障法》均明确规定了对女童受教育权的保护。在促进女童受教育权的实现方面，妇联设立"春蕾计划""春蕾计划实用技术培训专项基金"等专项基金，帮助女童接受义务教育。全国妇联、中国儿童基金会自 1989 年设立了帮助女童入学的专项基金，基金于 1992 年更名为"春蕾计划"。④ 全国妇联、中国儿童基金会于 1996 年增设

① 参见中国妇女第四至十二次代表大会报告，载中华全国妇女联合会网站：http://www.women.org.cn/col/col16/index.html，最后访问日期：2020 年 10 月 6 日。
② 参见《维也纳宣言和行动纲领》，1993 年 6 月 14 日第二次世界人权大会通过，第 18 条。
③ 杨晶：《女童》，载《中国妇女发展 20 年：性别公正视角下的政策研究》，社会科学文献出版社，2015，第 246 页。
④ 参见联合国儿童权利委员会《1994 年到期的缔约国首次报告·中国》，1995 年 8 月 21 日，文件编号：CRC/C/11/Add.7，第 187 段。

"春蕾计划实用技术培训专项基金"，为贫困大龄女童提供文化知识学习和技能培训，增加她们就业和适应市场经济的能力，降低她们盲目外流和被拐卖的可能。[①] 根据中国儿童少年基金会于2019年发布的三十年成果报告，"春蕾计划"累计筹集社会爱心捐助21.18亿元，资助女童超过369万人次。[②]

第二，在保护女童免受剥削和拐卖方面，全国妇联与政府部门及相关国际组织合作，通过推动立法、参与政策制定、组织研究交流并开展预防拐卖女童专门项目，有效提升了保护女童免受剥削和拐卖的社会共识。2004年，全国妇联和公安部等部门与国际劳工组织共同启动了"中国预防以劳动剥削为目的的拐卖女童和青年妇女项目"，通过采取措施降低脆弱性，预防女童和青年妇女被迫落入被剥削的境地。[③] 为应对频繁发生的女童性侵问题，教育部、公安部、共青团中央、全国妇联于2013年联合下发《关于做好预防少年儿童遭受性侵工作的意见》，同年，全国妇联发布《关于进一步做好关注女童安全促进儿童保护工作的通知》，要求各级妇联进一步履行好维护妇女、儿童权益的职责，依法维权，有效开展预防和打击侵害儿童合法权益的现象。此外，妇联积极推动《中华人民共和国刑法》修正案的起草工作，促进加大对性侵、性剥削及拐卖儿童相关犯罪的惩治力度。2015年《刑法修正案（九）》废除了嫖宿幼女罪，并规定以强奸罪从重处罚；2020年《刑法修正案（十一）》对强奸罪和猥亵儿童罪进行补充和完善，加大了对性侵未成年人犯罪的惩治力度。

第三，在消除对女童的性别歧视方面，受历史传统观念的影响，女童处于更容易受到歧视、忽视和侵犯的弱势处境。出生人口性别比及农村女童辍

---

① 联合国儿童权利委员会：《审议缔约国根据〈儿童权利公约关于买卖儿童、儿童卖淫和儿童色情制品问题的任择议定书〉第12条第1款提交的报告·中国应于2005年提交的初步报告》，2005年9月1日，文件编号：CRC/C/OPSA/CHN/1，第193段。

② 参见中国儿童少年基金会《花开绽放 硕果丰实——"春蕾计划"实施30年成果报告》，载《中国妇运》2019年第11期，第23页。

③ 联合国儿童权利委员会：《审议缔约国根据〈儿童权利公约关于买卖儿童、儿童卖淫和儿童色情制品问题的任择议定书〉第12条第1款提交的报告·中国应于2005年提交的初步报告》，2005年9月1日，文件编号：CRC/C/OPSA/CHN/1，第232段。

学率等体现了女童所受到的间接歧视，而对女童的性侵则是最直接且最严重的基于性别的权利侵犯。[1] 1995 年联合国世界妇女大会通过《北京宣言》及《行动纲领》，明确增强妇女和女童权能。《2030 年可持续发展议程》也明确将实现性别平等作为发展目标之一。作为促进妇女和女童权益的重要社会组织，妇联在宣传男女平等观念方面发挥了重要作用。2000 年 9 月，全国妇联与儿童基金会合作，召开"大众传媒与女童研讨会"，鼓励大众传媒在女童保护中发挥积极影响。[2] 2011 年 10 月，全国妇联主办"女童与可持续发展"研讨会，提出关爱女童，营造男女平等社会氛围的倡议。通过组织研讨活动，妇联在消除对女童的歧视方面发挥了重要作用。

（二）促进农村留守儿童的保护

随着城镇化和工业化的快速推进，中国农村留守儿童问题日益凸显。根据全国妇联课题组推算，中国有农村留守儿童 6102.55 万，占农村儿童 37.7%，占全国儿童 21.88%。[3] 2016 年 2 月，国务院发布《关于加强农村留守儿童关爱保护工作的意见》，要求处置留守儿童问题要充分发挥各方面的积极作用，形成全社会关爱农村留守儿童的良好氛围。[4] 关爱农村留守儿童，促进其各项权利的充分实现是全社会的共同责任，妇联在提高关爱农村留守儿童的社会共识及推动健全关爱农村留守儿童的社会服务体系方面发挥了积极作用。

第一，为提高关爱农村留守儿童的社会共识，一方面，全国妇联与政府各部门及其他团体组织联合发布相关政策文件，协调指导社会力量参与对农

---

[1] 参见蒋月娥《关注女童安全保护儿童权益是全社会的共同责任》，载《中国妇运》2013 年第 12 期，第 21 页。

[2] 联合国消除对妇女歧视委员会：《审议缔约国根据〈消除对妇女一切形式歧视公约〉第 18 条提交的报告·中国第五和第六次合并定期报告》，2004 年 6 月 10 日，文件编号：CEDAW/C/CHN/5 - 6，第 16 页。

[3] 参见全国妇联课题组《全国农村留守儿童、城乡流动儿童状况研究报告》，载《中国妇运》2013 年第 6 期，第 30 页。

[4] 参见国务院《关于加强农村留守儿童关爱保护工作的意见》（国发〔2016〕13 号），2016 年 2 月 14 日。

村留守儿童的保护。2017 年 7 月，全国妇联与民政部等印发《关于在农村留守儿童关爱保护中发挥社会工作专业人才作用的指导意见》，将非政府组织与社工视为关爱农村留守儿童的重要力量。[①] 另一方面，全国妇联积极开展宣传教育活动，推广普及涉及留守儿童权益保障的相关知识和信息。为推动家教知识宣传，妇联命名了一批农村留守流动儿童示范家长学校。[②] 以此为基础，妇联在提高关爱农村留守儿童的社会共识方面发挥了重要作用。

第二，在推动健全关爱农村留守儿童的社会服务体系方面，全国妇联通过开展留守儿童关爱服务项目，探索了农村留守儿童关爱服务的有效模式。2013 年，全国妇联、教育部等在全国 19 个留守流动儿童集中地区建立了 40 个健全农村留守儿童关爱服务体系试点。全国妇联儿童工作部于 2014 年发布《健全农村留守儿童关爱服务体系研究报告（要点）》，围绕健全农村留守儿童关爱服务体系的核心内涵、构成要素、运行模式及保障措施等问题展开研究。[③] 2014 年，为深入探索关爱留守儿童的有效模式，全国妇联与中国儿童少年基金会开展"儿童快乐家园"公益项目，在实践中有效推动了关爱农村留守儿童的工作进展。

（三）援助受监护人侵害的未成年人

《儿童权利公约》规定父母或其他法定监护人对儿童的养育和发展负有首要责任。[④]《未成年人保护法》明确禁止对未成年人实施家庭暴力、虐待

---

① 参见民政部、教育部、财政部、共青团中央、全国妇联《关于在农村留守儿童关爱保护中发挥社会工作专业人才作用的指导意见》，2017 年 7 月 17 日，载中华人民共和国民政部网站：http://www.mca.gov.cn/article/gk/wj/201708/20170815005497.shtml，最后访问日期：2020 年 10 月 9 日。
② 参见联合国儿童权利委员会《应于 2009 年提交的缔约国第三次和第四次定期报告·中国》，2012 年 7 月 6 日，文件编号：CRC/C/CHN/3 - 4，第 89 段。
③ 参见全国妇联儿童工作部《健全农村留守儿童关爱服务体系研究报告（要点）》，载《中国妇运》2014 年第 6 期，第 27 ~ 28、32 页。
④ 参见联合国《儿童权利公约》第 18 条第一款规定："缔约国应尽其最大努力，确保父母双方对儿童的养育和发展负有共同责任的原则得到确认。父母、或视具体情况而定的法定监护人对儿童的养育和发展负有首要责任。儿童的最大利益将是他们主要关心的事。"

和遗弃。① 父母或其他法定监护人是保障未成年人健康成长的第一责任人，然而，近年来监护人严重侵害被监护未成年人案件引发社会广泛关注。为应对监护侵害问题，2014 年 12 月，最高人民法院、最高人民检察院等四部门发布《关于依法处理监护人侵害未成年人权益行为若干问题的意见》，明确应加强与共青团、妇联等的联系与协作，积极引导、鼓励、支持社会力量，共同做好受监护人侵害的未成年人的保护工作。② 近年来，妇联在援助受监护侵害未成年人工作中发挥了重要作用。

第一，妇联采取有效措施预防和制止家庭暴力，并为遭受家庭暴力的未成年人提供支持和援助。③ 全国妇联于 2005 年在全国 31 个省（市、自治区）全面开通了全国妇联妇女维权公益服务热线 12338 及全国妇联玫琳凯反家暴热线 16838198，受理有关妇女儿童的侵权投诉并为受害者提供帮助。2015 年 9 月，全国妇联与民政部发布《关于做好家庭暴力受害人庇护救助工作的指导意见》，明确了保护因遭受家庭暴力而需要庇护救助的未成年人的工作原则、工作内容及要求。④ 妇联在发现未成年人遭受家暴后的上报、提供庇护和救助、代表未成年受害人向法院申请人身安全保护裁定以及协调社会工作服务机构、心理咨询机构等专业力量为未成年受害人提供援助服务等环节均扮演重要角色，有效推动了对遭受家庭暴力侵害的未成年人的保护。

第二，妇联积极履行职责，在监护人严重危害被监护人权益时向法院申请撤销监护人资格。妇联章程明确了协助有关部门或单位查处侵害妇女儿童

---

① 参见现行《中华人民共和国未成年人保护法》第 10 条："父母或者其他监护人应当创造良好、和睦的家庭环境，依法履行对未成年人的监护职责和抚养义务。禁止对未成年人实施家庭暴力，禁止虐待、遗弃未成年人，禁止溺婴和其他残害婴儿的行为，不得歧视女性未成年人或者有残疾的未成年人。"《中华人民共和国未成年人保护法（2020 年修订）》第 16 条、第 17 条。

② 参见最高人民法院、最高人民检察院、公安部、民政部《关于依法处理监护人侵害未成年人权益行为若干问题的意见》（法发〔2014〕24 号），2014 年 12 月 18 日，第 5 条。

③ 参见联合国儿童权利委员会《应于 2009 年提交的缔约国第三次和第四次定期报告·中国》，2012 年 7 月 6 日，文件编号：CRC/C/CHN/3-4，第 115 段。

④ 参见民政部、全国妇联《关于做好家庭暴力受害人庇护救助工作的指导意见》，载中华人民共和国中央人民政府网站：http://www.gov.cn/xinwen/2015-10/21/content_2951328.htm，最后访问日期：2020 年 10 月 9 日。

权益是妇联的主要职责。《关于依法处理监护人侵害未成年人权益行为若干问题的意见》规定妇联有权向法院申请撤销监护人资格。① 此外，《中华人民共和国民法总则》及《中华人民共和国民法典》均在法律层面明确了妇联等组织申请撤销监护人资格的主体地位。② 在发现监护人对被监护未成年人实施严重侵害行为时，妇联应为受害未成年人提供援助和支持，并在必要时及时申请撤销监护人资格，保护未成年人免于持续遭受监护侵害。2019年6月，江苏省妇联、省高院向社会发布维护妇女儿童合法权益十大典型案例，其中包括申请撤销监护人资格以保护未成年人权益案件。③ 在中国申请撤销监护人资格保护未成年人权益的已有实践中，各地妇联也发挥了重要作用。例如，在四川省珙县人民法院审理案件的监护人刘某某性侵9岁女儿案④、浙江省台州市黄岩区人民法院审理的监护人唐某某性侵9岁女儿案⑤、重庆市奉节县人民法院审理的监护人赵某某性侵继女案⑥等案件中，地方妇联均能够在发现监护人的犯罪事实后及时为受害未成年人提供援助和庇护，并出于保护未成年人之目的向法院申请撤销监护人资格。

综上所述，作为保护未成年人社会力量的重要代表，妇联在推动女童保护、促进农村留守儿童保护以及援助受监护侵害未成年人等方面发挥了重要作用，在社会层面为未成年人保护贡献了力量。

三　共青团保护未成年人的工作进展

中国共产主义青年团是中国共产党领导的先进青年的群众组织。根据共

---

① 参见最高人民法院、最高人民检察院、公安部、民政部《关于依法处理监护人侵害未成年人权益行为若干问题的意见》（法发〔2014〕24号），2014年12月18日，第27条。
② 参见《中华人民共和国民法总则》第36条、《中华人民共和国民法典》第36条。
③ 参见中国妇女报《江苏发布维护妇女儿童合法权益十大典型案例》，载中华全国妇女联合会网站：http://www.women.org.cn/art/2019/6/10/art_ 9_ 161771.html，最后访问日期：2020年9月10日。
④ 参见四川省珙县人民法院：（2019）川1526民特396号。
⑤ 参见浙江省台州市黄岩区人民法院：（2019）浙1003民特506号。
⑥ 参见重庆市奉节县人民法院：（2019）渝0236民特646号。

青团中央发布数据，截至 2017 年底，全国有共青团员 8124.6 万名，基层团组织 357.9 万个。① 共青团在推动健全未成年人维权机制、组织开展预防未成年人违法犯罪工作以及协调领导相关青年团体加强对未成年人的保护等方面发挥了重要作用。

（一）推动健全未成年人维权机制

《未成年人保护法》明确规定共青团有协助政府做好未成年人维权工作的法定职责。2017 年 4 月，中共中央、国务院印发《中长期青年发展规划（2016—2025 年）》，提出健全青少年权益保护机制等发展措施。② 为推动健全未成年人维权机制，共青团积极推动未成年人保护相关立法的不断完善及未成年人维权理念在全社会的深化普及，并在此基础上协调设立未成年人权益保障专门机构及工作机制，为维护未成年人权益提供坚实的组织基础。

第一，共青团积极推动相关立法的不断完善及未成年人维权理念的深化普及。在各级团组织的努力下，中国未成年人立法取得了较大进展。1987年 6 月，上海市团委牵头制定了《上海市未成年人保护条例》，同年 10 月，党中央同意由团中央牵头起草《未成年人保护法》。1988 年 8 月，共青团中央印发《关于共青团体制改革的基本设想》，明确在人大进行青少年相关立法时，团组织应主动提出意见和建议，接受委托起草有关法律草案。③ 为贯彻落实未成年人保护相关立法，深化普及保护未成年人的社会共识，各级团组织积极协调政府有关部门，在社会层面为未成年人提供网络保护、抵制毒品、营造健康的社会文化环境等行动贡献力量。

---

① 参见《最新数据统计：全国共青团员 8124.6 万》，载中国共青团网网站：http://qnzz. youth. cn/gzdt/201805/t20180531_ 11632923. htm，最后访问日期：2020 年 9 月 10 日。
② 参见中共中央、国务院《中长期青年发展规划（2016—2025 年）》，载中华人民共和国中央人民政府网站：http://www. gov. cn/xinwen/2017–04/13/content_ 5185555. htm#1，最后访问日期：2021 年 3 月 31 日。
③ 参见共青团中央《关于共青团体制改革的基本设想》，载中国共青团网网站：http://www. ccyl. org. cn/695/gqt_ tuanshi/gqt_ ghlc/his_ wx/his_ wx_ 1980_ 1989/200704/t20070420_ 20804. htm，最后访问日期：2021 年 3 月 31 日。

第二，共青团积极协调设立专门机构及工作机制，为维护未成年人权益提供组织基础。根据中国提交至联合国儿童权利委员会的缔约国报告，截至2008年底，中国各省、市、县共设立法律援助机构3268个，共青团与法律援助机构等联合成立法律援助工作站，形成以政府法律援助机构为主导，社会组织为补充的法律援助工作网络。① 在各地团委的推动下，截至2019年，全国31个省、直辖市、自治区出台了省级青年发展规划，共建立26个省级青年工作联席会议、193个市级联席会议、577个县级联席会议。② 2020年1月，共青团中央印发《共青团2020年工作重点》，进一步明确提升团内调研工作的规范化、科学化水平。③ 在共青团中央的领导和指示下，以基层团组织为依托，共青团在协调设立未成年人保护专门机构及工作机制方面取得了明显进展。

（二）组织开展预防未成年人违法犯罪工作

未成年人违法犯罪是各国普遍存在的社会问题。开展面向未成年人的法治教育，帮助未成年人矫治不良行为，促进违法犯罪未成年人回归社会等都是中国积极推动的未成年人保护工作内容。根据2020年修订的《中华人民共和国预防未成年人犯罪法》（以下简称《预防未成年人犯罪法》）第4条规定，共青团等团体应承担预防未成年人违法犯罪的相应职责。此外，中共中央、国务院于2017年印发《中长期青年发展规划（2016~2025年)》，强调了预防青少年犯罪的重要内容。④ 多年来，共青团通过推动立法政策的健全和完善、协调设置未成年人服务管理及犯罪预防工作机构，以及开展针对未成年人的法治宣传教育等途径，在预防未成年人犯罪工作中发挥了有效作用。

---

① 参见联合国儿童权利委员会《应于2009年提交的缔约国第三次和第四次定期报告·中国》，2012年7月6日，文件编号：CRC/C/CHN/3-4，第120段。
② 参见郭元凯《新中国成立70年共青团权益工作的积极探索与创新发展》，载《中国青年研究》2020年第4期，第58~59页。
③ 参见共青团中央《共青团2020年工作要点》（中青发〔2020〕2号），2020年1月15日，第15、16段。
④ 参见中共中央、国务院《中长期青年发展规划（2016—2025年)》，2017年4月13日。

第一，共青团积极参与相关立法和国家政策的制定和修订工作，推动预防未成年人犯罪相关法律政策的建立健全，为预防未成年人犯罪工作提供法律依据和理论指导。根据 1999 年 6 月审议通过的《预防未成年人犯罪法》，部分省（区、市）设立了少年法庭，建立了共青团陪审员制度。[①] 2018 年 9 月，《未成年人保护法》《预防未成年人犯罪法》修订同步纳入立法规划。在全国人大工作机构领导下，共青团中央积极参与，提出修订建议并配合开展论证调研、专家建议稿修改工作，推动预防未成年人犯罪工作在立法层面的进展。2019 年 12 月审议通过《中华人民共和国社区矫正法》，团中央积极推动设立"未成年人社区矫正特别规定"专章，以加强对未成年人的特别保护。

第二，共青团与相关政府部门协调配合，设置未成年人服务管理及犯罪预防工作机构，为预防未成年人犯罪工作提供组织基础。2001 年，为加强对预防青少年违法犯罪工作的领导，中央社会治安综合治理委员会成立预防青少年违法犯罪工作领导小组，办公室设在团中央。2011 年 9 月，成立预防青少年违法犯罪专项组，专项组共有 22 个成员单位，团中央是组长单位。[②] 中央一级虽未设未成年人保护委员会（以下简称"未保委"），但全国 70% 以上的地市级设立了未保委，办公室均设在同级团委。[③] 此外，由共青团中央委员会主管的中国预防青少年犯罪研究会也在预防未成年人犯罪工作中发挥了重要作用。

第三，共青团整合资源，开展针对未成年人的法治教育及思想道德教育，加强对未成年人法治意识和思想素质的培养，促进从根源处预防未成年人实施违法犯罪行为。为加强对未成年人的法治教育，以共青团中央为组长单位的预防青少年违法犯罪专项组会同成员单位广泛开展法治课堂、普

---

① 参见李五一主编、褚敏副主编《共青团协助政府管理青少年事务的研究与实践》，中国社会出版社，2009，第 46 页。

② 参见《中央综治委预防青少年违法犯罪专项组》，载《中国青年报》2012 年 3 月 19 日，07 版。

③ 参见郭元凯《新中国成立 70 年共青团权益工作的积极探索与创新发展》，载《中国青年研究》2020 年第 4 期，第 58～59 页。

法大赛、公益讲座、法律咨询等活动。近年来，共青团充分发挥新闻和网络媒体的作用，开辟未成年人思想教育网络基地。2011年，中国共青团网发布"用好新媒体、服务青少年"专题，关注用好新媒体，服务青少年方面的举措。① 通过加强对未成年人的法治教育及思想道德教育，共青团从根源处推动了预防未成年人犯罪工作。

（三）协调领导相关青年团体，加强对未成年人的保护

近年来，未成年人问题社会化趋势明显，对未成年人的保护需要社会力量的广泛参与，共青团在组织领导相关青年团体加强对未成年人的保护中发挥了重要作用。《共青团工作五年纲要（2009—2013）》指出为党团结凝聚各个领域、各类社会组织中的青年是共青团的重要任务。共青团在协调领导青年团体、加强对未成年人的保护方面发挥了重要作用。

第一，共青团通过发布政策文件、建立领导机制以指导相关青年团体开展保护未成年人的工作。2003年12月，共青团中央发布《全面建设小康社会进程中共青团工作战略发展规划》（以下简称《规划》），要求加强青年社团建设。《规划》指出，要切实加强共青团对各类青年社团组织的管理和指导。② 2004年12月，团中央发布《关于进一步加强团的基层组织建设的决定》，强调努力构建基层团组织联系青年的新型纽带。③ 2019年9月，团中央印发《关于切实做好新兴青年群体工作的意见》，明确形成党领导下的以共青团为主导的新兴青年群体工作体系这一重要工作目标。④ 此外，在机制设立方面，各级共青团也发挥了积极作用。2002年3月，上海市团委设立

---

① 参见专题"用好新媒体、服务青少年"，载中国共青团网网站：http：//zhuanti.gqt.org.cn/2011/newmedia/，最后访问日期：2020年10月12日。
② 参见共青团中央《全面建设小康社会进程中共青团工作战略发展规划》（中青发〔2004〕4号），2003年12月26日中国共产主义青年团第十五届中央委员会第二次全体会议通过。
③ 参见共青团中央《关于进一步加强团的基层组织建设的决定》（中青发〔2015〕4号），2004年12月17日中国共产主义青年团第十五届中央委员会第三次全体会议通过。
④ 参见共青团中央《关于切实做好新兴青年群体工作的意见》（中青发〔2019〕10号），2019年9月5日。

青年工作联席会议，协调统筹涉青少年工作。此外，北京、广东等省（市）也成立了青年工作领导小组，办公室设在团省（市）委。①

第二，共青团发挥统筹协调优势，开展促进未成年人权益保护的专项活动。在引导未成年人树立正确的世界观、人生观、价值观方面，共青团积极发挥对少先队的直接领导优势，多年开展"争做新时代好队员"等主题活动，加强对少先队员的思想道德教育。②通过学习宣传雷锋精神、开展主题实践活动、扎实推进志愿服务等方式，推动未成年人的思想道德建设，引导未成年人养成良好的品行。③此外，共青团中央在为未成年人的健康成长提供服务方面也有不少举措。2003年，共青团中央、教育部在教育系统开展创建优秀"青少年维权岗"活动，激励未成年人维权工作取得新进展。④2006年9月，共青团中央开设"12355"服务台，与全国律师协会、中国心理学会、属地律师事务所、心理咨询机构、青少年事务社工机构及各类基金会和公益组织合作，为未成年人提供成长咨询和权益服务。⑤

综上所述，共青团充分发挥自身的组织优势，在推动健全未成年人维权机制、组织开展预防未成年人违法犯罪工作以及领导相关青年团体加强对未成年人的保护方面取得了较大进展，推动了对未成年人的社会保护。

四　其他人民团体、社会组织保护未成年人的工作进展

其他人民团体、社会组织也在未成年人社会保护中发挥了重要作用。根

---

① 参见李五一主编、褚敏副主编《共青团协助政府管理青少年事务的研究与实践》，中国社会出版社，2009，第47页。
② 参见吴刚《中国少年先锋队第八次全国代表大会上的工作报告：牢记习近平总书记教导　为建设社会主义现代化强国时刻准备着》，载中国共青团网网站：http：//qnzz. youth. cn/qckc/202007/t20200727_ 12425643. htm，最后访问日期：2020年10月12日。
③ 参见共青团中央《关于在全国青少年中深入开展学雷锋活动的实施意见》（中青发〔2012〕4号），2012年2月22日发布。
④ 参见共青团中央、教育部《关于在全国教育系统开展创建优秀"青少年维权岗"活动的通知》（中青联发〔2003〕37号），2003年8月13日发布。
⑤ 参见共青团中央《关于加强新时代12355青少年服务台建设的意见》（中青发〔2020〕7号），2020年4月8日印发。

据民政部数据，截至 2020 年年中，全国共有社会团体 37.3 万个。① 发挥人民团体、社会组织在保护未成年人事业中的作用，有利于在全社会营造保护未成年人的社会氛围，最大限度推动对未成年人的社会保护。近年来，党和政府投入大量中央财政资金支持社会组织参与社会服务。② 在党和政府的支持和指导下，人民团体、社会组织迅速发展，在未成年人保护中取得了较大进展。

（一）其他人民团体、社会组织在未成年人保护中发挥的重要作用

各人民团体、社会组织能够发挥辅助功能，协助政府部门及妇联、共青团等组织开展工作。此外，各人民团体、社会组织积极发挥主观能动性，在自己的专业领域推动对未成年人的社会保护。

第一，其他人民团体、社会组织积极发挥辅助功能，通过"政府购买服务"等形式在政府部门及妇联、共青团等组织的支持、协调和指导下开展活动，推动未成年人的社会保护。政府对社会组织的支持力度持续加大，2019 年中央财政支持发展示范类项目（A 类）共 60 项，其中涉及未成年人保护项目 24 项，占比 40%，包括基层儿童服务中心、社区服务中心、医院、职业发展学校、妇女协会、行业协会在内的团体和组织均在其中发挥重要作用。③ 2020 年 1 月，财政部发布《政府购买服务管理办法》，扩大了政府购买服务的范围，将事业单位及使用事业编制且由财政拨款保障的群团组织之外的社会组织纳入其中。④ 作为参与社会治理的重要主体，各人民团

---

① 参见中华人民共和国民政部《2020 年 2 季度民政统计数据》，载中华人民共和国民政部网站：http://www.mca.gov.cn/article/sj/tjjb/qgsj/2020/2020083102001.html，最后访问日期：2020 年 10 月 16 日。

② 《为民生托底 让民心更暖——党的十八大以来全国民政事业发展成就综述》，载《人民日报》2019 年 4 月 2 日，第 02 版。

③ 参见中华人民共和国民政部《关于发布 2019 年中央财政支持社会组织参与社会服务项目立项名单的通知》，载中华人民共和国民政部网站：http://www.mca.gov.cn/article/xw/tzgg/201906/20190600017637.shtml，最后访问日期：2020 年 10 月 16 日。

④ 参见中华人民共和国财政部《政府购买服务管理办法》（财政部令第 102 号），2019 年 11 月 19 日第一次部务会议审议通过。

体、社会组织成为化解社会矛盾、维护社会秩序的重要力量。① 各人民团体、社会组织在政府部门的支持和指导下配合开展活动的趋势越来越明显，其辅助性功能在更大的范围内得以体现。

第二，其他人民团体、社会组织积极发挥主观能动性，自主开展活动，在自己的专业领域内为未成年人保护贡献力量。党的十九届三中全会公报指出，要推进社会组织改革，激发社会组织活力。② 社会组织具有动员社会资源、提供公益服务、社会协调与治理以及政策倡导与影响等功能。③ 在促进留守儿童权益保障方面，民政部、教育部、财政部、共青团中央及全国妇联于2017年印发《关于在农村留守儿童关爱保护中发挥社会工作专业人才作用的指导意见》，明确社会工作服务机构的主要工作包括开展救助保护、开展家庭教育指导以及开展社会关爱服务等。④ 为规范社会团体开展业务活动，民政部于2012年印发《关于规范社会团体开展合作活动若干问题的规定》。⑤ 以上述政策文件为依据，各人民团体、社会组织在开展未成年人救助工作、提供未成年人关爱服务、开展家庭教育指导以及援助受监护侵害未成年人等领域发挥着重要作用。

（二）其他人民团体、社会组织的代表性机构

近年来，以中华全国律师协会为代表的律师协会组织、以中国青少年研究中心为代表的独立研究机构，以及以北京青少年法律援助与研究中心为代表的兼具法律援助与研究职能的社会组织蓬勃发展，为未成年人保护贡献了重要力量。

---

① 参见黄晓勇主编《中国社会组织报告（2019）》，社会科学文献出版社，2019，第22页。
② 参见《中国共产党第十九届中央委员会第三次全体会议公报》，2018年2月28日中国共产党第十九届中央委员会第三次全体会议通过。
③ 参见王名《非营利性组织的社会功能及其分类》，载《学术月刊》2006年第9期，第8~11页。
④ 参见民政部、教育部、财政部、共青团中央、全国妇联《关于在农村留守儿童关爱保护中发挥社会工作专业人才作用的指导意见》，中华人民共和国中央人民政府网站：http://www.gov.cn/xinwen/2017-08/21/content_5219178.htm，最后访问日期：2020年10月16日。
⑤ 中华人民共和国民政部：《关于规范社会团体开展合作活动若干问题的规定》（民发〔2012〕166号），2012年9月27日发布。

第一，中华全国律师协会在未成年人的社会保护中发挥积极作用。全国律协成立于1986年，多年来积极参与对未成年人的保护。[1] 2003年5月，全国律协成立未成年人保护专业委员会。委员会于2007年起与北京青少年法律援助与研究中心在26个省联合开展"百城千县志愿律师能力建设培训"，覆盖各省的80%的县，推动了反对儿童暴力的社会共识并帮助受害儿童及时得到救助。[2] 2007年，委员会资助发起"黄丝带杯新起点与成长"征文，鼓励未成年服刑人员表达自己的心声。[3] 此外，全国律协积极参与《未成年人保护法》《预防未成年人犯罪法》等保护未成年人相关立法的修订，积极为未成年人保护事业贡献力量。

第二，中国青少年研究中心在未成年人的社会保护中发挥积极作用。中国青少年研究中心成立于1991年，是专门从事青少年相关研究的国家级学术机构。[4] 中国青少年研究中心积极参与国际交流活动。2016年5月，中国青少年研究中心派出代表赴希腊参加了第十届国际社会学年会及相关学术交流活动并于会议上发表演讲。[5] 2018年6月，中国青少年研究中心主办"未成年人社会性教育研究"中芬专家交流研讨会，对未成年人社会性教育问题展开研究。[6] 通过开展专项研究及学术活动，中国青少年研究中心在社会层面为未成年人保护提供理论基础，推动了国家和全社会对未成年人的保护。

---

[1] 参见中国律师网（中华全国律师协会网站）：http：//www.acla.org.cn/home/toMenu？menuIdStr=1-58，最后访问日期：2020年10月16日。

[2] 参见联合国儿童权利委员会：《应于2009年提交的缔约国第三次和第四次定期报告·中国》，2012年7月6日，文件编号：CRC/C/CHN/3-4，第125段。

[3] 参见联合国儿童权利委员会《应于2009年提交的缔约国第三次和第四次定期报告·中国》，2012年7月6日，文件编号：CRC/C/CHN/3-4，第61段。

[4] 参见中国青少年研究网（中国青少年研究中心网站）：http：//www.cycrc.org.cn/zxjj/，最后访问日期：2020年10月16日。

[5] 参见中国青少年研究中心《中国青少年研究中心学术代表团参加第十届国际社会学年会并发言》，载中国青少年研究网：http：//www.cycrc.org.cn/gjjl/201606/t20160607_76944.html，最后访问日期：2020年10月16日。

[6] 参见中国青少年研究中心《"未成年人社会性教育研究"中芬专家交流研讨会在京召开》，载中国青少年研究网：http：//www.cycrc.org.cn/gjjl/201806/t20180626_89564.html，最后访问日期：2020年10月16日。

第三，北京青少年法律援助与研究中心在未成年人的社会保护中发挥积极作用。北京青少年法律援助与研究中心成立于 1999 年，是中国首家专门从事未成年人法律援助与研究的公益法律机构。为推进未成年人保护工作，中心搭建了覆盖全国的协作网络，推动了未成年人法学研究和相关法律政策的完善。中心创建了包括提供法律服务、开展法学研究、推动和参与立法等内容的综合模式，积极推动更多的律师参与未成年人保护工作。[①] 中心积极参与未成年人保护相关立法的起草与修订工作，并对未成年人性引诱、性剥削、未成年人网络保护、未成年人交通安全、刑事责任年龄等议题展开研究，为国家立法和相关政策的健全和完善提供了理论参考，推动了对未成年人的社会保护。

五　未成年人社会保护之未来思考

未成年人是国家的未来和民族的希望，完善未成年人的社会保护，应首先明确妇联、共青团的功能和定位，确保其充分发挥桥梁和纽带的作用。其次，应继续发展未成年人保护的社会力量，培育致力于未成年人保护的专业社会组织。最后，应进一步完善机制，指导、协调并推动志愿者队伍建设。

（一）明确定位：充分发挥妇联、共青团的桥梁纽带作用

妇联、共青团均是在中国共产党领导下正式注册的群团组织，其中妇联以联系基层妇女，推动对妇女和未成年人的保护为宗旨和目标；共青团以团结最广大青年群众，在社会层面以推动并实现党的纲领目标为根本职责。就妇联、共青团的性质而言，二者与党和政府有着天然的密切关系，是党联系相关组织和人民群众的桥梁。习近平总书记在中共十九大报告中指出，要发

---

① 参见青少年维权网（北京青少年法律援助与研究中心网站）：http://www.chinachild.org/index.php/about/，最后访问日期：2020 年 10 月 16 日。

挥社会主义协商民主重要作用，打造共建共治共享社会治理格局。① 2016 年 11 月，第六次全国妇女儿童工作会议在北京召开，李克强总理在讲话中强调要充分发挥群团组织桥梁纽带作用，聚合社会力量优势。② 作为中国共产党领导下的重要社会组织，妇联、共青团明确自身定位有利于确保其在未成年人社会保护中发挥更大作用。

妇联及共青团应在未成年人社会保护中发挥桥梁纽带的作用。第一，妇联、共青团应发挥"向上建议反馈"的职能，在组织生活中发现问题并反映相关利益团体的诉求，推动相关立法和国家政策的不断健全和完善。一方面，多年来妇联始终把联系基层作为工作重点，建立了较为周密的组织网络，有能力通过调研等形式发现、收集相关利益团体在未成年人保护中面临的问题，并有机会在国家立法和组织生活中及时反馈并推动相关问题的解决。妇联积极发挥桥梁纽带作用，有利于畅通未成年人社会保护的渠道，推动国家各部门与各人民团体、社会组织形成保护合力。另一方面，共青团拥有自中央到地方、深入基层的完备组织体系，能够以强大的组织网络和群众影响力为基础，开展自上而下、覆盖全国的未成年人相关调研，发现不足之处，并在国家立法政策的制定及修订过程中发挥有效的推动作用。2019 年 2 月，共青团中央印发《关于加强新时代团的基层建设着力提升团的组织力的意见》的通知，指出加强共青团的纽带作用，扩大对青年组织的联系、服务和引导。③ 2020 年 1 月，共青团中央贺军科同志指出，共青团要在工作中发挥政治参与渠道作用，做好青少年利益诉求的协商代言。此外，共青团

---

① 参见习近平《决胜全面建成小康社会夺取新时代中国特色社会主义伟大胜利——在中国共产党第十九次全国代表大会上的报告》，载新华网：http://www.xinhuanet.com/2017 - 10/27/c_ 1121867529. htm，最后访问日期：2020 年 10 月 15 日。

② 参见《李克强在第六次全国妇女儿童工作会议上强调：全面有效保护妇女儿童合法权益 奋力开创妇女儿童事业新局面》，载中华全国妇女联合会网站：http://www.women.org.cn/art/2016/11/21/art_ 711_ 149169. html，最后访问日期：2020 年 10 月 15 日。

③ 参见共青团中央《关于加强新时代团的基层建设着力提升团的组织力的意见》（中青发〔2019〕2 号），2019 年 2 月 3 日印发。

围绕青少年成长发展热点问题、开展专题调研、积极开展政策倡议和社会倡导。① 以此为基础，共青团应继续发挥纽带作用，不断拓宽未成年人表达诉求的方式和渠道，推动未成年人社会保护相关立法和国家政策的不断完善。

第二，妇联、共青团应发挥"向下协调传达"的职能，积极向社会大众宣传党和政府保护未成年人的相关政策。一方面，妇联既具备与上级党委对话的能力，也能够参与基层社会生活，向人民群众宣传党和政府保护未成年人的相关政策。② 根据全国妇联 2019 年工作要点，组织开展宣传活动，联合有关部门做好维权案例发布等工作，促进男女平等、尊重妇女、保护儿童的观念深入人心是妇联工作的重要内容。③ 另一方面，共青团应充分发挥其在协助政府管理未成年人事务、宣传保护未成年人相关政策方面的优势。④ 共青团应积极推动建立保护未成年人权益的社会共识，主动承接和协助政府管理未成年人事务，借用政府和社会资源，为未成年人维护权益提供支持和服务。共青团中央在《关于大力推进新时代希望工程事业发展的若干意见》中指出，要始终坚持广泛发动公众参与的机制，走好公益事业的群众路线。⑤ 共青团充分发挥自身兼具政治性和群众性的优势，有利于推动未成年人保护相关立法和国家政策的充分落实，促进在社会层面形成保护未成年人的合力。

（二）发展力量：培育致力于未成年人保护的专业化社会组织

在实践中，缺少专业化社会组织带来的问题体现在未成年人社会保护的方方面面。在为未成年人提供社会关爱服务、为未成年受害者提供支持和援

---

① 参见《贺军科同志在共青团十八届四中全会上的报告和讲话》（共青团中央办公厅情况通报〔2020〕1 号），2020 年 1 月 16 日印发。

② 参见金一虹《妇联组织：挑战与未来》，载谭琳、刘伯红主编《中国妇女研究十年（1995～2005）》，社会科学文献出版社，2005，第 542 页。

③ 参见《全国妇联 2019 年工作要点》，载《中国妇运》2019 年第 2 期，第 10 页。

④ 参见李五一主编、褚敏副主编《共青团协助政府管理青少年事务的研究与实践》，中国社会出版社，2009，第 17 页。

⑤ 参见共青团中央《关于大力推进新时代希望工程事业发展的若干意见》（中青发〔2020〕6 号），2020 年 3 月 30 日印发。

助、预防未成年人违法犯罪等领域，亟须建立专业化社会组织，为国家公权力提供必要的协助和配合，在社会层面促进对未成年人的保护。2016年，中共中央办公厅、国务院办公厅印发《关于改革社会组织管理制度促进社会组织健康有序发展的意见》，提出重点培育为儿童、服刑人员未成年子女、有不良行为的青少年等特定群体服务的社区社会组织。① 2019年，民政部等十部门发布《关于进一步健全农村留守儿童和困境儿童关爱服务体系的意见》，指出应鼓励和引导社会力量广泛参与，培育孵化社会组织。② 培育致力于未成年人保护的专业化社会组织，提高现有相关社会组织的专业化程度，有利于为未成年人提供更精准的服务，更有效地参与和推动关于未成年人的保护工作。

第一，应积极培育致力于未成年人保护的专业化法律组织，为未成年人维权及预防未成年人犯罪提供法律服务。近年来，一方面，伴随社会经济的快速发展和人们生活的丰富多元化，未成年人的成长环境更加复杂，如侵害留守儿童权益、利用互联网等新技术侵犯未成年人权益等新类型案件不断出现，保护未成年人面临更大挑战。③ 在这一社会背景下，必须积极培育致力于未成年人保护的专业化法律组织，为未成年人维权提供更加专业的支持和服务。另一方面，未成年人身心发育不成熟，抵制非法诱惑的能力相对较弱。面对复杂多变的社会环境和良莠不齐的外界信息，未成年人受到引诱或不良影响而实施违法犯罪行为的比例逐年升高。面对未成年人的脆弱性和社会环境的复杂性，亟须培育从事预防未成年人违法犯罪工作的专业法律组织，为未成年人提供与时俱进的法治教育和科学引导。

第二，应积极培育和支持关注未成年人保护的专业化青年团体组织，

① 参见中共中央办公厅、国务院办公厅印发《关于改革社会组织管理制度 促进社会组织健康有序发展的意见》，载中华人民共和国中央人民政府网站：http://www.gov.cn/zhengce/2016-08/21/content_5101125.htm，最后访问日期：2020年10月16日。
② 参见民政部、教育部、公安部、司法部、财政部、人力资源和社会保障部、国务院妇女儿童工作委员会、共青团中央、全国妇联、中国残联《关于进一步健全农村留守儿童和困境儿童关爱服务体系的意见》（民发〔2019〕34号），2019年4月30日发布。
③ 参见佟丽华《未成年人需要更专业的关爱》，载《环球时报》2020年6月2日，第015版。

发动社会中的年轻力量积极参与未成年人的社会保护。青年群体广泛参与社会公共事务已成为重要社会趋势。[1] 据共青团北京市委 2017 年统计，北京市共有青年组织 8500 多个，有上百万青少年参与其中。从全国范围看，青年社会组织数量更为庞大，青年社会组织活跃在社会生活各个领域，积极发挥社会影响力。[2] 加强对专业化青年团体组织的扶持和培育力度，从政策、组织、财力方面给予支持，有利于团结更多的青年人，在专业领域为未成年人保护贡献力量。2019 年，共青团中央印发《关于切实做好新兴青年群体工作的意见》，指出要充分认识新兴青年在各个领域日益发挥重要作用，加强联系和引导。[3] 培育和支持关注未成年人保护的专业化青年团体组织，一方面能够借助青年群体的平台和资源，推动增强保护未成年人的社会共识；另一方面，通过提供必要的支持和指导，有助于青年团体组织逐步实现专业化，并在未成年人保护事业中发挥更有效的作用。

（三）完善机制：指导、协调并推动志愿者队伍建设

截至 2021 年 1 月 1 日，中国共有实名志愿者 1.92 亿，志愿团体 78.36万个。[4] 面对现有的庞大志愿者队伍，如何加强协调和指导，推动志愿者群体形成合力，在未成年人保护中发挥更积极的作用是迫切需要思考的问题。党的十九大报告指出要加强思想道德建设，推进志愿服务制度化。[5]《中长期青年发展规划（2016—2025 年）》将中国青年志愿者行动纳入十大

---

[1] 参见李五一主编、褚敏副主编《共青团协助政府管理青少年事务的研究与实践》，中国社会出版社，2009，第 76 页。

[2] 参见对外经济贸易大学廉思课题组《青年社会组织：汇聚时代青春力量》，载《光明日报》2018 年 11 月 16 日，第 07 版。

[3] 参见共青团中央《关于切实做好新兴青年群体工作的意见》（中青发〔2019〕10 号），2019 年 9 月 6 日印发。

[4] 参见中国志愿服务网：https://www.chinavolunteer.cn，最后访问日期：2021 年 1 月 1 日。

[5] 参见习近平《决胜全面建成小康社会 夺取新时代中国特色社会主义伟大胜利——在中国共产党第十九次全国代表大会上的报告》，载新华网：http://www.xinhuanet.com/2017-10/27/c_1121867529.htm，最后访问日期：2020 年 10 月 15 日。

重点项目，指出要稳步培育青年志愿服务骨干队伍，扩大基层志愿服务组织覆盖。[1] 2018 年，共青团中央印发《关于推进青年志愿服务工作改革发展的意见》，指出要重视青年志愿者工作，把培育、发展青年志愿服务组织作为基础性工作。[2] 发展志愿者、组织志愿者以及建立志愿者的相关激励机制是社会组织，尤其是妇联和共青团在未来要发挥的作用。

第一，完善志愿者的发展组织机制，增强志愿者群体的凝聚力和活跃度。2016 年，中央精神文明建设指导委员会印发《关于推进志愿服务制度化的意见》，强调要加强志愿者培训管理，对志愿者进行培训，提高服务意识、服务能力和服务水平。[3] 2017 年，国务院发布《志愿服务条例》，明确了志愿服务组织的具体职能及要承担的法律责任。[4] 为此，应继续推进发展志愿者工作，积极扩大志愿者的整体规模。在此基础上，应继续落实《志愿服务条例》的要求，完善志愿者组织培训机制，确保注册志愿者合法、安全、有效地参与未成年人保护活动。

第二，建立、健全志愿者内部激励制度，鼓励支持志愿者积极主动投身未成年人保护工作。《关于推进志愿服务制度化的意见》指出，要健全针对志愿服务的相关激励机制。[5] 一方面，加大对参与未成年人保护志愿服务志愿者的补助力度和津贴数额。中共中央组织部等五部门于 2009 年发布《关于统筹实施引导高校毕业生到农村基层服务项目工作的通知》，将"大学生

---

[1] 参见中共中央、国务院《中长期青年发展规划（2016—2025 年）》，载中华人民共和国中央人民政府网站：http：//www. gov. cn/xinwen/2017 – 04/13/content_ 5185555. htm#1，最后访问日期：2020 年 10 月 17 日。

[2] 参见共青团中央《关于推进青年志愿服务工作改革发展的意见》（中青发〔2018〕3 号），2018 年 3 月 16 日印发。

[3] 参见中央精神文明建设指导委员会《关于推进志愿服务制度化的意见》，载中华人民共和国中央人民政府网站：http：//www. gov. cn/xinwen/2014 – 02/26/content_ 2622318. htm，最后访问日期：2020 年 10 月 18 日。

[4] 参见国务院《志愿服务条例》（中华人民共和国国务院令第 685 号），2017 年 6 月 7 日国务院第 175 次常务会议通过。

[5] 参见中央精神文明建设指导委员会《关于推进志愿服务制度化的意见》，载中华人民共和国中央人民政府网站：http：//www. gov. cn/xinwen/2014 – 02/26/content_ 2622318. htm，最后访问日期：2020 年 10 月 18 日。

志愿服务西部计划"纳入支持范围，根据实际情况发放志愿者补助。[①] 借鉴这一经验，对参与未成年人保护相关服务的志愿者给予必要支持和津贴补助。另一方面，强化对参与未成年人保护志愿服务志愿者的精神奖励和政策照顾。根据《志愿服务条例》的规定，对在志愿服务事业发展中作出突出贡献的志愿者及志愿服务组织予以表彰和奖励。[②] 强化对参与未成年人保护志愿服务志愿者的精神奖励和政策照顾，有利于鼓励志愿者积极参与志愿服务，为未成年人保护事业贡献力量。

通过发挥妇联、共青团等团体组织在未成年人社会保护中的桥梁纽带作用、培育未成年人保护专业化社会组织并指导、协调和推动志愿者队伍的建设，我们应努力营造关爱、保护未成年人的社会氛围，推动全社会共同参与未成年人保护事业，为未成年人的健康成长保驾护航。

---

① 参见《2010年大学生志愿服务西部计划实施方案新变化解读》，载中国青年网：http://news. youth. cn/gn/201005/t20100506_ 1223112_ 3. htm，最后访问日期：2020年10月18日。

② 国务院：《志愿服务条例》（中华人民共和国国务院令第685号），2017年6月7日国务院第175次常务会议通过，第32条。

未成年人的网络保护

李红勃　王艺菲　李雨航　欧阳毅*

摘　要：　《中华人民共和国未成年人保护法》修订后，增设了"网络保护"专章，这是继《中华人民共和国网络安全法》施行后，第一次在未成年人领域涉及网络保护方面的专门规定。目前，我国已基本形成了未成年人网络保护体系，从多个方面保障未成年人上网安全，但仍需进一步加强立法，加强互联网企业监管，提升未成年人监护人的网络素养，优化未成年人的上网环境，形成家庭、学校、社会、政府的完整保护链，全方位保障未成年人的上网安全。

关键词：　未成年人　网络保护　网络素养

引　言

　　未成年人是网络空间的重要参与者。着眼于全球视野，国际电信联盟（International Telecommunication Union，ITU）于2017年发布的《信息通信技术事实与数据》显示，全球约70%的年轻人（15至24周岁）使用网络，其中发达国家、发展中国家与最不发达国家上网的年轻人占比分别为94%、

---

　*　李红勃，中国政法大学法治政府研究院教授，未成年人事务治理与法律研究基地执行主任；王艺菲，中国政法大学法学院硕士研究生；李雨航，中国政法大学法学院硕士研究生；欧阳毅，中国政法大学人权研究院硕士研究生。

67%与30%，而在8.3亿使用网络的年轻人中，约3.2亿（39%）人在中国和印度。[①] 就我国而言，根据共青团中央维护青少年权益部与中国互联网信息中心联合发布的《2019年全国未成年人互联网使用情况研究报告》（以下简称《使用情况研究报告》）称，我国未成年网民规模为1.75亿，互联网普及率达到93.1%，并且未成年人首次上网年龄降低，低龄化现象显著，即学龄前使用互联网的未成年人人数持续增多。[②]

尽管互联网对未成年人延伸课堂学习、便利娱乐生活以及拓宽人际交往等诸多方面发挥着正向积极的作用，但同时也带来了日益严重的网络犯罪问题，即网络侵害未成年人安全和权益的违法犯罪行为。根据国际电信联盟提出的概念框架，未成年人在使用网络时主要会受到三个方面的风险侵害：内容风险（儿童作为接收方）、接触风险（儿童作为参与方）、行为风险（儿童作为主动行为方）。[③] 这是由未成年人的成长性（幼年至成熟）与网络本身的特性所决定的，即未成年人处于成长阶段，其身心尚未成熟，认识与辨别事物能力与自我保护能力较为薄弱，容易遭受网络暴力与色情等信息、个人电子信息泄漏等问题的侵害，因而未成年人的健康成长迫切需要健康安全的网络环境与来自成年人的正确引导。同时，网络具有突破地域限制的性质，而一国国内法对人、事、物所产生的效力仅及于一定的地域范围，这便意味着需要依靠国家间的通力合作，采取统一行为、制定统一标准，以使在推动网络技术不断创新发展的同时，也能引导网络发展朝着有序、安全的方向，从而最终能够更好地保护未成年人。

未成年人遭受网络的风险侵害是伴随着网络技术的发展而出现的，当前专门打击网络犯罪的全球性公约尚未成形。此外，由于诸如《公民权利和

[①] 参见 *ICT FACTS AND FIGURES 2017*，载国际电信联盟官网：https://www.itu.int/en/ITU-D/Statistics/Documents/facts/ICTFactsFigures2017.pdf，最后访问日期：2020年9月26日。

[②] 参见中国互联网络信息中心《2019年全国未成年人互联网使用情况研究报告》，网址：http://www.cnnic.cn/hlwfzyj/hlwxzbg/qsnbg/202005/t20200513_71011.htm，最后访问日期：2020年9月26日。

[③] 参见 *Children's Online Safety*，来自联合国儿童基金会官网：https://www.unicef.cn/media/8931/file/儿童网络安全家长小贴士.pdf，最后访问日期：2020年9月26日。

政治权利国际公约》等联合国核心人权公约的时代局限性，这些国际法律文件所规制的仍为传统的人权议题，不存在直接涉及未成年人网络保护的具体条款。然而作为保护未成年人权利最重要、最全面的《儿童权利公约》则作为例外而存在——儿童权利委员会发布的一般性意见，对具体条款作出新的合理解释，划定公约适用范围，从而适应时代的发展。具体而言，儿童权利委员会发布的最新的《数字环境中的儿童权利第 25 号一般性意见（草案）》（*Draft General Comment No. 25（202x）Children's Rights in Relation to the Digital Environment*）指出，鉴于儿童权利在数字环境中面临的机遇、风险和挑战，要求缔约国应积极采取措施，保护儿童权利在数字环境下不受风险和威胁；要求国家在制定与数字环境有关的儿童权利法律、政策、方案、服务和培训时，应让儿童特别是处于弱势或易受伤害的儿童参与进来，倾听他们的需求，并适当重视他们的意见。①

此外，当前存在数个区域性国际公约通过具体条款直接明文规定的方式，以打击与未成年人有关的网络犯罪。例如，《阿拉伯国家联盟打击信息技术犯罪公约》（*Arab Convention on Combating Information Technology Offences*）第 12 条第 2 款涉及儿童色情制品，并要求缔约国加大对儿童色情犯罪的处罚力度。又如《非洲联盟网络安全和个人数据保护公约》（*African Convention on Cyber Security and Personal Data Protection*）第 26 条第 1 款（b）要求缔约国采取以下措施……为互联网用户、小型企业、学校和儿童开展一项全面而详细的全国宣传方案，作为推广网络安全文化的一部分；在规定"信息和通信技术的犯罪"的第 29 条要求缔约国应当采取必要的立法和/或监管措施，将"通过电脑系统制作、登记、制造、提供、传播，以及储存儿童色情作品的图像"的行为规定为刑事犯罪。再如，《布达佩斯公约》（*Convention on Cybercrime*）第 9 条同样涉及与儿童色情有关的罪行。其第 1 款要求缔约国积极采取立法等措施，将公民有意且无权实施的"制作儿童色情制品，通过电脑系统传送、

---

① 参见联合国儿童权利委员会：*Draft General Comment No. 25（202x）Children's Rights in Relation to the Digital Environment*，2020 年 8 月 13 日，文件编号：CRC/C/GC/25，第 8、16、19 段。

购买儿童色情物品"等行为确定为刑事犯罪。

在第二届"儿童在线保护"（We Protect）全球论坛上，41 个参会国共同签署联合行动声明。① 作为负责任的大国，我国同样重视天朗气清的网络空间的建设。习总书记强调，网络空间是亿万民众共同的精神家园，本着负责任的态度，需要依法加强网络空间治理，从而为广大网民特别是青少年营造风清气正的网络空间。②

一　未成年人网络保护立法

（一）国家立法

第一，出台基础性法律，最大范围保护未成年人网络安全。

《中华人民共和国未成年人保护法》（以下简称《未成年人保护法》）和《中华人民共和国预防未成年人犯罪法》（以下简称《预防未成年人犯罪法》）是未成年人保护领域的两部基础性法律，二者都已经注意到网络对未成年人的重要影响，因此均规定了未成年人网络保护相关方面的内容。《未成年人保护法》对未成年人的监护人提出了预防和制止未成年人沉迷网络的义务，同时规定了国家应防止未成年人受不良网络信息侵害；《未成年人预防犯罪法》也对利用网络提供危害未成年人身心健康的内容及信息的行为予以禁止。

新修订的《未成年人保护法》从网络保护理念、网络环境管理、各主体的相应义务、具体网络服务的特殊要求、需重点解决的网络保护问题等方面对未成年人网络保护作出了较为全面的规定，"网络保护"专章以保障未成年人在网络空间的合法权益为指导，在主体方面对国家、社会、学校、监

---

① 《2016 年世界互联网发展乌镇报告》，载人民网：http：//media. people. com. cn/n1/2016/1118/c40606 - 28879457 - 2. html，最后访问日期：2020 年 9 月 26 日。

② 习近平：《网络空间是亿万民众共同的精神家园》，载中华人民共和国国家互联网信息办公室网：http：//www. cac. gov. cn/2016 - 04/20/c_ 1118679396. htm，最后访问日期：2020 年 9 月 26 日。

护人、网络服务提供者等主体提出了相应的对未成年人进行网络保护的义务；在具体服务内容方面对网络游戏、网络直播、在线教育等产品或服务的提供者提出了一定的特殊要求；在具体问题方面重点致力于解决未成年人沉迷网络、个人信息保护、不良网络信息侵害、网络欺凌等问题。可以预见，《未成年人保护法》的这一修订会使得对未成年人的网络保护更加有法可依，也会为更多相关单行法律的出台奠定基础。此外，在网络管理领域具有基础性法律地位的《中华人民共和国网络安全法》（以下简称《网络安全法》）也规定了国家应为未成年人提供健康安全的网络环境，这同样反映了在立法方面对未成年人的网络保护。

第二，专门性行政法规和部门规章进一步保护未成年人网络安全。

目前，未成年人网络保护方面的第一部专门性立法《未成年人网络保护条例》（以下简称《条例》）的草案在多方论证过程中已经较为成熟，有望出台。从送审草案来看，《条例》力求在保障未成年人上网权利与未成年人网络保护之间寻求平衡，《条例》明确了未成年人网络保护的主管部门、执行部门和责任部门，规定了国家、行业组织、社会、学校各自在未成年人网络保护中的责任，在网络信息内容建设、未成年人网络权益保障、未成年人网络使用预防与干预上都作出了相对具体的规定，可以预见《条例》日后的出台也将对我国未成年人网络保护的法治化进程具有重要意义。

与此同时，国家互联网信息办公室（以下简称"网信办"）也出台了其他一些专门性部门规定。网信办出台的《儿童个人信息网络保护规定》（以下简称《规定》）于2019年10月1日起正式实施，其以保护14周岁以下未成年人的个人信息安全为目的，为儿童提供了明显强于一般规定的特殊保护，《规定》除了对监护人和互联网行业组织就他们相应的职责和责任提出要求与鼓励性措施之外，主要列举了网络运营者在处理儿童个人信息时所应当遵守的规定以及违反规定所应承担的相应责任，就未成年人个人信息网络保护这一具体问题来说已经比较完整详细。网信办出台的另一部部门规定——《网络信息内容生态治理规定》于2020年3月1日起正式实施，其中规定网络信息内容生产者需承担防范和抵制会对未成年人产生不良影响的内容的义务，体现了为未成年人的网络活动提供更加正能量的内容生态。

除国家网信办之外，其他有关部门出台的一些规范性文件也规定了对未成年人的网络保护，如文化部出台的《网络表演经营活动管理办法》规定网络表演经营活动的相关主体应加强对未成年人参与网络表演的保护，不得有害于未成年人身心健康；文化部于2017年出台的《网络游戏管理暂行办法》要求网络游戏经营单位应开发未成年人模式，控制未成年人上网时间，预防未成年人沉迷网络等；国家广播电视总局于2019年出台的《未成年人节目管理规定》对与未成年人有关的网络表演经营活动管理、节目制作传播等问题进行了明确说明。

（二）国家政策

近年来，针对未成年人网络安全问题，国家和地方层面一直在努力摸索，各省市、各部门根据形势变化，积极研判，及时出台未成年人网络安全相关政策，助推未成年人网络安全向上、向好发展。

第一，多个部门协同发力，联合出台政策文件。

从网络安全宣传、网络环境治理等方面出发，共同着力推动青少年的网络安全发展。2016年5月，为营造全社会安全上网、文明上网的意识，中央网信办发布《国家网络安全宣传周活动方案》。[1] 方案明确，从2016年起，全国各省市应在每年9月第三周举行"网络安全宣传周"活动，设立"青少年日"活动，开展教育活动，召开圆桌会议，共话青少年网络安全保护的良策。2020年8月，为治理未成年人上网环境，教育部联合六部门发布《联合开展未成年人网络环境专项治理行动的通知》（以下简称《通知》）。[2]《通知》主要针对影响未成年人安全快乐成长、散布不良上网信息、

---

[1] 《国家网络安全宣传周活动方案》，载国家互联网信息办公室网站：http：//www. cac. gov. cn/2016－05/19/c＿1118888201. htm，最后访问日期：2020年9月26日。

[2] 《教育部等六部门关于联合开展未成年人网络环境专项治理行动的通知》，载国家互联网信息办公室网站：http：//www. cac. gov. cn/2020－08/26/c＿1600000556412018. htm，最后访问日期：2021年1月5日。

网络沉迷等问题展开，开展企业监督管理、宣传教育、严厉打击等措施。2019年9月，针对App存在损害未成年人心理健康、传播不良价值导向等现状，教育部为规范教育移动类互联网应用问题，出台系列意见，要求各类App禁止包含危害未成年人的广告。①

第二，各部门聚焦特定问题，单独出台针对性措施。

2019年11月，针对网络游戏问题，国家新闻出版署发布《关于防止未成年人沉迷网络游戏的通知》，引导网络游戏企业遏制未成年人过度迷恋网络、过度消费等行为。② 此外，文化部发布《网络表演经营活动管理办法》，聚焦未成年人参与网络经营活动问题，要求保护未成年人参与网络表演。③针对未成年人网络安全教育的问题，教育部发布《2020年教育信息化和网络安全工作要点》，文件明确提出，网络安全应当走进校园，要以课堂为载体，普及常识，定期开展未成年人网络安全"校园日"活动。④ 这一工作要点指引各部门帮助学生强化网络安全意识，提高未成年人的网络安全意识、实践运用能力。

第三，发布相关规定，提升未成年人的安全上网能力。

从未成年人信息教育发力，着重培养未成年人的网络安全意识、网络信息识别能力、网络技能运用能力。教育部发布《中小学信息技术课程指导纲要》，要求中小学阶段应开设计算机课程，教授内容为计算机应用知识和网络操作技术。⑤ 而针对未成年人对网络智能化认识不深、理解不够等问

---

① 《教育部等八部门关于引导规范教育移动互联网应用有序健康发展的意见》，载国家互联网信息办公室网站：http：//www. cac. gov. cn/2019 – 09/05/c_ 1569218551238246. htm，最后访问日期：2020年9月26日。
② 《国家新闻出版署关于防止未成年人沉迷网络游戏的通知》，载国家新闻出版署网站：http：//www. nppa. gov. cn/nppa/contents/312/74539. shtml，最后访问日期：2021年1月5日。
③ 《网络表演经营活动管理办法》，载中央人民政府网站：http：//www. gov. cn/gongbao/content/2017/content_ 5213209. htm，最后访问日期：2020年9月26日。
④ 教育部印发《2020年教育信息化和网络安全工作要点》，载《中小学信息技术教育》2020年第5期。
⑤ 《教育部关于印发〈中小学信息技术课程指导纲要（试行）〉的通知》（教基〔2000〕35号），载教育部网站：http：//www. moe. gov. cn/s78/A06/jcys_ left/zc_ jyzb/201001/t20100128_ 82087. html，最后访问时间：2020年9月26日。

题，国务院在《新一代人工智能发展规划》中提出，中小学生应加强人工智能相关课程的学习。^① 2018 年 4 月发布的《教育信息化 2.0 行动计划》中也提出，2020 年前应基本实现信息化应用水平和师生信息素养普遍提高，全面提升未成年人和教师网络使用水平。^② 随着这些政策的实施落实，未成年人使用网络能力得到进一步提高，未成年人的上网安全性得到保障，对未成年人的网络安全教育产生积极作用。

相关部门正视网络安全空间治理、未成年人个人信息网络保护、未成年人网络安全教育等问题，部门协同发文、各自领域精准发力、相关行业一同助力，出台相关政策规定，细化网络安全监管措施，净化了未成年人的上网空间，形成网络治理新生态。

表1 未成年人网络保护相关政策（2000～2020 年）

发文时间	政策名称
2000 年 11 月	《中小学信息技术课程指导纲要（试行）》（教基〔2000〕35 号）
2016 年 5 月	《国家网络安全宣传周活动方案》（中网办发文〔2016〕2 号）
2016 年 12 月	《网络表演经营活动管理办法》（文市发〔2016〕33 号）
2017 年 7 月	《新一代人工智能发展规划》（国发〔2017〕35 号）
2018 年 4 月	《教育信息化 2.0 行动计划》（教技〔2018〕6 号）
2019 年 8 月	《关于引导规范教育移动互联网应用有序健康发展的意见》（教技函〔2019〕55 号）
2019 年 11 月	《国家新闻出版署关于防止未成年人沉迷网络游戏的通知》（国新出发〔2019〕34 号）
2020 年 2 月	《2020 年教育信息化和网络安全工作要点》（教科技厅〔2020〕1 号）
2020 年 8 月	《教育部等六部门关于联合开展未成年人网络环境专项治理行动的通知》（教基〔2020〕6 号）

① 《国务院关于印发新一代人工智能发展规划的通知》（国发〔2017〕35 号），载中央人民政府网站：http://www.gov.cn/zhengce/content/2017－07/20/content_5211996.htm，最后访问日期：2021 年 1 月 5 日。
② 《教育信息化 2.0 行动计划》，载教育部网站：http://www.moe.gov.cn/srcsite/A16/s3342/201804/t20180425334188.htm，最后访问日期：2020 年 9 月 26 日。

二　互联网监管部门对未成年人的保护

（一）采取的监管措施

依据《中华人民共和国网络安全法》（以下简称《网络安全法》）的规定，当前我国已形成了多主体、多部门合力管控的互联网监管格局，即国家网信办统筹协调网络安全与相关监督管理工作，主要职责为指导、协调、督促有关部门加强互联网信息内容管理，电信主管部门、公安部门等则依法在职责范围内实行专门监管。

第一，部门间通力合作，共同治理网络环境。

为营造安全良好的未成年人网络环境，中央网信办、工信部、公安部等六部门于 2020 年联合开展专项治理行动。① 首先，整治未成年人沉迷网络问题。完善网络游戏账号实名注册制度、重点审核网络直播与视频平台向未成年人提供的服务内容、严厉查处未经审批违法违规运营的网络游戏。其次，治理低俗有害信息。清理网站少儿频道或直播视频平台中涉及低俗色情、拜金迷信等导向不良内容，打击网络社交平台诱导未成年人犯罪的信息和行为。再次，加强对企业的监督监管。要求企业加大对涉及未成年人信息内容的审核力度，及时处理有害信息，以切实履行社会责任，促进市场有序经营。最后，加强教育宣传引导。以学校与家庭为主要阵地，对未成年人网络保护展开专题教育，引导未成年人安全理性地使用网络。

第二，及时查清违法网站，展开约谈警示。

山东网信办对涉嫌利用低俗色情等不良信息推广和诱导未成年人点击访问的违规网站负责人依法进行约谈警示，并责令其对网站进行全面整改，清理违法内容，取消相关下载服务。浙江网信办就新浪浙江官方微博出现内容

---

① 参见《教育部等六部门关于联合开展未成年人网络环境专项治理行动的通知》，载国家互联网信息办公室网站：http://www.cac.gov.cn/2020－08/26/c_1600000556412018.htm，最后访问日期：2020 年 9 月 26 日。

偏差一事，约谈了新浪浙江负责人，要求严格履行主体责任，认真开展自查自纠，切实进行整改。贵州网信办为全面净化网络生态环境，严厉打击网络违法犯罪，已约谈数家问题突出的网站。河南省通信管理局重点整治违法违规收集、存储、使用、转移、披露儿童个人信息的行为，及时约谈落实儿童个人信息安全管理责任不到位的网络运营者，责令其采取有效措施进行整改，消除隐患。

第三，全面开展清网行动，责令关闭违法网站。

贵州网信办通过"黔净 2020"网络空间清朗工程，截至 2020 年 8 月上旬，累计清理各类有害信息 2 万余条，依法关闭违法违规网站 60 余家、账号 180 余个。① 河南网信办 2020 年 7 月对"光州棋牌""伊人久久"等涉及赌博类、色情类、诈骗类、侵权类的 108 家违法违规网站注销 ICP 备案并关闭网站。② 云南省公安厅自 2020 年 1 月启动"净网 2020"行动以来，清理各类违法有害信息 6600 余条，关停网站或暂停服务 82 家，警告 222 家，罚款 11 家。③

第四，加大处罚力度，打击网络违法行为。

山东省通信管理局提升诈骗拦截能力，加大对诈骗电话、诈骗网站、涉诈账号等信息的发现、处置力度；打造智能涉诈治理平台，通过对涉诈网站、手机 App、互联网账号等的深度解析和 AI 建模，发现涉诈设备及卡号，提高对贷款类、网恋交友诱导赌博投资类等互联网诈骗事件的发现量，协助公安对潜在受骗人进行预警劝阻、对诈骗团伙进行溯源打击。④

---

① 参见《贵州把握"四个度"狠抓〈网络信息内容生态治理规定〉贯彻落实》，载国家互联网信息办公室网站：http://www.cac.gov.cn/2020 - 08/12/c_ 1598792815276137.htm，最后访问日期：2020 年 9 月 26 日。
② 参见《7 月份河南省受理互联网违法和不良信息 31 万余条》，载国家互联网信息办公室网站：http://www.cac.gov.cn/2020 - 08/20/c_ 1599481310178882.htm，最后访问日期：2020 年 9 月 26 日。
③ 参见《云南警方深入开展"净网 2020"专项行动》，载丽江热线网站：https://www.lijiangtv.com/news/other/article/55782.html，最后访问日期：2020 年 9 月 26 日。
④ 工业和信息化部网站：http://www.miit.gov.cn/n1146290/n1146402/n1146450/c8047254/content.html，最后访问日期：2020 年 9 月 26 日。

（二）取得的监管成效

涉及未成年人网课平台及网络环境专项治理取得阶段性进展，并取得良好的社会反响。2020 年 8 月至 9 月中旬，国家网信办、教育部联合开展这一工作，累计暂停更新网站 64 家，会同电信主管部门取消违法网站许可或备案、关闭违法网站 6907 家，有关网站平台依据用户服务协议关闭各类违法违规账号群组 86 万余个。

网信办将下列事件列为典型案例，不仅将其公之于众，更针对上述网站平台存在的突出问题，根据违规情节和问题性质，依法分别采取约谈、责令限期整改、停止相关功能、全面下架，停止互联网接入服务等处罚措施。①

来源	不良信息
批改网 App、阿凡提搜题 App、好分数学生版 App 等学习类 App	微信公众号推送"男女"等不利于未成年人身心健康的内容；"推荐"栏目中存在大量涉饭圈追星内容，且平台中存在大量"搞笑""网红翻唱"等低俗性、娱乐性内容
搜狐视频网"小中高教育"、优酷网及其 App"教育"频道等网站平台的网课学习栏目	推送低俗违规信息以及直播、游戏、影视剧、娱乐综艺、购物广告、悬疑故事等与学习无关内容
浏览器、爱奇艺等常用软件工具	捆绑安装多个弹窗插件，在青少年上网课时频繁弹出，部分弹窗过大影响网课呈现，部分弹出页面关闭按钮不明显或无法一键关闭，甚至推送低俗内容，严重干扰网课秩序
"橙光" App、"Weavi" App 等青少年常用 App	存在大量淫秽色情与拜金主义等导向不良内容的小说
新浪微博、豆瓣网等网站平台	存在大量诱导未成年人参与应援打榜、大额消费、煽动挑拨青少年粉丝群体互撕谩骂的不良信息和行为

公安机关打击电信网络诈骗犯罪成效显著。2020 年 1 月至 8 月，全国公安共破获电信网络诈骗案件 15.5 万起、抓获犯罪嫌疑人 14.5 万名，同比

---

① 工业和信息化部网站：http://www.cac.gov.cn/2020-09/14/c_1601641539700487.htm，最后访问日期：2020 年 9 月 26 日。

分别上升65.6%和74.1%，为群众直接避免经济损失约800亿元，96110反诈预警专号累计防止870万名群众被骗。[①]

三 行业协会对未成年人的保护

（一）行业协会的发展现状

当前，针对未成年人的网络安全保护问题，国内已成立多家行业协会。协会成立后，精准聚焦未成年人网络保护工作，明确工作方向，定位协会作用，制定自律规范，落实各方主体责任，全方位维护青少年网络安全。

第一，成立未成年人网络保护综合协会，聚焦未成年人网络保护。

2001年成立互联网协会，该协会由国内互联网企（事）业单位、社会团体组成，协会尤其关注未成年人网络安全问题，多次召开未成年人网络保护研讨会，抓住未成年人网络安全领域的关键问题，在互联网企业之间起到桥梁作用。2011年设立网络视听节目服务协会，协会旨在监督、审核涉及未成年人的网络视听节目，筑牢网络视听节目的防线。[②] 2016年成立中国网络空间协会，重视校园网络安全宣传工作，聚焦未成年人网络安全问题，积极开展宣传教育、专家论坛、专题研讨等活动；2018年成立中国网络社会组织联合会，组织成立之初就着手推动青少年网络保护工作，瞄准未成年个人信息保护、网络表演、网络直播等重点领域问题，建立、健全网络社会组织和相关机构线上、线下开展网络社会工作的机制和平台。[③]

第二，形成未成年人网络保护的单一协会，开展领域内精准保护工作。

2004年，我国成立了中国青少年网络协会，它是我国唯一一家仅针对

---

① 公安部网站：https://www.mps.gov.cn/n2254314/n6409334/c7371411/content.html，最后访问日期：2020年9月26日。

② 《网络视听节目服务协会服务章程》，载网络视听节目服务协会网站：http://www.cnsa.cn/index.php/about/constitution.html，最后访问日期：2020年9月26日。

③ 《中国网络社会组织联合会章程》，载中国网络社会组织联合会网站：http://www.cfis.cn/2018-05/15/c_1122615598.htm，最后访问日期：2020年9月26日。

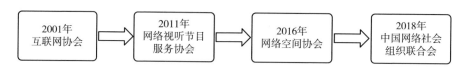

图1　未成年人网络保护综合协会

青少年网络安全管理、教育、宣传等问题而成立的行业协会。协会通过向青少年宣传、推广和普及网络技术，开展各类网络培训和竞赛，帮助青少年正确理解及使用互联网，积极开发有利于青少年成长的网络产品，营造青少年健康成长的网络环境。此外，为了顺应新媒体发展的潮流趋势，保护新媒体下的青少年网络安全，2004年我国还成立了中国青少年新媒体协会。该协会自成立以来，一直认真履行服务青少年的基本职责，密切关注青少年网络保护的发展方向，持续推动保护未成年人合法网络权益工作。以为青少年打造干净明朗的网络空间为目标，强化互联网公司主体责任。目前，该协会已成为青少年新媒体领域覆盖广、影响大、能力强的重要社会组织。

（二）行业协会采取的措施

近年来，为营造未成年人风清气正的上网环境，各大行业协会一直在行动，积极探索多种形式教育活动，从未成年人的角度出发，及时发现问题、解决问题。在大力度开展"未成年人清网"整治活动，联合社区、学校、家庭开展教育普法活动，推动未成年人网络建设中，行业协会起到了桥梁作用。

第一，立足未成年人网络保护，制定行业自律规范和公约。

通过制度规范、行业倡议、政策文件，约束互联网经营者、学校、家庭等多方主体，以他律引导行业自律。中国网络视听节目服务协会发布的《网络短视频平台管理规范》提出，应全面建立未成年人保护机制，利用技术手段规定未成年人的上网时间，以防未成年人沉溺短视频。① 协会发布倡

---

① 《网络短视频平台管理规范》《网络短视频内容审核标准细则》，载人民网：http://politics.people.com.cn/n1/2019/0110/c1001-30513562.html，最后访问日期：2020年9月26日。

议书，维护青少年网络安全。中国青少年新媒体协会发出《"清朗网络空间·促进青年成长"共同承诺》，号召协会全体成员努力构建干净、健康的网络空间。① 中国互联网协会发布《防范未成年人沉迷网络倡议书》，提出多元共治、各方协同、综合施策的理念，倡导全社会关注未成年人上网问题，为未成年人营造晴朗的网络环境，守护其健康成长，形成多家企业联合"治网"的新局面。这一倡议得到 31 个省、直辖市、自治区互联网协会的积极响应，157 家互联网企业、媒体、平台、服务运营商也对倡议书表示全力支持。②

第二，积极开展网络文化教育宣传活动，引导未成年人文明上网。

推动网络安全知识普及工作，通过线上交流、开设课堂、举行知识竞赛等活动，传授网络安全知识。在维护青少年安全建设方面，中国青少年新媒体协会一直走在前沿。协会开展一系列青年网络文明志愿者行动、争做"中国好网民"、"清朗网络·我来护苗"活动，与腾讯、蚂蚁金服等企业展开合作，设立"网络安全小课堂"，在网络空间唱响了青年好声音。③ 中国互联网协会也多次举办"防范未成年人沉迷网络公益公开课"，传播网络安全小常识，全链条打造未成年人健康游戏环境。④ 中国网络社会组织联合会建立未成年人网络保护长效机制，开展 2020 年"E 路护航·E 路平安"青少年网络保护系列活动，聚焦未成年人的网络社交风险防范、未成年人网络保护的主要内容、社交网络的儿童性剥削等问题，受到各方关注和热烈反

---

① 《中国青少年新媒体协会第三次会员代表大会暨中国青少年新媒体发展论坛成功举办》，载澎湃网：https://www.thepaper.cn/newsDetail_ forward_ 3878033，最后访问日期：2020 年 9 月 26 日。

② 《防范未成年沉溺网络倡议书》，载新华网：http://www.xinhuanet.com/info/2020 - 06/02/c_ 139107130.htm，最后访问日期：2020 年 9 月 26 日。

③ 《中国青少年新媒体协会：为青少年撑起网络晴空》，载国家互联网信息办公室网站：http://www.cac.gov.cn/2018 - 11/06/c_ 1123672713.htm，最后访问日期：2020 年 9 月 26 日。

④ 《中国互联网协会成功举办"防范未成年人沉迷网络公益公开课"》，载中国互联网协会网站：https://www.isc.org.cn/zxzx/ywsd/listinfo - 37604.html，最后访问日期：2020 年 9 月 26 日。

响，观看人数超过 64 万。①

第三，召开论证会、座谈会、评议会等，聚焦未成年人网络安全治理难题。

邀请国内外专家学者，分析未成年人网络安全保护存在的问题，全方位、多角度提出对策。中国网络空间安全协会举办未成年人网络安全保护社会评议会，召集教育、行业组织、网络安全等领域的专家学者，从未成年人角度出发，对 App 监管、数据安全保护、推送内容审核等展开深入研讨交流。② 针对行业管理难题，中国互联网协会举办未成年人网络保护研讨会，提出要加快制定行业公约，加强行业自律，各大企业应担当企业责任；制定团体标准，规范行业发展，推广企业最佳实践、宣传可推广案例，吸引更多企业加入协会。③ 除此之外，地方也积极响应国家号召，重视未成年人网络安全治理问题。例如，长春就举行了"新时代·新媒体·新青年"青年新媒体峰会，围绕新青年成长下的网络传播方式展开讨论。行业协会不仅把视野聚焦国内，也主动走出国门，进行国际交流合作。2019 年，中国网络社会组织联合协会和联合国儿童基金会一起，在德国柏林召开未成年人网络保护研讨会，以"提高儿童数字素养以应对网络欺凌"为主题，会议中不同国家积极发言，为解决未成年人网络欺凌问题贡献智慧。

第四，汇聚社会力量，组织各行各业人士，成立未成年人网络安全保护小组，维护青少年利益。

北京网络媒体协会提倡文明上网，打造舒适的上网体验，联合多协会举办"2010 北京互联网行业自律大会"，招募未成年人家人，成立"妈妈评审团"。利用社会力量，加入评议机制，将"儿童最大利益原则"与行业自律

---

① 《第三期"E 路护航·E 路平安"权威解读新鲜出炉！》，载中国网络社会组织联合会网站：http：//www.cfis.cn/2020 - 05/21/c_ 1126206599.htm，最后访问日期：2020 年 9 月 26 日。

② 《网络教育，该如何保护你，未成年人？》，载中国网络空间安全协会网站：https：// www.cybersac.cn/News/getNewsDetail/id/1535，最后访问日期：2020 年 9 月 26 日。

③ 《"未成年人网络保护研讨会"在京举办》，载中国互联网协会网站：https：// www.isc.org.cn/zxzx/ywsd/listinfo - 37154.html，最后访问日期：2020 年 9 月 26 日。

相结合，保障未成年人的权益。[①]

行业协会通过开展丰富多彩的教育活动，出台规章制度，进行交流讨论，以知识学习、实践活动、规章约束多方驱动，提升了未成年人网络安全系数，营造了风清气正的未成年人上网环境。

四 互联网企业对未成年人的保护

网络空间是未成年人成长的新环境。舆论普遍认为，作为网络服务提供者的互联网企业理应更大程度上承担对未成年人进行网络保护的责任，应采取更多有效措施为未成年人营造健康安全的网络环境。[②]

未成年人所接受的网络服务与网络保护中存在的问题因其年龄而存在特殊性。根据《2019 年全国未成年人互联网使用情况研究报告》，当前我国未成年人使用网络主要以学习为主，学习之外利用网络进行的休闲娱乐活动主要包括玩网络游戏、网络社交聊天、观看短视频、观看网络直播等。新修订的《未成年人保护法》专门对网络游戏、网络直播、在线教育等服务的提供者提出了一定的特殊要求。同时，《未成年人保护法》也规定了所应重点解决的未成年人沉迷网络、个人信息不受保护、受不良网络信息侵害等共性问题。因此，对互联网企业进行未成年人网络保护状况的梳理除了考察代表性企业的做法外，还应从各服务领域存在的共性问题以及不同服务领域的特性问题出发，以便得到一个较为整体和全面的总结。

（一）典型互联网企业的未成年人网络保护措施——以腾讯为例

互联网企业采取措施对未成年人进行网络保护，其中腾讯企业具有代表意义。虽然游戏、社交平台等是腾讯的主营业务，但其近年来在各个领域已均有涉猎，腾讯在未成年人网络保护方面应更加积极主动地承担社会责任。

---

① 《2010 年北京十大互联网自律事件回顾》，载新浪网：http：//news. sina. com. cn/c/2011 – 04 – 25/170322354905. shtml，最后访问日期：2020 年 9 月 26 日。

② 智欣：《未成年人网络保护 企业应有更大担当》，载《北京青年报》2019 年 9 月 20 日。

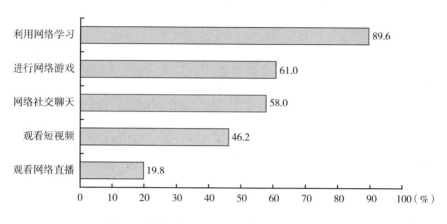

图2 未成年人使用网络从事不同活动的比例

    网络游戏领域是腾讯对未成年人进行网络保护的主要发力点，针对未成年人进行网络游戏的行为，腾讯已经形成了全环节覆盖的网络保护体系。腾讯于2019年3月启动了"儿童锁模式"的测试，未成年用户进行游戏必须打开"儿童锁"，之后腾讯可以在游戏的前、中、后三个阶段全程保护未成年人。在这套体系中，承担事前设置任务的成长守护平台已上线超过三年，其通过为家长提供包括未成年子女的游戏时长和消费额度在内的提醒、查询及设置功能帮助家长引导未成年子女健康游戏。承担事中管理职责的是腾讯以其旗下国民级手机游戏《王者荣耀》为起点推出的健康系统，健康系统会根据未成年用户的年龄限制其游戏时间，13周岁以下的未成年人的游戏时间限制为每天1小时，13周岁以上也限制在每天2小时以内，倘若超过游戏时间，未成年用户将会被强制下线，当天不能再进行游戏，同时，未成年用户在每日21：00至次日8：00禁止进行游戏。健康系统从2018年起已逐步推广至腾讯公司其他游戏产品，且接入了公安数据进行强制实名校验，未通过实名校验的将禁止登录。值得一提的是，即使是成年用户在连续游戏超过一定时间的情况下也会被强制休息，可见健康系统在防止沉迷游戏方面的强大作用。在事后发挥作用的是少年灯塔服务工程，该工程推出的"未成年人游戏消费提醒"服务在系统判定出现疑似未成年人进行的较高额游戏消费时将启动客服人员联系未成年人的支付账户所有人进行提醒确认，不仅如此，少年灯塔工程还为许多家庭提供了教育辅导功能，助力于家长与其子女间的沟通。①

在网络游戏领域之外，在未成年人安全上网方面，腾讯围绕其推出的未成年人网络权益保护项目"企鹅伴成长"，建构起了未成年人安全上网保护体系，并开发了为未成年人上网所量身打造的小企鹅乐园等应用。② 此外，腾讯还于 2019 年 3 月正式上线了"星星守护"功能，希望在家长协助之外，在保护体系中加入一些更专业的教育力量。通过"星星守护"，老师也可以参与保护其未成年学生的网络安全，在学生愿意的情况下主动了解学生们的游戏与消费情况并作出适当的提醒。③ 腾讯还于 2020 年网络安全周期间启动了"守护青苗行动"，基于其自身技术与经验助力其他企业共同完善未成年人网络内容治理机制，为未成年人使用网络保驾护航。④

（二）未成年人网络使用共性问题的保护措施

1. 未成年人沉迷网络问题

未成年人沉迷网络是未成年人网络使用中最具普遍性的问题，进行网络游戏、观看网络直播、观看短视频、通过网络看电子书及漫画乃至通过网络进行社交等活动都可能导致未成年人沉迷网络。新修订的《未成年人保护法》也十分重视未成年人沉迷网络问题，特别规定了网络服务提供者预防未成年人沉迷网络的义务，其第 74 条规定："网络产品和服务提供者不得向未成年人提供诱导其沉迷的产品和服务。网络游戏、网络直播、网络音视频、网络社交等网络服务提供者应当针对未成年人使用其服务设置相应的时

① 《腾讯为了保护未成年人，真是想尽了办法》，来自腾讯网：https://tech.qq.com/a/20190324/004285.htm，最后访问日期：2020 年 9 月 26 日。
② 《腾讯发布未成年人安全上网保护白皮书》，来自央广网：http://tech.cnr.cn/techgd/20190402/t20190402_524565861.shtml? from = groupmessage&isappinstalled = 0，最后访问日期：2020 年 9 月 26 日。
③ 段明：《UP 2019 腾讯游戏持续探索游戏二元价值》，载《计算机与网络》2019 年第 7 期。
④ 《2020 网安周 腾讯安全发起"守护青苗行动"助力未成年人上网保护》，来自搜狐网：https://www.sohu.com/a/421678390_120420235，最后访问日期：2020 年 9 月 26 日。

间管理、权限管理、消费管理等功能。"对此，互联网企业在未成年人网络保护方面作了很多工作。

网络游戏可谓未成年人沉迷的重灾区。对此，游戏企业积极主动承担预防未成年人沉迷网络游戏的责任，2010 年，各大网络游戏企业便发起了"网络游戏未成年人家长监护工程"，家长可以更方便地联系网络游戏企业，网络游戏企业则可以为家长对未成年人进行网络游戏行为的监控提供助力，帮助家长纠正未成年子女沉迷网络游戏的行为。

针对未成年人通过手机玩游戏的情况，网络游戏企业也纷纷在手机平台采取预防未成年人沉迷的措施。除去上文提过的腾讯，网易也是国内最早推行手游防沉迷体系的企业之一，并仍在持续完善和优化未成年人保护体系。目前，网易旗下所有游戏产品均已经完成了防沉迷系统升级，该系统可以在包括游玩限时范围内有效管控未成年人用户的游戏行为。升级了防沉迷系统的网易游戏采取了一系列严格的举措，在账号注册阶段需要实名注册，实名注册之后未成年人用户则将受到严格的游戏时间限制，平时每日游戏时间不得超过 1.5 小时，即使是节假日游戏时间也不可超过每日 3 小时，且每日22：00 至次日 8：00 无法进行游戏。① 网易公司的措施与新修订的《未成年人保护法》规定的网络游戏身份认证系统和"宵禁"要求基本吻合。

短视频领域的未成年人沉迷网络状况近年来也愈发严重，根据《使用情况研究报告》可知，观看短视频已成为未成年网民在网络上最普遍的娱乐方式之一，并越来越影响未成年人的成长。对此，短视频领域的互联网企业针对未成年人沉迷网络问题也是纷纷采取措施应对。短视频平台"抖音"于 2018 年 7 月启动了国内短视频平台首个专注于未成年人健康成长的系统保护计划——"向日葵计划"，该计划在产品层面升级了抖音已推出的时间锁、青少年模式等针对未成年人进行网络保护的功能，升级后赋予了家长更

---

① 《网易游戏持续完善优化未成年人保护体系》，来自新华网：http://www.xinhuanet.com/ent/2020-04/30/c_1125927340.htm，最后访问日期：2020 年 9 月 26 日。

多管理权限，帮助家长更加有效地管理其未成年子女的应用使用时间。[①] 另一家短视频企业"快手"则针对未成年人沉迷网络问题开发了"家长控制模式"和 AI 识别未成年人人脸系统等功能，也是较为有效地应对了未成年人沉迷网络问题。

此外，互联网企业也纷纷响应国家号召，在其开发的应用程序中设置了青少年模式。以视频应用哔哩哔哩为例，家长们在未成年子女使用时可以将该应用设置成青少年模式，在此模式之下应用首页会推荐一些适合未成年人观看、有益于未成年人成长的内容，同时未成年人的使用时长也会受到限制，需要家长输入密码才可延长使用时间。目前国内大部分视频类应用均上线了此种模式，对预防未成年人沉迷网络发挥了一定作用。

2. 网络内容安全问题

基于网络的开放性，未成年人在使用网络的过程中难免会接触一些与其年龄不相适应的内容，也难免受到一些不良网络信息的侵害，对此，互联网企业有必要采取相应措施，包括根据未成年人的年龄提供相适应的游戏，为未成年人提供健康向上的有利于其成长的短视频内容等。

在网络游戏领域，人民网联合腾讯、网易等 10 家游戏公司于 2019 年 6 月发起了《游戏适龄提示倡议》，其将游戏适龄范围划分为 18 岁以上、16 岁以上、12 岁以上和 6 岁以上 4 个等级，不同等级有其对应的游戏内容、类型、付费方面的标准：内容上通过负面清单的形式设置相应的内容底线；类型上等级不同则推荐的游戏类型不同，且年龄越高的等级适用的类型越多；运营上则对不同等级游戏在游戏系统、游戏时间和游戏付费等方面提出不同的游戏运营措施建议。[②]

在短视频领域，抖音的"向日葵计划"在内容上根据未成年用户和平台内容的特点对平台的审核体系进行了针对性升级，抖音同时组建了未成年

---

① 筱松：《抖音启动"向日葵计划"对知识文化内容加权推荐》，载《中国出版传媒商报》2018 年 7 月 31 日。

② 《人民网"游戏适龄提示"倡议》，来自人民网，http：//jinbao. people. cn/n1/2019/0704/c421674 - 31214705. html，最后访问日期：2021 年 4 月 28 日。

人专项审核组，配套以产品内部"不利于未成年人健康"的内容举报入口，可直接将举报内容送至未成年人审核专项组，由专人优先处理。此外，抖音不断推动涉及科学文化知识作品的传播，为未成年用户提供更有助于其成长的内容。①

（三）未成年人网络使用中其他问题的解决措施

1. 未成年人充值打赏问题

未成年人并不具有完全民事行为能力，其独立作出的充值打赏行为并非绝对有效，甚至在大部分情况下都是无效的。限制未成年人充值打赏，一方面可以保护未成年人的合法权益，另一方面也可以帮助未成年人树立良好的消费观念。目前，网络游戏企业与短视频企业为应对未成年人充值打赏问题采取了相应措施。

在未成年人网络游戏充值方面，互联网游戏企业中除了上文中提到的腾讯公司采取了"未成年人游戏消费提醒"服务等措施外，网易公司的做法也值得肯定。网易公司旗下游戏的防沉迷系统对未成年用户游戏行为的管控同样包括游戏付费限额，即8周岁以下玩家不可充值，8周岁以上的未成年玩家在单笔充值与每月累计充值金额上则受到限制，这一系列举措可以有效帮助未成年玩家树立正确的网络游戏消费观念和行为习惯。在技术性约束的同时，网易也通过成立专门的未成年人守护团队，针对疑似未成年玩家的异常或高额消费做到主动提醒，在相关问题的预防与解决上采取一种更主动的姿态。②

在未成年人网络直播打赏方面，抖音平台除了在充值页面明确提示不提倡未成年人充值打赏外，目前已将直播打赏纳入了未成年人管理体系，帮助家长对此进行监管；直播行业的另一大平台——虎牙于2017年6月推出了《禁止主

① 筱松：《抖音启动"向日葵计划"对知识文化内容加权推荐》，载《中国出版传媒商报》2018年7月31日。

② 《网易游戏持续完善优化未成年人保护体系》，来自新华网：http://www.xinhuanet.com/ent/2020－04/30/c_1125927340.htm，最后访问日期：2020年9月26日。

播诱导未成年人消费管理公告》，明文规定禁止主播诱导未成年人打赏。

2. 未成年人网络直播问题

未成年人进行网络直播通常情况下不利于未成年人的健康成长，对此，新修订的《未成年人保护法》中明文规定网络直播服务提供者不得为16岁以下未成年人提供直播账号注册服务，对于16岁以上的未成年人经其监护人同意后才可提供注册服务。

网络直播行业的互联网企业已纷纷采取有效措施响应国家要求。抖音平台目前已通过实名验证、人脸识别、人工巡查三道防火墙严格杜绝了未成年人直播问题；直播平台斗鱼也于2019年根据当时即将推出的《未成年人网络保护条例》关闭了所有未成年人直播间；哔哩哔哩禁止未成年人注册成为主播，已经注册过的也需要进行实名认证，未满18周岁则不能进行直播；同样经营直播业务的快手、火山小视频等平台也在2018年4月进行彻底整改：禁止未成年人注册成为网络主播，已注册的一律关停账号，同时继续完善平台的管理机制。①

3. 网络社交领域

根据《使用情况研究报告》，未成年网民最主要的网上社交活动是利用即时通信工具进行网上聊天，其次是查看或回复好友动态。随着网络社交软件的普及，几乎每个未成年人在达到一定年龄之后，都会使用微信、QQ等网络社交软件，且未成年人已将这些软件视为了基础通信工具。而与社交软件的普及相对比，社交领域的防沉迷问题在我国仍然处于相对空白状态，虽然新修订的《未成年人保护法》提出了网络社交服务提供者应当针对未成年人使用其服务设置相应的时间管理等功能，但国家并未对此进行有效监管或设立合理机制，社交领域的互联网企业也很少自发性地对未成年用户提供相应保护。此外，也经常发生不法分子利用社交软件侵害未成年人合法权益的情况。由此可见，社交领域的互联网企业在对未成年用户的安全防控方面

---

① 《"快手""火山小视频"被约谈 将建未成年人保护体系》，来自人民网：http://media.people.com.cn/GB/n1/2018/0408/c40606-29910495.html，最后访问日期：2020年9月26日。

还有较大提升空间。①

4. 网络教育领域

根据《使用情况研究报告》，当前我国未成年人使用网络的主要目的仍是学习，同时因为受新型冠状病毒疫情的影响，多地大、中、小学开学推迟，转而通过线上进行教学活动，这客观上推动了网络教育用户规模的快速增长，但与此同时新问题也随之而来。有的平台利用网课给游戏、社交应用打广告，更有甚者竟然还发布暴力、色情等对未成年人有害的信息。此外，教育类 App 过度获取、泄露未成年人个人信息的情况也不少见，未成年人的隐私安全得不到有效保护。

五　未成年人网络保护存在的问题

当前，我国已基本形成未成年人网络保护体系，在未成年人网络治理方面取得了一定成效，未成年人的网络素养有了较大提高。但仍存在立法专业性不强、操作性不大、家庭网络教育缺失等问题。

（一）未成年人网络保护立法仍有待完善

目前，我国的未成年人网络保护法律体系已经基本构建完成，但在一些具体的网络保护问题上，法律的内容还有待完善。比如国家网信办发布的《儿童个人信息网络保护规定》，其保护的主体是 14 岁以下的未成年人，至于为什么没有将 14 ~ 18 岁的未成年人纳入保护范围则是缺少必要的论证。②再比如网络社交领域的防沉迷问题，虽然在新修订的《未成年人保护法》中有所提及，但内容比较抽象，操作性不足。对于网络保护立法中存在的类似问题，需要后期相应的立法进一步作出细化和补充规定。

---

① 《莫让网络社交软件成为伤害未成年人的推手》，来自新华网：http://www.xinhuanet.com/tech/2020 - 01/09/c_ 1125439152. htm，最后访问日期：2020 年 9 月 26 日。
② 参见孙益武《儿童个人信息保护是伪命题还是真难题——兼评〈儿童个人信息网络保护规定〉》，载《青少年犯罪问题》2020 年第 2 期，第 90 ~ 97 页。

（二）家庭、学校、社会共同治理需要进一步推进

第一，家庭在未成年人网络教育方面做得不够。

多数家长能够认识到未成年人过度沉迷于网络，对其健康成长不利，但大多仅采取一刀切式方法，如限制未成年人上网时间，未考虑未成年人的实际上网需求。根据调查显示，49.2%的未成年人经常被家长限制上网，仅有8.3%的未成年人家长未限制其上网。[①]（见图3）此外，多数家长认为未成年人过度沉迷网络是互联网企业的责任，因此要求互联网企业应加强技术研发，限制未成年人上网。

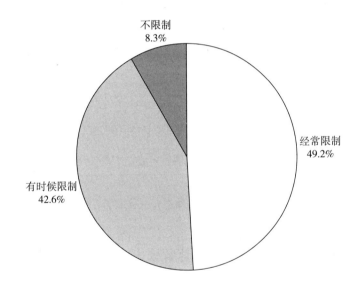

图3　家长限制未成年人日常上网的占比

第二，互联网企业在未成年人保护中的作用不足。

当前，互联网飞速发展，而互联网企业的发展更离不开未成年人网络保护工作，只有企业平台提供安全的上网环境，未成年人的上网风险才会减

[①]　《2019年全国未成年人互联网使用情况研究报告》，载中华人民共和国国家互联网信息办公室网站：http://www.cac.gov.cn/2020-05/13/c_1590919071365700.htm，最后访问日期：2020年9月26日。

小，未成年人网络保护工作才更好开展。实践中，有些企业认为未成年人使用互联网之所以出现问题，主要原因是未成年人自控力差，家长未能作好引导教育工作，未能主动积极承担起看护责任。更有些企业一味注重经济效益，未体现平台主体的担当和责任，开发的软件不利于未成年人身心健康。

第三，学校的网络安全教育有待加强。

根据《使用情况研究报告》调查显示，我国各级学校的网络教育课程多以网络安全防范、网络自我保护、基础操作技能为主，对网络学习操作技能、网络法律规定、预防未成年人网络成瘾等方面仍有欠缺。

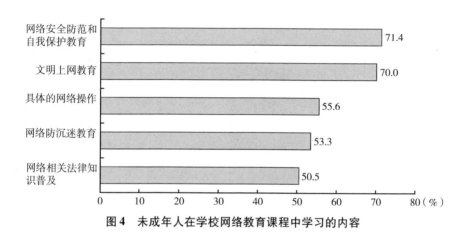

图4　未成年人在学校网络教育课程中学习的内容

（三）未成年人沉迷网络问题比较突出

未成年人沉迷网络问题是世界各国高度关注并致力于解决的难题。例如，英国的网络障碍中心——首家公立戒除网瘾诊所，是为帮助成年人和青少年儿童解决对暴力游戏等成瘾的问题；日本的精神心理科对网络成瘾患者，采用一对一的心理咨询治疗方式；美国华盛顿RESTART康复中心旨在治疗科技产品成瘾者。① 中国也同样积极作为——早在2006年北京军区总

---

① 《游戏成瘾，这病能治好吗?》，载人民网：http：//society．people．com．cn/n1/2019/0814/c1008－31293338．html，最后访问日期：2020年9月26日。

医院创办了国内首家网络成瘾诊疗基地——北京军区总医院青少年心理成长基地，以对沉迷网络的青少年进行集中住院治疗。然而尽管对未成年人沉迷网络问题的解决颇有成效，但总体仍不容乐观。根据中国国家卫健委于2018年发布的数据，全球青少年过度依赖网络的人群占比为6%，而我国青少年过度依赖网络的人群占比接近10%。[1]

当前对沉迷网络概念的界定较为明确。从国际层面来看，根据世界卫生组织最新定义，长期沉迷网络游戏造成的"游戏障碍"是一种疾病，《国际疾病分类第十一次修订本（ICD－11）》在第六章"精神、行为或神经发育障碍"中，将线上游戏成瘾列为"游戏障碍，线上为主"（编码：6C51.0）。着眼于国内，2008年我国颁布了首个《网络成瘾临床诊断标准》，就将网游成瘾者正式确定为精神病例诊断的范畴，并将网络成瘾分为网络游戏成瘾、网络色情成瘾、网络关系成瘾、网络信息成瘾、网络交易成瘾等五大类。[2] 国家卫健委发布的《中国青少年健康教育核心信息及释义（2018年版）》对网络成瘾的定义及诊断标准进行了明确界定，即网络成瘾是指在无成瘾物质作用下，持续12个月对互联网使用冲动的失控行为，表现为过度使用互联网后导致明显的学业、职业和社会功能损伤。它不仅仅限定于沉迷网络游戏，还包括沉迷于网络色情、网络社交、网上赌博及网上购物等一切与网络相关的媒介。[3]

未成年人沉迷网络严重影响了未成年人的身体发育与心理健康。具体而言，2018年，我国小学、初中与高中生患近视的比例分别为45.7%、74.4%与83.3%。排除先天病理性因素，后天过度使用电子设备是导致未

---

[1] 《国家卫健委明确青少年网络成瘾诊断标准》，载新华网：http://www.xinhuanet.com/politics/2018－09/26/c_1123487138.htm，最后访问日期：2020年9月26日。

[2] 《我国首个〈网络成瘾临床诊断标准〉通过专家论证》，载中华人民共和国中央人民政府门户网站：http://www.gov.cn/jrzg/2008－11/08/content_1143277.htm，最后访问日期：2020年9月26日。

[3] 康亚通：《青少年网络沉迷研究综述》，载《中国青年社会科学》2019年第6期，第131页。

成年人近视的重要原因。① 此外，网络世界往往成了未成年人逃避学业压力与现实困难的"避风港"，从而减损其抗逆力。以网络游戏为例，未成年人在虚拟的游戏环境中，通过买币充值获得"超神"力量，因而一路"打怪升级"，成就另一个新的"自我"，获取在现实世界中所不能获取的巨大满足感。然而一旦他们回到现实世界时，无法规避的问题让他们处于无所适从的状态，使他们产生深深的剥夺感和无助感，从而导致其性格极端、偏执。

六 未成年人网络保护的治理对策

（一）进一步完善未成年人网络保护的法律体系

针对我国未成年人网络保护立法中存在的问题，应进一步强化科学立法，坚持法律制定与修改的及时性和科学性，为未成年人的网络保护提供优良而完备的法律支撑。

在《未成年人保护法》已完成修改的基础上，应尽快出台《未成年人网络保护条例》，对未成年人网络保护进行科学、系统规范，为未成年人网络保护工作提供更具体的法律指引。② 在中央层面出台统一的法律、行政法规的同时，各地也可根据当地情况出台未成年人网络保护的地方性法规、地方政府规章，从而建立起从中央到地方的完备的未成年人网络保护法律体系。

尽快出台《家庭教育法》，通过法律机制，推动家庭教育的健康发展。在《家庭教育法》中，可以对网络教育作出专门规定，规定家长对未成年人网络活动承担起引导教育的义务，教会孩子正确使用网络，培养其健康的网络习惯，远离网络沉迷问题和其他侵害。

---

① 何欣禹：《未成年人沉迷网络影响身心健康 社会呼吁保护成长》，载人民网：http：//game. people. com. cn/gb/n1/2019/0724/c40130 - 31252499. html，最后访问日期：2020 年 9月 26 日。

② 参见佟丽华《加快构建新时代的未成年人网络保护体系》，载《中国青年报》2020 年 5月 15 日第 3 版。

在相关未成年人网络保护立法中，应坚持科学立法原则。首先，立法应尽可能覆盖和有效应对未成年人网络保护方面存在的突出问题，即立法具有针对性和实效性，能够为未成年人网络治理提供可行的方案；其次，应注意单行立法与基础性立法的衔接问题，促使两者之间形成良好的功能互补；最后，也要注意立法的可操作性，其规定应能够得到有效实施，能够实现预期目标。

（二）引导家庭在未成年人网络保护中发挥首要作用

《中华人民共和国民法典》第 26 条规定："父母对未成年子女负有抚养、教育和保护的义务。"《未成年人保护法》第 16 条规定："未成年人的父母或者其他监护人应当履行下列监护职责：……（四）对未成年人进行安全教育，提高未成年人的自我保护意识和能力；……（六）保障未成年人休息、娱乐和体育锻炼的时间，引导未成年人进行有益身心健康的活动；……（九）预防和制止未成年人的不良行为和违法犯罪行为，并进行合理管教；（十）其他应当履行的监护职责。"在未成年人网络保护方面，父母和其他监护人必须积极承担其法定责任，在未成年人网络知识获取、网络习惯养成方面发挥首要作用。

第一，了解上网情况，有针对性的答疑解惑。未成年人的监护人应了解未成年人的上网需求和问题疑惑，及时掌握未成年人的上网情况，科学引导未成年人安全上网。

第二，父母应提高网络素养，帮助未成年人把关、筛选网络信息，监督、引导未成年人安全使用网络，主动屏蔽网络中不适宜未成年人观看或参与的内容，防止未成年人走上犯罪道路。与此同时，还可以和孩子约定接触电子设备的时间，在过度放纵和严格禁止之间把握好分寸。

第三，培养孩子养成利用网络的能力，合理利用网络资源。借助专业知识，培养儿童规则意识，养成儿童对相关信息获取、辨析及甄别的综合能力，树立批判性思维模式。

第四，掌握方式方法，以身作则，文明上网。青少年已成为游戏和直播的主要用户，但有些家长网络安全意识和能力仍不足，家长应言传身教，多陪伴未成年人，与未成年人交流、沟通及玩耍，减少其网络使用时间，避免其陷入不良信息的旋涡，形成媒介依存症。

第五，为网络安全开发建言献策。辅助相关互联网企业开发安全防护平台，研发、改进产品，提出建设性意见。

（三）学校应当在未成年人网络保护中发挥更积极的作用

教育行政部门和各级学校应当出台相关规章制度，支持和督促学校和教师根据《未成年人保护法》的规定，在未成年人网络保护领域承担起自己的职责，发挥更积极的作用。

第一，设置网络安全课程，增强专业素养。学校应当根据不同年级学生情况，制定安全和合理使用网络的课程，将其纳入学校的必修课程设置，从源头上帮助未成年人正确面对网络，提高网络信息辨别能力，引导学生识别有害的网络信息、不良网站，并认清其带来的危害。

第二，利用文化资源，打造网络安全教育的主要阵地。学校应当充分利用各类丰富教学资源的服务优势，建立专业教师队伍，利用图书馆、阅览室、文化墙等，宣传网络安全知识，让未成年人随时随地学到知识，学习实用的网络安全知识和技能，提高青少年网络安全防范意识和网络道德意识。

（四）互联网行业协会应引导企业积极承担未成年人网络保护的责任

第一，建立行业规范。互联网企业应在行业协会的组织下，就未成年人网络保护达成行业共识，制定行业准则。通过行业内部的规章，细化各方责任，确立相关标准，引导互联网企业积极承担起未成年人网络保护的责任。

第二，加强行业自律。行业协会要通过积极措施，引导互联网企业研发未成年人网络保护模式，比如设置未成年人上网时间限制、设立"游戏宵禁"、上网时间提醒制度，推进未成年人网络使用实名验证工作。鼓励和支持有利于未成年人健康成长的网络内容的创作与传播，鼓励和支持专门以未成年人为服务对象、适合未成年人身心健康特点的网络技术、产品和服务的研发、生产和使用。

第三，建立企业内部管理机制。互联网企业应强化社会责任意识，高度重视未成年人网络保护问题，建立专人负责制度，如设立企业内部的"儿童保护监察专员"，通过专门的岗位、专门的制度，强化未成年人个人网络信息保护，完善企业自我管理、自我约束机制。

（五）进一步健全未成年人网络保护的社会参与机制

第一，关注重点群体，充分发挥基层治理作用。村委会、居委会等基层群众自治组织要依法承担起儿童保护的法定职责，应当进一步建立基层儿童主任制度，由村（居）民委员会委员、大学生村官或者专业社会工作者等人员担任"儿童主任"，负责儿童关爱保护服务工作，开展网络知识的宣传，针对特定儿童尤其是留守儿童和困境儿童提供网络保护。妇联、共青团、工会、残联、少先队等人民团体要在女童网络保护、青少年网络保护中发挥更积极的作用，除了开展日常的网络安全教育之外，对于特定的儿童网络侵害案件，要积极提供法律援助，保护儿童的合法权益。

第二，建立全方位的社会监督举报机制。《未成年人保护法》第11条规定："任何组织或者个人发现不利于未成年人身心健康或者侵犯未成年人合法权益的情形，都有权劝阻、制止或者向公安、民政、教育等有关部门提出检举、控告。"为了营造全社会参与未成年人网络保护的氛围，应全面开通未成年人保护热线，设立社会督察员，通过线上、线下互动，建立及时高效的举报机制，鼓励全社会成员对侵害未成年人合法权益的网络违法行为进行投诉、举报，让每个人都成为未成人年保护的践行者、监督者、参与者。

（六）政府部门和司法机关应在未成年人网络保护中发挥更积极的作用

政府中的公安、教育、民政等职能部门应按照权力清单承担好自己在未成年人网络保护中的法定职责，通过多方共治，加强网络监管，强化学校、家庭的网络安全责任意识，压实互联网企业、社会的责任义务，织密未成年人网络保护体系。

司法机关要坚决贯彻落实未成年人司法的相关法律政策，在涉及未成年人的网络案件中公正裁判，切实维护未成年人的合法权益，助力创造未成年人友好型的网络环境；及时发布涉及未成年人网络司法的司法解释、司法政策、典型案例，推动未成年人网络保护司法制度的不断完善；要在预防未成年人网络犯罪方面扮演更积极的角色，通过法治副校长、以案释法等机制，引导未成年人识别和拒绝网络有害信息，最大限度降低涉及网络的未成年人犯罪。

未成年人司法保护

王贞会　朱吉昀　王大可*

摘　要：　未成年人司法保护是国家对未成年人全方位保护体系中的重要一环。对未成年人的司法保护，首先体现在相关司法机构的发展中。我国未成年人专门司法机构的建设起步较晚，发展迅速而曲折，实践中仍存在一定的问题。在未成年人刑事司法保护方面，我国司法机关在坚持有关法律、司法解释确立的基本原则的基础上，贯彻落实各项具体制度，同时加强对未成年被害人、证人的保护。实践中暴露出我国未成年人刑事司法保护存在责任主体不明确、制度效果不理想、保护对象有偏重和社会参与程度低的问题，因而必须明晰相关主体权责、转变传统司法观念，加强对未成年被害人、证人的保护，并建设专业化社会支持队伍。在未成年人民事司法保护方面，我国虽建立了一系列制度，但仍不尽完善。未来必须坚持对未成年人的优先保护、特殊保护，建立起符合未成年人身心特点的民事诉讼制度和程序，同时完善未成年人民事司法保护方面的规定。未成年人公益诉讼保护作为一项新生制度，在规范建设和实践工作方面已经取得了一定成效。将来应形成长效机制，加强人才队伍建设，并注重发挥典型案例的作用。

---

* 王贞会，中国政法大学诉讼法学研究院教授，检察基础理论研究基地执行主任；朱吉昀，中国政法大学刑事司法学院硕士研究生；王大可，中国政法大学刑事司法学院硕士研究生。

关键词：　未成年人权利司法保护　未成年人刑事司法保护　未成年人
民事司法保护　未成年人公益诉讼保护

加强对未成年人的权利保护，离不开司法的保驾护航。根据我国司法制度的特色和有关法律的规定，未成年人司法保护可以从两个维度进行理解：一是基于司法活动属性之不同而在民事、行政司法和刑事司法上给予未成年人的优先保护、特别保护；二是基于司法机关之不同而由不同部门在司法实施过程中对未成年人提供的优先保护、特别保护。在前一维度，未成年人民事行政司法重点保护的是未成年人的受教育权、受抚养权和不受虐待权等合法权益，维护未成年人的人格尊严和成长环境。未成年人刑事司法则坚持对涉罪未成年人实行"教育、感化、挽救"的方针和"教育为主、惩罚为辅"的原则，对遭受犯罪行为侵害的未成年被害人予以综合救助，切实维护未成年人的诉讼权利及合法权益。在后一维度，主要体现在对未成年人的刑事司法保护方面，公安机关、人民检察院和人民法院在办理未成年人刑事案件时均应突出对未成年人的权利保护，对未成年人的司法保护贯穿未成年人刑事诉讼程序的整个过程。本文也将依循这两个维度展开对未成年人司法保护的介绍。

一　未成年人司法机构的发展

我国未成年人专门司法机构建设起步较晚，新中国成立后较长一段时期内，除司法行政机关外，公安机关、检察院和法院内部并没有专门的机构办理未成年人案件。1984年，上海长宁区人民法院、人民检察院开始探索设置未成年人专门司法机构，标志着我国未成年人司法制度专门化的起步。2020年颁布的《中华人民共和国未成年人保护法》《中华人民共和国预防未成年人犯罪法》（以下分别简称《未成年人保护法》《预防未成年人犯罪法》）均对司法机关的机构或人员专门化提出了要求。[①] 未成年人司法机构是我国未成年人司法制度的重要组成部分。

（一）未成年人审判机构的发展

未成年人审判机构，也就是通常所说的少年法庭。根据最高人民法院《关于适用〈中华人民共和国刑事诉讼法〉的解释》（以下简称"最高人民法院《解释》"）中的规定，少年法庭包括两种类型：一种是未成年人案件审判庭，另一种是未成年人刑事案件合议庭。因此，本文对未成年人审判机构的界定也包括这两种类型。

1. 发展概况

新中国成立后较长一段时期内，未成年人案件都是由普通的刑事审判庭审理。1984 年，上海市长宁区人民法院在国内率先成立专门的少年法庭对未成年人犯罪案件进行分案审理，时任最高人民法院院长郑天翔对此批示，"根据未成年犯的特点，把惩罚犯罪与矫治、预防犯罪相结合，上海市长宁区人民法院的经验值得各地法院借鉴"。[②] 1988 年 5 月，第一次全国少年法庭工作会议在上海召开，会议总结交流各地少年法庭的工作经验，探讨建立中国特色少年司法制度，号召有条件的法院成立少年法庭。自此之后，少年法庭进入快速发展时期。

早期的少年法庭主要负责审理未成年人刑事案件，因而其一般设置在法院的刑事审判业务部门，被称为"少年刑事案件合议庭"，而与其他业务部门

---

① 《未成年人保护法》第 101 条第 1 款规定："公安机关、人民检察院、人民法院和司法行政部门应当确定专门机构或者指定专门人员，负责办理涉及未成年人案件。办理涉及未成年人案件的人员应当经过专门培训，熟悉未成年人身心特点。专门机构或者专门人员中，应当有女性工作人员。"《预防未成年人犯罪法》第 7 条规定："公安机关、人民检察院、人民法院、司法行政部门应当由专门机构或者经过专业培训、熟悉未成年人身心特点的专门人员负责预防未成年人犯罪工作。"

② 王建平：《少年审判改革的实践探索及其思考——以上海市长宁区人民法院少年法庭建设为蓝本》，载《预防青少年犯罪研究》2018 年第 6 期。

同等建制的专门未成年人审判机构，则被称为"少年刑事审判庭"。1991年最高人民法院《关于办理少年刑事案件的若干规定（试行）》第3条规定："人民法院应当在刑事审判庭内设立少年法庭（即少年刑事案件合议庭），有条件的也可以建立与其他审判庭同等建制的少年刑事审判庭。最高人民法院和高级人民法院应当设立少年法庭指导小组，指导少年法庭的工作，总结和推广少年刑审审判工作的经验。"1991年最高人民法院、最高人民检察院、公安部、司法部《关于办理少年刑事案件建立互相配套工作体系的通知》第3条规定，"人民法院应当设立少年法庭或者指定专人负责办理少年刑事案件"。同年颁布的《未成年人保护法》作为我国第一部专门针对未成年人制定的法律，标志着我国未成年人权利保护工作进入新的历史时期，其中也明确规定未成年人案件由法院专门机构或人员办理，在立法上对实践中少年法庭建设予以肯定，这大大推动了实践中各地法院少年法庭的设立和未成年人司法制度的落实发展。据报道，截至1994年底，全国各级法院建立少年法庭3369个，其中独立建制的少年刑事案件审判庭540个，审理涉及未成年人保护的刑事、民事、行政案件的综合性审判庭249个，全国已有少年案件法官1万余名。[①] 中国特色未成年人审判制度蓬勃发展，其对于在未成年人审判活动中贯彻落实"教育、感化、挽救"的方针和"教育为主、惩罚为辅"的原则、准确处理未成年人犯罪案件、保护未成年人合法权益发挥了重要作用。

实践中，许多少年刑事法庭存在案源不足、审判人员不稳定的问题，一些地方开始探索指定管辖模式，将未成年人犯罪案件集中到一个法院的少年法庭受理以保证少年法庭的受案量，这导致许多少年法庭被撤销或被合并。[②] 根据报道，截至2004年底，全国法院少年法庭机构数量为2400个左右。[③] 为扭转少年法庭发展的瓶颈问题，深化中国特色少年审判制度改革，

[①] 徐美慧：《少年法庭的"前世今生"》，载新京报网站：www. bjnews. com. cn/detail/16160685 4215857. html，最后访问日期：2021年3月31日。

[②] 参见姚建龙《中国少年司法的历史、现状与未来》，载《法律适用》2017年第19期。

[③] 参见王俏《少年审判工作：让"少年的你"沐浴在法治阳光之下》，载中国法院网：https://www.chinacourt.org/index.php/article/detail/2021/02/id/5821496.shtml，最后访问日期：2021年3月31日。

2006 年 8 月最高人民法院下发《关于在部分中级人民法院开展设立独立建制的未成年人案件综合审判庭试点工作的通知》，指定在全国 17 个中级人民法院开展设立独立建制的未成年人案件综合审判庭（少年审判庭）的试点工作，由少年审判庭一揽子负责审理与未成年人相关的全部刑事、民事和行政诉讼等案件。自此，少年法庭改革发展的路径开始从强调审理未成年人刑事案件的单一业务类型的刑事业务审判机构，向审理与未成年人权益相关的刑事、民事和行政诉讼案件，以及未成年人减刑、假释等案件的综合业务类型的综合性审判机构换代升级。

但是，由审理单一业务类型的未成年人刑事业务审判庭向审理综合业务类型的未成年人审判庭发展，并非一蹴而就。此后一段时期内少年法庭的发展呈现一种交叉局面，一方面强调审理未成年人刑事案件的专门机构建设，另一方面推进未成年人综合审判庭的改革。2010 年，中央综治委预防青少年违法犯罪工作领导小组、最高人民法院、最高人民检察院、公安部、司法部、共青团中央联合发布《关于进一步建立和完善办理未成年人刑事案件配套工作体系的若干意见》（以下简称六部门《意见》），明确要求各级法院、检察院、公安机关和司法行政机关进一步建立、巩固和完善办理未成年人刑事案件专门机构。六部门《意见》第 3 条规定，"最高人民法院和高级人民法院应当设立少年法庭工作办公室；中级人民法院和基层人民法院一般应当建立审理未成年人刑事案件的专门机构，条件不具备的，应当指定专人办理"。2012 年，最高人民法院《关于适用〈中华人民共和国刑事诉讼法〉的解释》第 462 条规定："中级人民法院和基层人民法院可以设立独立建制的未成年人案件审判庭。尚不具备条件的，应当在刑事审判庭内设立未成年人刑事案件合议庭，或者由专人负责审理未成年人刑事案件。高级人民法院应当在刑事审判庭内设立未成年人刑事案件合议庭。具备条件的，可以设立独立建制的未成年人案件审判庭。未成年人案件审判庭和未成年人刑事案件合议庭统称少年法庭。"

在 2006 年开始探索未成年人案件综合审判庭试点经验总结和加强办理未成年人刑事案件专门审判机构的基础上，最高人民法院持续深化少年法庭建设和未成年人案件审判庭改革。2013年1月，最高人民法院下发《关于扩大中级人民法院设立独立建制未成年人案件审判庭试点范围的通知》，将试点工作扩展至全国49个中级人民法院，少年法庭制度进入深化改革时期。这种综合法庭设置打破了传统刑事民事行政法庭的架构，进一步整合了少年司法资源。①

实践中，未成年人实施犯罪行为往往与不良的家庭环境或家长监护不当等因素关联密切，而且许多家事案件也关系到未成年人的切身利益。有鉴于此，有的地方法院开始探索设立少年家事审判庭，将少年审判业务和家事审判业务予以合并。②该项实践得到了最高人民法院的认可，最高人民法院于2016年5月出台《关于开展家事审判方式和工作机制改革试点工作的意见》，指定在全国范围内108家基层法院开展家事审判方式和工作机制改革的试点工作，以推动少年家事审判的融合发展。

此后几年里，未成年人审判机构的发展受到家事审判改革的很大冲击，同时受到立案登记制、员额制改革等因素的影响，许多地区陆续撤销独立的未成年人审判机构，而将未成年人案件纳入家事审判庭或者其他业务庭办理。2019年，最高人民法院发布《关于深化人民法院司法体制综合配套改革的意见——人民法院第五个五年改革纲要（2019—2023）》，在主要任务的第35条"加强专业化审判机制建设"中提出"探索家事审判与未成年人审判统筹推进、协同发展"，为家事审判和未成年人审判的统筹改革指明了方向，但这一规定只是说要探索推进家事案件和未成年人案件的审判工作协同发展，并非是要将家事审判和未成年人审判的业务合并，也没有明确提出要撤销专门的未成年人审判机构。

2020年，《未成年人保护法》和《预防未成年人犯罪法》两部以未成年人为适用对象的法律先后修订颁布，少年法庭何去何从，如何走出当前的

---

① 陈巍：《论中国少年审判机构的设置》，载《北京航空航天大学学报》（社会科学版）2020年第1期。

② 参见北京市高级人民法院少年法庭改革调研课题组《司法改革背景下的少年法庭发展路径——对部分省市法院少年法庭的实地考察》，载《预防青少年犯罪研究》2019年第4期。

萎缩困局，这无疑在很大程度上影响着新时代背景下未成年人审判工作的改革与发展走向。对此，在 2020 年 12 月 27 日最高人民法院组织召开的"学习贯彻'两法' 加强新时代少年审判工作座谈会"上，最高人民法院杨万明副院长指出，新修订的《未成年人保护法》《预防未成年人犯罪法》明确规定，人民法院应当确定专门机构或者指定专门人员，负责办理涉及未成年人案件，负责预防未成年人犯罪工作。各地法院应当结合本地实际，因地制宜抓好落实。有条件的，应当保留或者设立少年审判专门机构；不具备设立专门机构条件的，必须有专门审判组织或者专业法官负责审理涉及未成年人的案件。无论是否设立专门机构，都要落实好少年审判单独考核的要求，以保障、促进少年审判工作发展。[①] 2021 年 1 月 20 日，最高人民法院发布《关于加强新时代未成年人审判工作的意见》，厘清了未成年人审判和家事审判的关系，即"未成年人审判与家事审判要在各自相对独立的基础上相互促进、协调发展"，并对新时代做好未成年人审判工作的七个方面内容作出规定，对深化和发展新时代未成年人审判工作具有重要的指导作用。《关于加强新时代未成年人审判工作的意见》第 5 条明确提出，"深化涉及未成年人案件综合审判改革，将与未成年人权益保护和犯罪预防关系密切的涉及未成年人的刑事、民事及行政诉讼案件纳入少年法庭受案范围。少年法庭包括专门审理涉及未成年人刑事、民事、行政案件的审判庭、合议庭、审判团队以及法官。有条件的人民法院，可以根据未成年人案件审判工作的需要，在机构数量限额内设立专门审判庭，审理涉及未成年人的刑事、民事及行政案件。不具备单独设立未成年人案件审判机构条件的法院，应当指定专门的合议庭、审判团队或者法官审理涉及未成年人的案件。"第 13 条提出，"最高人民法院建立未成年人审判领导工作机制，加大对全国法院未成年人审判工作的组织领导、统筹协调、调查研究、业务指导。高级人民法院相应设立未成年人审判领导工作机制，中级人民法院和有条件的基层人民法院可以根

---

① 孙莹：《最高法：必须有专业法官负责审理涉及未成年人案件》，https: //m. gmw. cn/2020 – 12/27/content_ 1301978900. htm? p = 2&s = gmwreco，最后访问日期：2021 年 4 月 28 日。

据情况和需要，设立未成年人审判领导工作机制。"第 15 条提出，"探索通过对部分城区人民法庭改造或者加挂牌子的方式设立少年法庭，审理涉及未成年人的刑事、民事、行政案件，开展延伸帮教、法治宣传等工作。"

2. 小结

近年来，随着越来越强调对未成年人刑事案件的司法转处和程序分流，客观上造成进入法庭审判环节的未成年人刑事案件在数量上呈逐年降低的趋势，但实践中法院受理的案件数量却整体在上升，加之家事审判机制、法官员额制等改革的影响，从有独立建制且业务独立运行的少年法庭到少年法庭对刑事审判、家事审判的机构整合与业务依附程度不断增强，实践中未成年人案件已经由独立的专门机构办理逐步向专人办理转变，少年法庭数量明显下降。根据《2019 中国妇女儿童状况统计资料》的数据，2014～2017 年，全国审理未成年人刑事案件、民事案件的合议庭和少年审判庭的数量稳定在 2253 个，但在 2018 年，锐减至 1691 个。① 而且，实践中办理未成年人案件的法官往往还需要办理其他类型的成年人案件，从而给未成年人审判机构的独立化、专业化发展带来很大挑战。当然，随着最高人民法院《关于加强新时代未成年人审判工作的意见》的发布，各级人民法院纷纷建立少年法庭，这对于保证未成年人审判机构的专业化、职业化、规范化发展具有非常重要的意义，也保证了未成年人审判制度的独立发展。

（二）未成年人检察机构的发展

1. 发展概况

在我国，未成年人检察机构的发展大致经历了自下而上和自上而下两个发展阶段。

未成年人检察机构的产生，始于地方检察机关的实践探索。在新中国成立后很长一段时期，我国检察机关并没有设置专门的未成年人办案机构。

---

① 参见国家统计局社会科技和文化产业统计司编《2019 中国妇女儿童状况统计资料》，中国统计出版社，2020 年，第 85 页。

1986 年，上海市长宁区人民检察院在审查起诉科设立全国第一个"少年刑事案件起诉组"，标志着我国未成年人检察工作开始走上专业化道路。至 1990 年底，上海市 20 个区县检察院相继在起诉科内设立了少年起诉组，承担未成年人刑事案件的审查起诉、出庭公诉和预防犯罪等工作。同一时期，重庆、福建、北京等地的一些检察院也先后在起诉、批捕部门设立专门办案组。① 在这一时期，检察机关主要是在有关业务部门设立办案组来专门办理未成年人刑事案件，并没有成立独立有建制的未成年人检察专门机构。

　　以专门办案组来办理未成年人刑事案件的地方探索在实践中取得了较好效果，逐步上升到立法或司法文件层面。1991 年 6 月，最高人民法院、最高人民检察院、公安部、司法部联合下发《关于办理少年刑事案件建立互相配套工作体系的通知》，其中要求"人民检察院应根据办理少年刑事案件的特点和要求，逐步建立专门机构"。1991 年《未成年人保护法》第 40 条明确规定人民检察院"可以根据需要设立专门机构或者指定专人办理"未成年人犯罪案件。1992 年，最高人民检察院颁布的《关于认真开展未成年人犯罪案件检察工作的通知》中要求各个省、自治区、直辖市的检察院有计划地逐步建立办理未成年人犯罪案件的专门机构。同年 5 月，最高人民检察院在当时的刑事检察厅成立了少年犯罪检察工作指导处，带动了地方未成年人检察专门机构的建设，同年 8 月，上海市虹口区人民检察院率先成立了集未成年人刑事案件审查批捕、审查起诉等检察业务于一体的独立建制机构——未成年人刑事检察科，此后全国各地检察机关纷纷酝酿建立未成年人检察专门机构。② 但是，未成年人检察专门机构在实践中的发展并非一帆风顺。1996 年修订的《刑事诉讼法》没有专门规定未成年人犯罪案件的特别程序，未成年人检察专门机构与少年法庭一样纷纷撤并，最高人民检察院也

---

① 参见陈国庆《砥砺前行的未成年人检察工作——纪念人民检察院恢复重建 40 周年》，载《检察日报》2018 年 12 月 5 日 003 版。

② 参见张寒玉、陆海萍、杨新娥《未成年人检察工作的回顾与展望》，载《预防青少年犯罪研究》2014 年第 5 期，第 37 页。

于 1997 年取消了少年犯罪检察工作指导处。①

在未成年人检察专门机构经过十余年的削减期之后，2009 年迎来未成年人检察专门机构发展的重要契机。上海市人民检察院在 2009 年率先成立未成年人刑事检察处，此为我国首个专门的省级未成年人刑事检察部门。随后，上海市人民检察院第一分院、第二分院相继成立未成年人检察处，标志着全国首个三级未成年人检察机构建设完备。② 之后，北京、天津等检察机关陆续推行专门的未成年人检察机构改革，最高人民检察院也在 2011 年 11 月成立了未成年人犯罪检察工作指导处，专门负责指导全国的未成年人检察工作。在最高人民检察院的推动指导下，部分省、地市检察院和未成年人刑事案件较多的基层检察院纷纷设立了独立的未成年人刑事检察机构。

与早期未成年人检察机构主要是自下而上的地方经验转化为立法或司法解释规定的发展路径不同，从 2012 年开始，最高人民检察院不断加强顶层设计，有效推动未成年人检察专门机构在全国检察机关的发展。2012 年《刑事诉讼法》增设"未成年人刑事案件诉讼程序"专章，我国的未成年人检察工作随之迈入一个崭新的发展阶段。2012 年 5 月，最高人民检察院在上海召开了第一次全国检察机关未成年人刑事检察工作会议，具体讨论未成年人犯罪的防治以及未成年人检察工作的专业化建设。同年 10 月，最高人民检察院发布的《关于进一步加强未成年人刑事检察工作的决定》第 7 条规定："大力推进专门机构建设。省级、地市级检察院和未成年人刑事案件较多的基层检察院，原则上都应争取设立独立的未成年人刑事检察机构；条件暂不具备的，省级院必须在公诉部门内部设立专门负责业务指导、案件办理的未成年人刑事检察工作办公室，地市级院原则上应设立这一机构，县级院应根据本地工作量的大小，在公诉科内部设立未成年人刑事检察工作办公室或者办案组或者指定专人。对于专门办案组或者专人，必须保证其集中精力办理未成年人

① 周斌：《不断探索逐步发展 未检制度呵护未成年人健康成长》，载《法制日报》2019 年 8 月 16 日，第 1 版。
② 周斌：《不断探索逐步发展 未检制度呵护未成年人健康成长》，载《法制日报》2019 年 8 月 16 日，第 1 版。

犯罪案件，研究未成年人犯罪规律，落实对涉罪未成年人的帮教措施。有些地方也可以根据本地实际，指定一个基层院设立独立机构，统一办理全市（地区）的未成年人犯罪案件。"

2013年最高人民检察院修订的《人民检察院办理未成年人刑事案件的规定》（以下简称最高人民检察院《规定》）第8条规定："省级、地市级人民检察院和未成年人刑事案件较多的基层人民检察院，应当设立独立的未成年人刑事检察机构。地市级人民检察院也可以根据当地实际，指定一个基层人民检察院设立独立机构，统一办理辖区范围内的未成年人刑事案件；条件暂不具备的，应当成立专门办案组或者指定专人办理。"2014年，最高人民检察院《关于进一步加强未成年人刑事检察工作的通知》第4条规定，"未成年人刑事检察工作设置专门机构、配齐配强专业人员，是贯彻国家对未成年人特殊刑事政策，落实一系列保护未成年人的特殊制度机制，实现未成年人刑事案件办理工作专业化的重要保障。各级检察机关要积极采取有效措施落实《规定》要求，着力推进未成年人刑事检察专门机构建设，提升队伍专业化水平"。（此条款中的《规定》即指上文的最高人民检察院《规定》）

2015年12月，最高人民检察院正式成立未成年人检察工作办公室。这既是适应未成年人保护新形势的客观需要，也是全面推进检察机关未成年人司法保护工作的必然要求，有利于将原来分散在检察机关内部各个业务部门的未成年人检察工作和司法资源有效整合起来，实现未成年人司法保护工作的集约化和专业化，推动未成年人司法保护综合体系建设。[1] 最高人民检察院未成年人检察工作办公室的成立，标志着全国四级未成年人检察机构设置基本完备，职责范围基本划定，制度框架基本搭建，以未成年人这一特殊主体为标准所建立的独立业务类别终于确立，未成年人检察工作专业化、规范化建设进入了一个新的发展阶段。[2]

---

[1] 徐日丹：《最高人民检察院成立未成年人检察工作办公室》，载《检察日报》2015年12月24日，第1版。

[2] 陈国庆：《砥砺前行的未成年人检察工作——纪念人民检察院恢复重建40周年》，载《检察日报》2018年12月5日003版。

2018 年 1 月，最高人民检察院在北京、辽宁等 13 个省、自治区、直辖市部署开展为期一年的未成年人刑事执行检察、民事行政检察业务统一集中办理试点工作，以推动各地检察机关加强对未成年人的综合保护，最大限度地维护未成年人的合法权益。同年 12 月，最高人民检察院在内设机构改革中设立了专门负责未成年人检察工作的第九检察厅，这是中央政法机关成立的第一个专司未成年人保护的有独立编制的厅级内设机构，标志着未成年人检察作为独立的检察业务最终确立，未成年人检察工作步入了新的发展阶段。截至 2019 年底，四级检察院共有 1566 个院成立的独立未成年人检察机构和未检检察官办案组，占检察院总数的 45.36%。其中各省、自治区、直辖市人民检察院均设立了独立未成年人检察机构，有 246 个市级检察院和 390 个基层检察院设立了独立未成年人检察机构，分别占市级院和基层院总数的 61.81% 和 12.26%。43 个基层院被确定为未成年人检察案件集中管辖院。①

2020 年 4 月，最高人民检察院出台《关于加强新时代未成年人检察工作的意见》，明确未成年人刑事执行、民事、行政、公益诉讼检察业务统一由未成年人检察部门集中办理，没有专设机构的，由未成年人检察办案组或独任检察官办理。自 2021 年起，未成年人检察业务统一集中办理工作在全国检察机关稳步全面推开，标志着全国检察机关涉未成年人刑事、民事、行政、公益诉讼检察业务将由分散办理平稳过渡到统一集中办理。②

2. 小结

综观我国未成年人检察机构的发展历程，总体上经历了一个由地方到中央，再由中央到地方的发展过程。在前一阶段，未成年人检察机构的发展主要是由地方检察机关在实践中进行探索和积累一定经验后，再上升到中央层

---

① 参见《未成年人检察工作白皮书（2014—2019）》，载最高人民检察院官网：https://www.spp.gov.cn/spp/xwfbh/wsfbt/202006/t20200601_463698.shtml#2，最后访问日期：2020 年 10 月 28 日。
② 参见李春薇《未成年人检察业务统一集中办理工作将稳步全面推开》，载《检察日报》2020 年 12 月 25 日，第 1 版。

面，由最高人民检察院颁布司法解释或司法文件在全国范围内进行推广。在后一阶段，未成年人检察机构的发展则主要是先由最高人民检察院顶层设计，在一定范围内开展试点，积累经验后，再推广到全国范围各级检察机关落实。如今，地方未成年人检察机构的建立和工作开展主要由最高人民检察院发布专门文件、成立专门机构进行指导来推动和规范，这样的顶层设计对于保证地方各级检察机关未成年人检察机构的独立性和专业化程度有积极促进的影响。然而，整体而言，我国未成年人检察机构的地域发展水平差异较大，有的基层检察机关并没有设置独立的未成年人检察机构，这在一定程度上限制了未成年人检察工作在基层社会治理中的全面落实和检察机关在预防未成年人犯罪、保障未成年人合法权益方面的重要作用。

（三）未成年人警务机构的发展

1. 发展概况

我国《未成年人保护法》《刑事诉讼法》等有关立法同样要求公安机关设置专门机构或指定专人办理未成年人刑事案件，在公安部制定的规定性文件中亦有明确规定。2020 年公安部修订的《公安机关办理刑事案件程序规定》第 319 条规定："公安机关应当设置专门机构或者配备专职人员办理未成年人刑事案件。未成年人刑事案件应当由熟悉未成年人身心特点，善于做未成年人思想教育工作，具有一定办案经验的人员办理。"1995 年公安部《公安机关办理未成年人违法犯罪案件的规定》① 第 6 条规定："公安机关应当设置专门机构或者专职人员承办未成年人违法犯罪案件。办理未成年人违法犯罪案件的人员应当具有心理学、犯罪学、教育学等专业基本知识和有关法律知识，并具有一定的办案经验。"

上海是我国较早探索建立未成年人警务机构的地区。1986 年，上海市公安局长宁分局建立了我国第一个少年嫌疑犯专门预审组，在预审程序中，

---

① 2020 年 7 月 21 日，公安部发布《关于保留废止修改有关收容教育规范性文件的通知》，对该文件中涉及收容教育的内容予以废止，但该《规定》继续有效。

采取符合未成年人身心特点的办案方式。1994 年，又成立了少年案件审理科，但在刑事侦查制度改革中，该机构被撤销。① 近年来，我国其他地区也开始探索建立专门的未成年人警务机构，如北京市公安局海淀分局未成年人案件预审中队、广西钦州市公安局钦南分局未成年人警务大队、云南省昆明市公安局盘龙分局少年警务试点等。但碍于全国各地的经济社会发展条件差异较大，公安机关尤其是基层警力较为短缺，专门的未成年人警务机构在大部分地区尚未得到有效落实。②

2021 年 1 月 1 日，北京市公安局以新修订的《未成年人保护法》《预防未成年人犯罪法》《刑法修正案（十一）》为基本遵循，从加强涉未成年人案件侦办能力、规范案件办理程序、健全完善保障机制、加强社会部门协同等五个方面提出了 20 条具体意见，出台相关工作意见，率先建立涉未成年人案件办理工作体系。在工作中，北京市公安局考虑到未成年人的身心特点，在逐步推行"一站式"办案、相对集中办理制度、未成年人全方位立体式帮护体系建设等措施的同时，强化部门协同联动，开展必要的帮教感化、心理干预、法律援助、司法救济等措施，做好对未成年人的挽救和帮护工作。根据报道，北京市公安局将深入开展"守护未来"行动，持续加强涉未成年人案件办理专业化、规范化、社会化建设，逐步固化经验，形成精品式、可复制、可推广的"北京模式"，切实承担起关心关爱未成年人的法律、社会责任，守护好祖国的未来。③

2. 小结

虽然未成年人警务机构与未成年人审判机构、未成年人检察机构在实践中基本同步产生，但其专业化、规范化发展进度却因经济条件、工作压力、人员配备等现实因素而大大滞后于少年审判和未成年人检察机构的机构改革

---

① 参见刘东根《试论我国少年警察制度的建立》，载《北京科技大学学报》（社会科学版）2008 年第 4 期。

② 王贞会：《涉罪未成年人司法处遇与权利保护研究》，中国人民公安大学出版社，2019，第 57 页。

③ 参见《北京市公安局开展"守护未来"行动 全面提升涉未成年人案件办理质效》，载北京市公安局官网：http://gaj.beijing.gov.cn/xxfb/jwbd/202101/t20210104_2195642.html，最后访问日期：2021 年 1 月 8 日。

步伐，甚至长期以来由专门警务人员办理未成年人案件都存在较大难度。近年来，有的地区积极推进将未成年人案件交由专门的警务人员或办案组办理，还有的地区探索建立专门办理未成年人案件的少年警务机构，这在一定程度上预示了未成年人警务机构的未来发展方向。

（四）未成年人执行机构的发展

未成年人执行机构主要是指对被人民法院定罪量刑的未成年罪犯执行刑罚的专门机构。在我国，刑罚执行工作主要是由司法行政机关管理，根据《未成年人保护法》第 101 条的规定，司法行政机关也要确定专门机构或者指定专门人员，负责办理涉未成年人案件。这就要求，对被法院定罪量刑的未成年罪犯的刑罚执行也应当交由专门机构负责执行，主要包括对未成年犯的监禁刑执行和对未成年犯社区矫正的执行。

1. 发展概况

（1）未成年犯管教所

未成年犯管教所是对被法院判处监禁刑的未成年犯专门设置的刑罚执行场所。根据我国《监狱法》和《未成年犯管教所管理规定》的规定，对人民法院依法判处有期徒刑、无期徒刑的未成年犯应当在未成年犯管教所执行刑罚。未成年犯服刑期间年满十八周岁时，剩余刑期不超过二年的，仍可以留在未成年犯管教所执行剩余刑期。

对被判处监禁刑的未成年犯在专门机构执行刑罚，早在建国初期就有相应的做法和规定。1952 年天津成立全国第一个少年犯管教所，并制定《少年犯守则》，建立考核奖惩、会见通信等制度，对少年犯进行政治文化教育。[①] 1954 年发布的《中华人民共和国劳动改造条例》规定，"对少年犯应当设置少年犯管教所进行教育改造"。少年犯管教所以省、市为单位，根据需要设置，由省、市人民公安机关管辖。1965 年公安部、教育部联合下发《关于

---

① 当时名为"天津市监狱儿童教育院"，1955 年改名为"天津少管所"。参见刘晓梅《新中国天津少年犯管教所的创建》，载《青少年犯罪研究》2009 年第 6 期。

加强少年管教所工作的意见》，该意见对少管所的收容管教的对象、管教期限、教育内容、劳动生产、管理措施以及后续安置工作提出了具体明确的要求。早期的少年犯管教所由公安机关管理。

改革开放后，少年犯管教所制度得以继续完善，并逐步由司法行政部门负责管理。司法部1986年颁布《少年管教所暂行管理办法（试行）》，将"少年犯管教所"改为"少年管教所"，并对少管工作方针政策以及劳动、学习、队伍建设等作出规定。1994年《监狱法》第六章以专章的形式规定了对未成年犯的教育改造，明确规定对未成年犯应当在未成年犯管教所执行刑罚。1999年司法部出台《未成年犯管教所管理规定》，系统规定了未成年犯管教所的组织机构、管理制度、教育改造、生活卫生和考核奖惩等内容。2003年，为了与《监狱法》和《未成年犯管教所管理规定》保持统一，司法部正式将全国少年（犯）管教所统一更名为未成年犯管教所。

未成年犯管教所在成立之初曾面临着物质资源缺乏、管理人员经验不足等诸多问题，但随着各地的积极探索和实践，各地未成年犯管教所管理运行的现代化和规范化程度已经大大提升。以北京市未成年犯管教所为例，其内部除了食堂、宿舍、医院等基础生活设施外，还有美容室、图书室、宣泄室、健身室、心理咨询室等，并经常开展慰问帮教、普法等活动，有效提高了对未成年犯的矫治质量。[1] 此外，为了落实《未成年人保护法》关于"羁押、服刑的未成年人没有完成义务教育的，应当对其进行义务教育"的规定，各地未成年犯管教所还陆续将帮助未成年犯完成九年义务教育纳入业务范围。例如，北京市未成年犯管教所早在1998年便在社会各界的帮助下成立了"朝阳育新培训学校"，努力依法对未成年犯实施九年义务教育。湖南省（2006年）、上海市（2007年）、江苏省（2008年）等地方未成年犯管教所也纷纷通过联合办学等形式开展九年义务教育，例如上海市未成年犯管

---

[1] 参见王成江、李淑娟、赵丽萍《北京市未成年犯管教所保障人权纪实》，载《人权》2005年第5期。

教所就与松江四中、泗联小学一起，落实具体的教育和管理任务。①

　　近年来，未成年犯管教所的管理方式在发展中也呈现多元化趋势，并更多的与社会组织、企业进行合作。例如，上海市未成年犯管教所针对未成年女性开设了"云想工作室"，每周三未成年女犯会在这里学习服装设计，制衣打板，制作属于自己的作品，并掌握一项将来可以赖以生存的技能。再如，浙江省未成年犯管教所开展"艺术矫治"，积极推进"非遗进大墙"，引进国家级非遗项目"王星记扇艺"，并与余杭区职业技术鉴定中心展开合作，构建民盟职业技能培训基地和浙江育英职业技术学院教学基地，让更多服刑人员可以学到想学的职业技能。②

　　（2）未成年人社区矫正机构

　　社区矫正是依法在社区中监管、改造和帮扶罪犯的非监禁刑执行制度。③ 2003 年，最高人民法院、最高人民检察院、公安部、司法部联合下发的《关于开展社区矫正试点工作的通知》规定，"社区矫正是与监禁矫正相对的行刑方式，是指将符合社区矫正条件的罪犯置于社区内，由专门的国家机关在相关社会团体和民间组织以及社会志愿者的协助下，在判决、裁定或决定确定的期限内，矫正其犯罪心理和行为恶习，并促进其顺利回归社会的非监禁刑罚执行活动。"

　　社区矫正是一种兼具惩罚性和社会性的非监禁刑罚执行方式。对未成年人适用社区矫正，可以使未成年人在正常的社区环境中接受教育矫治，激励未成年人悔过自新，重新融入社会。换句话说，对实施犯罪的未成年人采用社区矫正方法进行教育矫治更加可行，效果更好。上文提及的《关于开展社区矫正试点工作的通知》还指出，"对于罪行轻微、主观恶性不大的未成年犯、老病残犯，以及罪行较轻的初犯、过失犯等，应当作为重

---

① 参见《上海市未成年犯管教所实施九年制义务教育》，载环球网：https：//china.huanqiu. com/article/9CaKrnJkVSh，最后访问日期：2021 年 1 月 5 日。

② 参见《省未成年犯管教所全力打造"128"修心教育体系》，载浙江省监狱管理局官网：http：//jyglj. zj. gov. cn/art/2018/12/17/art_ 1567593_ 27500245. html，最后访问日期：2021年 1 月 5 日。

③ 吴宗宪：《刑事执行法学》，中国人民大学出版社，2013，第 246 页。

点对象"。2012 年最高人民法院、最高人民检察院、公安部、司法部联合制定的《社区矫正实施办法》第 33 条对未成年人实施社区矫正需要遵守的方针和具体要求作了规定。2019 年 12 月颁布并于 2020 年 7 月 1 日起正式施行的《中华人民共和国社区矫正法》（以下简称《社区矫正法》），标志着中国特色社区矫正工作走上制度化、规范化和法治化道路。《社区矫正法》中用专章的形式规定了未成年人社区矫正，这既符合未成年人的身心特点和现实需要，也与党和国家一贯坚持对未成年人特别保护、优先保护的政策原则相契合。主要包括以下内容：①矫正措施应当具有针对性；②应当组成矫正小组，并吸收熟悉未成年人成长特点的人员参加；③与成年人分别进行矫正；④监护人负有监护责任和抚养、管教等义务，监护人怠于履行或者拒不履行监护职责的，应当分别作出处理；⑤有关人员对履职过程中获得的未成年人身份信息负有保密义务，应当对相关档案信息予以封存；⑥应当保障未成年矫正对象接受并完成义务教育，为年满十六周岁并有就业意愿的未成年矫正对象提供就业指导和帮助；⑦共青团、妇联、未成年人保护组织负有协助职责，鼓励其他未成年人相关社会组织参与并给予一定政策支持；⑧未成年矫正对象在复学、升学、就业等方面应受到平等的权利保护，任何单位、个人不得歧视；⑨未成年人在社区矫正期间年满十八周岁的，继续按照未成年人社区矫正有关规定执行。

2. 小结

就未成年人执行机构的发展来看，未成年犯管教所产生较早，并且经过长期的改革完善，制度管理较为规范，实践运行较为顺畅，效果也比较好。社区矫正制度在我国起步较晚，虽然已经制定了《社区矫正法》并且用专章的形式对未成年人社区矫正作出特别规定，但《社区矫正法》只是规定了社区矫正机构应当根据未成年社区矫正对象的年龄、心理特点、发育需要、成长经历、犯罪原因、家庭监护教育条件等情况采取针对性的矫正措施，并没有明确规定要建立专门的未成年人社区矫正机构，未成年人社区矫正的专业化建设不足。实践中，基层司法所普遍存在人员配备不足问题，且其除了承担社区矫正工作外，还承担着人民调解、政府法律顾问、普法教育等多项工作，不可能对未成年矫正对象与成年矫正对象进行分别管理、分别教育。有的基层司法行政人员仍然存在观念陈旧、老龄化严重、法律知识缺乏等问题，不能适应专业化社区矫正工作要求。① 大部分社区矫正机构没有针对未成年人制定专门的社区矫正方案，定期组织的法制讲座、技能培训、就业指导等对未成年社区服刑人员的针对性不强，效果不显著。② 虽然《社区矫正法》对未成年人社区矫正的专业化建设提出要求，但也仅仅是对矫正人员的专业化和矫正措施的针对性作了原则规定，能否在实践中起到应有效果，仍有待跟踪考察。

二 未成年人刑事司法保护情况

（一）未成年人刑事司法的基本原则

1.教育为主、惩罚为辅的原则

少年司法所关注的不是未成年人的犯罪行为本身，而是更关注如何使未成年人顺利回归社会，恢复正常的生活。所以，以教育为主、惩罚为辅的原则是未成年人刑事司法保护的基本原则和基本立场，贯穿于未成年人刑事案件诉讼程序的始终，体现在未成年人刑事司法制度的各个方面。

我国有关法律、司法解释和规范性文件中明确规定了该原则。《刑事诉讼法》第 277 条规定对犯罪的未成年人实行教育、感化、挽救的方针，坚持教育为主、惩罚为辅的原则。《未成年人保护法》第 113 条规定："对违法犯罪的未成年人，实行教育、感化、挽救的方针，坚持教育为主、惩罚为辅的原则。"《预防未成年人犯罪法》第 2 条规定："预防未成年人犯罪，立足于教育和保护未成年人相结合，坚持预防为主、提前干预，对未成年人的不良行为和严重不良行为及时进行分级预防、干预和矫治。"第 50 条规定：

---

① 黄超英：《破解未成年人社区矫正运行困境》，载《检察日报》2017 年 9 月 11 日，第 3 版。
② 参见甄贞、管元梓《未成年人社区矫正工作的制度完善——以矫正方案科学化为视角》，载《河南社会科学》2013 年第 5 期。

"公安机关、人民检察院、人民法院办理未成年人刑事案件，应当根据未成年人的生理、心理特点和犯罪的情况，有针对性地进行法治教育。对涉及刑事案件的未成年人进行教育，其法定代理人以外的成年亲属或者教师、辅导员等参与有利于感化、挽救未成年人的，公安机关、人民检察院、人民法院应当邀请其参加有关活动。"最高人民检察院《人民检察院刑事诉讼规则》（以下简称最高人民检察院《规则》）第457条规定，办理未成年人刑事案件要"坚持优先保护、特殊保护、双向保护，以帮助教育和预防重新犯罪为目的"。最高人民法院《关于适用〈中华人民共和国刑事诉讼法〉的解释》（以下简称最高人民法院《解释》）细化了法庭教育的程序和法庭的职责，在法庭辩论结束后，法庭可以根据未成年人的生理、心理特点和案件情况，对未成年被告人进行法治教育。在宣判以后，应当对未成年被告人进行教育。

2. 诉讼权利特殊保护原则

诉讼权利特殊保护原则是指公安司法机关办理未成年人刑事案件，应当保障未成年犯罪嫌疑人、被告人充分行使其诉讼权利，保障未成年犯罪嫌疑人、被告人得到充分的法律帮助，并由熟悉未成年人身心特点的办案人员承办。该原则是针对未成年犯罪嫌疑人、被告人的身心特点，为保障其诉讼权利得以有效实现。

《未成年人保护法》第101条要求公安机关、人民检察院、人民法院和司法行政部门"办理涉及未成年人案件的人员应当经过专门培训，熟悉未成年人身心特点。专门机构或者专门人员中，应当有女性工作人员"。第102条规定："公安机关、人民检察院、人民法院和司法行政部门办理涉及未成年人案件，应当考虑未成年人身心特点和健康成长的需要，使用未成年人能够理解的语言和表达方式，听取未成年人的意见。"第104条规定："对需要法律援助或者司法救助的未成年人，法律援助机构或者公安机关、人民检察院、人民法院和司法行政部门应当给予帮助，依法为其提供法律援助或者司法救助。法律援助机构应当指派熟悉未成年人身心特点的律师为未成年人提供法律援助服务。法律援助机构和律师协会应当对办理未成年人法律援助案件的律师进行指导和培训。"《预防未成年人犯罪法》第 7 条也规定："公安机关、人民检察院、人民法院、司法行政部门应当由专门机构或者经过专业培训、熟悉未成年人身心特点的专门人员负责预防未成年人犯罪工作。"

《刑事诉讼法》第 277 条也对此作出了原则性的规定，在司法实践中主要包括以下三方面：一是人民法院和人民检察院对保障未成年人诉讼权利进行原则性规定以指导整个诉讼活动。如最高人民检察院印发《未成年人刑事检察工作指引（试行）》（以下简称最高人民检察院《指引》）第 16 条规定，"人民检察院应当充分保障未成年人行使其诉讼权利，保证未成年人得到充分的法律帮助"。二是人民法院和人民检察院依法保障未成年人享有的一些特殊权利，如合适成年人到场的权利、获得法律援助的权利、不公开审理的权利、要求犯罪记录封存的权利等一系列特殊权利。三是人民法院、人民检察院办理未成年人刑事案件，应当由熟悉未成年人身心特点、善于做未成年人思想教育工作的办案人员进行，并应当保持有关人员工作的相对稳定性，实现办案人员的专门化和专业化。此外，《刑事诉讼法》第 223 条规定，被告人是未成年人的案件不适用速裁程序也是对未成年人诉讼权利进行特殊保护的体现。相比诉讼效率，未成年人的程序利益和诉讼权利价值更被重视。

3. 全面调查原则

全面调查原则是极具未成年人刑事诉讼特色的一项原则。它是指公安司法机关在办理未成年人刑事案件时，不仅要查明案件本身的情况，还应对未成年犯罪嫌疑人、被告人的家庭背景、生活环境、教育经历、个人性格、心理特征等与犯罪和案件处理有关的信息做全面、细致的调查，必要时还要对其进行心理测评和鉴定。[1] 其目的在于查清未成年人走上犯罪道路的原因和条件，为教育改造未成年人确定有针对性的改造方案和方法，以取得良好的教育改造效果。

《刑事诉讼法》第 279 条规定："公安机关、人民检察院、人民法院办

---

[1]　陈卫东主编《刑事诉讼法学》，高等教育出版社，2019 年第 3 版，第 405 页。

理未成年人刑事案件，根据情况可以对未成年犯罪嫌疑人、被告人的成长经历、犯罪原因、监护教育等情况进行调查。"据此，全面调查原则贯穿未成年人刑事案件的整个诉讼过程之中，在不同阶段，各办案机关均可对未成年人进行社会调查。全面调查原则的具体落实主要是通过社会调查制度，对此，本文将在"具体制度评述"中详述。

4. 分案处理原则

分案处理制度是指公安机关、人民检察院和人民法院在刑事诉讼过程中将未成年人案件与成年人案件分开处理，对未成年人与成年人分别关押的制度。① 之所以实行分案处理是因为未成年人涉世不深，容易受到周边环境的影响，分案处理可防止未成年人与成年犯罪嫌疑人、被告人接触过多反而被再次"污染"。

《刑事诉讼法》第 280 条第 2 款规定："对被拘留、逮捕和执行刑罚的未成年人与成年人应当分别关押、分别管理、分别教育。"《预防未成年人犯罪法》第 53 条规定："对被拘留、逮捕以及在未成年犯管教所执行刑罚的未成年人，应当与成年人分别关押、管理和教育。对未成年人的社区矫正，应当与成年人分别进行。"最高人民检察院、公安部《关于规范刑事案件"另案处理"适用的指导意见》第 5 条规定了未成年人案件需要分案处理所需的证明材料及审批程序。最高人民检察院《指引》第 18 条第 2 款和最高人民检察院《规则》第 459 条补充规定了分别羁押、分案起诉和分别执行。最高人民法院《解释》还对分案审理作出了详细的规定。总之，未成年人刑事案件在各个诉讼阶段都应当遵循分案处理的原则，区别对待未成年犯罪人和成年犯罪人，对未成年犯罪人进行有针对性的处理。

5. 不公开审理原则

不公开审理原则是指人民法院在开庭审理未成年人刑事案件时，不允许群众旁听和记者采访，报纸等印刷品也不得刊登未成年被告人的姓名、年

---

① 陈光中主编《刑事诉讼法》（第六版），北京大学出版社、高等教育出版社，2016，第 438 页。

龄、职业、住址及照片等的诉讼原则。① 出于对未成年人自尊心的保护，也为了他们将来能顺利回归社会，不公开审理原则是我国未成年人刑事司法保护基本原则，也是我国诉讼文明的体现。

《刑事诉讼法》第 285 条规定："审判的时候被告人不满十八周岁的案件，不公开审理。但是，经未成年被告人及其法定代理人同意，未成年被告人所在学校和未成年人保护组织可以派代表到场。"最高人民法院《解释》中进一步规定到场代表的人数、范围和职责，以及辩护律师查阅、摘抄、复制的未成年人刑事案件的案卷材料，也不得公开和传播。根据最高人民检察院《人民检察院办理未成年人刑事案件的规定》第 68 条规定，"对依法不应当公开审理的未成年人刑事案件公开审理的，人民检察院应当在开庭前提出纠正意见"。此外，最高人民法院《解释》第 578 条还规定："对未成年人刑事案件，宣告判决应当公开进行。对依法应当封存犯罪记录的案件，宣判时，不得组织人员旁听；有旁听人员的，应当告知其不得传播案件信息。"

6. 双向保护原则

双向保护原则指未成年人刑事案件诉讼程序既要保护涉罪未成年人的合法权益，还要注重维护未成年被害人的合法权益，积极化解社会矛盾。其本质是调和各方矛盾，根据未成年人的身心特点，在个案处理的过程中实现社会效益。

我国刑事司法上有诸多原则和制度体现了双向保护，如不公开审理原则、合适成年人到场制度、办案人员的专业化和专门化建设、法庭教育环节和非刑罚处置措施等。最高人民检察院《指引》第 21 条规定，"人民检察院办理未成年人刑事案件，既要注重保护涉罪未成年人的合法权益，也要注重维护社会利益，积极化解矛盾，使被害人得到平等保护，尤其要注重对未成年被害人的权益维护和帮扶救助"。在对未成年人的双向保护中，除了司法工作人员，未成年人的家人、有关社会组织和志愿者等多方也应

---

① 参见宋英辉等《未成年人刑事司法改革研究》，北京大学出版社，2013，第 71 页。

参与其中，为减少犯罪对未成年被害人的影响以及帮助涉罪未成年人诚心悔改、回归社会、健康成长而共同努力。

（二）相关制度

1. 法定代理人、合适成年人到场制度

法定代理人、合适成年人到场制度，是指对于未成年人刑事案件，人民检察院和人民法院在讯问和审判时应当通知未成年人的法定代理人或其他合适成年人到场。该制度设立的目的在于打破刑事诉讼程序，尤其是侦查程序的封闭性，缓解未成年人的紧张和抵触情绪，以保证诉讼活动的顺利进行，同时对诉讼活动进行监督，维护未成年人的合法权益。

《未成年人保护法》第110条规定："公安机关、人民检察院、人民法院讯问未成年犯罪嫌疑人、被告人，询问未成年被害人、证人，应当依法通知其法定代理人或者其成年亲属、所在学校的代表等合适成年人到场，并采取适当方式，在适当场所进行，保障未成年人的名誉权、隐私权和其他合法权益。"《刑事诉讼法》第281条也规定，"对于未成年人刑事案件，在讯问和审判的时候，应当通知未成年犯罪嫌疑人、被告人的法定代理人到场。无法通知、法定代理人不能到场或者法定代理人是共犯的，也可以通知未成年犯罪嫌疑人、被告人的其他成年亲属，所在学校、单位、居住地基层组织或者未成年人保护组织的代表到场，并将有关情况记录在案。到场的法定代理人可以代为行使未成年犯罪嫌疑人、被告人的诉讼权利。到场的法定代理人或者其他人员认为办案人员在讯问、审判中侵犯未成年人合法权益的，可以提出意见。讯问笔录、法庭笔录应当交给到场的法定代理人或者其他人员阅读或者向他宣读。讯问女性未成年犯罪嫌疑人，应当有女工作人员在场。审判未成年人刑事案件，未成年被告人最后陈述后，其法定代理人可以进行补充陈述。"在《刑事诉讼法》的基础上，最高人民法院《解释》第555条以及最高人民检察院《指引》第46~53条还对法定代理人、合适成年人的基本要求，选择和变更，权利和义务，支持保障和监督措施等作了更为详细的规定，提高了合适成年人到场制度的可操作性。

我国目前已基本实现法定代理人、合适成年人到场全覆盖。[①] 此外，有的地方公安机关、检察院、法院、基层社会组织等还联合建立专门的合适成年人队伍，保证讯问未成年犯罪嫌疑人、被告人时，法定代理人不能到场的及时通知合适成年人到场，并注重提高合适成年人队伍的专业性和稳定性。

2. 社会调查制度

社会调查制度随刑罚个别化理论而发展起来，尤其在未成年人司法保护领域，社会调查报告对未成年人的处置具有重要的参考意义。未成年人心智发育尚不成熟，处在家庭和社会繁杂的影响之下，在清楚了其成长经历、家庭环境等情况之后，才能对症下药进行教育，帮助其认识错误，顺利回归社会。此外，在长期积累了社会调查的经验之后，司法实践中办理未成年人刑事案件将更高效、更有针对性，有利于实现公平公正，促进法治进步。

社会调查制度是全面调查原则的具体实现途径。《刑事诉讼法》第 279 条规定："公安机关、人民检察院、人民法院办理未成年人刑事案件，根据情况可以对未成年犯罪嫌疑人、被告人的成长经历、犯罪原因、监护教育等情况进行调查。"《预防未成年人犯罪法》第 51 条规定，"公安机关、人民检察院、人民法院办理未成年人刑事案件，可以自行或者委托有关社会组织、机构对未成年犯罪嫌疑人或者被告人的成长经历、犯罪原因、监护、教育等情况进行社会调查"，且社会调查报告"可以作为办理案件和教育未成年人的参考"。第 64 条规定有关社会组织、机构及其工作人员出具虚假社会调查报告的，"由民政、司法行政等部门对直接负责的主管人员或者其他直接责任人员依法给予处分，构成违反治安管理行为的，由公安机关予以治安管理处罚"。此外，最高人民检察院《规则》和《指引》等规范性文件都对社会调查制度的主体、程序、内容等作出了细化规定，包括社会调查制度的适用对象、调查机关、调查的具体程序、调查的内容、调查报告的制作及其作用等，从而增强了社会调查制度的可操作性。最高人民法院《解释》第 568 条则规定了法

[①] 《未成年人检察工作白皮书（2014—2019）》，载最高人民检察院官网：https：//www.spp.gov.cn/spp/xwfbh/wsfbt/202006/t20200601_463698.shtml#2，最后访问日期：2020 年 10 月 28 日。

院对社会调查报告的接受和使用，以及在必要时，人民法院可以委托社区矫正机构、共青团、社会组织等对未成年被告人的性格特点、家庭情况、社会交往、成长经历、犯罪原因、犯罪前后的表现、监护教育等情况进行调查，或者自行调查。

根据最高人民检察院《未成年人检察工作白皮书（2014—2019）》（以下简称《白皮书》）统计，2016 年以来，检察机关进行社会调查的数量总体呈上升态势，2019 年审查逮捕阶段、审查起诉阶段共开展社会调查 26252人，与 2016 年相比上升 90.65%。① 目前，以公安机关为主，检察机关为辅，委托调查为重要支撑的社会调查格局正逐渐形成。

3. 全面法律援助制度

全面法律援助制度是指对于没有委托辩护人的未成年犯罪嫌疑人、被告人，公安机关、人民检察院、人民法院应当通知法律援助机构指派律师为其提供辩护。法律援助贯穿未成年人刑事案件诉讼程序始终，既是为帮助未成年犯罪嫌疑人、被告人依法充分行使其合法权利，也是为了监督公安司法机关的诉讼行为。

《刑事诉讼法》第 278 条规定："未成年犯罪嫌疑人、被告人没有委托辩护人的，人民法院、人民检察院、公安机关应当通知法律援助机构指派律师为其提供辩护。"《未成年人保护法》第 104 条规定："对需要法律援助或者司法救助的未成年人，法律援助机构或者公安机关、人民检察院、人民法院和司法行政部门应当给予帮助，依法为其提供法律援助或者司法救助。法律援助机构应当指派熟悉未成年人身心特点的律师为未成年人提供法律援助服务。法律援助机构和律师协会应当对办理未成年人法律援助案件的律师进行指导和培训。"最高人民检察院《指引》第 24 条规定，"人民检察院办理未成年人刑事案件，应当保障未成年犯罪嫌疑人得到法律帮助"。最高人民法院《解释》第 564 条规定，"审判时不满十八周岁的未成年被告人没有委

① 《未成年人检察工作白皮书（2014—2019）》，载最高人民检察院官网：https：//www.spp.gov.cn/spp/xwfbh/wsfbt/202006/t20200601_463698.shtml#2，最后访问日期：2020 年 10 月 28 日。

托辩护人的，人民法院应当通知法律援助机构指派熟悉未成年人身心特点的律师为其提供辩护"。据此，为未成年犯罪嫌疑人、被告人提供法律援助时，无须审查其经济状况。此外，2020年9月司法部公共法律服务管理局和中华全国律师协会联合发布的《未成年人法律援助服务指引（试行）》中，对法律援助承办机构和法律援助承办人员办理未成年人法律援助案件提出了基本原则和要求，并明确了其工作内容、工作方式等，进一步规范了未成年人法律援助制度。

4. 犯罪记录封存制度

犯罪记录封存制度是指犯罪的时候不满十八周岁，被判处五年有期徒刑以下刑罚的罪犯，对其相关犯罪记录予以封存，不得向任何单位和个人提供的制度。有犯罪记录的人一生都将受到犯罪记录的影响，在就业、升学或生活等方面都面临诸多限制和困难，因而犯罪记录封存是未成年犯罪人去"标签化"、回归正常社会生活的重要环节。

《刑事诉讼法》第286条规定："犯罪的时候不满十八周岁，被判处五年有期徒刑以下刑罚的，应当对相关犯罪记录予以封存。犯罪记录被封存的，不得向任何单位和个人提供，但司法机关为办案需要或者有关单位根据国家规定进行查询的除外。依法进行查询的单位，应当对被封存的犯罪记录的情况予以保密。"《预防未成年人犯罪法》第59条第2款规定，"未成年人接受专门矫治教育、专门教育的记录，以及被行政处罚、采取刑事强制措施和不起诉的记录"，也应当予以封存。根据最高人民法院《解释》以及最高人民检察院《指引》的规定，人民检察院对未成年犯罪嫌疑人作出不起诉决定后，应当对相关记录予以封存；人民检察院应当将拟封存的未成年人犯罪记录、案卷等相关材料装订成册，加密保存，不予公开，并建立专门的未成年人犯罪档案库，执行严格的保管制度；被封存犯罪记录的未成年人或者其法定代理人申请出具无犯罪记录证明的，人民检察院应当出具；需要协调公安机关、人民法院为其出具无犯罪记录证明的，人民检察院应当予以协助。司法机关或者有关单位向人民法院申请查询封存的犯罪记录的，应当提供查询理由和依据。对查询申请，人民法院应当及时作出是否同意的决定。

5. 亲情会见制度

亲情会见制度是随着国际"刑罚人道化"运动发展而来的制度，指在符合法定条件的未成年人刑事案件中，如果未成年犯罪嫌疑人、被告人的法定代理人、近亲属等与本案无牵连，经办案机关同意，在押的未成年犯罪嫌疑人可以与其法定代理人、近亲属等会见、通话的制度。亲情会见制度一方面有利于缓解在押未成年犯罪嫌疑人、被告人的紧张情绪和精神压力，另一方面也有利于促进其认罪、悔罪，便于对其进行教育和感化。

鉴于未成年人案件的特殊性，最高人民检察院《人民检察院办理未成年人刑事案件的规定》和《指引》中对会见条件，会见的安排和会见的要求等均有特殊规定，如会见的亲属须为未成年犯罪嫌疑人的法定代理人、近亲属，且与本案无牵连关系；案件事实已基本查清，主要证据确实充分，安排会见、通话不会影响诉讼活动正常进行；会见时，须有检察人员在场监督、引导等。此外，公安部《公安机关办理未成年人违法犯罪案件的规定》（以下简称公安部《规定》）第23条规定，"看守所应当充分保障被关押的未成年人与其近亲属通信、会见的权利"。最高人民法院《解释》第570条也规定"开庭前和休庭时，法庭根据情况，可以安排未成年被告人与其法定代理人或者合适成年人会见。"

6. 附条件不起诉制度

附条件不起诉制度，是指检察机关对于罪行较轻的未成年犯罪嫌疑人，由于没有立即追诉的必要而作出暂时不予提起公诉的决定，并要求其在一定期限内履行一定的义务。在法律规定的期限内，如果犯罪嫌疑人没有违反法律的相关规定，并且履行了所要求的义务，检察机关就应作出不起诉的决定，否则，检察机关将依法对其提起公诉。[1] 附条件不起诉制度建立在起诉便宜主义的基础之上，能够节约司法资源，扩大未成年人在审前程序的分流和转处，提高诉讼效率，还可以根据案件的具体情况作出有针对性的处理，有利于未成年人顺利回归社会。

---

[1]　陈卫东主编《刑事诉讼法学》，高等教育出版社，2017，第454页。

我国《刑事诉讼法》和最高人民检察院《规则》《指引》对附条件不起诉制度作了详细的规定。适用附条件不起诉必须符合以下五个条件：犯罪嫌疑人实施犯罪行为时系未成年人；涉嫌《刑法》分则第四章、第五章、第六章规定的犯罪的；可能被判处一年有期徒刑以下刑罚的；犯罪事实清楚，证据确实、充分，符合起诉条件的；犯罪嫌疑人具有悔罪表现的。检察院在作出附条件不起诉决定之前，应当征求未成年犯罪嫌疑人及其法定代理人、辩护人的意见，听取公安机关、被害人及其法定代理人、诉讼代理人的意见。听取意见是法定必经程序，但公安机关和被害人的意见对附条件不起诉的决定并没有约束力。但若未成年犯罪嫌疑人及其法定代理人对附条件不起诉有异议的，检察院应当审查后决定是否起诉。检察院在作出附条件不起诉决定后，应当对未成年犯罪嫌疑人进行考察，以督促其悔过自新，预防再犯。附条件不起诉的法律后果有两种，若被附条件不起诉的未成年犯罪嫌疑人，在考验期内没有实施新的犯罪或发现漏罪，也没有严重违反治安管理规定或者考察机关有关附条件不起诉的监督管理规定的，在考验期满后，检察机关应当作出不起诉的决定。否则，将撤销附条件不起诉决定，依法提起公诉。

根据最高人民检察院《白皮书》数据显示，未成年人犯罪嫌疑人附条件不起诉率①逐年上升。2014年至2019年，检察机关共对未成年犯罪嫌疑人附条件不起诉32023人，从2014年至2019年依次为4021人、3779人、4455人、5681人、6624人、7463人，除2015年减少外，其余每年都有较大幅度增加，同期附条件不起诉率也逐年上升，分别为5.31%、6.04%、8.00%、10.06%、12.15%、12.51%（见图1），年均上升1.44个百分点，整体附条件不起诉率为8.78%。同时，附条件不起诉考验期间因违反相关规定或者重新犯罪被重新提起公诉人数维持在较低水平，2014年至2019年分别为106人、99人、141人、134人、183人、233人，被重新提起公诉人数占附条件不起诉总数的2.78%，基本保持在2.3%至3.2%之间，反映

---

① 附条件不起诉率＝附条件不起诉人数/（起诉人数＋不起诉人数＋附条件不起诉人数）。

附条件不起诉制度适用人数逐步扩大，运行情况良好。[①]

图1　未成年人附条件不起诉情况

7. 社区矫正制度

根据最高人民法院、最高人民检察院、公安部、司法部发布的《关于开展社区矫正试点工作的通知》规定，"社区矫正是与监禁矫正相对的行刑方式，是指将符合社区矫正条件的罪犯置于社区内，由专门的国家机关在相关社会团体和民间组织以及社会志愿者的协助下，在判决、裁定或决定确定的期限内，矫正其犯罪心理和行为恶习，并促进其顺利回归社会的非监禁刑罚执行活动"。社区矫正制度是丰富关于未成年犯刑事处罚方式的重要途径，对未成年人扩大适用非监禁刑也是我国"教育为主，惩罚为辅"原则的必然要求，对未成年人重新融入社会、防止再次犯罪具有重要意义。

《社区矫正法》专章明确了未成年人社区矫正的特别规定，有助于实践中统一认识，规范操作。其主要内容包括：适用社区矫正的未成年犯包括依法被判处管制、宣告缓刑、假释和暂予监外执行的未成年人和在社区矫正期间成年的未成年人；社区矫正机构应当根据未成年社区矫正对象的年龄、心理特点和发育需要等特殊情况，采取针对性的矫正措施；应当为未成年社区

① 《未成年人检察工作白皮书（2014—2019）》，载最高人民检察院官网：https://www.spp.gov.cn/spp/xwfbh/wsfbt/202006/t20200601_463698.shtml#2，最后访问日期：2020年10月28日。

矫正对象确定矫正小组，并吸收熟悉未成年人成长特点的人员参加；应当督促未成年社区矫正对象的监护人履行监护责任，承担抚养、管教等义务；应当对未成年社区矫正对象的身份信息保密；对未完成义务教育的未成年社区矫正对象，应当协调教育部门为其完成义务教育提供条件；年满十六周岁的社区矫正对象有就业意愿的，社区矫正机构可以协调有关部门和单位为其提供职业技能培训，给予就业指导和帮助；共产主义青年团、妇女联合会、未成年人保护组织应当依法协助社区矫正机构做好未成年人社区矫正工作；未成年社区矫正对象在复学、升学、就业等方面依法享有与其他未成年人同等的权利，任何单位和个人不得歧视；有歧视行为的，应当由教育、人力资源和社会保障等部门依法作出处理等。

8. 严格限制适用逮捕措施制度

逮捕是我国法定强制措施体系中最严厉的一种。未成年人身心发育尚不成熟，认知能力较弱，容易受周围环境影响导致交叉感染。而且未成年人被羁押之后，往往在心理上承受较大的压力，如果得不到及时有效的舒缓，容易产生心理问题或性格缺陷，激化他们的反社会情绪，形成再犯罪倾向。[1]因而，为了未成年人的矫治教育和社会的稳定和谐，应当严格限制对未成年人适用逮捕措施。

《刑事诉讼法》第280条规定，"对未成年犯罪嫌疑人、被告人应当严格限制适用逮捕措施。"公安部《规定》第三章以专章的形式对"强制措施"予以规范，并且规定"对不符合拘留、逮捕条件，但其自身安全受到严重威胁的违法犯罪未成年人，经征得家长或者监护人同意，可以依法采取必要的人身保护措施。危险消除后，应当立即解除保护措施"。"对已采取刑事强制措施的未成年人，应尽量缩短羁押时间和办案时间"。最高人民检察院《规则》和《指引》进一步明确了严格限制对未成年人适用逮捕措施的操作规范，规定检察机关应当根据未成年犯罪嫌疑人涉嫌犯罪的性质、情

---

① 参见朱锦秀《社区矫正与未成年人犯罪法律适用的系统性研究》，载《重庆大学学报》（社会科学版）2011年第3期。

节、主观恶性、有无监护与社会帮教条件、认罪认罚等情况，综合衡量其社会危险性，严格限制对未成年犯罪嫌疑人适用逮捕措施。对未成年人应当严格坚持"少捕慎捕"的政策，真正做到"可捕可不捕的不捕"。对于已经被逮捕的未成年犯罪嫌疑人、被告人，随着诉讼进行，已不再有继续羁押的必要的，办案机关应当及时将其释放或变更为非羁押强制措施。在适用非羁押强制措施时，也要给予未成年人特殊保护，如《预防未成年人犯罪法》第52条规定："公安机关、人民检察院、人民法院对于无固定住所、无法提供保证人的未成年人适用取保候审的，应当指定合适成年人作为保证人，必要时可以安排取保候审的未成年人接受社会观护。"

根据最高人民检察院《白皮书》的数据显示，未成年人犯罪嫌疑人不捕率逐年上升。2014年至2019年，检察机关共对未成年犯罪嫌疑人不批准逮捕88953人，不捕率呈逐年上升趋势，分别为26.66%、29.41%、31.66%、33.59%、34.13%和34.43%，年均上升1.55个百分点，整体不捕率为31.43%。从不捕原因看，无社会危险性不捕53981人，证据不足不捕21707人，不构成犯罪不捕6273人，其他原因不捕6992人。[①]（见图2、图3）

9. 法庭教育制度

法庭教育制度是基于未成年人涉世未深，犯罪的主观恶性一般不大，且具有较强的可塑性，更容易被教化，而在未成年人审判实践中发展而来的一项制度。法庭教育制度是我国未成年人刑事司法"教育为主，惩罚为辅"基本原则的体现，是"寓教于审"基本理念的实现路径。虽然根据有关原则和规定，对未成年犯罪嫌疑人、被告人的教育应当贯穿刑事诉讼各个阶段，但审判阶段的法庭教育因其具有"教育资源最集中、教育内容最丰富、教育时机最有利、教育特征最明显"[②] 的特点，因而能够巩固侦查、审查起

[①] 《未成年人检察工作白皮书（2014—2019）》，载最高人民检察院官网：https://www.spp.gov.cn/spp/xwfbh/wsfbt/202006/t20200601_463698.shtml#2，最后访问日期：2020年10月28日。

[②] 史华松：《论未成年人刑事案件法庭教育制度之完善》，载《西华大学学报》（哲学社会科学版）2013年第3期。

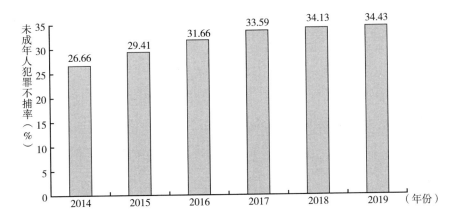

图 2　未成年人犯罪不捕率

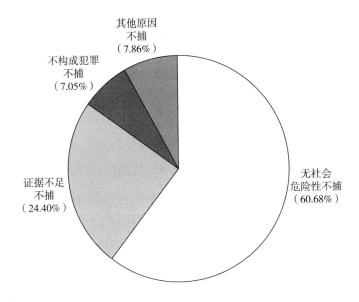

图 3　未成年人犯罪不捕原因及占比

诉阶段的教育效果，全方位、多层次地感化未成年被告人。

根据最高人民法院《关于进一步加强少年法庭工作的意见》第 16 条规定，"法庭教育的主要内容包括对相关法律法规的理解，未成年人实施被指控行为的原因剖析，应当吸取的教训，犯罪行为对社会、家庭、个人的危害和是否应当受刑罚处罚，如何正确对待人民法院裁判以及接受社区矫正或者在监管场所服刑应当注意的问题等"。根据最高人民法院《解释》第576条的规定，不论是适用普通程序还是简易程序，法庭教育可以在法庭辩论结束后，由法庭根据未成年人的生理、心理特点和案件情况，对未成年被告人进行法治教育；判决未成年被告人有罪的，宣判后应当对未成年被告人进行法治教育。对未成年被告人进行教育，其法定代理人以外的成年亲属或者教师、辅导员等参与有利于感化、挽救未成年人的，人民法院应当邀请其参加有关活动。

10. 圆桌审判制度

审理未成年人案件的法庭，应当根据未成年人身心发展特点设置区域和席位。所谓的圆桌审判制度，正是通过对以往审判庭布局形式上的改变，对庭审中审问的语气、重点、态度以及庭审程序的控制和掌握，由过去的棱角割据式，改为圆缓相近式，从而营造一个缓和、宽松且又不失法律严肃性的庭审气氛，实现形式与内容的统一，争取最佳的庭审效果。①

目前，关于圆桌审判制度尚没有统一规定。最高人民法院《解释》第571条第2款规定："审理可能判处五年有期徒刑以下刑罚或者过失犯罪的未成年人刑事案件，可以采取适合未成年人特点的方式设置法庭席位。"最高人民法院《关于进一步加强少年法庭工作的意见》第15条规定："人民法院根据未成年人身心特点，对未成年被告人轻微犯罪或者过失犯罪案件、未成年人为一方当事人的民事和行政案件，可以采取圆桌审判方式。"最高人民检察院《指引》第216条规定："人民检察院对于符合下列条件之一的未成年人刑事案件，在提起公诉时，可以建议人民法院采取圆桌审判方式审理：适用简易程序的；十六周岁以下未成年人犯罪的；可能判处五年有期徒刑以下刑罚或者过失犯罪的；犯罪情节轻微，事实清楚，证据确实、充分，被告人对被指控的犯罪事实无异议的；犯罪性质较为严重，但被告人系初犯

① 郭连申、裴维奇、郭炜：《圆桌审判——少年刑事审判方式改革的探索与思考》，载《人民司法》1998年11期。

或者偶犯，平时表现较好，主观恶性不大的；其他适合的案件。"在运作模式方面，全国各地的发展也各不相同，[①] 但其最终的目的都是为了营造和谐的审判氛围，以消除未成年被告人的恐慌、抵触心理，在良好的氛围中最大限度地实现庭审效果。

11. 心理测评制度

心理测评制度引入未成年人刑事司法实践的初衷是为了更全面地了解未成年犯罪嫌疑人、被告人的心理状态和犯罪主观方面，从而更有效地进行帮教矫治，对正确处理未成年人案件、有针对性地保护未成年人以及预防犯罪，具有重要意义。

《预防未成年人犯罪法》首次在立法层面肯定了该制度，其中第51条规定公安机关、人民检察院、人民法院办理未成年人刑事案件，根据实际需要并经未成年犯罪嫌疑人、被告人及其法定代理人同意，可以对未成年犯罪嫌疑人、被告人进行心理测评，且心理测评的报告可以作为办理案件和教育未成年人的参考。第64条还对有关社会组织、机构及其工作人员出具虚假心理测评报告的后果予以明确，规定由民政、司法行政等部门对直接负责的主管人员或者其他直接责任人员依法给予处分，构成违反治安管理行为的，由公安机关予以治安管理处罚。最高人民法院《解释》也规定经未成年被告人及其法定代理人同意，可以对未成年被告人进行心理测评。最高人民检察院《指引》在第二章专节规定了"心理测评与心理疏导"，对心理测评的基本要求、心理危机干预、流程步骤、本职教育和资料管理等作出明确规定。最高人民检察院《关于加强新时代未成年人检察工作的意见》和《关于建立未成年人检察工作评价机制的意见（试行）》还要求各级人民检察院落实包括心理测评制度在内的特殊检察制度，并作为未成年人检察工作的评价内容之一。

[①] 在形制上，有些法院将圆桌设计成椭圆形，比如上海的法院；有些是空心圆，比如江苏省苏州市中级人民法院；有的是实心圆，比如山东省青岛市中级人民法院；有的是U字形，比如北京市海淀区人民法院；还有些虽然称为圆桌，但只是普通法庭形制的改进版，比如福建省有些法院采用的书桌形法庭。

12. 社会观护制度

社会观护制度同样出于对未成年人的特殊保护，以教育、预防优先，有助于扩大对未成年人的非羁押性强制措施适用和非刑罚化处理。具体而言，刑事司法中的社会观护是在对未成年犯罪嫌疑人、被告人采取非羁押措施的前提下，有关司法机关会同社会力量对其展开监督、考察、教育和矫治等工作的制度。

关于社会观护制度的适用范围，《预防未成年人犯罪法》第41条规定，公安机关可以根据具体情况，责令有严重不良行为的未成年人接受社会观护，由社会组织、有关机构在适当场所对未成年人进行教育、监督和管束。第52条规定，公安机关、人民检察院、人民法院在必要时，可以安排取保候审的未成年人接受社会观护。最高人民检察院《指引》第6条规定，人民检察院对于犯罪时未达到刑事责任年龄的未成年人，可以通过实施社会观护等措施，预防其再犯罪。第196条规定，人民检察院应当对被附条件不起诉的未成年犯罪嫌疑人进行监督考察，可以会同社会观护基地等相关机构成立考察帮教小组，明确分工及职责，定期进行考察、教育，实施跟踪帮教。根据最高人民法院、最高人民检察院、公安部、民政部发布的《关于依法处理监护人侵害未成年人权益行为若干问题的意见》规定，法院也可以根据案件需要，聘请适当的社会人士对未成年人进行社会观护。根据司法部公共法律服务管理局和中华全国律师协会联合印发的《未成年人法律援助服务指引（试行）》第42条的规定，法律援助承办人员根据实际需要可以向人民法院申请聘请适当的社会人士对未成年人进行社会观护。此外，根据《预防未成年人犯罪法》第64条的规定，有关社会组织、机构及其工作人员虐待、歧视接受社会观护的未成年人的，由民政、司法行政等部门对直接负责的主管人员或者其他直接责任人员依法给予处分，构成违反治安管理行为的，由公安机关予以治安管理处罚。

（三）对未成年被害人的保护

最高人民检察院《白皮书》的数据显示，近年来，侵害未成年人犯罪多发、高发，性侵害和暴力伤害未成年人的问题突出。对未成年被害人加强保护是双向保护原则的要求，未成年人心智发育不成熟，受到犯罪侵害后往往会有更大、更长久的创伤。因而未成年被害人有许多与未成年犯罪嫌疑人、被告人通用的原则和制度，包括特殊保护原则、不公开审理原则、合适成年人到场制度、社会调查制度等。此外，有关法律和司法解释还强调对未成年被害人合法权利的保障，规定一系列特殊的制度，保障其诉讼主体地位，加强对其的保护和救济。具体体现在以下四个方面。

1. 询问未成年被害人

在普通刑事案件的侦查活动中，公安机关往往会进行多次讯问或询问。但对侵害未成年人的案件而言，反复多次地询问未成年被害人，使其回忆并描述犯罪侵害的细节，既可能引发其紧张情绪，加深其精神痛苦，造成"二次伤害"，还可能导致取证质量不高、放纵犯罪的问题。因此，《未成年人保护法》第112条规定："公安机关、人民检察院、人民法院办理未成年人遭受性侵害或者暴力伤害案件，在询问未成年被害人、证人时，应当采取同步录音录像等措施，尽量一次完成；未成年被害人、证人是女性的，应当由女性工作人员进行。"并且询问要采取适当方式，在适当场所进行，保障未成年人的名誉权、隐私权和其他合法权益。最高人民检察院《指引》第129条规定："询问未成年被害人应当以一次询问为原则，尽可能避免反复询问造成二次伤害，公安机关已询问未成年被害人并制作笔录的，除特殊情况外一般不再重复询问。"最高人民法院、最高人民检察院、公安部、司法部联合出台的《关于依法惩治性侵害未成年人犯罪的意见》第6条规定："性侵害未成年人犯罪案件，应当由熟悉未成年人身心特点的审判人员、检察人员、侦查人员办理，未成年被害人系女性的，应当有女性工作人员参与。人民法院、人民检察院、公安机关设有办理未成年人刑事案件专门工作机构或者专门工作小组的，可以优先由专门工作机构或者专门工作小组办理性侵害未成年人犯罪案件。"第14条规定，"询问未成年被害人，应当考虑其身心特点，采取和缓的方式进行。对与性侵害犯罪有关的事实应当进行全面询问，以一次询问为原则，尽可能避免反复询问"。最高人民检察院在其《关于加强新时代未成年人检察工作的意见》中指出，持续推进"一站式"办案机制。加强与公安机关沟通，努力实现性侵害未成年人案件提前介入询问被害人同步录音录像全覆盖，切实提高一次询问的比例，避免和减少二次伤害。全国公安机关、妇联等部门积极推进未成年被害人接受询问、生物样本提取、身体检查、心理疏导等于一体的"一站式"取证求助机制建设。2020年底各地市（州）至少建立一处未成年被害人"一站式"办案场所。

在司法实务中，"一站式"办案机制已逐渐被各地司法机关认可并越来越多地应用到性侵害未成年人案件的办理中。公安机关在接到侵害未成年人的案件以后，及时将未成年被害人带至"一站式"取证场所，一次性开展询问调查、检验鉴定、心理疏导等工作，既有利于及时、准确地获取案件证据，又能同步实现对未成年人的关爱与保护。不过，由于"一站式"办案机制需要设立专门的场所以及专业的工作队伍，其工作内容、运行机制等尚没有统一明确的规定，该机制在我国仍然处于起步探索阶段。

2. 未成年被害人的法律援助

未成年被害人作为诉讼当事人一方，具有强烈的追诉犯罪的愿望，并和未成年犯罪嫌疑人、被告人一样存在需要专业法律帮助以充分行使有关诉讼权利和监督公安司法机关诉讼行为的需要。《刑事诉讼法》并没有规定未成年被害人获得法律援助的权利。不过，《未成年人保护法》第104条第1款规定："对需要法律援助或者司法救助的未成年人，法律援助机构或者公安机关、人民检察院、人民法院和司法行政部门应当给予帮助，依法为其提供法律援助或者司法救助。"扩大了法律援助制度的适用对象范围。最高人民法院《解释》和最高人民法院、最高人民检察院、公安部、司法部《关于依法惩治性侵害未成年人犯罪的意见》中也规定，未成年被害人及其法定代理人、近亲属，因经济困难而没有委托诉讼代理人的，人民法院、人民检察院也应当帮助其申请法律援助。此外，最高人民法院、最高人民检察院、公安部、司法部《关于依法办理家暴犯罪案件的意见》

还明确了人民检察院自收到移送审查起诉的案件材料之日起三日内，人民法院自受理案件之日起三日内，应当告知被害人及其法定代理人或者近亲属有权委托诉讼代理人，法律援助机构应当依法为符合条件的被害人提供法律援助，并指派熟悉反家庭暴力法律法规的律师办理案件。

3. 对未成年被害人的司法救助

对未成年被害人开展司法救助，帮助解决其生活困境，对于未成年被害人尽快回归正常的学习和生活具有重要意义。近年来，我国未成年被害人救助机制在不断地发展与完善。《未成年人保护法》第 104 条第 1 款规定，对需要司法救助的未成年人，法律援助机构或者公安机关、人民检察院、人民法院和司法行政部门应当给予帮助，依法为其提供司法救助。

在具体的救助措施方面，最高人民法院、最高人民检察院等多部门着力构建多元化的救助体系。最高人民法院、最高人民检察院、公安部、司法部《关于依法办理家庭暴力犯罪案件的意见》第 12 条规定，"人民法院、人民检察院、公安机关等负有保护公民人身安全职责的单位和组织，对因家庭暴力受到严重伤害需要紧急救治的被害人，应当立即协助联系医疗机构救治；对面临家庭暴力严重威胁，或者处于无人照料等危险状态，需要临时安置的被害人或者相关未成年人，应当通知并协助有关部门进行安置。"最高人民法院、最高人民检察院、公安部、民政部《关于依法处理监护人侵害未成年人权益行为若干问题的意见》规定了"人身安全保护裁定"制度，未成年人救助保护机构或者其他临时照料人可以根据需要，在诉讼前向未成年人住所地、监护人住所地或者侵害行为地人民法院申请人身安全保护裁定。未成年人救助保护机构或者其他临时照料人也可以在诉讼中向人民法院申请人身安全保护裁定。此外，最高人民检察院《关于全面加强未成年人国家司法救助工作的意见》（以下简称最高人民检察院《救助意见》）明确了在检察机关内部相关具体事项的负责部门：刑事申诉检察部门负责受理、审查救助申请、提出救助审查意见和发放救助金等有关工作；未成年人检察工作部门负责给予其他方式救助等有关工作。最高人民检察院《救助意见》第五部分还针对因"特定案件"①而陷入困境的未成年人，规定了多种检察机关可以采取的帮助方式，进一步完善了未成年被害人的救助体系。

4. 未成年被害人的心理疏导

在司法实践中，未成年被害人因犯罪而遭受的心理损害难以避免，因此对其进行有效的心理救助也就势在必行。通过心理疏导，既可以抚平被害人的心理创伤，也有助于修复被破坏的社会关系。目前，我国尚无关于未成年被害人心理疏导的统一规定。最高人民法院、最高人民检察院、公安部、司法部《关于依法惩治性侵害未成年人犯罪的意见》第7条要求："各级人民法院、人民检察院、公安机关和司法行政机关应当加强与民政、教育、妇联、共青团等部门及未成年人保护组织的联系和协作，共同做好性侵害未成年人犯罪预防和未成年被害人的心理安抚、疏导工作，从有利于未成年人身心健康的角度，对其给予必要的帮助。"在实践方面，南京市建邺区人民检察院于2011年挂牌成立了全国首家刑事被害人心理救助站，建立了"一个站点、两种救助、多方合作"的全覆盖式刑事被害人救助机制，"一个站点"即一个心理救助站，"两种救助"即物质和心理救助双管齐下，同时，该院对外积极与民政、妇联、团委、医疗卫生等部门加强合作，在办案过程中发现被害人有就业、医疗、社保等具体困难的，及时与相关部门沟通，实

---

① 根据最高人民检察院《救助意见》第五条规定，对下列因案件陷入困境的未成年人，检察机关可以给予相应方式帮助：（一）对遭受性侵害、监护侵害以及其他身体伤害的，进行心理安抚和疏导；对出现心理创伤或者精神损害的，实施心理治疗。（二）对没有监护人、监护人没有监护能力或者原监护人被撤销资格的，协助开展生活安置、提供临时照料、指定监护人等相关工作。（三）对未完成义务教育而失学辍学的，帮助重返学校；对因经济困难可能导致失学辍学的，推动落实相关学生资助政策；对需要转学的，协调办理相关手续。（四）对因身体伤残出现就医、康复困难的，帮助落实医疗、康复机构，促进身体康复。（五）对因身体伤害或者财产损失提起附带民事诉讼的，帮助获得法律援助；对单独提起民事诉讼的，协调减免相关诉讼费用。（六）对适龄未成年人有劳动、创业等意愿但缺乏必要技能的，协调有关部门提供技能培训等帮助。（七）对符合社会救助条件的，给予政策咨询、帮扶转介，帮助协调其户籍所在地有关部门按规定纳入相关社会救助范围。（八）认为合理、有效的其他方式。

现与社会救助机构的对接。①

（四）对未成年证人的保护

证人出庭作证是以庭审为中心，贯彻直接言词原则的重要体现，但未成年人因其身心的特殊性而成为例外。《未成年人保护法》第110条第2款规定："人民法院开庭审理涉及未成年人案件，未成年被害人、证人一般不出庭作证；必须出庭的，应当采取保护其隐私的技术手段和心理干预等保护措施。"最高人民法院《解释》第556条规定："审理未成年人遭受性侵害或暴力伤害案件，在询问未成年被害人、证人时，应当采取同步录音录像等措施，尽量一次完成；未成年被害人、证人是女性的，应当由女性工作人员进行。"

在未成年被害人、证人必须出庭的案件中，为缓解其当庭作证时的心理压力和紧张情绪，我国规定了一系列相关的作证保护制度。除前述《未成年人保护法》规定的保护隐私的技术手段和心理干预措施之外，《关于依法惩治性侵害未成年人犯罪的意见》第18条具体规定："人民法院开庭审理性侵害未成年人犯罪案件，未成年被害人、证人确有必要出庭的，应当根据案件情况采取不暴露外貌、真实声音等保护措施。有条件的，可以采取视频等方式播放未成年人的陈述、证言，播放视频亦应采取保护措施。"

（五）问题与展望

1. 责任主体不明确——明晰相关主体权责

从实践的角度来看，我国未成年人相关制度的法律规定模糊，导致责任主体不明确，实践操作不统一。诚然，一项制度由多个机关负责施行能发挥不同的主体优势，也存在各机关通力合作、相互监督的理想情况。但在司法

---

① 参见胡莹《刑事被害人心理救助实践性探索——以南京市建邺区检察院模式为样本》，载《市场周刊（理论研究）》2013年第9期。

机关办案压力与日俱增和许多衔接性程序规定尚不明确的现实情况下，更应该防范相关主体权责不明的负面影响。

如在社会调查制度中，我国相关法律和司法解释对社会调查报告制度之规定的模糊性体现在其制作主体宽泛且无强制性，公、检、法三机关都是有权但非必须进行社会调查，法院还可以委托同级司法行政机关、共青团组织以及其他社会团体组织进行调查，由此不同机关可能有不同的报告，不同报告又可能导致不同处理结果。又如犯罪记录封存制度，我国目前相关规定仍然比较粗疏，尚未就保密义务主体、封存的主体以及监督问题等作出具体规定，也缺乏与其他少年司法相关法律法规、制度之间的衔接，导致司法实践中出现了操作程序泛化、权利救济与责任追究机制阙如等一系列问题，进而影响了犯罪记录封存制度的适用效果和功能发挥。[1] 此外，从司法实务的角度来看，我国矫正主体的多元化趋势明显，也存在各主体之间权责不明、地位不清的问题。

对这类问题需从顶层制度设计的角度作出改变，明确有关的法律规定。针对社会调查报告制度，首先应当明确调查主体，但不论明确是由现行规定中的哪一个机关负责，都存在社会调查专业性不足和办案人员精力有限的问题，因而有必要建立专业化的社会支持体系，对此将在下文详述。其次，还应当明确公、检、法三机关各自的责任。有鉴于越早对涉罪未成年人进行社会调查，越可以有效减少标签效应，尤其对低风险的涉罪未成年人效果更加明显，立法应当明确规定，公安机关决定侦查之时，就应启动社会调查工作，并随案移送社会调查报告。[2] 人民检察院、人民法院则分别应当在审查批准逮捕、审查起诉和审判中，审查核实社会调查报告，对于社会调查报告内容完整、结论可靠的，将其作为办案和对未成年人进行教育的依据；否则可要求公安机关补充报告。

---

[1]　参见宋英辉、杨雯清《我国未成年人犯罪记录封存制度研究》，载《国家检察官学院学报》2019年第4期。

[2]　王才远：《未成年人刑事案件社会调查尚应完善三项内容》，载《人民检察》2014年第19期。

针对犯罪记录封存制度，应当明确：负有封存职责的主体是公安机关、人民检察院、人民法院、司法行政机关等掌握未成年人犯罪有关材料的单位；负有保密义务的是所有了解未成年人案件信息的机关、团体和个人，包括办案机关、被害人及其代理人、合适成年人、社会调查人员、有关组织代表等；负有监督职责的理应是检察机关，这是基于其法定的法律监督机关地位决定的。明确了各职责主体之后，就可以规范封存的方式、①监督方式②等。

2. 制度效果不理想——转变传统司法观念

分析有关制度的法律规定和实践运行状况，总是发现其对未成年人司法权益的有效保护程度不甚理想，或是有关制度设计本身存在问题，或是制度理想与实践现实存在差距。

关于制度设计本身存在的问题，以社会调查报告制度为例。立法上社会调查报告的法律地位模糊，最高人民法院《解释》等文件虽肯定其具有参考作用，但因为社会调查报告并非法定证据之一且具有品格证据的特征，定罪量刑是否应当予以考虑以及在多大程度上予以考虑，不同的法官可能有不同的认识，该制度是否能给予未成年犯罪嫌疑人、被告人以有效保护也就存疑。再以严格限制适用逮捕措施为例。从替代逮捕的非羁押强制措施的角度来看，该制度仍然存在法律规定层面的问题。法律只规定了取保候审和监视居住两种替代措施，形式和标准单一，无法解决外来未成年人如何适用非羁押强制措施的难题。

关于制度理想与实践现实存在差距的问题，以合适成年人在场制度为例。合适成年人在场的目的在于监督公安司法机关的诉讼行为，保障未成年人的合法权益。但在司法实践中却有异化的倾向：一是有的办案机关为了案件办理顺利，要求合适成年人对未成年犯罪嫌疑人、被告人进行认罪教育；二是有地方办案机关忽略了其他合适成年人仅为法定代理人的补充，甚至有

---

① 如建立档案专柜，封存单位加盖封存印章予以封存；对于电子档案，应当加密或分系统储存。
② 如对法院犯罪记录封存决定进行监督，检察院经审查法院所作决定书，发现封存有违反法律规定或有不应封存的其他情形的，应当向法院提出纠正意见。

地方司法机关直接让自己的工作人员充当合适成年人。① 再以法庭教育制度为例。尽管法庭教育制度承载着帮助未成年被告人认识其行为性质、矫正其错误认知的程序价值，但有的法官仍然有重罚轻教的倾向，且出于对庭审效率的追求，法庭教育成为可有可无的程序，即使开展法庭教育，也总是内容泛化的训诫式说教。

出现这些制度运行不理想的状况，究其原因，是传统的司法观念尚未转变。如前所述，因为我国未成年人司法起步较晚，长期以来依附于成人司法，时至今日，立法部门和实践工作人员仍受到成人司法思维的影响，观念上没有转变，所以立法上没有明确社会调查报告的证据地位，也没有未成年人专门适用的逮捕替代措施，实践中的司法工作人员也没有体会到合适成年人在场和法庭教育的制度用意，只是将其作为办案的一个"过场"。

未来必须转变观念，认识到未成年人和为其设立的司法制度的特殊性，并树立"儿童利益最大化"的理念。对于社会调查报告，应当从证据的客观性、关联性和合法性正确认识其法律地位，将其纳入刑事诉讼证据范畴。对于羁押替代措施，司法实践中逐渐发展出了观护教育基地等扩大对外来未成年人适用非羁押强制措施的有益探索，取得了良好的法律效果和社会效果，在积累足够经验后，可上升为法律规定。对于合适成年人制度，办案机关和合适成年人本人都应当转变观念，认识到合适成年人的诉讼地位和角色定位，并建立规范、统一、中立的合适成年人管理制度。对于法庭教育制度，审判人员应当破除惩罚犯罪和挽救教育对立的观念以及诉讼效率至上的观念，即不能一味追求惩罚犯罪，但也不意味着教育可以代替惩罚。诉讼效率价值固然重要，但在未成年人刑事案件中，应更重视对未成年人的矫治教育和预防再犯的社会效果。

3. 保护对象有偏重——加强对未成年被害人、证人的保护

我国司法上对未成年犯罪嫌疑人、被告人和未成年被害人、证人的不平

---

① 参见沈莉波、赵越《合适成年人到场制度的观察与反思》，载《人民司法》2015 年第 15 期；刘立霞、郝小云：《论未成年人刑事案件中的合适成年人制度》，载《法学杂志》2011 年第 4 期。

衡保护长期为各界人士所诟病。分析相关法律规定和制度，可发现对两方保护存在的差距。

以法律援助制度为例。对未成年被害人申请法律援助有"经济困难"的要求，导致司法实践中有许多未成年被害人没有律师帮助，法律援助对象范围过窄。又如对未成年被害人的司法救助和心理疏导。尽管如前所述，在司法实践中已取得了一定成效，但也存在一些问题。缺乏全国性的统一立法指导，各机关只能从本部门职能或类案的角度出发，制定专门性的规范性文件，这种模式容易导致各文件规定不一致、各部门权责不明、程序烦琐、实践效果不理想等问题。此外，目前有关未成年被害人、证人出庭作证的规定都比较粗糙。一是没有规定哪些情形属于"确有必要"要求未成年被害人、证人出庭作证的情形。二是对于出庭作证的未成年被害人、证人具体有哪些保护措施、适用需履行怎样的程序，有关规定也没有作出安排，只是笼统地规定了"保护其隐私的技术手段""不暴露外貌、真实声音等保护措施"。这些制度比起未成年犯罪嫌疑人、被告人适用的有关规定的规范程度、救助力度和效果，有明显的差距。

加强对未成年被害人、证人的保护，未来应当在吸收地方实务经验的基础上，通过立法手段实现司法救助和心理疏导的制度化和系统化，为各级司法实务机关开展相关工作提供法律依据。还要明确各部门之间的职能分工，在确立公安机关或检察机关主导地位的同时，充分发挥其他政府部门以及社会组织的辅助功能。此外，应探索和构建未成年被害人、证人出庭作证机制，在考察未成年人能否出庭时，应对其认知能力、表达能力、心理状况等进行全面评估，确保出庭不会对其造成消极影响。在未成年人出庭时，应考虑由其监护人或其他合适成年人陪同出庭或采用网络、闭路电视等远程通信方式作证，尽可能降低作证对未成年人的不良影响。①

4. 社会参与程度低——建设专业化社会支持队伍

保护和教育未成年人，是整个社会共同的责任。社会参与对完善未成年

---

① 参见路琦、赵智鸿主编《中国未成年人法律制度研究》，中国政法大学出版社，2018，第194页。

人司法保护，保障未成年人合法权益有重要意义。第一，可以为未成年人提供更加专业的法律帮助、心理辅导、教育矫治等，有利于缓解他们的紧张、恐惧心理，更好地维护未成年人合法权益；第二，可以保持未成年人在一定范围内与社会外界的接触，防止由于司法程序的封闭性而给未成年人造成不利影响，保证其顺利回归社会；第三，可以使未成年人仍然置身于相对开放的社会环境中，有利于引导他们复归社会，预防未成年人再次犯罪。[①] 随着司法资源的日益紧缺以及未成年人刑事司法保护对专业性、专门性要求的增加，建立完善的未成年人刑事司法社会支持体系，建设专业化社会支持队伍是必然的发展趋势。

《未成年人保护法》第116条规定："国家鼓励和支持社会组织、社会工作者参与涉及未成年人案件中未成年人的心理干预、法律援助、社会调查、社会观护、教育矫治、社区矫正等工作。"《预防未成年人犯罪法》第9条规定："国家鼓励、支持和指导社会工作服务机构等社会组织参与预防未成年人犯罪相关工作，并加强监督。"据此，可以将社会调查、合适成年人到场、心理疏导、心理测评、社会观护、附条件不起诉监督考察等工作，交由社工、心理专家等专业社会力量承担或者协助进行，以提高未成年人权益保护和犯罪预防的专业化水平。并且，司法社工不同于仅从事社会工作的社工，除了具有社会工作知识外，还应当具有法律、教育学、心理学等相关知识。这样一支对接司法和社会资源的专业化社会支持队伍，可以是政府或者有关党群团体主导，如由司法行政机关、民政机关、共青团、未成年人保护委员会等单位成立和管理；也可以是民间社会组织自发生成，以政府购买服务的形式来实现未成年人刑事司法中的司法与社会资源对接。此外，相关立法应当明确参与刑事诉讼的社工、心理专家等其他人员居于何种诉讼地位，享有什么诉讼权利和承担什么诉讼义务等。

---

① 王贞会：《涉罪未成年人司法处遇与权利保护研究》，中国人民公安大学出版社，2019，第68页。

三 未成年人民事司法保护情况

（一）相关制度

1. 诉讼主体资格

民事诉讼主体资格是法律赋予民事诉讼当事人的行使诉讼权利、履行诉讼义务的资格，包括诉讼权利能力和诉讼行为能力两个方面：民事诉讼权利能力是指可以作为民事诉讼当事人的能力或资格；民事诉讼行为能力是指当事人亲自进行诉讼活动，以自己的行为行使诉讼权利、承担诉讼义务的能力。[①] 根据我国相关法律规定，自然人的民事诉讼权利能力始于出生，终于死亡，但民事诉讼行为能力却存在有无之分。就未成年人而言，16 周岁以上不满 18 周岁且以自己的劳动收入为主要生活来源的，视为有民事诉讼行为能力；16 周岁以下的，无民事诉讼行为能力。无民事诉讼行为能力人由其监护人作为法定代理人代为诉讼，即立法上以监护制度补足未成年人自身诉讼行为能力的缺陷。

2. 社会观护制度

社会观护制度是法院在长期的未成年人案件审理过程中探索出的一项新制度，脱胎于未成年人刑事审判。关于该制度在民事案件中的运用，最高人民法院、全国妇联联合发布的《关于进一步加强合作建立健全妇女儿童权益保护工作机制的通知》第 8 条规定："人民法院可以请家事调查员、人民陪审员、人民调解员参与案件审结后的社会观护，也可以根据案件需要委托妇联组织推荐相关人员，对涉案尤其是具有家庭暴力因素的妇女、儿童当事人的生活状况、纠纷后续情况进行回访观护，并向人民法院反馈回访观护情况。"第 11 条规定，各级人民法院和妇联组织应当建立健全合作培训机制，加大双向交流培训力度，具体可以通过定期培训、以案释法等

[①] 宋朝武主编《民事诉讼法学》，中国政法大学出版社，2018，第 106 ~ 107 页。

方式，针对社会观护员等人员，加大与妇女儿童权益保护密切相关的法律业务、心理健康、性别平等和儿童利益最大化意识等方面的培训，增强其预防和处置婚姻家庭纠纷的能力。目前我国还没有关于该制度的统一规定，尚在地方积极探索的时期，如广州市中级人民法院制定的《广州市法院审理未成年人民事案件社会观护（员）制度实施规程》和上海市高级人民法院联合共青团上海市委制定的《上海法院审理未成年人民事、行政案件开展社会观护工作的实施意见》，为社会观护制度在该地区的推广提供了规范性指导。

3. 人身安全保护令制度

人身安全保护令是法院为保护家庭暴力受害者的人身和财产免受施暴人之侵害而依法作出的裁定。民事保护令制度是20世纪80年代以来，国际公认的保护家庭暴力受害人的有效司法救济措施，为许多国家法律所采用，克服了传统法律仅限于事后救助家庭暴力受害人的局限性，增强了对受害人的事前和事中保护。[1] 未成年人是家庭暴力的主要受害群体，长期的家庭暴力会严重影响未成年人身心健康成长。我国早在2008年最高人民法院制定的《涉及家庭暴力婚姻案件审理指南》中就规定法院在审理家暴案件时，可以根据受害人的申请签发人身安全保护裁定。2016年开始实施的《中华人民共和国反家庭暴力法》专章规定了"人身安全保护令"制度，明确了管辖法院、申请主体和方式、作出人身安全保护令的条件、具体保护措施、人身安全保护令的有效期等。

4. 审判制度

首先，基于未成年人的身心特点，民事诉讼中也应当为未成年人案件设立专门的审判组织。目前，我国专门的未成年人民事审判组织主要有四类：民事审判庭设立的未成年人民事案件合议庭、未成年人案件综合审判庭、少年家事审判庭和跨区域集中管辖的少年案件审判庭。

---

[1] 薛宁兰、胥丽：《论家庭暴力防治法中的民事保护令制度》，载《中华女子学院学报》2012年第4期。

其次，家事审判改革及其相关原则、制度也体现了对未成年人的保护。因为家事纠纷具有明显的伦理性和人身性，家庭的稳定和谐关系到未成年人的健康成长，从 2016 年起，最高人民法院在全国开启家事审判改革试点，并确立了一系列具备人文关怀的家事审判制度，以实现未成年人利益最大化。相关的制度主要规定在《未成年人保护法》和最高人民法院《关于进一步深化家事审判方式和工作机制改革的意见（试行）》（以下简称最高人民法院《家事审判改革意见》）中，包括以下制度。

（1）调解制度。根据最高人民法院《家事审判改革意见》关于家事调解的规定，除婚姻效力、身份关系确认、人身安全保护令申请等根据案件性质不能进行调解的案件以外，法院审理家事案件应当将调解贯穿审判全过程，在依法处理的基础上，充分尊重当事人的意愿，并注重调解人员的专业化。

（2）参与制度。《未成年人保护法》第 107 条第 2 款规定："人民法院审理离婚案件，涉及未成年子女抚养问题的，应当尊重已满八周岁未成年子女的真实意愿，根据双方具体情况，按照最有利于未成年子女的原则依法处理。"最高人民法院《家事审判改革意见》第 38 条则规定，"必要时，法院可以单独询问未成年子女的意见，并提供符合未成年人心理特点的询问环境"，以保障未成年子女的参与。

（3）不公开审理制度。最高人民法院《家事审判改革意见》第 36 条规定："涉及未成年人的家事案件，如果公开审理不利于保护未成年人利益的，人民法院应当不公开审理。"这也是法院依法保护未成年人名誉权、隐私权和其他合法权益的体现。

（4）家事调查制度。《未成年人保护法》第 109 条规定："人民法院审理离婚、抚养、收养、监护、探望等案件涉及未成年人的，可以自行或者委托社会组织对未成年人的相关情况进行社会调查。"最高人民法院《家事审判改革意见》有关家事调查的规定进一步明确了家事调查员的选任条件、回避制度、具体调查事项、可采用的调查方式、报告义务、保密义务等，并规定家事调查报告可以作为人民法院审理案件的参考。

（5）心理疏导制度。根据最高人民法院《家事审判改革意见》有关心理疏导的规定，人民法院可以与当地政府有关机构或者有关心理学组织机构、心理学教育研究机构建立对家事案件当事人或者未成年人进行心理疏导的协作机制。法院负责筛选需要心理疏导介入的案件，并启动心理疏导程序，协作机构负责选派心理疏导师具体实施心理疏导工作。最高人民法院《家事审判改革意见》还明确了心理疏导的适用情形、程序、心理疏导师的保密义务和心理疏导情况报告可用作审理案件的参考等。

（6）未成年人利益关涉事实调查取证制度。基于对未成年人的特殊保护，根据最高人民法院《家事审判改革意见》第42条的规定，在监护权纠纷、探望权纠纷、抚养纠纷等涉及未成年人的案件中，与未成年人利益保护相关的事实，人民法院应当根据当事人的申请或者依职权进行调查取证。

5.未成年人民事检察制度

未成年人检察工作包含了对未成年人的民事司法保护。对未成年人案件诉讼活动及权益维护情况加强法律监督，维护未成年人的民事实体权利和民事诉讼权利，是未成年人检察工作的重要内容。《未成年人保护法》第105条规定："人民检察院通过行使检察权，对涉及未成年人的诉讼活动等依法进行监督。"第106条规定："未成年人合法权益受到侵犯，相关组织和个人未代为提起诉讼的，人民检察院可以督促、支持其提起诉讼；涉及公共利益的，人民检察院有权提起公益诉讼。"据此，检察机关对未成年人民事权益的司法保护主要通过督促、支持相关组织和个人起诉和提起公益诉讼，其中，公益诉讼检察将在下文中说明。

具体而言，根据最高人民法院、最高人民检察院、公安部、民政部《关于依法处理监护人侵害未成年人权益行为若干问题的意见》第30条的规定，对于"监护人因监护侵害行为被提起公诉的案件，人民检察院应当书面告知未成年人及其临时照料人有权依法申请撤销监护人资格。对于监护侵害行为符合本意见第 35 条①规定情形而相关单位和人员没有提起诉讼的，人民检察院应当书面建议当地民政部门或者未成年人救助保护机构向人民法院申请撤销监护人资格。"最高人民法院、最高人民检察院、公安部、司法部《关于依法办理家暴犯罪案件的意见》第 22 条规定，"人民检察院对于监护人实施家庭暴力，严重侵害被监护人合法权益的，在必要时可以告知被监护人及其他有监护资格的人员、单位，向人民法院提出申请，要求撤销监护人资格，依法另行指定监护人。"

根据最高人民检察院《白皮书》的数据显示，在 2018 年 1 月开始的未成年人检察业务统一集中办理试点中，试点检察机关在 2018 年至 2019 年共对监护侵害、监护缺失行为支持起诉 358 件，判决采纳支持起诉意见 295 件，发出检察建议 250 件。②

（二）问题与展望

未成年人身心的特殊性决定了未成年人民事案件也不能简单地按照普通司法制度和诉讼程序办理。从相关制度的设计来看，法检两院的司法实践包

---

① 最高人民法院、最高人民检察院、公安部、民政部《关于依法处理监护人侵害未成年人权益行为若干问题的意见》第 35 条："被申请人有下列情形之一的，人民法院可以判决撤销其监护人资格：

（一）性侵害、出卖、遗弃、虐待、暴力伤害未成年人，严重损害未成年人身心健康的；

（二）将未成年人置于无人监管和照看的状态，导致未成年人面临死亡或者严重伤害危险，经教育不改的；

（三）拒不履行监护职责长达六个月以上，导致未成年人流离失所或者生活无着的；

（四）有吸毒、赌博、长期酗酒等恶习无法正确履行监护职责或者因服刑等原因无法履行监护职责，且拒绝将监护职责部分或者全部委托给他人，致使未成年人处于困境或者危险状态的；

（五）胁迫、诱骗、利用未成年人乞讨，经公安机关和未成年人救助保护机构等部门三次以上批评教育拒不改正，严重影响未成年人正常生活和学习的；

（六）教唆、利用未成年人实施违法犯罪行为，情节恶劣的；

（七）有其他严重侵害未成年人合法权益行为的。"

② 《未成年人检察工作白皮书（2014—2019）》，载最高人民检察院官网：https：//www.spp.gov.cn/spp/xwfbh/wsfbt/202006/t20200601_463698.shtml#2，最后访问日期：2020 年 10 月 28 日。

括刑事司法实践，为未成年人民事司法保护提供了一些经验借鉴，如专门审判组织的改革、社会观护制度的探索和家事调查制度的运用等。但我国未成年人相关的民事诉讼制度比较少且不成体系，没有专门的诉讼程序或规则，仍然依附于成年人的民事诉讼制度，没有体现出对未成年人的特殊保护和优先保护。尤其值得注意的是，尽管当前家事审判改革正在如火如荼的进行中，并取得了良好的效果，但是将家事案件与未成年人案件（包括未成年人刑事案件）一并纳入少年法庭的审理范围是否合理，仍然值得探讨。此外，当前法律和司法解释中，有关未成年人民事检察工作的规定还不甚健全，对检察院督促、支持有关组织和个人提起民事诉讼的原则、具体方式和程序也没有明确、系统的规定。

未来必须加强顶层设计，整合现有的、零散的法律法规，并充分考虑未成年人案件的特殊性，努力构建未成年人民事诉讼规则体系，探索建立符合未成年人身心特点的民事诉讼制度和程序。同时必须认识到，少年案件和普通家事案件的审判原则、适用法律和侧重角度有所不同，工作重心也不同，简单将少年案件和家事案件合并，违背了少年审判的特殊性原则，不利于少年审判的长远发展。[①] 此外，未成年人检察工作应当"民刑并重"，未成年人民事检察工作在儿童利益最大化原则的基础上，还应当遵循合法、适当的原则，在法律规定的框架下进行探索创新，避免对公民私权的过分介入。有关法律、司法解释应当明确检察机关支持未成年当事人提起民事诉讼的，可以为未成年当事人提供法律帮助、进行调查取证、出席法庭和参与调解，以切实保护未成年人民事合法权益，全面监督未成年人民事诉讼活动。

四　未成年人公益诉讼保护情况

公益诉讼保护是未成年人司法保护一块较新的领域，涉及刑事、民事、

[①] 长宁区人民法院课题组：《少年审判的探索创新与工作展望》，载《上海法学研究》集刊，2020年第4卷总第28卷。

行政诉讼多个方面。我国的公益诉讼制度于 2017 年在《中华人民共和国民事诉讼法》和《中华人民共和国行政诉讼法》中正式确立，未成年人公益诉讼则在同年最高人民检察院发布的《关于依法惩治侵害幼儿园儿童犯罪全面维护儿童权益的通知》中首次被提出，其中规定："对于因幼儿园食品安全、教育设施质量等问题，需维护儿童群体利益的，要依照法律规定提起公益诉讼。"探索建立检察机关提起公益诉讼制度，是党的十八届四中全会作出的一项重大改革部署，加强对未成年人公共利益的保护、拓宽未成年人司法保护路径理应作为其中重要内容，以落实对未成年人的全面综合司法保护，推进司法治理的现代化。

2017 年 12 月，最高人民检察院下发《关于开展未成年人刑事执行检察、民事执行检察业务统一集中办理试点工作的通知》，决定自 2018 年 1 月起，全国 13 个省（区、市）开展未成年人检察业务由未成年人检察部门统一集中办理试点工作，推动各地检察机关综合运用刑事、民事、行政和公益诉讼检察功能，强化未成年人综合保护。[①] 在实践中，具体如何开展未成年人公益诉讼活动，则主要依据《中华人民共和国民事诉讼法》《中华人民共和国行政诉讼法》及最高人民法院、最高人民检察院联合发布的《关于检察公益诉讼案件适用法律若干问题的解释》和各地方的未成年人保护条例、有关公益诉讼的指导意见等。浙江省人民检察院于 2019 年 6 月出台《关于公益诉讼重特大案件标准的试行规定（试行）》，针对婴幼儿、未成年人等重点人群，规定生产、销售假冒伪劣食品、药品金额达到 20 万元的案件可认定为公益诉讼重大案件。[②] 重庆市人民检察院于 2020 年 4 月出台了全国首个拓展公益诉讼案件范围的指导意见，明确了未成年人公益诉讼"1 + 5

---

① 《未成年人检察工作白皮书（2014—2019）》，载最高人民检察院官网：https://www.spp.gov.cn/spp/xwfbh/wsfbt/202006/t20200601_463698.shtml#2，最后访问日期：2020 年 10 月 28 日。

② 参见《浙江省检察院出台公益诉讼重特大案件标准》，载新华网：http://www.xinhuanet.com/2019-06/20/c_1124649946.htm，最后访问日期：2021 年 1 月 10 日。

+N"的案件范围，并开展为期一年的维护未成年人权益公益诉讼专项活动。①

2020年4月，最高人民检察院发布《关于加强新时代未成年人检察工作的意见》，深化了未成年人刑事执行、民事、行政、公益诉讼检察业务统一由未成年人检察部门集中办理的改革，规定"对食品药品安全、产品质量、烟酒销售、文化宣传、网络信息传播以及其他领域侵害众多未成年人合法权益的，结合实际需要，积极、稳妥开展公益诉讼工作"，明确了未成年人公益诉讼案件范围。同年10月颁布的《未成年人保护法》第106条则在单行法层面上进一步明确了人民检察院有权提起保护未成年人公共利益的公益诉讼。同年12月，最高法发布首批《民法典》司法解释，专门增加了"未成年人保护民事公益诉讼"案由，配合修订后的《未成年人保护法》施行。

未成年人公益诉讼保护制度从顶层设计到实践落地，取得了卓越的成效。根据最高人民检察院《白皮书》可知，2017~2019年，试点检察机关聚焦未成年人食品药品安全、环境保护领域，发出公益诉讼诉前检察建议577件，提起刑事附带民事公益诉讼10件；并积极稳妥开展公益诉讼"等"

---

① 所谓"1"指针对食品药品安全等领域侵害众多未成年人合法权益的突出问题，开展公益诉讼检察。所谓"5"，指围绕五个方面开展"等"外公益诉讼：①中小学校园、幼儿园等教育培训机构无证经营，预防和处置各种灾害、疾病、事故、性侵、欺凌等相关制度不完善，侵害或可能侵害未成年人合法权益的；②营业性歌舞娱乐场所、互联网上网服务等场所向未成年人开放或者违反规定在中小学校园周边特定范围内经营，侵害或可能侵害未成年人合法权益的；③相关经营者向未成年人出售烟酒、彩票，或者烟酒、彩票经营者未在显著位置设置不向未成年人出售标志，侵害或可能侵害未成年人合法权益的；④网络产品和服务提供者、智能终端产品制造者和销售者向未成年人提供或未采取有效措施避免未成年人接触含有淫秽、色情、暴力、邪教、赌博、涉毒等不良内容的图书、网络信息、网络游戏等，侵害或可能侵害未成年人合法权益的；⑤侵犯未成年人受教育权，违法雇用未成年职工，或者安排未成年职工从事过重、有毒、有害等危害未成年人身心健康的劳动、危险作业的。所谓"N"，指根据《重庆市人民检察院关于拓展公益诉讼案件范围的指导意见（试行）》，除上述五项外其他严重侵害众多未成年人权益的。参见《重庆市检察机关启动维护未成年人权益公益诉讼专项行动》，载重庆市人民检察院官网：https://www.cqjcy.gov.cn/information/InformationDisplay.asp? newsid = 21295，最后访问日期：2021年1月10日。

外领域探索，围绕群众密切关注、严重损害未成年人权益的问题，发出诉前检察建议172件，有的还提起刑事附带民事公益诉讼。此外，试点地方检察机关还针对侵害众多未成年人合法权益问题发出检察建议1554件，支持起诉86件。[①]

当然，未成年人公益诉讼保护仍然存在一些问题。一是检察院内部未成年人检察部门办案模式的问题。最高人民检察院《关于加强新时代未成年人检察工作的意见》第15条已经明确，"检察机关涉未成年人刑事、民事、行政、公益诉讼案件原则上可由未成年人检察部门统一集中办理，没有专设机构的，由未成年人检察办案组或独任检察官办理，其他部门予以全力支持配合。"未成年人检察业务统一集中办理对未成年人检察工作人员的专业素养和业务能力要求很高，尤其未成年人公益诉讼检察在我国尚属于起步阶段，规范未成年人检察部门办案模式，尤其是明确如何与其他检察部门相互配合，具有巨大的实践意义。二是法检发展不平衡的问题。未成年人公益诉讼检察近年来受到最高人民检察院高度重视，并在稳步推进之中，但未成年人公益诉讼审判方面还没有体现出对未成年人的特殊保护。当然，这与法检内部未成年人机构设置和人民检察院法律监督职能、人民法院审判职能的不同也有关系。

将来，未成年人公益诉讼保护的完善必须依靠制度化、规范化的长效机制。人民法院和人民检察院可以通过出台统一的业务指引和办案规范，明确工作标准，加强内外部的协作，建立信息通报、线索移交、协商沟通、衔接支持等制度，汇聚多方共识，形成工作合力。同时，未成年人检察人员和法官队伍还需要提高专业素养，加强业务沟通交流，尤其是民事、行政检察和审判领域的专业知识。此外，未成年人公益诉讼保护作为新生制度，尤其应当注重典型案例的示范作用，将有助于把握未成年人公益诉讼案件的特点和规律，并可以以此探索、拓展未成年人公益诉讼案件的范围。

[①] 《未成年人检察工作白皮书（2014—2019）》，载最高人民检察院官网：https://www.spp.gov.cn/spp/xwfbh/wsfbt/202006/t20200601_463698.shtml#2，最后访问日期：2020年10月28日。

五 未成年人司法保护指导性案例

（一）最高人民法院指导性案例14号①

1. 董某某、宋某某抢劫案

关键词：刑事 抢劫罪 未成年人犯罪 禁止令

裁判要点：对判处管制或者宣告缓刑的未成年被告人，可以根据其犯罪的具体情况以及禁止事项与所犯罪行的关联程度，对其适用"禁止令"。对于未成年人因上网诱发犯罪的，可以禁止其在一定期限内进入网吧等特定场所。

相关法条：《中华人民共和国刑法》第七十二条第二款

基本案情：被告人董某某、宋某某（时年17周岁）迷恋网络游戏，平时经常结伴到网吧上网，时常彻夜不归。2010年7月27日11时许，因在网吧上网的网费用完，二被告人即伙同王某（作案时未达到刑事责任年龄）到河南省平顶山市红旗街社区健身器材处，持刀对被害人张某某和王某某实施抢劫，抢走张某某5元现金及手机一部。后将所抢的手机卖掉，所得赃款用于上网。

裁判结果：河南省平顶山市新华区人民法院于2011年5月10日作出（2011）新刑未初字第29号刑事判决，认定被告人董某某、宋某某犯抢劫罪，分别判处有期徒刑二年六个月，缓刑三年，并处罚金人民币1000元。同时禁止董某某和宋某某在36个月内进入网吧、游戏机房等场所。宣判后，二被告人均未上诉，判决已发生法律效力。

裁判理由：法院生效裁判认为，被告人董某某、宋某某以非法占有为目的，以暴力威胁方法劫取他人财物，其行为均已构成抢劫罪。鉴于董某某、

---

① 参见最高人民法院官网：http://www.court.gov.cn/shenpan – xiangqing – 13320.html，最后访问日期：2020年12月10日。

宋某某系持刀抢劫；犯罪时不满十八周岁，且均为初犯，到案后认罪悔罪态度较好，宋某某还是在校学生，符合缓刑条件，决定分别判处二被告人有期徒刑二年六个月，缓刑三年。考虑到被告人主要是因上网吧需要网费而诱发了抢劫犯罪；二被告人长期迷恋网络游戏，网吧等场所与其犯罪有密切联系；如果将被告人与引发其犯罪的场所相隔离，有利于家长和社区在缓刑期间对其进行有效管教，预防再次犯罪；被告人犯罪时不满十八周岁，平时自我控制能力较差，对其适用禁止令的期限确定为与缓刑考验期相同的三年，有利于其改过自新。因此，依法判决禁止二被告人在缓刑考验期内进入网吧等特定场所。

本案的指导意义在于对于未成年人因上网诱发犯罪，法院对其宣告缓刑的同时，还可以根据其犯罪的具体情况以及禁止事项与所犯罪行的关联程度，对其适用"禁止令"，禁止其在一定期限内进入网吧等特定场所。禁止令是《刑法修正案（八）》新增的内容，对于被判处管制、宣告缓刑的犯罪分子，法院可以根据犯罪情况，同时禁止其在管制执行期间、缓刑考验期限内从事特定活动，进入特定区域、场所，接触特定的人，这是对判处管制、宣告缓刑的被告人，在其管制或缓刑期间，采用的一种辅助性的刑罚手段。

（二）最高人民检察院指导性案例①

2018 年 11 月 18 日，最高人民检察院下发了第十一批指导案例，此次案例主要针对现实中频发的性侵、虐待儿童的恶性事件。其意义在于可以指导各地检察机关依法严厉打击侵害未成年人犯罪；加强最高人民检察院对未成年人权利保护案件办理工作的指导，正确解决相关疑难问题，统一法律适用标准；指导检察机关进一步加强未成年被害人保护救助工作。

1. 齐某强奸、猥亵儿童案

基本案情：2011 年夏天至 2012 年 10 月，被告人齐某在担任班主任期

---

① 参见最高人民检察院官网：https：//www.spp.gov.cn/spp/jczdal/201811/t20181118_399377.shtml，最后访问日期：2020 年 12 月 10 日。

间，利用午休、晚自习及宿舍查寝等机会，在学校办公室、教室、洗澡堂、男生宿舍等处多次对被害女童 A（10 岁）、B（10 岁）实施奸淫、猥亵，并以带 A 女童外出看病为由，将其带回家中强奸。齐某还在女生集体宿舍等地多次猥亵被害女童 C（11 岁）、D（11 岁）、E（10 岁），猥亵被害女童 F（11 岁）、G（11 岁）各一次。

本案争议的焦点问题，在于证明齐某犯罪的证据问题，齐某强奸罪是否属于情节恶劣以及猥亵犯罪是否属于在公共场所当众实施。本案经历了一审、二审和再审程序，最终由最高人民法院作出终审判决，认定原审被告人齐某犯强奸罪，判处无期徒刑，剥夺政治权利终身；犯猥亵儿童罪，判处有期徒刑十年；决定执行无期徒刑，剥夺政治权利终身。

该案例的指导意义在于：

（1）准确把握性侵未成年人犯罪案件证据审查判断标准

对性侵未成年人犯罪案件证据的审查，要根据未成年人的身心特点，按照有别于成年人的标准予以判断。审查言词证据，要结合全案情况予以分析。根据经验和常识，未成年人的陈述合乎情理、逻辑，对细节的描述符合其认知和表达能力，且有其他证据予以印证，被告人的辩解没有证据支持，结合双方关系不存在诬告可能的，应当采纳未成年人的陈述。

（2）准确适用奸淫幼女"情节恶劣"的规定

《刑法》第二百三十六条第三款第一项规定，奸淫幼女"情节恶劣"的，处十年以上有期徒刑、无期徒刑或者死刑。《最高人民法院、最高人民检察院察院、公安部、司法部关于依法惩治性侵害未成年人犯罪的意见》第 25 条规定了针对未成年人实施强奸、猥亵犯罪"更要依法从严惩处"的七种情形。实践中，奸淫幼女具有从严惩处情形，社会危害性与《刑法》第二百三十六条第三款第二至四项相当的，可以认为属于该款第一项规定的"情节恶劣"。例如，该款第二项规定的"奸淫幼女多人"，一般是指奸淫幼女三人以上。本案中，被告人具备教师的特殊身份，奸淫二名幼女，且分别奸淫多次，其危害性并不低于奸淫幼女三人的行为，据此可以认定符合

"情节恶劣"的规定。

（3）准确适用"公共场所当众"实施强奸、猥亵未成年人犯罪的规定

刑法对"公共场所当众"实施强奸、猥亵未成年人犯罪，作出了从重处罚的规定。《最高人民法院、最高人民检察院察院、公安部、司法部关于依法惩治性侵害未成年人犯罪的意见》第23条规定了在"校园、游泳馆、儿童游乐场等公共场所"对未成年人实施强奸、猥亵犯罪，可以认定为在"公共场所当众"实施犯罪。适用这一规定，是否属于"当众"实施犯罪至为关键。对在规定列举之外的场所实施强奸、猥亵未成年人犯罪的，只要场所具有相对公开性，且有其他多人在场，有被他人感知可能的，就可以认定为在"公共场所当众"犯罪。最高人民法院对本案的判决表明：学校中的教室、集体宿舍、公共厕所、集体洗澡间等，是不特定未成年人活动的场所，在这些场所实施强奸、猥亵未成年人犯罪的，应当认定为是在"公共场所当众"实施犯罪。

2. 骆某猥亵儿童案

基本案情：2017年1月，被告人骆某使用化名，通过QQ软件将13岁女童小羽加为好友。聊天中得知小羽系初二学生后，骆某仍通过言语恐吓，向其索要裸照。在被害人拒绝并在QQ好友中将其删除后，骆某又通过小羽的校友周某对其施加压力，再次将小羽加为好友。同时骆某还虚构"李某"的身份，注册另一QQ号并添加小羽为好友。之后，骆某利用"李某"的身份在QQ聊天中对小羽进行威胁恐吓，同时利用周某继续施压。小羽被迫按照要求自拍裸照十张，通过QQ软件传送给骆某观看。后骆某又以在网络上公布小羽裸照相威胁，要求与其见面并在宾馆开房，企图实施猥亵行为。因小羽向公安机关报案，骆某在依约前往宾馆途中被抓获。

本案争议的焦点问题在于被告人骆某为满足性刺激，通过网络对不满14周岁的女童进行威胁恐吓，强迫被害人按照要求的动作、姿势拍摄裸照供其观看的行为是否构成猥亵儿童罪。本案经历一审和二审，一审法院认定被告人骆某强迫被害女童拍摄裸照，并通过QQ软件获得裸照的行为不构成猥亵儿童罪。但被告人骆某以公开裸照相威胁，要求与被害女童见面，准备

对其实施猥亵，因被害人报案未能得逞，该行为构成猥亵儿童罪，系犯罪未遂。某区检察院认为，一审判决在事实认定、法律适用上均存在错误，并导致量刑偏轻，2017 年 8 月 18 日，该院提起抗诉。2017 年 12 月 11 日，二审法院作出终审判决，认定原审被告人骆某犯猥亵儿童罪，判处有期徒刑二年。

该案例的指导意义在于：

猥亵儿童罪是指以淫秽下流的手段猥亵不满 14 周岁儿童的行为。刑法没有对猥亵儿童的具体方式作出列举，需要根据实际情况进行判断和认定。实践中，只要行为人主观上以满足性刺激为目的，客观上实施了猥亵儿童的行为，侵害了特定儿童人格尊严和身心健康的，应当认定构成猥亵儿童罪。

网络环境下，以满足性刺激为目的，虽未直接与被害儿童进行身体接触，但是通过 QQ、微信等网络软件，以诱骗、强迫或者其他方法要求儿童拍摄、传送暴露身体的不雅照片、视频，行为人通过画面看到被害儿童裸体、敏感部位的，这是对儿童人格尊严和心理健康的严重侵害，与实际接触儿童身体的猥亵行为具有相同的社会危害性，应当认定构成猥亵儿童罪。

检察机关办理利用网络对儿童实施猥亵行为的案件，要及时固定电子数据，证明行为人出于满足性刺激的目的，利用网络，采取诱骗、强迫或者其他方法要求被害人拍摄、传送暴露身体的不雅照片、视频供其观看的事实。要准确把握猥亵儿童罪的本质特征，全面收集客观证据，证明行为人通过网络不接触被害儿童身体的猥亵行为，具有与直接接触被害儿童身体的猥亵行为相同的性质和社会危害性。

3. 于某虐待案

基本案情：2016 年 9 月以来，因父母离婚，父亲丁某常年在外地工作，被害人小田（女，11 岁）一直与继母于某共同生活。于某以小田学习及生活习惯有问题为由，长期、多次对其实施殴打。2017 年 11 月 21 日，于某又因小田咬手指甲等问题，用衣服撑、挠痒工具等对其实施殴打，致小田离家出走。小田被爷爷找回后，经鉴定，其头部、四肢等多处软组织挫伤，身体损伤程度达到轻微伤等级。

本案的焦点问题在于检察机关在办案过程中，综合运用刑事、民事等多种手段，最大限度地维护了涉案未成年人的权利。2017 年 11 月 22 日，网络披露 11 岁女童小田被继母虐待的信息，引起舆论关注。某市某区人民检察院未成年人检察部门的检察人员得知信息后，会同公安机关和心理咨询机构的人员对被害人小田进行询问和心理疏导。通过调查发现，其继母于某存在长期、多次殴打小田的行为，涉嫌虐待罪。该案被害人系未成年人，没有向法院告诉的能力，也没有近亲属代为告诉。检察机关决定提起公诉。法庭审理中，针对于某存在可能对被害人再次实施暴力殴打的情况，检察机关及时提出适用禁止令，禁止被告人于某再次对被害人实施家庭暴力的建议。最终法庭经审理，认定检察机关指控成立，认定被告人于某犯虐待罪，判处有期徒刑六个月，缓刑一年；并采纳检察机关适用禁止令的建议，禁止被告人于某再次对被害人实施家庭暴力。

案件办结后，检察机关继续关注小田的状况。经进一步了解发现，小田父母离婚后，其被判归父亲抚养，但其父亲长期在外地工作，没有能力亲自抚养小田。小田生母也在本市生活，检察人员征求了小田生母武某的意见，武某表示愿意抚养小田。检察人员支持武某到人民法院起诉变更抚养权。2018 年 1 月 15 日，小田生母武某向某市某区法院提出变更抚养权诉讼。法庭经过调解，裁定变更小田的抚养权，改由生母武某抚养，生父丁某给付抚养费至其独立生活为止。

该案例的指导意义：

（1）明确了虐待罪中"自诉转公诉"的问题。《中华人民共和国刑法》第二百六十条规定，虐待家庭成员，情节恶劣的，告诉的才处理，但被害人没有能力告诉，或者因受到强制、威吓无法告诉的除外。虐待未成年人犯罪案件中，未成年人往往没有能力告诉，应按照公诉案件处理，由检察机关提起公诉，维护未成年被害人的合法权利。

（2）明确了侵犯未成年人权利犯罪中禁止令适用的问题。《最高人民法院、最高人民检察院、公安部、司法部关于对判处管制、宣告缓刑的犯罪分子适用禁止令有关问题的规定（试行）》第七条规定，人民检察院在提起公诉时，对可能宣告缓刑的被告人，可以建议禁止其从事特定活动，进入特定区域、场所，接触特定的人。对未成年人遭受家庭成员虐待的案件，结合犯罪情节，检察机关可以在提出量刑建议的同时，有针对性地向法院提出适用禁止令的建议，禁止被告人再次对被害人实施家庭暴力，依法保障未成年人合法权益，督促被告人在缓刑考验期内认真改造。

（3）明确了检察机关支持变更抚养权的问题。未成年人抚养权变更是常见的问题。在父母离婚或者其他特殊情况下，法院会判决未成年人抚养权由一方享有。实践中经常出现夫妻离婚后，与未成年子女共同生活的一方不尽抚养义务，对未成年人实施虐待或者其他严重侵害合法权益的行为，不适宜继续担任抚养人的情形。对于这种情况，按照《中华人民共和国民事诉讼法》第十五条的规定，检察机关可以支持未成年人或者其他监护人向法院提起变更抚养权诉讼，切实维护未成年人合法权益。

未成年人相关国际人权条约的履行

张　伟　刘林语　郑学易*

摘　要：　中国批准加入了以《儿童权利公约》为代表的一系列与未成
年权利相关的国际人权条约。为执行未成年人相关的一系列
国际公约，中国政府一方面坚持儿童优先原则，采取了各种
举措保障儿童权利的实现；另一方面，向条约机构积极递交
履约报告，充分开展交流与协商，吸收条约机构的意见，回
应条约机构的关切。本文从未成年人权利的视角出发，总结
中国在履行未成年人权利相关国际条约过程中的相关特征。
中国强调通过经济发展来保障儿童权利，重视法律和数据指
标对儿童权利的推动作用，但在与儿童权利密切相关的重大
政策领域，中国的改革相对迟缓。随着中国与条约机构合作
的深入，中国撰写履约报告的水平也不断提升。本文指出中
国应进一步完善未成年人相关政策的监测和评估机制、贯彻
落实非歧视原则、进行机构改革，加强机构间协调，并重点
关注缩小地区间资源分配差距问题。

关键词：　未成年人　儿童权利　国际人权公约

---

* 张伟，中国政法大学人权研究院常务副院长；刘林语，中国政法大学人权研究院2019级博士
研究生；郑学易，中国政法大学人权研究院2020级硕士研究生。

一 中国缔结并履行未成年人相关国际公约的概况

1991 年，中国批准加入了《儿童权利公约》。除了《儿童权利公约》及其议定书外，在联合国核心人权条约层面，中国还批准加入了一系列国际人权条约。虽然这些公约关注的核心议题并不是儿童权利的保护，但是公约中的若干条款却与儿童权利的保护息息相关。

为执行未成年人相关的一系列国际条约，中国政府一方面依据儿童优先原则，采取了各种举措保障未成年人权利的实现。中国强调通过立法手段来保障未成年人的权利，使得未成年人权利的保护逐步走向法制化。中国制定和修订了数部有关未成年人权利的法律规范，从而在总体层面搭建起了综合性的保护未成年人权利的法律体系。同时，自 1992 年颁布第一个《儿童发展规划纲要》以来，我国已经陆续颁布了三个以未成年人为主体的国家行动计划，从顶层设计层面推进未成年人权利的实现。在司法领域，中国加快法律援助服务体系建设，逐步建立起了较为完善的法律援助体系。同时，中国积极开展培训活动，使在司法系统中主管少年司法的人员掌握有关国际标准的知识。另一方面，中国政府与联合国核心人权公约的相关委员会开展了充分交流。截至 2020 年，中国分别向儿童权利委员会提交了三份履约报告。中国还分别就两份任择议定书递交了相关的履约报告。除此之外，自 1990 年以来，中国还分别就其他联合国核心人权公约向相应的委员会递交履约报告，开展充分的交流与沟通。具体情况如表 1 所示。

表 1 1990 年以来中国递交的与儿童相关的联合国核心人权公约履约报告

时间	报告
1994 年	中国关于《儿童权利公约》执行情况的首次报告
1996 年	中国关于《消除一切形式种族歧视国际公约》的七次合并报告
1996 年	中国关于《消除对妇女一切形式歧视公约》执行情况的四次合并报告
2000 年	中国关于《消除一切形式种族歧视国际公约》执行情况的九次合并报告
2003 年	中国关于《儿童权利公约》执行情况的第二次报告

续表

时间	报告
2003 年	中国关于《经济、社会及文化权利国际公约》执行情况的首次报告
2004 年	中国关于《消除对妇女一切形式歧视公约》执行情况的六次合并报告
2005 年	中国关于《〈儿童权利公约〉关于买卖儿童、儿童卖淫和儿童色情制品问题的任择议定书》执行情况的首次报告
2008 年	中国关于《消除一切形式种族歧视国际公约》执行情况的十三次合并报告
2010 年	中国关于《儿童权利公约》执行情况的四次合并报告
2010 年	中国关于《〈儿童权利公约〉关于儿童卷入武装冲突问题的任择议定书》执行情况的首次报告
2010 年	中国关于《残疾人权利公约》执行情况的首次报告
2010 年	中国关于《经济、社会及文化权利国际公约》执行情况的第二次报告
2012 年	中国关于《消除对妇女一切形式歧视公约》执行情况的八次合并报告
2017 年	中国关于《消除一切形式种族歧视国际公约》执行情况的十七次合并报告
2018 年	中国关于《残疾人权利公约》执行情况的三次合并报告
2019 年	中国关于《经济、社会及文化权利国际公约》执行情况的第三次报告

二 1990~2013年中国未成年人相关国际人权公约的履约情况

中国于 2010 年向儿童权利委员会递交了最近一次的履约报告，并于 2013 年开展了报告的审议工作。截至 2020 年，这是中国最近一次与儿童权利委员会开展的建设性对话。因此，本文以此轮建设性对话为分界线，分析中国履行儿童相关国际人权公约的具体表现。

（一）基本原则

《儿童权利公约》规定的儿童权利保护的基本原则，包括无歧视原则、儿童的生命、生存权与发展权、尊重儿童的意见原则和儿童最大利益原则。

1. 无歧视原则

无歧视原则要求缔约国平等对待管辖范围内的每一儿童。针对无歧视原则，委员会主要关切教育、卫生以及社会服务领域的歧视问题。委员会建议

173

"中国加紧消除歧视女童、感染艾滋病毒/艾滋病或受其影响的儿童、残疾儿童、藏族、维吾尔族、回族及其他属于民族和宗教上居少数的民族的儿童、境内移徙儿童及其他弱势群体的现象，包括确保这些儿童能够平等地获得各项基本服务，包括卫生、教育等社会性服务，保障这类儿童的服务机构获得足够的财政和人力资源；加强对地方主管部门实施的项目和服务的监测，以发现并消除不平衡现象"[1]。

对于残障儿童，委员会曾指出，"中国缺乏有关残疾儿童的具体的分类数据，对残疾的定义过于狭窄，城乡残疾儿童数量相差很大，一胎政策的例外规定允许残疾儿童家庭生育第二胎，这有促使歧视残疾儿童现象加剧的作用"[2]。委员会建议中国"加强数据收集体系，以确保按性别、年龄、城乡、生活安排状况、残疾类型分类统计的有关残疾儿童的准确数据可供检索；确立符合国际通行标准的有关残疾的定义；采取一切必要措施消除对残疾儿童，特别是被遗弃残疾儿童实际产生的歧视"[3]。我国政府采取了如下举措回应委员会的关切：我国政府不仅保障残疾儿童和其他儿童一样平等地享有各项基本权利，并且对残疾儿童实行特殊保障。政府还采取积极措施保障残障儿童的受教育权，并提高残疾儿童的康复和社会保障水平。虽然中国采取了各种政策保障残疾儿童的权益，但这些促进政策在委员会看来主要是从医学的角度来看待残疾问题，并且一些被委员会指出需要修改的政策持续性地存在，例如独生子女政策的例外规定。除此之外，残疾儿童人数在城乡之间仍然存在巨大的差异，有大量残疾儿童生活在收容机构，特别是在农村地区。就残疾儿童的受教育权保障问题，委员会指出中国的政策积极发展隔离

---

[1] 参见联合国儿童权利委员会《委员会第四十届会议审议缔约国根据〈儿童权利公约〉第44条提交的报告：中国》，文件编号：CRC/C/CHN/CC/2，2005年11月24日，第32段。

[2] 参见联合国儿童权利委员会《委员会第四十届会议审议缔约国根据〈儿童权利公约〉第33条提交的报告结论性意见：中国》，文件编号：CRC/C/CHN/CO/2，2005年11月24日，第60段。

[3] 参见联合国儿童权利委员会《委员会第四十届会议审议缔约国根据〈儿童权利公约〉第33条提交的报告结论性意见：中国》，文件编号：CRC/C/CHN/CO/2，2005年11月24日，第61段。

式的特殊学校，对主流学校中的残疾儿童的教育拨款很少。①

对于感染艾滋病或受其影响的未成年人，委员会尤为关注政府有关感染艾滋病毒/艾滋病或受其影响的儿童的政策和方案。委员会曾建议中国"加大应对艾滋病问题的拨款，加强央地合作，确保地方政府能够有足够多的培训和设备，并加强公共宣传运动，提升公众对艾滋病的认识以消除对艾滋病儿童的歧视"②。对于委员会的意见，中国政府积极应对针对受艾滋病影响未成年人的歧视问题，于 2006 年颁布了《艾滋病防治条例》，其中明确禁止对艾滋病毒传染者、艾滋病人和家属的歧视。为了保障感染艾滋病未成年人的医疗保健服务，中国在 2004 年出台了有关艾滋病防治的"四免一关怀"制度，在 2005 年启动了儿童免费抗病毒治疗工作，并在 2009 年建立了受艾滋病影响儿童数据系统。此外，中国还积极举行有关科学理性认识艾滋病的教育活动，对相关公务人员开展培训，以促进反歧视政策的执行。委员会称赞中国预防和应对艾滋病所采取的各种积极举措，并建议中国"有效执行缔约国向委员会报告的为感染艾滋病毒的儿童和孤儿提供免费的抗艾滋病毒药物和每月至少 600 元（95 美元）补贴的中央政府政策"③。

对于少数民族儿童，委员会的关切主要集中在少数民族儿童的受教育议题上。委员会曾指出，少数民族儿童在受教育的机会和条件方面仍然存在一定的歧视问题，并建议"政府确保所有中小学教学材料同时也有少数民族语言版本，并照顾到少数民族文化特点"④。作为对委员会关切的回应，中国政府努力制定各种战略举措，来保障少数民族儿童的各项权益。2001 年

---

① 参见联合国儿童权利委员会《委员会第六十四届会议通过的关于中国第三和第四次合并定期报告的结论性意见》，文件编号：CRC/C/CHN/CO/3－4，2013 年 10 月 29 日，第 58 段。

② 参见联合国儿童权利委员会《委员会第四十届会议审议缔约国根据〈儿童权利公约〉第 33 条提交的报告结论性意见：中国》，文件编号：CRC/C/CHN/CO/2，2005 年 11 月 24 日，第 69 段。

③ 参见联合国儿童权利委员会《委员会第六十四届会议通过的关于中国第三和第四次合并定期报告的结论性意见》，文件编号：CRC/C/CHN/CO/3－4，2013 年 10 月 29 日，第 66 段。

④ 参见联合国儿童权利委员会《委员会第四十届会议审议缔约国根据〈儿童权利公约〉第 33 条提交的报告结论性意见：中国》，文件编号：CRC/C/CHN/CO/2，2005 年 11 月 24 日，第 77 段。

修改后的《民族区域自治法》规定"采取新的措施发展少数民族的教育文化事业，培养少数民族人才"。此外，中国积极发展少数民族地区的各类基础设施，对少数民族地区实施财政优惠政策，促进少数民族地区的经济发展，大力推广双语教育，为实现少数民族儿童的各项权利奠定基础。虽然委员会肯定了中国政府的努力，但仍然指出"虽然中国在教育方面取得了巨大成就，但是少数民族儿童获得教育的差距日益悬殊。双语教育政策中缺乏促进使用和学习母语及少数民族语言的措施"[1]。

对于流动儿童，委员会的关切主要集中在流动儿童所面临的贫困、基本公共服务供给不足的问题上，委员会曾建议"缔约国通过调整预算拨款、通过加强儿童贫困状况数据库建设等措施，继续在实现经济平衡方面加大努力，扩大对流动儿童的资助"[2]。为了解决外来务工子女适龄儿童的教育、医疗保健及贫困问题，中国政府于1998年颁布了《流动儿童少年就学暂行办法》，使流动人口子女入学走向规范化。2001年起，国务院妇儿工委在各地试点有关保护流动未成年人权利的项目，"建立了16岁以下流动儿童登记管理机制、开展新市民的教育培训工作、构建以社区为基础的新型流动儿童保护模式"[3]。2003年和2006年，国务院先后下发有关农民工子女问题的相关决定，落实了各部门关于保障农民工及其子女就学和保健服务的责任。2008年中央要求逐步实现农民工子女就学与城镇居民享有同等待遇，并且提出了要贯彻落实"以流入地政府管理为主和以公办中小学为主"的方针。委员会对中国采取的促进流动儿童权益保障的举措表示赞赏，并建议中国继续落实旨在确保外来务工人员子女获得优质教育的方案和政策。

总体而言，委员会注意到了中国对无歧视方面的问题采取的努力，但是

---

① 参见联合国儿童权利委员会《委员会第六十四届会议通过的关于中国第三和第四次合并定期报告的结论性意见》，文件编号：CRC/C/CHN/CO/3－4，2013年10月29日，第75段。

② 参见联合国儿童权利委员会《委员会第四十届会议审议缔约国根据〈儿童权利公约〉第33条提交的报告结论性意见：中国》，文件编号：CRC/C/CHN/CO/2，2005年11月24日，第73段。

③ 参见联合国儿童权利委员会《应于2009年提交的缔约国第三次和第四次定期报告：中国》，文件编号：CRC/C/CHN/3－4，2012年6月6日，第31段。

无歧视原则在中国的落实仍存在着较大的不足。虽然中国采取了一系列的举措来确保特定群体的儿童能够平等地享有权利，但是对于残障儿童、外来务工人员子女、感染艾滋病或受艾滋病影响的未成年人、少数民族儿童的歧视现象仍然普遍存在。首先，残障儿童的就学问题依然突出，残障儿童接受主流教育的机会仍然相对缺失。其次，在少数民族儿童的权利保障方面，委员会格外重视限制藏族儿童、维吾尔族儿童宗教、语言和文化自由权的规章政策，特别关注落实双语教育政策中的歧视现象。再次，虽然中国政府采取了积极举措来应对针对感染艾滋病儿童的歧视问题，但是群众对于艾滋病的认识水平不高，仍然普遍存在着对艾滋病感染者的歧视现象。最后，在流动儿童的权益保障方面，受限于中国目前的户籍制度，其所享有的教育、卫生和社会保障的水平与城市儿童相比，仍存在着明显的差距。

2. 生命、生存权与发展权

生命、生存权和发展权原则要求缔约国确认每个儿童固有的生命权，并最大限度地确保儿童的存活与发展。就儿童生命权的保障问题，委员会的关注点主要集中在中国存在的选择性杀婴案件、杀害女婴、遗弃女婴的现象，计划生育政策以及由此带来的男女出生性别比差异。针对这一问题，委员会的提出的意见包括：（1）建议全面制定并严格落实严禁选择性堕胎的法律，继续并加紧努力保障境内全体儿童的生命、生存、发展权。[1]（2）建议减轻计划生育制度带来的各种负面影响，并修订有关计划生育的一系列政策。委员会认为"计划生育政策推动实现的目标应当与《公约》的原则与条款，包括《公约》第24条的原则和条款相一致"[2]。政府应当采取一切必要手段消除计划生育政策可能带来的各种负面影响，包括弃婴、不办理出生登记及出生婴儿性别比例失调等问题。（3）开展广泛的宣

---

[1] 参见联合国儿童权利委员会《委员会第四十届会议审议缔约国根据〈儿童权利公约〉第33条提交的报告结论性意见：中国》，文件编号：CRC/C/CHN/CO/2，2005年11月24日，第29段。

[2] 参见联合国儿童权利委员会《委员会第十二届会议审议缔约国根据〈公约〉第44条提交的报告儿童权利委员会的最后意见：中国》，文件编号：CRC/C/15/Add.56，1996年6月7日，第36段。

传活动，加深群众对男女平等的认识，使得地方和其他负责人能发挥更积极的作用，支持旨在消除对女童的歧视和杀害女婴现象并在这方面向社区提供指导的努力。①

针对委员会的建议，中国政府采取了如下的措施：（1）加强宣传工作和社会保障工作。中国政府采取各种渠道与手段来广泛地宣传男女平等的思想，转变人民群众的生育观念，以此减轻无男孩家庭的心理负担和社会压力。从2003年起，中国政府在部分地区开展了关爱女孩行动试点，并在2006年推广至全国。（2）加强立法与执法工作，严格禁止弃婴、杀婴行为。对于构成犯罪的行为，中国政府将追究其刑事责任。此外，2001年《人口与计划生育法》、1995年《母婴保健法》等法律法规都明确禁止非出于医学需求的胎儿性别鉴定。为了打击杀婴、弃婴现象，中国政府还建立了多部门联合执法机制。2011年，国务院多部门进行了为期数月的全国集中整治两非的专项行动，查办了一大批违法案件。

"委员会对于中国采取的各项保障女童生命权的举措表示赞赏，特别是在立法领域的进步。中国采取诸如'关爱女童'行动等积极举措，被认为能够促进民众重男轻女传统观念的改善"②，但是，杀害婴儿、特别是女童和残疾儿童的现象仍然存在。首先，虽然委员会督促中国采取措施加强数据搜集和分析，但是中国在数据搜集方面的进展表现迟缓。其次，中国出生人口性别比自1990年至2010年呈现不断升高的趋势，出生人口性别比居高不下，从数据来看，自20世纪90年代以来，中国出生人口性别比开始迅速升高，2000年以后升高的趋势放缓，自2010年以后呈现下滑趋向，但是出生人口性别比仍然处于较高水平（见图1）。最后，虽然委员会建议中国考虑修订严格的计划生育政策，但是在此阶段中国对于计划生育政策的转变较为

---

① 参见联合国儿童权利委员会《委员会第十二届会议审议缔约国根据〈公约〉第44条提交的报告儿童权利委员会的最后意见：中国》，文件编号：CRC/C/15/Add.56，1996年6月7日，第34段。

② 参见联合国儿童权利委员会《委员会第六十四届会议通过的关于中国第三和第四次合并定期报告的结论性意见》，文件编号：CRC/C/CHN/CO/3-4，2013年10月29日，第33段。

迟缓。委员会在2013年进一步敦促中国考虑修订严格的计划生育政策，努力打击杀害婴儿、特别女童和残疾儿童的现象，确保每个儿童不可剥夺的生命和生存权受到保护，并特别建议中国"采取全面的法律和政策措施，处理导致杀婴的根本因素，包括独生子女政策，确保在所有省、地更加有效和一致地适用和执行禁止杀害婴儿的法律，改进计算、核实和登记每个出生婴儿的方法"①。

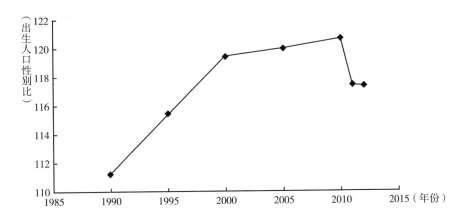

图1　1990～2012年中国出生人口性别比

数据来源：1990～2010年人口普查数据，1995年全国1%人口抽样调查资料，2011、2012年国民经济和社会发展统计公报。

3. 尊重儿童的意见

尊重儿童意见原则要求保障儿童参与权，对影响儿童权利的事项，应当按照儿童的成熟程度，倾听和尊重儿童的意见。对于尊重儿童意见这一原则，委员会重点关注的内容是儿童如何在学校、法庭以及社会公共领域表达出自己的意见。委员会曾指出"中国大陆儿童，除年龄达到或超过16岁而且自谋生计的，一般不能向法庭提出申诉或在未经父母同意情况下直接接受法庭询问。委员会对缔约国提供的有关学生在学校的代表问题以及如何吸收

---

① 参见联合国儿童权利委员会《委员会第六十四届会议通过的关于中国第三和第四次合并定期报告的结论性意见》，文件编号：CRC/C/CHN/CO/3－4，2013年10月29日，第34段。

他们的意见等信息有限感到遗憾"①。因此，委员会建议中国加大努力，确保儿童有权对涉及他们的所有事项自由表达自己的意见，并使这些意见在政策制定、执行过程中以及在学校、家庭中得到应有的重视，并确保儿童在涉及他们的司法和行政诉讼中有机会表达自己的意见。

作为对于委员会关切的回应，中国修改了许多法律、法规，确保儿童有表达自己意见的权利，特别是在与自己利益有关的活动中表明自己的意见。在政策制定和执行层面，中国积极保障未成年人的参与权，譬如在《未成年人保护法》《中国儿童发展纲要》的评估过程中，政府都积极吸取未成年人的意见。在公共事务管理方面，中国未成年人的参与机会也呈现不断扩大的趋势。在学校事务层面，法律规定学生在受到处分时拥有表达自己意见和申诉的权利。在司法程序层面，一些地方也尝试也给予儿童独立提出救助需求的机会。

委员会赞赏地注意到中国在促进儿童参与方面所做的努力，但是其仍感关切的是，"缔约国管辖内的所有地区都缺乏促进和推动尊重所有儿童的意见并让儿童参与对其有影响的一切事务的有效和广泛机制"②。因此建议中国政府加快建设有效的协商机制，确保尊重儿童意见和让儿童参与对其有影响的一切事务。

4. 儿童最大利益原则

儿童最大利益原则要求在涉及儿童的问题上将儿童作为本位和首要考虑的对象。在儿童最大利益问题上，委员会曾指出"缔约国在其管辖地区内提供的有关信息都十分有限，凡涉及儿童的活动均以儿童的最大利益原则为首要考虑的情况不详"③。因此，中国政府先后在第二轮儿童发展纲要和

---

① 参见联合国儿童权利委员会《委员会第四十届会议审议缔约国根据〈儿童权利公约〉第33条提交的报告结论性意见：中国》，文件编号：CRC/C/CHN/CO/2，2005年11月24日，第37段。

② 参见联合国儿童权利委员会《应于2009年提交的缔约国第三次和第四次定期报告：中国》，文件编号：CRC/C/CHN/3-4，2012年6月6日，第37段。

③ 参见联合国儿童权利委员会《委员会第四十届会议审议缔约国根据〈儿童权利公约〉第33条提交的报告结论性意见：中国》，文件编号：CRC/C/CHN/CO/2，2005年11月24日，第35段。

"十一五"规划中明确了儿童优先原则，并在第三轮纲要中明确了儿童最大利益原则。但是，中国的法律目前缺少对于儿童最大利益原则更为明确的内涵规定。《未成年人保护法》中缺乏"儿童利益最大化"的具体规定，这使得在判断儿童最大利益时缺乏相应的参照因子和相关指标。委员会也指出，目前中国仍然缺乏规定儿童最佳利益的一般立法，建议中国加强努力，确保将儿童的最大利益适当纳入并始终贯穿所有立法、行政和司法程序，以及影响到儿童的所有政策、方案和项目。

（二）公民权利和自由

《儿童权利公约》规定的儿童所享有的公民权利与自由包括：姓名与国籍、维护身份、言论自由、思想、信仰和宗教自由、和平集会和结社自由、保护隐私等权利。就儿童公民权利和自由的保障问题，委员会重点关切出生登记、宗教自由以及儿童免受暴力侵害的权利这三个问题。

1. 出生登记

《公约》要求缔约国应当确保儿童出生后能够立即登记。就出生登记问题，委员会曾指出，其严重关切为确保通过户口登记使所有儿童都得到登记注册而采取的措施，并认为"登记制度方面的缺陷和不足导致儿童在其权利的促进和保护方面得不到基本保障，成为贩卖、诱拐、买卖、虐待、遗弃等行为的受害者"①。因此，委员会建议中国继续加强努力，确保所有儿童，特别是女童和残疾儿童在出生后立即进行登记，并继续采取灵活措施允许中国大陆全境、特别是农村地区尚未登记的大龄儿童进行登记，并考虑修改户籍制度。

为了保障儿童的出生登记权，中国政府采取的措施包括：（1）推动户籍制度改革。1998 年 7 月，就婴儿的落户问题，国务院确定了实行婴儿落户随父随母自愿原则。2011 年中国进一步深化户籍制度改革，明确提出分

---

① 参见联合国儿童权利委员会《委员会第十二届会议审议缔约国根据〈公约〉第 44 条提交的报告儿童权利委员会的最后意见：中国》，文件编号：CRC/C/15/Add. 56，1996 年 6 月 7 日，第 16 段。

类调整户口迁移政策，旨在方便迁徙务工人员，包括他们的子女将户口迁移至居住地。（2）提高出生登记的治理水平，建立了自上而下的出生登记治理网络。（3）大力开展宣传和倡导工作，进一步提高国民出生登记认知。

在回应委员会对于儿童出生登记保障的关切方面，中国政府采取了众多举措，委员会也表示"赞赏地注意到缔约国为解决委员会关注的儿童办理登记问题作出的重大努力"[①]。特别是在宣传出生登记重要性方面，委员会对中国政府采取的举措表示肯定。但是，中国儿童出生登记保障仍面临着三个主要问题，"计划生育政策阻碍了父母或监护人对儿童的登记；户口政策阻碍了外来务工人员子女的出生登记；出生登记流程过于复杂"[②]。因此，委员会建议中国"改革计划生育政策，取消妨碍父母或监护人对儿童进行登记的一切形式处罚和做法；确保所有儿童、特别是外来务工人员子女的出生登记；加强关于出生登记重要性的社区宣传和提高公众认识活动，包括在政府机构和农村地区；并寻求儿童基金会等机构的技术援助"[③]。

2. 宗教自由

《公约》要求缔约国应当尊重儿童的宗教信仰自由，并尊重父母对儿童的指导。在宗教自由问题上，中国政府与委员会之间存在着较为明显的分歧与冲突。其中最为核心的冲突在于委员会建议中国废除禁止各种年龄儿童参加宗教活动或接受宗教教育的规定，采取一切措施确保儿童可以选择是否参加宗教活动或在无神论班上课。

对此问题，中国政府的态度是，中国在教育领域贯彻落实的是"宗教与教育分离原则"，中国的国民教育体系不实行宗教教育。地方政府制定有关规定禁止接受义务教育的青少年担任宗教教职人员或从事职业宗教活动，

[①] 参见联合国儿童权利委员会《委员会第四十届会议审议缔约国根据〈儿童权利公约〉第33条提交的报告结论性意见：中国》，文件编号：CRC/C/CHN/CO/2，2005年11月24日，第42段。

[②] 参见联合国儿童权利委员会《委员会第六十四届会议通过的关于中国第三和第四次合并定期报告的结论性意见》，文件编号：CRC/C/CHN/CO/3-4，2013年10月29日，第39段。

[③] 参见联合国儿童权利委员会《委员会第六十四届会议通过的关于中国第三和第四次合并定期报告的结论性意见》，文件编号：CRC/C/CHN/CO/3-4，2013年10月29日，第40段。

但并未禁止青少年信仰宗教，在家接受宗教教育。有关政策的目的是既保护未成年人的宗教信仰自由，也保护他们的受教育权。同时，中国也未禁止父母和监护人向儿童进行宗教教育，政府部门尊重父母及监护人向未成年人传播宗教知识、参加宗教活动的习惯。

3. 免受暴力侵害的权利

《公约》要求缔约国采取一切适当措施，保护儿童免受暴力侵害。在儿童免受暴力侵害这一问题上，委员会尤为关注儿童遭受体罚的问题。委员会曾指出中国禁止学校体罚相关规定的执行情况存在不平衡的现象，并且家庭体罚并不为法律所禁止，社会广泛认可家庭体罚的合法性、有效性。因此，委员会建议中国依法明令禁止在家庭、学校、各类机构及其他任何场合，包括刑事机构进行体罚，并开展有儿童参与的公众教育和提高觉悟运动，宣传不以体罚而以非暴力方式进行管教，改变公众对体罚的态度。并"通过建立要求医生、教师、社会工作者等从事儿童工作的人员强制报告的规定以及建立特别的儿童求助热线等措施，在缔约国全国各地加强努力打击凌辱、忽视、暴力侵害和虐待儿童的现象"①。

为应对儿童体罚问题，中国政府积极完善法律规范，《未成年人保护法》明令禁止父母或其他监护人、老师、儿童机构及其工作人员虐待、体罚儿童。此外，政府还积极开展教育宣传工作，让教育工作者加深对儿童权利的理解，转变公众对子女采取体罚惩戒措施的态度。委员会对中国做的努力表示认可，并进一步建议中国"制定全面的国家战略，预防和处理一切形式的暴力侵害儿童行为，采取国家战略，预防和处理一切形式的暴力侵害儿童行为，采用国家协调来处理一切形式的暴力侵害儿童行为，包括强制报告案件和采取必要的后续措施，并且特别关注暴力所涉及的性别议题"②。

---

① 参见联合国儿童权利委员会《委员会第四十届会议审议缔约国根据〈儿童权利公约〉第33条提交的报告结论性意见：中国》，文件编号：CRC/C/CHN/CO/2，2005年11月24日，第56段。

② 参见联合国儿童权利委员会《委员会第六十四届会议通过的关于中国第三和第四次合并定期报告的结论性意见》，文件编号：CRC/C/CHN/CO/3-4，2013年10月29日，第47段。

（三）经济、社会和文化权利

在儿童的经济、社会和文化权利的保障方面，委员会最关注的核心问题为丧失家庭环境儿童的照料、儿童保健、教育权以及童工问题。

1. 丧失家庭环境的儿童

《公约》要求缔约国对暂时或永久脱离家庭环境的儿童，给予特别的保护和照料。在这一问题上，委员会的关切主要体现在建议中国采取措施提高儿童福利机构水平，特别是加强对工作人员的培训与管理；对接受另类方式照料的儿童建立有效的检测机制；强化以社区为基础的、家庭型的替代照料模式。委员会曾指出由福利机构负责照料的儿童情况令人担忧，其死亡率往往很高，这让人们感到震惊。委员会建议中国"采取充分的措施确保按照《公约》第3条第3款的要求为儿童提供合乎标准的照料；在缔约国内搬用、推广寄养和家庭收养等成功模式，改善丧失家庭的儿童的其他照料方式；制订有效防止遗弃儿童的战略，包括尽早识别高危家庭和儿童，社会工作者可否直接干预和帮助有关家庭。确保移交福利院的儿童融入小集体中并在家庭式的环境中得到个性化照料。建立有效的监测机制，包括按照《公约》第25条对每位被安置的儿童状况进行定期审查，建立儿童申诉机制并确保所有机构、项目和服务设施都配备有经过适当培训和合格的工作人员"[1]。

针对委员会的建议，中国政府采取的措施包括：（1）改革社会福利机构。2001年，中国民政部出台了《儿童社会福利机构基本规范》，对儿童社会福利机构进行规范化处理。2006年启动了"蓝天计划"，确定从2006年到2010年花费总共15亿元来优化儿童福利机构的相关配套设施，改良其环境。（2）组织开展对儿童福利机构服务人员的培训。充分利用已形成的儿童福利工作培训基地，聘请国内外有关儿童福利管理、服务等方面的专家，

---

[1] 参见联合国儿童权利委员会《委员会第四十届会议审议缔约国根据〈儿童权利公约〉第33条提交的报告结论性意见：中国》，文件编号：CRC/C/CHN/CO/2，2005年11月24日，第51段。

采取多种形式的教学和交流活动，打造一支高水平的队伍。（3）创新替代性养护模式，保障丧失家庭环境的儿童获得必要的照料。

但是，在委员会看来，中国在两方面仍然有提升的空间。首先，在从事儿童工作的专业人员的素质与数量上，中国仍存在着进步的空间。委员会建议中国"继续增加从事儿童工作的专业人员数量，并通过分配更多政府资源，为所有专业人员提供培训"[1]。其次，《儿童发展纲要》等文件所提倡的建立以儿童之家为代表的机构，在委员会看来会鼓励政府把儿童安置在收容机构，而不是寻求以社区为基础的替代性照料，而这与优先考虑家庭环境和社区照料的原则相抵触。

2. 儿童保健

《公约》要求缔约国确认儿童有权享有可达到的最高标准的健康。委员会对于儿童保健的关注点主要在两个层面：（1）城乡、东西部省份之间婴儿和儿童死亡率、营养状况以及其他儿童健康指标上存在着明显的差异，委员会曾指出"中国的农村和城市以及各地区之间在社会服务的提供和享有，尤其是在保健的提供和享有方面普遍存在差距"[2]。（2）儿童营养不良问题以及普遍出现的儿童肥胖现象。委员会指出"中国儿童营养不良问题持续存在，同时普遍出现儿童肥胖现象，鼓励母乳喂养的政策不够有力"[3]。

应对委员会的关切，中国政府采取了如下的措施。针对城乡差距问题，中国大力投资建设具有中国特色、符合中国国情的农村医疗体系，努力提升基层医疗服务机构的儿童保健水平"在新生婴儿死亡率方面，城乡差距明

---

[1] 参见联合国儿童权利委员会《委员会第六十四届会议通过的关于中国第三和第四次合并定期报告的结论性意见》，文件编号：CRC/C/CHN/CO/3 – 4，2013 年 10 月 29 日，第 54 段。

[2] 参见联合国儿童权利委员会《委员会第四十届会议审议缔约国根据〈儿童权利公约〉第 33 条提交的报告结论性意见：中国》，文件编号：CRC/C/CHN/CO/2，2005 年 11 月 24 日，第 62 段。

[3] 参见联合国儿童权利委员会《委员会第四十届会议审议缔约国根据〈儿童权利公约〉第 33 条提交的报告结论性意见：中国》，文件编号：CRC/C/CHN/CO/2，2005 年 11 月 24 日，第 62 段。

显降低，1990~2012 年，城市儿童死亡率由 0.0125% 下降至 0.0039%，农村由 0.03795% 下降至 0.0081%"①。针对儿童营养不良问题，中国政府倡导科学喂养和良好的饮食习惯，营养不良率显著下降。委员会"赞赏中国疫苗接种率提高，孕产妇以及儿童死亡率大幅下降，包括农村地区在内的婴儿医院出生率上升。但是在城乡之间、流动儿童之间以及不同地区之间依旧有着较大差别"②。

3. 教育权

《公约》要求缔约国确认儿童有受教育的权利，并特别强调受教育机会均等的问题。就儿童的教育权保障问题，委员会核心关切的事项包括：教育经费与教育拨款问题、教育收费问题、儿童辍学问题、城乡教育差异问题、教育领域的性别歧视问题。③ 针对委员会的意见，中国政府采取了如下举措：（1）加大教育经费投入，提高教育质量，改善学校基础设施建设。政府教育投入 30 年来快速攀升，全国教育经费总支出从 1997 年的 2531.73 亿元上升至 2013 年的 30364.72 亿元。④ 2011 年，中国实现了全面普及九年义务教育。（2）解决教育收费问题，保障学生受教育权，2006 年《义务教育法》明确要求"实施义务教育，不收学费、杂费"。（3）降低义务教育阶段辍学率，通过联动机制，联合政府、学校、家长、专业组织的力量降低辍学率。（4）把减少性别定型观念、体现男女平等原则作为教育改革的一项重

---

① 国务院妇女儿童工作委员会妇幼健康司，《中国妇幼健康事业发展报告（2019）》，http：//www.nwccw.gov.cn/2019-05/28/content_256162.htm，最后访问日期：2021 年 4 月 1 日。

② 参见联合国儿童权利委员会《委员会第六十四届会议通过的关于中国第三和第四次合并定期报告的结论性意见》，文件编号：CRC/C/CHN/CO/3-4，2013 年 10 月 29 日，第 62 段。

③ 参见消除对妇女歧视委员会《与中国第七次和第八次定期报告有关的议题和问题清单》，文件编号：CEDAW/C/CHN/Q/7-8，2014 年 3 月 10 日，第 3 页。

④ 数据来源：教育部、国家统计局、财政部，1997 年全国教育经费执行情况统计公告，http：//www.moe.gov.cn/s78/A05/cws_left/s3040/201005/t20100527_88453.html，最后访问日期：1998 年 9 月 2 日；教育部、国家统计局、财政部，2013 年全国教育经费执行情况统计公告，http：//www.moe.gov.cn/srcsite/A05/s3040/201410/t20141031_178035.html，最后访问日期：2021 年 4 月 1 日。

要原则，注意教材中男女性别数量的平衡。①

委员会对中国在教育方面取得的巨大成就表示赞赏，但是委员会仍然认为中国在以下方面存在着不足。首先，教育的总体质量存在不足，部分学校的基础设施和教学质量存在提高的空间；其次，城乡教育、流动儿童可以获得的教育和为之提供的教育之间，差异仍然较大；再次，双语教育发展存在滞后现象，对少数民族学生使用本民族语言开展教学活动存在不合理限制；最后，教育领域，特别是在高校招生领域对于女性考生仍然存在着性别歧视问题。②

4. 童工问题

《公约》要求缔约国确保儿童免遭经济剥削。就儿童遭受经济剥削的问题，委员会的关切聚焦如下方面：（1）普遍存在的童工问题，以及缺乏相应的法律规制；（2）缺乏对童工问题的数据收集工作；（3）劳动教养使儿童遭受经济剥削的可能性。③ 委员会曾建议中国收集有关童工的确切分类数据，并利用此类数据与在职儿童合作制订切实预防和消除各种形式童工的措施；咨询受影响儿童的意见，制订哪些有害及危险的工作 18 岁以下者不得从事的详细规定。④

对于委员会的关切，中国政府采取如下举措：（1）加强立法，形成了以《未成年人保护法》《劳动法》等专门法律以及《禁止使用童工规定》《劳动保障监察条例》等行政法规为主体，以刑法为补充的保障未成年人免受剥削的法律体系。（2）严格执法，建立劳保法律监督员制度，来监督违反劳动保障法的行为。委员会注意到中国在童工问题立法方面取得的成就，

---

① 参见消除对妇女歧视委员会《就审议中国第五和第六次合并报告所提问题单的答复》，文件编号：CEDAW/C/CHN/Q/6/Add. 1，2006 年 6 月 8 日，第 13 页。

② 参见联合国儿童权利委员会《委员会第六十四届会议通过的关于中国第三和第四次合并定期报告的结论性意见》，文件编号：CRC/C/CHN/CO/3 - 4，2013 年 10 月 29 日，第 75 段。

③ 参见联合国儿童权利委员会《委员会第四十届会议审议缔约国根据〈儿童权利公约〉第 33 条提交的报告结论性意见：中国》，文件编号：CRC/C/CHN/CO/2，2005 年 11 月 24 日，第 83 段。

④ 参见联合国儿童权利委员会《委员会第四十届会议审议缔约国根据〈儿童权利公约〉第 33 条提交的报告结论性意见：中国》，文件编号：CRC/C/CHN/CO/2，2005 年 11 月 24 日，第 84 段。

但是，中国政府在数据收集方面仍存在着一定的漏洞与缺陷。在提供童工相应的数据，例如卷入童工问题的儿童人数、作为家政工人工作的儿童人数、从事危险工作的儿童人数等方面，中国缺乏相应的具体数据。委员会更进一步指出，劳动改造方案和"工读学校"的通常做法，以及在这些方案下强迫儿童从事剥削性劳动，令人担忧。①

（四）武装冲突、儿童贩卖与儿童色情问题

委员会就武装冲突中的儿童问题对中国提出的关切事项主要集中在以下四个方面：第一，中国允许当年 12 月 31 日前未满 17 岁的公民服现役，而这与中国加入《任择议定书》时做出的具有约束力的声明相矛盾；② 第二，中国的主流教育课程包括军训的内容，学校组织未成年人参加必修的军事教育和训练活动，委员会建议禁止对儿童进行军事类训练，包括枪械使用训练，并确保任何儿童军事训练均考虑到人权原则；③ 第三，人权和和平教育并没有作为必修的内容纳入中小学课程和教师的培训方案；④ 第四，在国际层面，中国向已知曾经或有可能或在武装冲突和敌对行动中使用儿童的国家出口武器，包括出口轻小武器，而没有任何专项法律对此行为进行规制。⑤

就儿童贩卖与色情问题，委员会对中国的关切事项主要在于立法与行动

---

① 参见联合国儿童权利委员会《委员会第六十四届会议通过的关于中国第三和第四次合并定期报告的结论性意见》，文件编号：CRC/C/CHN/CO/3－4，2013 年 10 月 29 日，第 85 段。

② 参见联合国儿童权利委员会《委员会第六十四届会议通过的关于中国根据〈儿童权利公约关于儿童卷入武装冲突问题的任择议定书〉第 8 条提交的初次报告的结论性意见》，文件编号：CRC/C/OPAC/CHN/CO/1，2013 年 10 月 29 日，第 15 段。

③ 参见联合国儿童权利委员会《委员会第六十四届会议通过的关于中国根据〈儿童权利公约关于儿童卷入武装冲突问题的任择议定书〉第 8 条提交的初次报告的结论性意见》，文件编号：CRC/C/OPAC/CHN/CO/1，2013 年 10 月 29 日，第 20、21 段。

④ 参见联合国儿童权利委员会《委员会第六十四届会议通过的关于中国根据〈儿童权利公约关于儿童卷入武装冲突问题的任择议定书〉第 8 条提交的初次报告的结论性意见》，文件编号：CRC/C/OPAC/CHN/CO/1，2013 年 10 月 29 日，第 24 段。

⑤ 参见联合国儿童权利委员会《委员会第六十四届会议通过的关于中国根据〈儿童权利公约关于儿童卷入武装冲突问题的任择议定书〉第 8 条提交的初次报告的结论性意见》，文件编号：CRC/C/OPAC/CHN/CO/1，2013 年 10 月 29 日，第 33 段。

两个层面，在立法层面，建议中国的《刑法》与《任择议定书》相一致，特别是确保《刑法》涵盖《任择议定书》第 3 条第 1 款列出的所有罪行，并且废除中国对在国外实施的犯罪规定的双重罪行要求，并考虑将《任择议定书》作为对这类罪行进行引渡的法律依据。[1] 在行动层面，委员会赞赏中国在区域层面与邻国的合作，同时建议中国加强对贩卖儿童、儿童卖淫和儿童色情工作的预防工作。针对委员会的建议，中国在 2007 年 12 月出台首个反拐行动计划，明确了反拐工作的责任分配、目标架构以及核心工作原则。另一方面，中国广泛开展与反拐相关的宣传活动，加强对儿童及家长的培训，提高反拐意识。在儿童色情方面，中国针对互联网色情问题，积极开展净网行动，通过政府、行业组织、社会三方主体联动保障适宜儿童健康成长的网络环境。但是，在立法层面，中国《刑法》仍未达到委员会所建议的程度。

三 2013～2020年中国履约的最新进展

自 2010 年以来，截至 2020 年，中国尚未提交新一轮的履约报告，但是在遵循公约的条款的基础上，中国政府参考委员会提出的建议，在保障儿童权利领域取得了许多新的进展。

（一）基本原则

中国近年来在践行儿童权利基本原则方面的突出进展体现在反歧视领域与保障儿童生存权、发展权与生命权方面。在反歧视领域，中国着重保护残障儿童的相关权益，2017 年通过的《残疾人教育条例》规定残障未成年人优先就近到普通学校入学接受义务教育，从法律层面保证了残疾未成年人的受教育权，并且该条例明确提出"积极促进融合教育"，朝着委员会提出的包容性教育方向努力。此外，2015 年《残疾人参加普通高等学校招生全国

---

[1] 参见联合国儿童权利委员会《应于 2009 年提交的缔约国第三次和第四次定期报告：中国》，文件编号：CRC/C/CHN/3－4，2012 年 6 月 6 日，第 88 段。

统一考试管理规定（暂行）》首次在国家层面指出为残障考生平等参与高考提供有关便利。在保障儿童生存权、发展权与生命权方面，针对委员会反复强调的修改严格的计划生育政策的建议，中国逐步调整计划生育政策，2013年之后先后实施了单独二孩、全面二孩政策，并修订了《人口与计划生育法》。独生子女政策的转变是中国履行公约基本原则方面的一大突出进步。

（二）公民权利和自由

中国近年来在儿童公民权利和自由的保障方面的突出转变体现在对儿童出生登记的保障和对儿童免受暴力侵犯的权利的保障上。在对儿童出生登记的保障上，中国自2014年开始进一步推进户籍政策改革。此轮户籍制度改革的核心是建立城乡统一的户籍制度，将农业户口和非农业户口统一为居民户口。① 此外，为了保障外来务工人员子女的平等权益，还确立了居住证制度。总的来看，虽然中国目前尚未完全废除户籍制度，但是新一轮的户籍制度改革进一步缩小了城乡差距，保障了流动儿童的权益。在保障儿童免受暴力侵害方面，2016年《反家庭暴力法》在经过多年酝酿后正式实施。该法明确了政府、社会团体、医疗机构等组织在家庭暴力预防工作方面的责任，扩大了家庭暴力的认定范围，并且在地方实践的基础上设立了人身安全保护令制度，尽最大可能惩处施暴者。

（三）经济、社会和文化权利

在儿童的经济、社会和文化权利的保障方面，近年来中国进一步推进儿童福利机构的改革。2016年国务院发布了《关于进一步健全农村留守儿童和困境儿童关爱服务体系的意见》，明确指出要提升未成年人救助保护机构和儿童福利机构的服务能力，并要求进一步健全儿童工作队伍。② 同时中国注重资

---

① 参见《国务院关于进一步推进户籍制度改革的意见》，中国政府网，2013年7月30日，http：//www.gov.cn/zhengce/content/2014-07/30/content_8944.htm，最后访问日期：2021年4月1日。

② 参见《关于进一步健全农村留守儿童和困境儿童关爱服务体系的意见》，载民政部门户网站，2019年5月27日，http：//www.mca.gov.cn/article/gk/wj/201905/20190500017508.shtml，最后访问日期：2021年4月1日。

源分配的合理性，将更多资源分配给农村和西部地区，努力解决城乡不平等和地区不平等问题。2018 年，婴儿死亡率降至 6.1‰，5 岁以下儿童死亡率降至 8.4‰，提前实现联合国可持续发展目标。[①] 除此之外，针对委员会屡次建议废止的劳动教养制度，2013 年 11 月 12 日劳动教养制度正式被废止。

（四）儿童贩卖与儿童色情问题

在儿童贩卖问题上，2013 年国务院办公厅印发了新一轮的反拐卖计划，要求完善反拐工作队伍、健全反拐工作机制，加强各部门之间的协调配合，明确各项举措的责任主体，坚持打击人口拐卖行为，并及时有效地解救和安置被拐卖人口。2010 年至 2018 年，我国破获拐卖儿童案件数大幅下降（见图 2），这反映了我国在打击儿童拐卖方面取得的重大成果，获得了国际社会的一致好评。在应对儿童色情问题上，随着互联网的发展，网络愈发成为儿童色情问题的温床，但是目前我国法律无法全面地保护未成年人免受互联网色情问题的侵害，大量的儿童网络色情内容无法被规制入刑法惩罚的范围内。

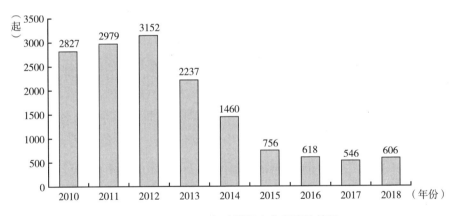

图 2　2010～2018 年破获拐卖儿童案件情况

数据来源：国家统计局，2018 年《中国儿童发展纲要（2011—2020 年）》统计监测报告，http://www.stats.gov.cn/tjsj/zxfb/201912/t20191206_ 1715751.html，2019 年 12 月 6 日。

[①] 参见经济、社会及文化权利委员会《中国根据〈公约〉第十六条和第十七条应于 2019 年提交的第三次定期报告》，文件编号：E/C.12/CHN/3，2020 年 8 月 5 日，第 41 页。

四 中国履行未成年人相关国际公约的特点

中国目前总共与儿童权利委员会开展了三次建设性谈话，除此之外，中国还积极履行联合国核心人权公约规定的其他义务。通过上文对中国履约具体措施的描述，以及对委员会关切事项的分析，可以得出中国履行与儿童相关的联合国人权公约所采取的措施具有如下的特征。

（一）中国强调通过经济发展来保障儿童权利

儿童权利的保障与经济发展存在着密不可分的关系，经济发展、缩小经济上的不平等与人权概念以及根植于《儿童权利公约》中的原则密切相关。自1990年以来，中国的经济发展水平持续提高，经济总量位居世界第二位，这为中国儿童权利的保障奠定了坚实可靠的基础。譬如，在保护未成年人受教育权方面，中国全面普及免费九年义务教育。此外，针对经济较不发达地区以及广大农村地区存在的教学资源稀缺、教学水平不高的问题，中央政府设立专项资金用于支柱经济欠发达地区和农村地区发展教育事业，包括校舍翻新改建工程、现代化教学设备配备项目、扫清文盲项目等。

在儿童的健康和保健服务方面，中国的目标是推动未成年人医疗保健服务能够实现公平性和可及性的要求，中国积极投资、大力建设医疗卫生服务体系确保未成年人的健康权能够得到保障。"2014~2018年，中央投资从230亿元增加到240亿元，中西部地区投资占比超过91%，中央投资的82%用于县级医疗卫生机构建设。累计安排中央预算内投资1164.7亿元，支持全国8.8万个基层医疗卫生机构基础设施建设。"[1] 通过投入大量资源进入儿童健康和保健服务领域，中国儿童的医疗保健水平不断提高，而且城乡和

---

[1] 参见经济、社会及文化权利委员会《中国根据〈公约〉第十六条和第十七条应于2019年提交的第三次定期报告》，文件编号：E/C.12/CHN/3，2020年8月15日，第39页。

地区差距不断缩小，以儿童死亡率为例，自 20 世纪 90 年代以来，中国儿童死亡率的城乡和地区差距明显缩小（见图 3、图 4）。

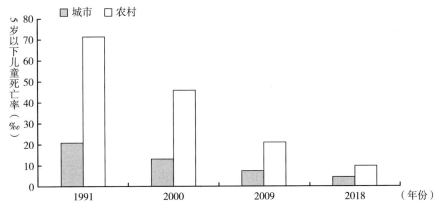

图 3　1991～2018 年全国城乡 5 岁以下儿童死亡率比较

数据来源：国务院妇女儿童工作委员会妇幼健康司，《中国妇幼健康事业发展报告（2019）》，http：//www. nwccw. gov. cn/2019 - 05/28/content_ 256162. htm，2019 年 5 月 28 日。

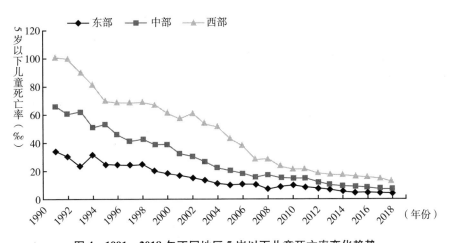

图 4　1991～2018 年不同地区 5 岁以下儿童死亡率变化趋势

数据来源：国务院妇女儿童工作委员会妇幼健康司，《中国妇幼健康事业发展报告（2019）》，http：//www. nwccw. gov. cn/2019 - 05/28/content_ 256162. htm，2019 年 5 月 28 日。

可以发现，中国重视发展对儿童权利的推动和促进作用，并且着重解决地区间差异问题。但是仍应注意的是，儿童权利保障水平的地区差异问题和保障不平衡的问题仍然较为严重，而这也是委员会一贯关切与强调的，即城乡不平等和差别仍然持续存在，特别是在农村和西部地区，而且在落实儿童权利方面为地方政府分配的资源存在不足。

（二）中国在与儿童权利密切相关的重大政策领域的改革相对迟缓

当委员会的意见涉及中国的基本国策或者重大政策的时候，中国对委员会意见的吸收和改革速度相对缓慢。这集中体现在计划生育政策与户籍政策两个领域。

儿童权利委员会就中国首次报告做出的结论性意见中就表示了对计划生育政策的关切，委员会建议"在这方面向群众以及参与制定计划生育政策的人员提供明确指导，以确保该缔约国推动实现的目标与《公约》的原则和条款，包括《公约》第24条的原则和条款相一致。"[1] 2013年，儿童权利委员会也表达了希望中国对计划生育政策进行改革的建议。除了儿童权利委员会外，其他委员会也数次敦促中国改革严格的计划生育政策，消除一切对妇女的歧视。委员会对中国的结论性意见中，也屡次提及对计划生育政策的改革，并且其建议侧重敦促中国改革执行计划生育的手段，对计生官员进行强制性的两性平等教育。但是，中国在计划生育方面的改革步调相对缓慢，特别是对于"独生子女政策"的改革较为迟缓，2016年《人口和计划生育法》经过了修订，象征着独生子女制度自此终止。

另一个委员会较为关注的政策领域是户籍制度。儿童权利委员会建议中国进一步考虑修改户口制度。"摒弃户口制度，确保所有儿童、特别是外来务工人员子女的出生登记"[2]。考虑到限制性的户口政策让许多外来务工人员子女成为留守儿童的现实，委员会督促"中国立即采取措施，避免让儿童脱离

---

① 参见联合国儿童权利委员会：《委员会第四十届会议审议缔约国根据〈儿童权利公约〉第33条提交的报告结论性意见：中国》，文件编号：CRC/C/CHN/CO/2，2005年11月24日，第36段。

② 参见联合国儿童权利委员会《委员会第六十四届会议通过的关于中国第三和第四次合并定期报告的结论性意见》，文件编号：CRC/C/CHN/CO/13-4，第40段。

家庭环境，包括废除户口制度"①。消除种族歧视委员会也表示"建议缔约国落实其决定，改革户口制度，确保国内移民，尤其是少数民族人员能够与城镇常住居民享有同样的工作、社会保障、卫生和教育福利"②。经社文权利委员会也有类似的表述。然而，虽然中国从1984年之后开始松绑户籍制度，进行改革，但是距离委员会所建议的取消户籍制度仍然有很长的一段改革道路。

（三）中国重视法律和数据指标对儿童权利的推动作用

中国重视通过立法来保障儿童的权利，建立了较为完善的儿童权利保障法律框架。除了强调法律对儿童权利保障的作用外，中国还重视从顶层设计的角度来推动儿童福祉的实现，先后颁布了三部儿童发展纲要。儿童发展纲要最为突出的特点就是将儿童的各项权利量化为具体的指标。用数据指标来顶层规划儿童权利的保障路径，一方面有助于将儿童权利可视化、目标化、步骤化，另一方面又增强了儿童权利保护的科学性。但是，在数据的搜集和公开方面，中国仍然存在一定的不足，委员会曾指出公众获取可靠、全面的《公约》所涉及各个领域的统计数据的机会仍然有限，并建议中国能够确保系统性收集儿童相关信息，特别是与暴力侵害儿童、杀婴、童工、少年司法、残疾儿童、受移民影响的儿童的有关信息，将这些信息予以公布，展开讨论，并用于制定儿童权利政策和计划。

（四）中国撰写履约报告的水平不断提升

从形式和文本层面上来看，中国撰写履约报告的水平也不断提高，对履约报告的重视程度随着与委员会交流的逐渐深入而不断加强。中国提交的首份报告对于实施的具体措施缺乏描绘，也缺乏相应的数据。总体来说，中国一开始的履约报告相对粗糙和简略，内容不够详实。随着中国与委员会的交

---

① 参见联合国儿童权利委员会《委员会第六十四届会议通过的关于中国第三和第四次合并定期报告的结论性意见》，文件编号：CRC/C/CHN/CO/3-4，2013年10月29日，第49段。
② 参见消除种族歧视委员会《审议缔约国根据〈公约〉第九条提交的报告消除种族歧视委员会的结论性意见：中华人民共和国》，文件编号：CERD/C/CHN/CO/10-13，第14段。

流不断深入，中国撰写履约报告呈现三方面的新特征。第一，广泛吸纳有关力量撰写履约报告，中国广泛吸纳与儿童工作有关的部门和非政府组织提供材料，以此为基础撰写报告。第二，中国重视通过问题清单与委员会开展沟通。中国积极答复委员会提出的问题清单，与委员会开展良性的沟通与交流。第三，重视数据搜集工作，用数据展现中国在保障儿童权利方面的成就与不足。中国加强有关系统性地收集有关儿童状况的统计数据及其他信息的能力，建立了关于儿童发展的科学规范的监测统计指标体系、监测评估机构和审议报告制度。

五　对中国履行未成年人相关国际公约的建议

中国积极履行《儿童权利公约》以及一系列与未成年人相关的国际人权公约，遵守、执行相关公约的有关规定，并且积极采纳委员会提出的意见，使得中国的儿童保护实践能够与国际人权公约的规定相符合。但是，我国在履行儿童相关人权公约过程中，仍存在着一些问题，需要进一步按照公约确定的标准来积极发挥政府的职能。

（一）完善未成年人相关政策监测和评估机制

目前中国正处于第三轮儿童发展纲要的收官阶段。委员会称赞《儿童发展纲要》是一个积极的步骤，但是目前《儿童发展纲要》缺乏国家、省、县级的具体指标、时间表和进展情况监测制度，这导致了执行上的不一致性。① 同时，尽管目前我国已经有儿童指标方面的大量数据，但在实际监测有关儿童发展的政府目标和可持续发展目标的落实情况上仍存在明显差距。因此，政府应当尽快建立起一套动态完善的监测评估体系，坚持以循证为基础，保障政策干预措施的有效性。② 中央政府应当采用支持省、地、县各级

---

① 参见联合国儿童权利委员会《委员会第六十四届会议通过的关于中国第三和第四次合并定期报告的结论性意见》，文件编号：CRC/C/CHN/CO/3-4，2013年10月29日，第8段。
② 参见联合国儿童基金会《推动中国贯彻和实施"儿童优先"原则倡议建议书》，2020年6月，第6页。

政府执行《儿童发展纲要》的全面战略和框架，阐明主要优先事项、目标以及相关部委的具体责任，并建立设有主要指标的监测和评价制度。并努力确保在《儿童发展纲要》及其他儿童相关政策和计划的监测和评价过程中，与儿童和包括独立专家在内的民间社会组织进行定期、广泛和透明的磋商。

（二）进一步贯彻落实非歧视原则

我国目前依然存在着对残障儿童、外来务工人员子女、女童、感染艾滋病毒/艾滋病或受其影响的儿童的歧视，尤其是在教育、住房、卫生保健和其他社会服务领域。例如，虽然目前政府针对残障儿童的政策和投入得到了显著的改善，但仍然缺乏全面的数据以及以儿童为中心的综合法律来促进残障儿童的全面保护和发展。[①] 因此，政府应当积极倡导公众尊重残障儿童的生存权、受保护权、发展权和参与权，解决残障儿童面临的身体、态度、沟通和社会障碍。针对普遍存在的歧视女童的现象和长期存在的重男轻女态度，政府应当制定全面的方针，采取有效和系统的行动，消除对女童的社会、文化和经济歧视，包括与《公约》规定不一致的导致长期歧视女童的体制规范和做法。[②] 针对受艾滋病影响的儿童，政府应当收集有关受影响儿童的系统数据，并采取一切措施，确保所有儿童及其家人能够获得有效补救，包括免费医疗和适当补偿，并有效执行免费药物和政府补贴政策。针对外来务工人员子女，政府应当制定以儿童为中心的，以受教育权、受保护权、就业权和参与权为基础的综合性法律和政策。

（三）进行机构改革，加强机构间协调

在《儿童发展纲要》执行过程中，虽然负责监测、落实儿童权利的中央、大区和省级委员会及工作组的数量在增加。但存在协调工作缺乏统一领

---

① 参见联合国儿童基金会《推动中国贯彻和实施"儿童优先"原则倡议建议书》，2020 年 6 月，第 8 页。

② 参见联合国儿童权利委员会《委员会第六十四届会议通过的关于中国第三和第四次合并定期报告的结论性意见》，文件编号：CRC/C/CHN/CO/3 - 4，2013 年 10 月 29 日，第 28 段。

导、各地区及各地方落实纲要工作发展不平衡、对地方和省区落实工作的协调有时不得力等问题。并且虽然各部委可以接受公众的申诉，但缺乏一个独立的、明确授权负责监测《公约》落实情况的国家人权机构。因此，可以建立国家级人权机构，其中包括明确责成其根据《巴黎原则》监测儿童权利状况及中央、省区、地方各级实施《公约》的情况。

（四）缩小地区和城乡资源分配差距

尽管我国在实现儿童权利方面已经取得了显著进展，但是社会和经济的高速发展对儿童权利的保障也提出了新的发展要求和挑战，目前我国面向儿童的基本社会服务供给水平总体仍然较低，而在其中，城乡和地区的差异依然存在。虽然我国为了减轻严重的地区、城乡不平等和差别做了大量的努力，但是在农村和西部地区，仍然存在着落实儿童权利方面为地方政府分配的资源不足的问题。委员会特别指出"中央政府为儿童权利相关政策和计划，特别是《儿童发展纲要》的预算分配和供资不足，并依赖省级和省级以下的资源，导致了公共资源分配严重不平等。同时，在义务教育、妇幼保健、卫生基础设施、服务质量保证等关键领域以及扩大向贫困儿童和弱势家庭提供的福利和其他服务，仍然资金不足"[1]。因此，政府应当继续采取积极措施，减少地区和城乡差距，并建立从儿童权利角度编制预算的程序，以适当考虑儿童的权利及其需求和关注领域。并且增加中央政府对地方政府，尤其是农村地区和西部省份的预算拨款，促进其在卫生、教育和其他社会服务领域，落实和执行儿童权利相关的政策。此外，政府还应加强对贫困和弱势儿童的定期监测和分析，使各个部门对资源和干预措施进行整合调整，确定战略预算项目，用于可能需要社会扶持措施的处于不利境遇的儿童，从而有效为弱势儿童提供帮助。

---

[1] 参见联合国儿童权利委员会《委员会第六十四届会议通过的关于中国第三和第四次合并定期报告的结论性意见》，文件编号：CRC/C/CHN/CO/3－4，2013 年 10 月 29 日，第 13 段。

未成年人保护与犯罪预防研究[*]

李 程　陈柏珩　潘华杰[**]

摘　要： 自20世纪80年代以来，伴随着我国加入各种与未成年人保护相关的国际公约以及我国未成年人保护和预防犯罪的法律的逐步完善，我国学者对未成年人保护和犯罪的研究逐渐深入，研究领域也不断扩大。本报告梳理了1980年至2020年学者对儿童权利与儿童福利、未成年人犯罪、未成年人司法制度、未成年人矫正、青少年法治教育、校园欺凌、《儿童权利公约》《北京规则》《利雅得规则》等内容的研究，总结了这40年间，学者在未成年人保护和犯罪研究上的重点以及存在的学术争议点，对各领域涉及的性质研究、问题研究、原因研究、对策研究等均做出了分析和整理。总体而言，我国学者在未成年人保护和犯罪研究方面经历了一个由浅入深，层层递进的过程。但是，学者大多从理论研究的角度进行分析论证，实证研究的文献数量较少。此外，在细分领域中，对未成年管教所的研究以及与未成年人保护有关的国际公约的研究还存在研究文献数量较少的问题。

关键词： 未成年人保护　未成年人犯罪　儿童权利　国际公约

---

* 本文为北京社会科学基金决策咨询项目（项目编号：20JCC113）的阶段成果。

** 李程，中国政法大学法治政府研究院《行政法学研究》编辑，法学博士，主要研究方向为：儿童福利法、未成年人法、教育法；陈柏珩，中国政法大学法学院硕士研究生；潘华杰，中国政法大学法学院硕士研究生。

一 关于儿童权利与儿童福利的研究

（一）儿童权利

我国学界对儿童权利理论问题的关注，始于 20 世纪 80 年代末，整个 90 年代关注度持续上升。究其原因，在于 1989 年联合国大会通过了《儿童权利保护公约》，我国也在 1991 年通过了《未成年人保护法》、1999 年通过了《预防未成年人犯罪法》。在这个阶段，学界主要是介绍《儿童权利公约》的基本内容①，但是对于其中的理论问题研究不多。伴随着 2006 年与 2012 年《未成年人保护法》的两次修订以及 2012 年刑事诉讼法的修订，儿童权利理论成为研究热点，相关主题的论文年度发表量超过 100 篇，2013 年后一度超过了 200 篇。论文数量增加的同时，理论研究的视角也在拓宽，有学者结合国际法以及人权法对儿童权利理论展开论述，如李双元教授的《儿童权利的国际法律保护》② 梳理了儿童权利保护的历史脉络，概括地介绍了发展中国家与发达国家关于儿童权利保护的立法情况，并且结合我国的情况提出了我国儿童权利保护的立法思路。王勇民博士的《儿童权利保护的国际法研究》③ 重点介绍了联合国《儿童权利公约》的内容，从理论层面阐述了儿童权利的范围与儿童权利保护的基本原则。吴鹏飞博士的《嗷嗷待哺：儿童权利的一般理论与中国实践》④ 较为细致地探讨了儿童权利的基本理论、具体内容、权利保护的宪法与人权法基础，并且对于具体权利在中国的实践做出了有益的探讨。尽管我国近四十年来关于儿童权利理论的研究取得了长足进步，但是依然存在不足，如大量的国内研究仅局限于介绍外国

---

① 吴鹏飞、刘白明：《我国近二十年来儿童权利理论研究述评》，《江西青年职业学院学报》2011 年第 4 期。
② 李双元：《儿童权利的国际法律保护》，人民法院出版社，2004。
③ 王勇民：《儿童权利保护的国际法研究》，华东政法大学 2009 年博士学位论文。
④ 吴鹏飞：《嗷嗷待哺：儿童权利的一般理论与中国实践》，博士学位论文，苏州大学，2013。

的儿童权利保护制度，但是对于这些制度如何在我国发挥作用介绍较少；又如很多研究偏爱探讨儿童权利保护中的具体问题，对于更深层次的理论关注不够。未来儿童权利研究需要在介绍国外制度的基础上，更多地思考这些制度在我国落地生根的必要性与可行性问题，促进儿童权利保护的理论研究与实践研究有机结合。

1. 儿童权利基本理论

儿童权利基本理论研究主要在儿童权利的范围与儿童权利的基本原则两个方面。学界大多数人的观点是根据 1989 年联合国《儿童权利公约》，将儿童权利分为生存权、发展权、受保护权和参与权四个部分。[①] 这四种权利每个都有独立的内涵与外延，涵盖儿童出生、成长的各个阶段，也包括了经济、社会、文化和社会等各种权利。也有观点认为，可以将儿童权利分为一般权利和特殊权利两部分。[②] 一般权利是所有人、包括儿童与成年人都享有的权利；而特殊权利则是仅仅由儿童所享有或者对儿童格外重要的权利，比如身份权、家庭成长权、受抚养权、游戏权等。在儿童权利的基本原则的研究上，学界一般认为主要有以下五个原则：依法保护原则、儿童优先原则、儿童最大利益原则、儿童平等原则和儿童参与原则。[③] 通过确定这些基本原则，一方面可以在配置公共资源时适当向儿童倾斜并考虑儿童本身的特殊需求，更好地维护儿童的基本权利，另一方面可以保证儿童对自己权利的主体地位，为儿童参与社会生活、发表自己的意见提供便利。

2. 国外理论、制度介绍

已有文献关于国外理论和制度的介绍大致包括以下两个方面的内容。

[①] 参见隋燕飞《〈儿童权利公约〉：保护儿童权利、增进儿童福利的专门人权法律文件》，《人权》2015 年第 4 期。

[②] 参见吴鹏飞《嗷嗷待哺：儿童权利的一般理论与中国实践》，博士学位论文，苏州大学，2013。

[③] 参见国务院妇女儿童工作委员会《中国儿童发展纲要（2011—2020）》，http://www.nwccw.gov.cn/2017-04/05/content_149166.htm，最后访问时间：2020 年 6 月 23 日。另有学者将基本原则概括为：儿童最大利益原则、非歧视原则、儿童参与原则。参见吴鹏飞《嗷嗷待哺：儿童权利的一般理论与中国实践》，博士学位论文，苏州大学，2013。

（1）关于儿童权利保护的国际法框架。①一般性公约：1945年《联合国宪章》《国际人权宪章》。① ②专门性公约：1924年国际联盟通过的《儿童权利宣言》（又称《日内瓦公约》）、1959年《儿童权利宣言》、1989年《儿童权利公约》。③区域性公约：欧洲理事会通过的儿童权利保护的公约②、美洲有关儿童权利保护的公约③、非洲有关儿童权利保护的公约④。④儿童权利保护的其他相关国际文件：1985年联大通过的《联合国少年司法最低限度标准规则》（《北京规则》）、1990年联大通过的《联合国预防少年犯罪准则》（《利雅得规则》）、1990年《联合国保护被剥夺自由少年规则》。

从性质上看，上述公约基本上可划分为一般性公约与专门性儿童权利保护公约。前者以《联合国宪章》和"国际人权宪章"为典型，后者以1989年《儿童权利公约》为代表。一般性公约规定对所有人权利的保护，而儿童权利保护的专门性公约对儿童权利的保护更加具体、更具有针对性，体现了儿童特殊保护的观念。这其中，1989年《儿童权利公约》最为重要，被称为儿童权利保护的宪章。

（2）国外理论制度的借鉴。①更新儿童法律理念，树立现代儿童权利观。《儿童权利公约》认为，每个儿童都是独立的个体，他们的权利也是自己所拥有的，而不是依赖于他人，不是从家长或社会获得的。这就是儿童赋权的观念。儿童可以根据自己的年龄和成熟度，自己决定权利的行使，而不是依赖于自己的父母或者其他成年人的决策与行动。②完善综合性儿童权利保护专门立法，增强法律可操作性。英国1989年《儿童法》涉及儿童权利的全部领域，并涉及家庭保护、学校保护、社会保护、司法保护等各种保护形式，这部法律最大的特点就是具有极强的操作性。在司法保护方面，《儿童

---

① 包括1948年《世界人权宣言》、1966年《经济、社会和文化权利国际公约》、1966年《公民权利和政治权利国际公约》。

② 包括一般性公约：1950年《欧洲人权公约》、1961年《欧洲社会宪章》《欧洲联盟基本权利宪章》；专门性公约：1996年《欧洲儿童权利运用公约》、1980年《关于承认和执行有关儿童监护的决定和关于恢复对儿童监护的欧洲公约》《欧洲儿童收养公约》《欧洲非婚生儿童法律地位公约》。

③ 主要为《美洲人权公约》。

④ 包括1981年《非洲人权和民族权利宪章》、1990年《非洲儿童权利与福利宪章》。

法》规定了一些法院命令，基本上无须其他立法支持就可以直接适用。在行政保护方面，《儿童法》规定比较详细，在操作上有明确的指导。① ③完善特殊领域儿童保护专门立法。1899 年，美国通过了世界上第一部《少年法庭法》。随着科学技术的进步，美国又率先通过了 1998 年《儿童网络隐私权保护法》和《儿童网络保护法》，前者主要涉及儿童网络隐私权的保护，后者主要是防止网络有害信息对儿童的侵害。

（二）儿童福利

我国儿童福利研究与儿童权利研究基本同步：从 20 世纪 80 年代末至 90 年代缓慢起步，到 2000 年以后，尤其是 2012 年以后快速发展。早期儿童福利研究的重点在于介绍基础理论，比如陆士桢、常晶晶的《简论儿童福利和儿童福利政策》② 介绍了儿童福利的广义与狭义定义以及儿童福利政策的基本内容、儿童福利需求与服务的种类；刘继同的《儿童福利的四种典范与中国儿童福利政策模式的选择》③ 对欧美发达国家儿童福利四种典范模式的基本特征和历史演进进行了考察，并对中国的儿童福利政策进行了展望。最近十多年来，儿童福利研究的重点转移到了儿童福利立法上，众多学者呼吁制定《儿童福利法》。例如，易谨的《儿童福利立法的理论基础》④ 与《我国儿童福利立法的几个基本问题》⑤ 认为儿童福利的存在价值与存在基础是制定《儿童福利法》的理论基础，儿童福利可以从国家责任、儿童需要和儿童权利三个方面寻求理论支持，其价值在于安全、平等与发展，并且对立法中儿童福利对象的选择、福利供给责任主体的确定、福利服务内容

---

① 如该法首先对地方当局应对儿童提供的各种服务加以明确规定和要求，如要求为儿童提供日托服务、提供保护性寄身之所，并对服务的适用范围进行了界定。此外，明确当局的调查义务，以及提供其他支持的责任。参见王勇民《儿童权利保护的国际法研究》，博士学位论文，华东政法大学，2009。

② 陆士桢、常晶晶：《简论儿童福利与儿童福利政策》，《中国青年政治学院学报》2003 年第 1 期。

③ 刘继同：《儿童福利的四种典范与中国儿童福利政策模式的选择》，《青年研究》2002 年第 6 期。

④ 易谨：《儿童福利立法的理论基础》，《中国青年政治学院学报》2012 年第 6 期。

⑤ 易谨：《我国儿童福利立法的几个基本问题》，《中国青年政治学院学报》2014 年第 11 期。

的确定提出了大概的框架；吴海航的《儿童权利保障与儿童福利立法研究》① 梳理了我国现行儿童立法体系，并指出存在的问题，呼吁制定《儿童福利法》。

1. 基本理论

基本理论的研究主要集中在儿童福利体系部分。根据现有研究，儿童福利体系主要集中在：（1）儿童生存与发展权。包括：①最大限度存活的权利；②获得信息的权利；③享有文化与社会生活参与的权利。（2）儿童健康与保健服务权。包括：①健康预防保健的权利；②获得健康和保健教育的权利；③获得必要医疗援助的权利。（3）儿童受教育权。包括：①义务教育的无偿化；②接受教育的平等；③学习权。（4）儿童适当生活水准权，主要内容是食物权和住房权。（5）残疾儿童特殊照顾权。包括三个层次：①获得经济供养的权利；②回归社会的权利；③增强能力的权利。②

2. 国外理论与制度介绍

关于国外理论与制度的介绍与研究可概括为以下三个方面。

第一，介绍国外制度的基础上，呼吁我国尽快制定《儿童福利法》。相关研究指出，欧美等西方国家无不把制定《儿童福利法》作为衡量儿童权利保护的重要指标。美国在1935年《社会保障法》中规定了特殊的儿童福利制度；在1990年的国会报告中，与儿童福利相关的法案即有127项之多。瑞典在1947年开始实施儿童津贴，在1960年制定《儿童与少年福利法》。③我国虽然有许多关于儿童健康、食品安全、医疗卫生等方面的儿童福利法律，但是立法极其分散，缺乏体系性。有学者提出借鉴日本《儿童津贴法》，扩大儿童津贴的享受范围，使津贴不仅仅局限于困难家庭的儿童。④

第二，提出提高家庭抚育儿童的能力，加强家庭和提供必要的物质资源

---

① 吴海航：《儿童权利保障与儿童福利立法研究》，《中国青年研究》2014年第1期。
② 参见吴鹏飞《儿童福利权体系构成及内容初探——以宪法人权理论为视角》，《政治与法律》2015年第2期。
③ 参见吴海航《儿童权利保障与儿童福利立法研究》，《中国青年研究》2014年第1期。
④ 易谨：《我国儿童福利立法的几个基本问题》，《中国青年政治学院学报》2014年第11期。

与精神资源的机构之间的联系。随着经济发展与社会进步，西方部分国家的儿童托育服务已经逐渐由以托儿所为主的方式转变为以家庭为主的方式。美国制定了证照制度，持有相关证照的合格人员，可以在家庭中托育两三岁的儿童。英国地方政府鼓励设置私人的家庭托育中心并且对此给予小额补助。韩国先后颁布了《单身母亲儿童福利法》和《健康家庭基本法》等，将儿童福利纳入家庭福利之中，更加强调家庭在抚育儿童中的作用。瑞典为了方便母亲分享家庭育儿经验，在社区中成立了"母亲俱乐部"并提供各种便利的服务。[1]

第三，建议完善媒体管理制度，设立针对儿童的管理规范，保护儿童不受不良信息危害。针对网络上的不良信息，德国进行审查主要是通过两种途径：（1）联邦危害少年媒体检察署对可能引起暴力、种族仇恨、道德问题的内容进行审查；（2）州最高机关或者自愿独立审查组织对电视节目进行分级标识。[2] 我国尚未建立电影电视的分级管理制度，媒体传播的内容也没有针对成年人与儿童进行区别，部分对于成年人合适的内容有时却会严重影响儿童的身心健康。

（三）我国儿童权利与儿童福利现状

1. 关于留守儿童现状的统计

根据民政部2018年的数据[3]，全国共有697万农村留守儿童。从监护情

---

① 易谨：《我国儿童福利立法的几个基本问题》，《中国青年政治学院学报》2014年第11期。

② 参见吴鹏飞《我国儿童法律体系的现状、问题及其完善建议——以域外相关法律体系为借鉴》，《政治与法律》2012年第7期。

③ 民政部：《2018年农村留守儿童数据》，http://www.mca.gov.cn/article/gk/tjtb/201809/20180900010882.shtml，最后访问日期：2020年6月24日。另外，2013年，全国妇联根据中国第六次人口普查数据推算，中国共有6102.55万农村留守儿童。而2016年多部门联合开展的农村留守儿童摸底排查工作统计认为，全国不满16周岁、父母均外出务工的农村留守儿童数量为902万人。留守儿童的数量从6102万下降到902万有以下原因：其一是留守儿童的年龄截止期限的改变。过去的报告是以不满18周岁为口径的统计，而2016年的统计口径却是不满16周岁。其二是统计范围上的差异。原有报告是以父母一方外出为判断标准，而新的统计方式却是只有父母双方外出务工，或一方外出务工，另一方无监护能力的，才算是留守儿童。此处民政部2018年数据采用的即是2016年的新标准。

况来看，农村留守儿童由祖父母或者外祖父母隔代照料的高达 96%，其余 4% 由亲戚朋友监护。从年龄分布来看，6～13 岁的农村留守儿童规模最大，各省数据均超过 50%。全国具体数据为：21.7% 的农村留守儿童为 0～5 周岁，67.4% 为 6～13 周岁，10.9% 为 14～16 周岁，14 周岁以下留守儿童占留守儿童总数高达 89.1%。从入学情况来看，2018 年义务教育阶段农村留守儿童比例为 78.2%，比 2016 年提高了 12.9 个百分点。农村留守儿童在学阶段呈现更为集中的趋势。

农村留守儿童主要面临以下问题：（1）在生活方面，隔代监护很容易造成对儿童的溺爱，只重视留守儿童的物质满足，忽视对其精神和道德的约束。（2）在教育方面，农村留守儿童在义务教育阶段家庭社会化不足，缺乏父母约束，容易造成其学习目的不明确、学习习惯不好，甚至逃学、辍学等。（3）农村留守儿童可能在性格和行为上容易出现偏差。一项 2005 年的研究表明，农村留守儿童的心理健康问题检出率很高：在 271 名被试留守儿童中，28.8% 有轻度的不良心理反应，2.2% 有比较明显的心理问题。[1]

2. 关于困境儿童救助的统计

我国儿童救助保护机构数量稳中有升。针对生活困难儿童、社会散居儿童、残障儿童、暂时无人监护儿童，我国设立了众多儿童福利和救助保护机构。截至 2019 年底，全国共有儿童福利和救助保护机构 686 个，机构共有床位 9.9 万张。救助保护机构社工规模逐年增长，从 2009 年的 288 人增长至 2018 年的 1359 人。[2]

我国孤儿生活质量持续改善。随着我国经济发展与社会进步，遗弃儿童的现象大幅度减少，我国孤儿数量连续 7 年下降。截至 2019 年底，我国共有孤儿 23.3 万人，比上年减少 7.2 万人。其中，集中养育孤儿 6.4 万人，

---

① 叶曼、张静平、贺达仁：《留守儿童心理健康状况影响因素分析及对策思考》，《医学与哲学（人文社会科学版）》2006 年第 6 期。

② 联合国儿童基金会、北京师范大学中国公益研究院：《全面构建新时代中国特色现代化儿童福利保护体系：中国儿童福利与保护政策报告 2020》，2020。

社会散居孤儿 16.9 万人。5.6% 的社会散居孤儿被家庭收养，进一步实现了孤儿回归家庭的美好愿望。我国不断提高孤儿权利保障水平，2019 年中央财政补贴孤儿基本生活费标准提高 50%，集中养育孤儿和社会散居孤儿每人每月基本生活保障平均标准分别为 1499.2 元和 1073.5 元，[①] 孤儿的生活质量得到了明显改善。

二 关于未成年人犯罪的研究

从 20 世纪 70 年代末开始，我国未成年人犯罪问题开始受到研究者的关注。20 世纪 90 年代到 21 世纪初，尽管研究成果在数量上比 80 年代有大幅的增加，但研究视域、研究深度、基本观点等方面，并没有明显的发展。这一时期，国家强化对大学专业设置的管理，青少年犯罪研究逐渐边缘化；同时早期研究多采用"青少年"这一模糊的概念，在 20 世纪 90 年代《未成年人保护法》与《预防未成年人犯罪法》颁行后，没有实现从社会术语向法律术语的转变。近年来，未成年人犯罪研究又逐渐升温，在 2012 年刑事诉讼法关于未成年人犯罪特别程序的设置前后形成高峰。总体上看，我国未成年人犯罪研究立足于社会实证调研，对于犯罪原因与针对原因提出的对策取得了较多优质成果，但犯罪预防对策略显笼统，对策的精细化或成为今后研究的方向。

（一）犯罪原因

未成年人犯罪研究的重点依然集中在犯罪原因与犯罪预防，近年来多与相关社会调查报告相结合，比如张远煌、姚兵的《我国现阶段未成年人犯罪的新趋势——以三省市未成年犯问卷调查为基础》[②]；刘艳红、李川的《江苏省预防未成年人犯罪地方立法的实证分析——以 A 市未成

---

① 国家统计局：《2019 年〈中国儿童发展纲要（2011—2020 年）〉统计监测报告》，2020。
② 张远煌、姚兵：《中国现阶段未成年人犯罪的新趋势——以三省市未成年犯问卷调查为基础》，《法学论坛》2010 年第 1 期。

年人犯罪成因和预防现状为调查对象》①。综合来看，有关未成年人犯罪原因的观点可概括如下。

第一，家庭的影响是未成年人犯罪的一个重要原因。①留守儿童。根据2015年对江苏省A市的未成年人犯罪案例调研，留守儿童犯罪占农村地区未成年人犯罪的40%。在缺乏父母一方或双方监护和教育的情况下，未成年人容易因疏于管教而产生认识偏差和受到社会不当影响，进而走上犯罪的道路。②流动打工家庭。根据调查，城市打工家庭儿童犯罪占城区未成年人犯罪约10%。由于父母大多数时间都忙于工作，对儿童管教不足；同时流动人口儿童在当地接受教育较为困难，或者教育质量较差，这些都导致了犯罪率的提升。③离婚家庭。离婚家庭占未成年人犯罪的不健康家庭因素的比例为30%，排在第二位。② 2010年的一份抽样调查显示，未成年人因犯罪进入少管所之前，既没上学也没干什么事情，处于闲散状态的最多，占53.8%，较1995年提高了31.23%。从实际犯罪状况看，处于闲散状态的未成年人中，又以流动人口的未成年闲散子女的犯罪问题最为突出，即留守儿童与流动打工家庭的"二代移民"。③ 上面两个调研结果可以相互佐证。

第二，学校在特殊预防中未能发挥倾斜性保护的作用。A市的案例调研发现，学校本来应该对可能犯罪的未成年人以及犯罪后回归社会的未成年人给予特殊的关注和教育管理，但是学校却很少能做到这一点。大约占全部案件30%的与学校相关的未成年人犯罪的原因与学校疏于特殊保护和监管有关。④ 除此之外，学校对未成年人之间发生的校园霸凌现象未做出足够重视也是未成年人走上犯罪道路的一个原因。

---

① 刘艳红、李川：《江苏省预防未成年人犯罪地方立法的实证分析——以A市未成年人犯罪成因和预防现状为调研对象》，《法学论坛》2015年第2期。

② 参见刘艳红、李川《江苏省预防未成年人犯罪地方立法的实证分析——以A市未成年人犯罪成因和预防现状为调研对象》，《法学论坛》2015年第2期。

③ 参见张远煌、姚兵《中国现阶段未成年人犯罪的新趋势——以三省市未成年犯问卷调查为基础》，《法学论坛》2010年第1期。

④ 参见刘艳红、李川《江苏省预防未成年人犯罪地方立法的实证分析——以A市未成年人犯罪成因和预防现状为调研对象》，《法学论坛》2015年第2期。

第三，社会综合治理能力不足。①根据 A 市的案例调研报告，部分未成年人犯罪，比如盗窃、诈骗、抢夺等财产类犯罪，往往出自流浪乞讨儿童。而流浪乞讨儿童的产生则反映了社会治理能力的不足。②基层社区矫正普遍存在经费紧张、人员不足等问题，不能对未成年人的特殊情况进行针对性的矫正，也没有对未成年人犯罪给予更多的关注。③社区综合预防能力不足。未成年人犯罪预防与犯罪未成年人回归社会需要公安、民政、妇联、教育、检察、村（居）委会等多个部门协调处理；但是目前尚缺乏一个统一协调的机构，各部门基本可以在本部门职责范围内做好工作，但是缺乏交流沟通与一致行为。① 由此一方面会导致各部门做重复工作，造成资源浪费，另一方面可能使得一些模糊地带没有办法得到应有的关注，导致对未成年人的管理与服务不足。

第四，未成年人自身的生理与心理因素。①青春期的未成年人在生理上不由自主地会产生对异性的渴望，但又不知如何正确对待，心理状态仍处于幼稚不成熟期。②青春期未成年人往往存在逆反心理，向往独立但是自身能力往往不够，与父母、学校之间有时存在监护与反监护、控制与反控制的紧张关系。这些因素综合影响，可能会导致未成年人走上犯罪道路。

第五，网络成为未成年人犯罪的突出媒介原因。对 A 市的未成年人犯罪案例统计表明，接近 50% 的案件中的未成年人犯罪原因都与网络有关。一方面，网络上鱼龙混杂，存在各种暴力、色情、犯罪信息，未成年人在鉴别能力不足的情况下，易受到这些不良信息影响走上犯罪道路；另一方面，网络也为犯罪的联系与实施提供了便利，众多团伙犯罪人都是通过微信、QQ 等社交工具相互认识与勾结的。②

---

① 参见刘艳红、李川《江苏省预防未成年人犯罪地方立法的实证分析——以 A 市未成年人犯罪成因和预防现状为调研对象》，《法学论坛》2015 年第 2 期。
② 参见刘艳红、李川《江苏省预防未成年人犯罪地方立法的实证分析——以 A 市未成年人犯罪成因和预防现状为调研对象》，《法学论坛》2015 年第 2 期。

（二）犯罪状况①

根据最高人民检察院《未成年人检察工作白皮书（2014～2019）》的统计，未成年人犯罪状况主要有以下特点：

第一，未成年人犯罪数量连续下降趋于平稳后又有所回升。检察机关受理审查逮捕未成年犯罪嫌疑人的数量，在2015年、2016年、2017年连续三年下降后，2018年、2019年又同比上升5.87%、7.51%。2016年较2014年下降23.68%，2016年至2018年总体保持稳定，2019年同比又上升5.12%。

第二，无业人员占比大，文化程度逐渐提高。2014年至2019年，检察机关共受理审查起诉未成年犯罪嫌疑人383414人，其中无业人员149188人、农民83856人、学生32313人、工人2663人、其他115394人；从文化程度看，初中文化程度占大多数，同时自2016年以来，小学以下文化程度人员逐年减少，占比由20.48%下降至13.23%，高中（技校）及大专以上文化程度人员逐渐增多，占比从8.98%上升到12.32%。

第三，未成年人多发犯罪呈现"三直降三回升"态势。2014年至2019年，检察机关受理审查起诉未成年犯罪嫌疑人数量居前六位的罪名分别是盗窃、抢劫、故意伤害、聚众斗殴、寻衅滋事、强奸，六类犯罪嫌疑人数量占全部犯罪人数的82.28%。"三直降"是指居于前三位的盗窃、抢劫、故意伤害犯罪数量逐年下降。与2014年相比，2019年盗窃犯罪人数减少36.95%，但仍是占比最高的犯罪；抢劫、故意伤害犯罪分别减少61.15%、52.01%，犯罪人数排名也从第二位、第三位降到第四位、第五位。"三回升"是指，以2016年为节点，受理审查起诉聚众斗殴、寻衅滋事、强奸犯罪人数开始逐年上升，2019年较2016年分别上升92.22%、77.88%、101.85%，聚众斗殴、寻衅滋事犯罪人数排名也分别由第四位、第五位上升

---

① 主要内容来自最高人民检察院《未成年人检察工作白皮书（2014—2019）》，https://mp.weixin.qq.com/s/ITwW3MJ7tTeS7CNvaSdndQ，最后访问时间：2020年6月25日。此处仅摘取其中部分内容。

到第二位和第三位，强奸罪保持第六位不变。

第四，未成年人重新犯罪小幅波动，但整体平稳。2014 年至 2019 年，检察机关受理审查起诉的未成年人中曾受过刑事处罚的分别为 2345 人、2436 人、2246 人、1938 人、2054 人、2349 人，分别占同期受理审查起诉未成年人总数的 3.02%、3.60%、3.80%、3.25%、3.52%、3.83%，保持在 3% 至 4%，平均重新犯罪率为 3.49%。

（三）犯罪预防

未成年人犯罪预防的已有文献中，主要观点可整理为如下几个方面。

第一，家庭是预防未成年人犯罪的一个重要角色。犯罪未成年人多属于留守儿童、流动打工家庭或者离婚家庭儿童，这些问题虽然和家庭有关系，但是更是一种社会问题。可以从社会与家庭两个方面入手：①整个社会需要对留守儿童家庭、流动打工家庭等给予更高的关注，帮助这些家庭解决困难。从根本上说，应该更加注重地区之间、城乡之间经济发展的平衡，提高困难家庭的收入。对于眼前的问题，政府应该对流动人口家庭提供更多的帮助，同时也要加大对流动儿童的监管和教育力度；城市需要为打工家庭儿童提供更多的教育机会，尽量让他们接受与城市儿童均等的服务；农村则需要强化基层组织作用，对留守儿童给予更多的照顾，同时也需要对缺乏管理的儿童进行适当管理。②强化家长对未成年子女的管理责任。很多国家的法律都规定了对严重不负责任的家长可以进行罚款与强制教育、公开通报，甚至追究刑事责任。① 而对于此类规定，我国法律基本上处于空白状态。

第二，发挥学校在未成年人犯罪预防中的作用。①树立权威，赋予学校教育惩戒权与纪律处分权。在中小学设立校警，是国外校园欺凌防控与少年犯罪预防的重要经验。同时，也需要赋予教师适当的惩戒权。②强化学校犯罪预防责任，发现未成年人越轨现象需要进行适当干预并进行报告。③改革

---

① 参见张寒玉、王英《应对未成年人犯罪低龄化问题之制度构建与完善》，《青少年犯罪问题》2016 年第 1 期。

工读教育措施。工读教育应该由自愿招生改为可以强制有严重不良行为的未成年人到学校接受教育，同时，强制接受教育的决定必须司法化，即应当由少年法庭或者其他司法机关做出。①

第三，提高社会综合治理能力，对预防未成年人犯罪在体制上予以保障。其一，国家应该提高对未成年人犯罪的重视程度，各级党委、政府应该对此制定专门的工作计划，并将计划落实情况作为政绩考核的内容。其二，在政府内部设立专门的未成年人保护与犯罪预防机构，负责协调各部门、机构之间的工作。其三，国家应该通过立法与政策鼓励更多的机构和个人参与到未成年人保护与犯罪预防工作中来，加大宣传力度，在全社会形成良好风气。② 其四，完善社区矫正措施。国家应该发挥村委会与居委会等基层群众自治组织的力量，并对社区矫正提供更多的人力、物力、财力支持。同时，整合社会各界资源，广泛利用慈善机构、民间社团等组织的援助。③

第四，加强对未成年人的心理辅导，使未成年人树立正确的世界观、人生观、价值观。这项工作需要家庭、学校与社会共同完成。

第五，立足网络背景的未成年人犯罪预防，从"点、链、面、代"四个层次入手。①强化在"点"上的预防，预防特定类型的网络犯罪。目前大多数未成年人网络犯罪集中在特定的几个"犯罪点"上，对这些"犯罪点"进行重点关注，使未成年人认识到网络并非法外之地。②强化在"链"上的预防，从重打击发展未成年人的"网络黑产"，预防未成年人参与犯罪产业链。学校除了要加强在校学生的教育，也要充分了解在校学生的日常动态，制止在校学生的相关犯罪行为；司法机关应当从严制裁招募、诱惑、教唆未成年人犯罪的犯罪行为。③强化在"面"上的预防，加大对于网络犯罪群落的综合治理。网络时代，未成年人犯罪往往通过 QQ、微信等工具进

① 参见颜湘颖、姚建龙《"宽容而不纵容"的校园欺凌治理机制研究——中小学校园欺凌现象的法学思考》，《中国教育学刊》2017 年第 1 期。
② 参见宋英辉、范宁宁《完善未成年人保护和犯罪预防法律体系与司法体制的构想》，《预防青少年犯罪研究》2016 年第 4 期。
③ 参见姚万勤《我国未成年人犯罪现状及预防对策修正——以 S 省法院 5 年判决为样本》，《中国青年社会科学》2015 年第 4 期。

行交流，甚至会形成犯罪群组来教唆犯罪、传授犯罪方法，进一步带来犯罪效仿效应。④强化在"代"上的预防，警惕网络犯罪的跨代现象，坚决与敌对势力争夺下一代。网络时代的未成年人是黑恶势力、恐怖主义以及境外敌对势力的重点蛊惑和煽动对象。国家应该在保证言论自由的前提下，加强对互联网内容的整治，切断网络对未成年人犯罪的蛊惑与煽动链条。①

三　关于未成年人司法制度的研究

我国未成年人司法制度的研究从 20 世纪 80 年代初开始，在《未成年人保护法》与《预防未成年人犯罪法》颁行后形成高峰。2012 年《刑事诉讼法》修改，设置未成年人犯罪特别程序后，未成年人司法制度研究热度一直未减。其中研究热点包括附条件不起诉制度、社区矫正、未成年人犯罪社会调查、前科消灭制度等。具体研究成果如汪建成的《论未成年人犯罪诉讼程序的建立和完善》② 对我国《刑事诉讼法》未成年人特殊程序提出进一步的完善意见，包括：适度放宽附条件不起诉的可能刑罚条件、用前科消灭制度取代犯罪记录封存制度、完善询问和审判未成年人时合适成年人在场制度等；张丽丽的《从"封存"到"消灭"——未成年人轻罪犯罪记录封存制度之解读与评价》③ 介绍了未成年人轻罪犯罪记录封存制度的正当性基础，并且介绍了国外的未成年人犯罪记录封存与犯罪记录消灭制度；施鹏鹏的《法国未成年人刑事程序法评述：制度与演进》④ 介绍了法国未成年人刑事诉讼程序的基本指导原则和制度框架并做出评述；陈立毅的《我国未成

---

① 参见陈国猛《未成年人网络犯罪的结构分析与预防策略》，《中国刑事法杂志》2017 年第 2 期。
② 汪建成：《论未成年人犯罪诉讼程序的建立和完善》，《法学》2012 年第 1 期。
③ 张丽丽：《从"封存"到"消灭"——未成年人轻罪犯罪记录封存制度之解读与评价》，《法律科学（西北政法大学学报）》2013 年第 2 期。
④ 施鹏鹏：《法国未成年人刑事程序法评述：制度与演进》，《青少年犯罪问题》2012 年第 2 期。

年人刑事案件社会调查制度研究》① 考察了众多发达国家的社会调查制度并结合中国的司法实践，构建了我国未成年人刑事案件社会调查制度的框架。总体上看，我国未成年人刑事诉讼程序的研究已经达到相当高的水平，近年来的代表观点可整理如下。

第一，改变未成年人刑事立法的分散模式。我国目前采取的是分散式的立法，未成年人犯罪立法仅有少数几个条文，并且分散在不同的法律之中，操作性欠佳。为了提高法律的实用性，我国不得不出台司法解释或者判例对其进行细化和补充。同时我国采用单一刑法典的模式，并且目前的条文难以支撑单行少年刑法，因此设立未成年人犯罪专章是一个更好的选择。② 同时，在专章中，应当进一步加强对未成年人利益的保护，降低对未成年人犯罪的惩罚力度。

第二，进一步完善未成年人刑事诉讼程序中的合适成年人介入制度。我国刑诉法规定了合适成年人介入制度，但是仍然有进一步完善的空间。比如：①没有规定未成年人对法定代理人和合适成年人的选择权；②合适成年人权利的行使缺乏保障，对于"提出意见"的方式、后果、接受意见的主体等都没有规定；③对于合适成年人怠于、恶意履行职务的行为缺乏法律惩戒。③ 相比之下，英国的合适成年人制度规定了合适成年人到场后会完成的一系列工作，比如：检查羁押记录、核对未成年人是否被告知拘留的原因等。如果合适成年人没有到场，警察所获得的证据不能作为定案的根据。④

第三，进一步完善轻罪记录封存制度。从便于未成年人融入社会的角度来看，应当思考是否可以在适当时候将未成年人轻罪犯罪记录封存适用所有未成年人。《联合国少年司法最低限度标准规则》关于未成年人轻罪犯罪记录封存的规定也并未区分罪轻和罪重的未成年人，即所有未成年人的犯罪记

① 陈立毅：《我国未成年人刑事案件社会调查制度研究》，《中国刑事法杂志》2012年第6期。
② 参见赵秉志、袁彬《我国未成年人犯罪刑事立法的发展与完善》，《中国刑事法杂志》2010年第3期。
③ 参见汪建成《论未成年人犯罪诉讼程序的建立和完善》，《法学》2012年第1期。
④ 参见姚建龙《英国适当成年人介入制度及其在中国的引入》，《中国刑事法杂志》2004年第4期。

录都必须密封保存。在域外，封存未成年人犯罪记录也适用于所有未成年犯，只是在销毁其犯罪记录时不同罪行和刑罚的未成年人考验期限不同。因此，在当前的未成年人轻罪犯罪记录封存制度积累了一定经验的基础上，可以考虑将其适用对象扩大到所有未成年犯。[①]

第四，让法官在未成年人犯罪司法程序中提前介入。法国《未成年人犯罪法》规定了少年犯罪中的预审、审判合一原则。在绝大部分刑事案件中，"青少年法官在审前程序便已介入，负责查明案件事实及犯罪嫌疑人人格；在其后的庭审程序中，青少年法官又以独任法官或合议庭审判长的身份进行裁判。这一设置主要用意在于保障对未成年犯罪嫌疑人进行人格调查及矫正的连续性，以强化教育感化的效果"[②]。当然，法国如此的制度设计可能会造成法官的预判，影响案件公正，而且与我国法律规定不符。但是可以考虑让法官在未成年人犯罪司法程序中提前介入，指导侦查机关、检察机关的司法活动以及对未成年人社会背景调查，从而更好地保护未成年人与预防犯罪。

第五，进一步完善未成年人刑事案件社会调查制度。美国的社会调查制度贯穿于刑事诉讼的全过程，包括庭前调查和判刑前调查。少年法庭在接到未成年人犯罪的控告后，有缓刑官来进行社会调查程序。这种对未成年人社会背景的调查并不是为了认定被告人有罪，而是通过调查来确定犯罪原因，为案件的非正式处理提供依据。如果调查结果显示未成年人犯罪并不是严重的罪错，那么案件就不会进入正式的刑事诉讼程序中。如果未成年人进入刑事诉讼程序，缓刑官会开展进一步的社会调查，这是判刑前的社会调查。英国也有类似的规定。[③] 虽然不能全盘采用外国的制度，但是有两点可资借鉴：①将社会调查的内容与目的进一步细化，可以分为两部分，分别对应是

---

① 参见张丽丽《从"封存"到"消灭"——未成年人轻罪犯罪记录封存制度之解读与评价》，《法律科学（西北政法大学学报）》2013 年第 2 期。

② 施鹏鹏：《法国未成年人刑事程序法评述：制度与演进》，《青少年犯罪问题》2012 年第 2 期。

③ 参见陈立毅《我国未成年人刑事案件社会调查制度研究》，《中国刑事法杂志》2012 年第 6 期。

否进入刑事诉讼程序与量刑建议；②社会调查工作可以更多地交由基层司法行政机关专门完成。我国目前规定由公安、检察院、法院进行社会调查，辩护人也可以进行。但是由控辩双方进行的调查可能难以保证中立性，法官调查则可能会形成预判，影响案件公正性。

四　关于未成年人矫正的研究

（一）收容教养

根据中国知网的检索，目前学界对收容教养的研究主要集中在收容教养的性质、收容教养存在的问题以及如何完善等方面。

1. 收容教养的性质问题研究

尽管《刑法》中出现了"收容教养"一词，但对于收容教养的性质，学界上仍无定论。目前至少有以下观点：①刑事处罚说，因为收容教养的对象是犯罪少年，而非一般的违法分子；其执行场所为少年犯管教所，是限制人身自由的执行处罚的场所；是由刑法规定的。[①] ②行政处罚说，收容教养剥夺了行为人的人身自由，是对行为人违法行为的惩罚，且收容教养是由政府行政机关做出的，因此应属于行政行为。[②] ③刑事强制管教措施，收容教养的法律依据为刑法，带有一定的刑事性，而且其是对行为人采取限制人身自由的一种强制性措施，因此具有刑事强制和监督管教两种属性。[③] ④行政强制措施，收容教养的实施主体是各级人民政府；实施对象是构成犯罪但不予刑事处罚的未满16周岁的未成年人；实施期限一般为一至三年，特殊情况下可延长至四年。因此其属于限制人身自由的行政强制措施。[④] 此外，常

---

① 马克昌主编《刑罚通论》，武汉大学出版社，1999，第784页。
② 薛晓蔚：《论收容教养的立法完善》，《山西大学学报（哲学社会科学版）》1998年第4期。
③ 陈碧梧：《我国未成年人收容教养制度研究》，硕士学位论文，华侨大学，2017。
④ 胡建森：《关于〈行政强制法〉意义上的"行政强制措施"之认定——对20种特殊行为是否属于"行政强制措施"的评判和甄别》，《政治与法律》2012年第12期。

武刚认为收容教养不能归为行政处罚，但是将其确定为行政强制措施也有失偏颇，基于收容教养明显的矫治性和处罚性，应将其界定为带有处罚性质的行政强制矫治措施。[①] 李晓瑜则认为收容教养是对特定未成年人的社会保护措施。[②] 当前学界上对收容教养的性质还存在很大的争议，收容教养作为罪错未成年人处遇措施的一种，其法律性质应当明确，才能在实践中更好地适用。

2. 收容教养制度存在的问题与完善研究

学者对收容教养存在问题的研究主要集中在合法性依据的缺失、执行场所不明确、程序设计不合理、期限设定等问题上。[③] 根据以上问题，袁能会认为需完善我国现有制度，区分罪错未成年人犯罪的不同情形，对其分别适用家庭管教和收容教养。其次将收容教养和工读学校教育相整合，将工读学校作为收容教养的执行场所。[④] 同时，对工读学校进行调整：第一，转变入学方式，由公安机关协同各部门、组织集体决定并强制执行；第二，调整教育体系，融合法治教育、艺术教育、劳动教育等，进行全面教育；第三，增加惩罚性措施，如体能训练、社会服务、强制劳动等，但应以教育为目的。李晓瑜建议在宏观考虑立法宗旨和部门法协调的基础上，重构收容教养为"不负刑事责任的未成年人强制教养制度"并纳入刑事诉讼法，完善审查决定程序和监督机制。[⑤] 温雅璐认为不应废除收容教养，而需以专门学校为核心对其进行司法化改造，建立罪错未成年人分级干预制度。[⑥] 赵天红从收容

---

① 常武刚：《少年收容教养制度分析及完善构想》，建国 60 周年陕西教育 30 年法制建设理论研讨会论文，2010 年 4 月 13 日。
② 李晓瑜：《我国收容教养制度之检视与重构》，《预防青少年犯罪研究》2020 年第 2 期。
③ 赵天红：《未成年人不法行为的非刑罚处置措施探析》，《预防青少年犯罪研究》2019 年第 2 期；袁能会：《罪错未成年人的治理路径研究——以维持刑事责任年龄的立场为前提》，《河北科技师范学院学报（社会科学版）》2019 年第 4 期；温雅璐：《收容教养制度的发展困境及司法化重构》，《青少年犯罪问题》2020 年第 1 期；李晓瑜：《我国收容教养制度之检视与重构》，《预防青少年犯罪研究》2020 年第 2 期。
④ 袁能会：《罪错未成年人的治理路径研究——以维持刑事责任年龄的立场为前提》，《河北科技师范学院学报（社会科学版）》2019 年第 4 期。
⑤ 李晓瑜：《我国收容教养制度之检视与重构》，《预防青少年犯罪研究》2020 年第 2 期。
⑥ 温雅璐：《收容教养制度的发展困境及司法化重构》，《青少年犯罪问题》2020 年第 1 期。

教养的强制性问题、收容教养的对象和期限出发，提出完善收容教养制度的措施。① 左袖阳对英国未成年人刑事司法制度进行介绍，指出我国可以借鉴英国的相关措施，完善我国的收容教养制度。②

（二）未成年犯管教所

从数量上来看，关于未成年犯管教所（未管所）矫正的专门研究受到的关注还比较少。当前的研究主要集中在未管所矫正的现状、存在的问题及完善路径。

姚红梅根据未成年犯监禁矫正的现状，指出我国现有的未成年犯行刑法律法规不完备、未成年犯管教所的职能不纯、未成年犯回归社会面临的压力较大、监禁刑罚带来的负效应明显以及易造成行刑资源的浪费。③ 李豫黔对未成年犯的现状及特点进行剖析，指出我国未成年犯教育工作在法治体系、衔接工作、教育保障、教育矫治措施上仍存在不足之处，帮助未成年犯远离重新犯罪应构建和完善预防未成年人犯罪法治体系、矫正未成年犯的不良行为、强化未成年犯的权益保护、加强对未成年犯的教育矫治、提高教育改造水平和队伍的专业化水平。④ 张小华和黄开诚以某省男性未成年犯为例，通过实证调查的方法发现约 7.29% 的未成年犯是再犯、未管所监管矫治频率对未成年犯的矫治影响甚微、监管矫治评价对端正未成年犯的犯罪认可度、守法意识和人生期望有显著成效。⑤ 王经纬指出我国当前未成年犯监禁矫正存在法律位阶低、目标上过于追求经济效益、个性矫正措施不足、矫正方式单一、矫正人员水平参差不齐和矫正质量难以评估等问题。因此应当完善监

① 赵天红：《未成年人不法行为的非刑罚处置措施探析》，《预防青少年犯罪研究》2019 年第
  2 期。
② 左袖阳：《中英立法比较下的我国收容教养制度完善》，《法治研究》2018 年第 1 期。
③ 姚红梅：《"宽严相济"语境下对未成年犯监禁矫正现状的思考》，《成都大学学报（社会科
  学版）》2011 年第 3 期。
④ 李豫黔：《我国未成年人犯罪现状剖析及预防重新犯罪对策思考》，《预防青少年犯罪研究》
  2015 年第 1 期。
⑤ 张小华、黄开诚：《我国未成年犯监管矫治的成效评估——以某省男性未成年犯为例》，
  《广西警察学院学报》2019 年第 1 期。

禁矫正法律体系、实现行刑功能单一化、建立科学的矫正运行机制以及提升矫正者的自身素质。[1]

此外，周勇、安文霞、张翼伟通过对广东省未管所内观矫正的实证研究，指出未成年犯内观矫正契合恢复性行刑理念，有利于对未成年犯的改造，能够将被未成年犯所侵犯的社会关系恢复至犯罪之前的正常社会关系。未成年犯侵害的社会关系涉及两个方面，既包括直接受到犯罪侵害的被害人及被害社区，也包括未成年犯自身及其家庭。而开展内观矫正活动，比如"七日内观"，可以让未成年犯及其家庭成员进行面对面的沟通，有利于修复家庭关系。此外，对于那些意识到自身行为侵害到他人合法权益的未成年犯，还可以根据需要，开展修复加害人与被害人之间关系的内观矫正活动。对于未成年犯内观矫正，应在恢复性行刑视野下进一步发挥未成年犯矫正的自主性作用、深化关系修复、强化内观矫正与未成年犯日常监管改造的有效衔接、拓展未成年犯内观矫正的范围。[2]

从查找到的文献可以看出，我国未管所矫正在法律规定、矫正措施和理念、矫正质量评估等方面仍然存在问题。目前对未管所矫正进行研究的文献资料相对较少，尽管不少报纸和新闻涉及各地未管所的矫正成果，但毕竟只是个案，要对我国未管所矫正进行综合的研究，还需要深入实践进行调研，将实践现状和理论结合起来，才能对我国当前未管所矫正的效果以及如何改进有一个更加全面的认识。

（三）社区矫正

在中国知网上以"未成年人社区矫正"为主题进行检索，最早对未成年人社区矫正进行研究的是《美国对犯罪青少年的社区矫正项目》一文，作者介绍了美国未成年人社区矫正项目的内容和形式，为我国未成年人社区

---

[1] 王经纬：《未成年犯监禁矫正研究——以J省未成年犯管教所为例》，硕士学位论文，东南大学，2017。

[2] 周勇、安文霞、张翼伟：《恢复性行刑视野下未成年犯内观矫正研究——以广东省未管所内观矫正实践为例》，《犯罪与改造研究》2017年第10期。

矫正的发展提供了借鉴。① 2003 年起，我国进入社区矫正试点的起步阶段，学界对其的研究主要集中在未成年人社区矫正的必要性、可行性、未成年人社区矫正的意义以及未成年人社区矫正制度体系构建。

在构建未成年人社区矫正的必要性和可行性上，武志坚和邹学忠从人道主义、未成年犯罪人回归社会、扩大和加强社区矫正力量以及顺应国际少年司法制度等方面阐述了实行未成年人社区矫正的必要性。② 吕新建指出，未成年人违法犯罪的高发态势以及传统矫正模式的功能弱化使得社会面临严峻挑战，因此基于社会化理论、教育刑理论、行刑经济、谦抑理论等理论依据和我国的现实基础，有必要构建未成年人社区矫正制度。③

在未成年人社区矫正的意义研究上，很多学者认为未成年人社区矫正有利于未成年犯的再社会化，能够有效克服对未成年犯监禁刑罚的弊端，有利于合理配置行刑资源。④ 此外，任杨则从社会学角度进行阐释，指出社区矫正有利于"避免未成年人一旦入狱，被社会标签为不正常的人"⑤。

关于未成年人社区矫正制度的构建和完善研究，在早期试点阶段，学者们分别从法律框架、矫正主体、项目和措施等方面进行探讨。李国岩、杨翠芬从设立社区服务刑、实行未成年人前科消灭制度以及创办有特色的未成年人社区矫正项目等方面进行探索。⑥ 王顺安、甄宏通过介绍域外未成年犯社区矫正项目的经验，指出我国应构建三阶梯式的社区矫正项目：教育性和非监管性社区矫正项目、不限制人身自由的监管性社区矫正项目以及限制人身

---

① 刘乐：《美国对犯罪青少年的社区矫正项目》，《青少年犯罪问题》2003 年第 4 期。
② 武志坚、邹学忠：《论我国未成年犯罪人社区矫正的必要性与可行性》，《辽宁公安司法管理干部学院学报》2006 年第 4 期。
③ 吕新建：《论我国未成年犯社区矫正的必要性及可行性》，《河北法学》2008 年第 3 期。
④ 刘晓梅：《关于未成年犯社区矫正的几点思考》，《青少年犯罪问题》2006 年第 6 期；由力：《青少年犯罪与社区矫正》，《辽宁公安司法管理干部学院学报》2006 年第 4 期；刘洁：《试论未成年犯社区矫正的几点意义》，《吉林公安高等专科学校学报》2005 年第 3 期。
⑤ 仕杨：《从社会学角度阐释对未成年犯实施社区矫止的意义》，《重庆工商大学学报（社会科学版）》2006 年第 5 期。
⑥ 李国岩、杨翠芬：《未成年人社区矫正制度法律框架的构建》，《辽宁公安司法管理干部学院学报》2006 年第 4 期。

自由的监管性社区矫正项目。① 莫晓宇、蒋潇锋从明确社区矫正工作的主体是司法行政机关、社区矫正人员结构的完善以及学校力量的加入探讨未成年犯社区矫正主体的完善。②

随着我国社区矫正试点工作的有序开展以及《刑法修正案（八）》和《社区矫正实施办法》的实施，学者对未成年犯社区矫正的研究也更加深入。贾俊玲和赵玉来指出未成年犯社区矫正法律监督存在法律依据欠缺、介入机制缺乏和监督效果不佳等问题，因此应完善社区矫正相关立法、建立和完善社区矫正工作衔接机制与同步监督机制，以及设立社区矫正检察工作室。③ 单晓华则从刑事一体化的视角出发，指出"应将审判前的侦查及起诉阶段纳入社区矫正的适用范围"④。吴宗宪提出应从恰当做出刑事判决、发展专门工作队伍、恰当开展矫正工作和努力避免消极标定等方面确定未成年人社区矫正的发展方向。⑤

2020 年 7 月 1 日起，《社区矫正法》开始实施。这部法律对未成年人社区矫正进行了专章规定，使得我国未成年人社区矫正的实施有了更加明确的法律规定。不过，未成年人社区矫正仍处于探索阶段。井世洁和陈玉莹基于国家亲权、儿童利益最大化和青少年积极发展观的理念，指出应发动社会力量参与、落实未成年人保护理念、明确人事聘用标准和设置未成年人矫正项目以促进未成年人社区矫正的发展。⑥ 李轲从检察监督的角度指出当前法律规定中检察机关法律监督的缺失，因此应构建符合未成年人特色的社区矫正监督体系。⑦

---

① 王顺安、甄宏：《试论我国未成年犯社区矫正项目体系之构建》，《青少年犯罪问题》2005 年第 1 期。

② 莫晓宇、蒋潇锋：《论我国未成年犯社区矫正体系的完善》，《青少年犯罪问题》2006 年第 2 期。

③ 贾俊玲、赵玉来：《未成年犯社区矫正中的检察研究——以〈刑法修正案（八）〉为视角》，《天津法学》2011 年第 3 期。

④ 单晓华：《论我国未成年人社区矫正体系的构建——以刑事一体化为视角》，《行政与法》2011 年第 3 期。

⑤ 吴宗宪：《论未成年人社区矫正的发展方向》，《山东警察学院学报》2012 年第 4 期。

⑥ 井世洁、陈玉莹：《我国未成年人社区矫正的理念基础与制度构建刍议》，《犯罪研究》2020 年第 3 期。

⑦ 李轲：《未成年人社区矫正检察监督机制探究》，《山西省政法管理干部学院学报》2020 年第 1 期。

五 关于青少年法治教育、校园欺凌等问题的研究

（一）青少年法治教育

党的十八届四中全会审议通过《中共中央关于全面推进依法治国若干重大问题的决定》，明确提出了要"把法治教育纳入国民教育体系，从青少年抓起，在中小学设立法治知识课程"。法治教育关乎法治国家的建设，对全民实施法治教育，必须从青少年一代抓起。近几年来，学界关于青少年法治教育的研究也逐渐增多，主要集中在青少年法治教育存在的问题、加强青少年法治教育的途径上面。此外也有研究者更进一步探讨了青少年宪法法治教育、税收法治教育和家庭法治教育。

1. 青少年法治教育存在的问题研究

青少年法治教育对于构建法治国家、和谐校园、促进青少年健康成长具有重要意义。尽管党的十八大以来，我国在青少年法治教育上取得不错的成绩，但是当前我国青少年法治教育仍然面临着一系列的难题和挑战。姚建涛、牟昱凝指出，我国当前青少年法治教育存在定位模糊、重视程度不够、实践性不足、评价体系不完善等问题。[①] 除上述问题外，王敬波指出我国当前青少年法治教育还存在法治教育队伍缺乏规范化管理、法治教育缺乏分年龄分年级的法治教育教材、法治教育方式方法有待创新等问题。[②] 黄志军从基础教育阶段进行研究，指出当前部分基础教育阶段学校对道德教育和法治教育融合重视程度不足、尚未形成道德教育和法治教育融合的教学体系、教学的师资力量不足等问题。[③] 李鹏鸽则从大众传媒低俗化对青少年法治教育的影响进行研究，指出当前部分大众传媒低俗化导致青少年法治观念淡漠、价值观歪曲、是非观念模糊、道德义务感和社会责任意识淡

① 姚建涛、牟昱凝：《青少年法治教育：现实考察与理性回归》，《社科纵横》2020年第3期。
② 王敬波：《号脉青少年法治教育》，《中国德育》2014年第22期。
③ 黄志军：《基础教育阶段道德教育与法治教育的融合研究》，《法制与社会》2019年第27期。

化等问题。① 郭开元以流动儿童家庭法治教育为对象进行研究，认为流动儿童家庭法治教育存在不了解未成年人权利的流动儿童的父母仍占一定比例、父母对法治教育功能的认知不充分、多数父母未能掌握科学的法治教育方法等问题。② 总体而言，我国对青少年法治教育存在问题的研究视角比较广泛，大部分研究者都从宏观的角度指出现阶段我国青少年法治教育存在的问题，比较突出的问题是法治教育的定位不准确③、法治教育的重视程度不够、缺乏科学有效的评估机制。

2. 加强青少年法治教育的途径研究

针对青少年法治教育存在的各种问题，研究者也进行了深入和广泛的研究，纷纷提出意见和建议。宪法教育是青少年法治教育中首要的内容。张劲指出青少年宪法教育的一个路向应是让宪法回归生活，青少年宪法教育要体现出对主体性的尊重、重视行动性体验和思辨性回应，才能将宪法从知识转化为生活。④ 廖妩晨、刘小妹指出宪法教育应注重师资培养、注意地区均衡、注重课内外相结合。⑤ 基于我国青少年法治教育效果评价制度存在的问题，金娣和张远增指出"作为客观事实的法治教育效果可以从法治意识、法治常识、法治思维、法治能力以及法治实践五个维度进行测量。作为价值事实的青少年法治教育及其效果具有年龄特征，应以五个维度作为一级指标，按小学、初中、高中、大学阶段法治教育分别建立评价标准进行评价"⑥。此外，多数研究者则从青少年法治教育的整个宏观体系出发，针对

---

① 李鹏鸽：《大众传媒低俗化对青少年法治教育的影响及对策》，《中学政治教学参考》2016年第3期。

② 郭开元：《社会化视野下的流动儿童家庭法治教育》，《预防青少年犯罪研究》2017年第2期。

③ 靳玉军：《加强青少年法治教育的若干思考》，《教育研究》2015年第4期。

④ 张劲：《让宪法回归生活：青少年宪法教育的一个路向》，《预防青少年犯罪研究》2020年第3期。

⑤ 廖妩晨、刘小妹：《新时代青少年宪法教育的理路与实践》，《预防青少年犯罪研究》2020年第3期。

⑥ 金娣、张远增：《青少年法治教育效果评价的维度、标准及实施》，《江西社会科学》2018年第3期。

我国青少年法治教育存在的问题，指出应设置系统的法治课程、使用多元的教学方式、实施全方位教育和加强教师培训。[1] 实施青少年法治教育应实施规则导向和价值导向的系统整合、实现个人取向和社会取向的辩证统一，要做到知识指向、信仰导向、价值观导向统筹兼顾。[2]

尽管学界对青少年法治教育已经有一定程度的研究，但是主要集中在对青少年法治教育现行存在的问题和对策进行分析，在理论层面上探讨青少年法治教育的文献资料比较少。

（二）校园欺凌

截止到 2020 年 6 月，以"校园欺凌"为检索词在中国知网上进行检索，一共检索到大约 2200 篇文献。从 2002 年到 2020 年，有关校园欺凌的研究逐渐增多，特别是从 2015 年开始，有关校园欺凌的研究数量上涨幅度增大：2015 年共有 22 篇文献、2016 年共有 132 篇、2017 年共有 337 篇、2018 年共有 391 篇文献、2019 年共有 362 篇文献。从这几年的数据可以看出，学界对校园欺凌的研究热度越来越高。通过梳理和分析，校园欺凌的概念、原因、特征、现状、解决路径等问题是学界研究的重点。此外，学者对各个阶段的校园欺凌现象也有一定的研究，主要分为幼儿园阶段、中小学阶段、职高阶段、大学阶段。

1. 校园欺凌的概念

学界对校园欺凌的概念有着各种各样的定义，少部分研究者将"校园暴力""学生欺凌"等词等同于"校园欺凌"。但是校园欺凌不同于校园暴力，有研究者认为校园暴力是指"发生在中小学幼儿园及其合理辐射地域，学生、教师或校外侵入人员故意侵害师生人身以及学校和师生财产，破坏学校教学管理秩序的行为"[3]。而"校园欺凌只属于校园暴力的

---

① 靳玉军：《加强青少年法治教育的若干思考》，《教育研究》2015 年第 4 期。
② 井阳军：《青少年法治教育微探》，《中学政治教学参考》2015 年第 24 期。
③ 姚建龙：《防治学生欺凌的中国路径：对近期治理校园欺凌政策之评析》，《中国青年社会科学》2017 年第 1 期。

一种类型"①，强调的是学生之间的欺凌行为。胡春光也认为校园欺凌行为和攻击行为、暴力行为有所差别，校园欺凌行为指的是"一群学生或单个学生故意重复地对不会报复的受害者施以长期性的身体或心理上伤害的一种攻击行为"②，其在这三种中属于最低程度的攻击行为。任海涛认为应从狭义上对校园欺凌进行界定，校园欺凌与校园暴力不能等同，校园欺凌指的是"在幼儿园、中小学及其合理辐射区域内发生的教师或者学生针对学生的持续性的心理性或者物理性攻击行为，这些行为会使受害者感受到精神上的痛苦"③。余雅风、王祈然认为"中小学生欺凌是发生在校园（包括中小学校和中等职业学校）内外、学生之间，或教师与学生之间，一方（个体或群体）单次或多次给另一方造成生理或心理伤害的攻击性行为，涉事双方存在着力量的不平衡"④。通过梳理文献，目前学界对校园欺凌的概念并没有一个统一的界定，尽管这几年来研究者已经意识到校园欺凌和校园暴力之间的不同，但是对于校园欺凌的界定仍然模糊不清，主要集中在欺凌者的范围、欺凌地点等的认识不同。

2. 对校园欺凌的成因研究

校园欺凌行为的产生来自很多方面，研究者们对这一问题也进行了广泛的研究。罗怡和刘长海基于马斯洛动机理论认为，学生欺凌行为的内在动因源于基本需要的长期匮乏。⑤ 胡春光通过权力根源理论、"挫折－攻击"假说、社会认知理论以及精神技能理论对欺凌行为进行学理上的分析，指出对欺凌行为的成因应采取多元的综合观点，"将欺凌行为理解为个体内部因素

---

① 姚建龙：《防治学生欺凌的中国路径：对近期治理校园欺凌政策之评析》，《中国青年社会科学》2017 年第 1 期。

② 胡春光：《校园欺凌行为：意涵、成因及其防治策略》，《教育研究与实验》2017 年第 1 期。

③ 任海涛：《"校园欺凌"的概念界定及其法律责任》，《华东师范大学学报（教育科学版）》2017 年第 2 期。

④ 余雅风、王祈然：《科学界定校园欺凌行为：对校园欺凌定义的再反思》，《教育科学研究》2020 年第 2 期。

⑤ 罗怡、刘长海：《校园欺凌行为动因的匮乏视角及其启示》，《教育科学研究》2016 年第 2 期。

和社会环境之间的互动机制所产生的偏差行为"①。除了上述研究之外，对于校园欺凌成因的分析多从国家层面、家庭教育层面、学校教育层面、社会失范角度和学生自身因素等角度进行分析。总体来说，学界对校园欺凌成因研究比较深入，基本上都是从多个层面去分析校园欺凌的形成原因。

3. 对校园欺凌防治策略的研究

如何防治校园欺凌也是学界目前研究的重点。基于校园欺凌形成的多层原因，很多研究者提出了应当采取综合的应对措施去解决校园欺凌问题。高秋杰和李铭磊认为应当构建"多层次、多视角、多主体"的社会化防治体系，通过加强协同化领导体系、构建社会化预防体系、形成专业化处置体系来解决校园欺凌问题。② 储朝晖认为治理校园欺凌，首先要对中国当下的校园欺凌状况做好全面、准确和专业的调查，清理教育环境中的暴力因素，加强学校教育和家庭教育。③ 除了提出综合性的解决方案外，也有不少研究者从不同视角对校园欺凌的防治建言献策。王嘉毅、颜晓程、闫红霞以校园伦理视角，认为应从校园文化以及校园人际交往文化的伦理构建两个方面出发对校园欺凌行为进行伦理干预。④ 魏叶美、范国睿则从社会学的视角出发，认为应加强政府统筹的社会环境综合治理，通过构建"家校－师生－父母子女"间的对话协商治理机制以及校园欺凌学校内部治理改革来解决校园欺凌问题。⑤

目前学界对校园欺凌的研究尽管已经有了大量的学术成果，但是对于校园欺凌的概念仍然存在争议，且有不少研究者将校园欺凌和校园暴力混淆。要更好地解决校园欺凌问题，必须明确校园欺凌是何种行为，只有这样，才能提出针对性的解决方案。其次，网络欺凌作为校园欺凌

① 胡春光：《校园欺凌行为：意涵、成因及其防治策略》，《教育研究与实验》2017年第1期。
② 高秋杰、李铭磊：《中小学校园欺凌社会化防治体系的构建》，《现代中小学教育》2020年第2期。
③ 储朝晖：《校园欺凌的中国问题与求解》，《中国教育学刊》2017年第12期。
④ 王嘉毅、颜晓程、闫红霞：《校园欺凌现象的校园伦理分析及建构》，《中国教育学刊》2017年第3期。
⑤ 魏叶美、范国睿：《社会学理论视域下的校园欺凌现象分析》，《教育科学研究》2016年第2期。

的一种新类型，目前学界的研究还比较少。网络欺凌存在隐蔽性，对被欺凌者的心理健康会产生极大的影响，因此网络欺凌问题也急需研究者予以关注。

六 关于《儿童权利公约》《北京规则》《利雅得规则》等公约的介绍与研究

（一）《儿童权利公约》

我国自加入联合国《儿童权利公约》以来，就严格按照《儿童权利公约》的要求和原则保障儿童的权利，也颁布了一系列的法律法规以及方针政策去维护儿童的权益，但在实施过程中仍存在一些问题。目前我国学者对《儿童权利公约》的研究也有一定的成果，主要集中在《儿童权利公约》在我国的实施现状、问题以及我国儿童各项权利的保障研究。

儿童权利是国际人权法的重要内容之一，对儿童的保护关系到整个国家的未来发展。但我国儿童保护在立法上仍存在立法用语的模糊性和简单性、立法缺乏体系性等问题；在行政保护上缺乏保护儿童权利的专门性行政机关、行政保护力度有待提升；在司法制度上，"少年法庭"欠缺有效的制度保障且受案范围过于狭窄、对儿童的诉讼权利也缺乏专门性的保护、对被害儿童的专门保护不足。① 而且随着互联网时代的到来，网络技术一方面给儿童的学习、生活带来更加丰富多彩的体验，但同时也带来一系列的危害。《儿童权利公约》制定时，互联网技术还没有那么普及，在当时也无法预见现在可能出现的问题。如今我们置身于网络时代，对儿童权利的保护也需要顺应时代的变化。要善于运用法治的手段治理以网络为媒介的对儿童有害的暴力、色情信息的制作和传播行为、规制利用网络色情诱拐儿童的行为、对网络欺凌这种新型暴力应当采取有效的措施去治理，进而切实保障

---

① 尹龄颖：《〈儿童权利公约〉在中国的实施》，《研究生法学》2015 年第 1 期。

儿童的权利。[1] 周汉平通过比较研究的视角，指出我国《未成年人保护法》和《儿童权利公约》不仅在立法宗旨、基本原则、儿童角色地位和可操作性上存在"国别"和"国际"的区分，而且在成长环境、享权者和家庭保护上也存在差异。因此，相对《儿童权利公约》的规定，我国对儿童权利的保护还有很多待完善的地方。[2] 实证研究有助于我们更好地认识我国当前儿童权利保护的现状。江楠和张家琼采用问卷调查的形式对儿童权利进行相关的研究，指出尽管当前社会大众已经对儿童权利有所认知，但儿童还是处于"无权"的状态。因此还需要依靠学校、家庭和社会的共同支持，增强儿童对自身权利的认知，强化儿童的权利保护意识。[3]

《儿童权利公约》中涉及的儿童权利非常广泛，包括姓名权、受教育权、隐私权、表达权、娱乐权，等等。但最基本的权利可以概括为以下四种：生存权、发展权、受保护权和参与权。除了对《儿童权利公约》进行整体的研究以外，不少学者也从儿童的各项权利出发进行分析。针对儿童的参与权，贺颖清指出我国儿童参与权存在参与机会贫乏和参与机会不平等、儿童参与能力较低、社会对儿童权利的重视程度不够等问题。因此应加强儿童参与权的立法、建立独立的儿童人权机构、建立申述程序以及采取教育、培训和其他促进儿童参与的措施。[4]

总体而言，学者们一方面肯定了我国现有儿童权利保障的工作，但另一方面，也指出我国儿童权利保障存在的问题，特别是儿童"无权"的问题仍突出。[5] 因此应当重视儿童的权利问题，为儿童的成长提供一个良好的环境，使其更好地发挥自身的潜能。

---

① 隋燕飞：《〈儿童权利公约〉：保护儿童权利、增进儿童福利的专门人权法律文件》，《人权》2015 年第 4 期。
② 周汉平：《中外儿童权利保护法之比较——基于〈未成年人保护法〉与〈儿童权利公约〉的研究》，《学理论》2019 年第 12 期。
③ 江楠、张家琼：《我国儿童权利实施的现状调查研究——〈儿童权利公约〉签署 30 周年之际》，《重庆第二师范学院学报》2020 年第 3 期。
④ 贺颖清：《中国儿童参与权状况及其法律保障》，《政法论坛》2006 年第 1 期。
⑤ 顾群、贺成立：《我国儿童成长过程中"无权"问题探析——写在〈儿童权利公约〉履行20 周年之际》，《现代中小学教育》2012 年第 11 期。

(二)《北京规则》和《利雅得准则》

《儿童权利公约》可看成是对儿童各项权利进行保护的国际规则，其较全面地涉及对儿童各项权利的保护。而《北京规则》《利雅得准则》和《联合国保护被剥夺自由少年规则》则是对违法犯罪未成年人进行特殊保护的相关规定。《北京规则》侧重于为各国在处理违法犯罪未成年人上提供一个最低限度的司法标准，从而起到保护此类特殊未成年人的合法权利的作用。但是仅仅强调事后对违法犯罪未成年人的司法处遇是不够的，只有在源头上加强对未成年人违法犯罪的重视，从事前预防的视角出发，才能从根本上解决未成年人违法犯罪的问题。所以基于此，联合国又通过了《利雅得准则》，其侧重未成年人违法犯罪的预防，在未成年人违法犯罪的预防上提供了比较详细的规定和措施。而《联合国保护被剥夺自由少年规则》又在前面规则的基础上对被剥夺自由的少年的权利进行保护，对相关的设施和管理等问题提出最低限度的要求，以此来保护被剥夺自由少年的人权和自由。

《北京规则》又称《联合国少年司法最低限度标准规则》，其分为六个部分，该《规则》对少年司法最低限度标准做了详细和具体的规定。在知网上对《北京规则》（《联合国少年司法最低限度标准规则》）进行搜索，仅找到3篇专门对《联合国少年司法最低限度标准规则》进行研究的文献，分别是林文肯的《〈联合国少年司法最低限度标准规则〉在中国的贯彻》、牧晓阳的《未成年人犯罪刑事处遇研究——以〈联合国少年司法最低限度标准规则〉为视角》以及张鸿巍和易榆杰的《对〈联合国少年司法最低限度标准规则〉中译本若干翻译的商榷》。林文肯在文章中介绍了自我国加入《北京规则》以来，在加强少年违法犯罪的预防、加强对轻微违法犯罪少年的教育和挽救、依法审理少年犯罪案件以及依法教育改造少年犯上所取得的成就。[1] 牧晓阳以《北京规则》为视角，对未成年人犯罪的刑事处遇进行研究，指出对待未成年人的犯罪问题，应在相称原则与观护办法上遵循非犯罪

---

① 林文肯：《〈联合国少年司法最低限度标准规则〉在中国的贯彻》，《中外法学》1991年第2期。

化、在最低限度原则上遵循轻刑化、在监禁替代办法上遵循非监禁化以及对于档案保密制度应遵循前科消灭。① 张鸿巍和易榆杰通过对《北京规则》的译本进行研究，分别对《北京规则》六个部分中的相关词语进行进一步的翻译和解释。②

《利雅得准则》又称《联合国预防少年犯罪准则》，其侧重于对未成年人犯罪的预防，旨在从源头控制住未成年人的违法犯罪问题。李学斌从《利雅得准则》的基本原则入手，论述了突出关键部分原则、共同责任原则、积极参与社会活动原则、注重福利原则、政策原则以及以社区服务为主导的原则，指出尽管我国在预防未成年人违法犯罪问题上已经有所成就，但是仍然需要对《利雅得准则》中的六项基本原则进行深入学习和研究。③ 崔海英则通过《利雅得准则》的行为结构顺序，分别从综合预防、家庭预防、教育预防、社区预防、传媒预防以及司法预防六个方面指出我国在预防未成年人违法犯罪问题上可以改进和采取的措施。④ 钱芳以《利雅得准则》为视角对我国《预防未成年人犯罪法》进行评析，指出尽管《预防未成年人犯罪法》有一定的探索和创新，但仍存在立法思路不清晰、重要制度不健全、现行法律条文过于原则性、可操作性不强、预防主体职责不明确、缺乏有效的追责机制以及法律实施保障不到位等问题，因此应当就这几个问题对我国《预防未成年人犯罪法》进行完善和改进。⑤

尽管对每个规则进行具体研究的文献比较少，但因为这三个规则均涉及违法犯罪未成年人的特殊保护问题，因此，学界在研究少年司法处遇、少年司法体系以及一系列关于未成年人违法犯罪问题时对这三个规则或多或少都

① 牧晓阳：《未成年人犯罪刑事处遇研究——以〈联合国少年司法最低限度标准规则〉为视角》，《铁道警官高等专科学校学报》2009 年 6 期。
② 张鸿巍、易榆杰：《对〈联合国少年司法最低限度标准规则〉中译本若干翻译的商榷》，《青少年犯罪问题》2014 年第 5 期。
③ 李学斌：《论〈利雅得准则〉的基本原则》，《青少年犯罪问题》1997 年第 3 期。
④ 崔海英：《〈利雅得准则〉对我国防控未成年人犯罪的启示》，《青少年犯罪问题》2014 年第 2 期。
⑤ 钱芳：《〈利雅得准则〉视角下我国预防未成年人犯罪的立法与实践》，《青少年犯罪问题》2018 年第 5 期。

会有所涉及。这三项规则是国际上在未成年人违法犯罪问题上总结的经验和准则，对我国处理未成年人司法的问题具有很重要的意义。

目前世界上各个国家对未成年人的保护越来越重视，很多国家也都颁布了各种有关的法律规定，而这些成就都有赖于联合国以及有关国际组织对儿童权利的重视和推动。尽管当前我国在未成年人违法犯罪问题上已经取得不错的成绩，但在预防未成年人违法犯罪以及未成年人司法体系上还存在诸多问题。我们应当在相关国际规则的标准下，重视未成年人违法犯罪的问题，引导未成年人走上正轨，促使其健康成长。

专题报告

检察视角下的未成年人犯罪预防与矫正

——以北京市未成年人刑事检察为视角

王翠杰　庞涛　荣杰　刘兴春*

摘　要： 近年来，未成年人检察部门就未成年人犯罪预防与矫治开展了多方面的工作并取得实质成效。本文以北京市检察机关开展的相关工作和成效为例，着重分析未成年人犯罪预防与矫治工作面临的阶段性新形势与新任务，尤其是在修改后的"两法"实施的背景下，总结实践中出现的新问题，并思考如何点题破解。据此，本文提出了首都未检部门关于此项工作未来专业化发展的新方向与新思路，供读者在理论研究和实务工作中参考借鉴。

关键词： 未成年人检察　犯罪预防　犯罪矫治

---

* 王翠杰，北京市检察院第一分院未成年人案件检察部三级高级检察官；庞涛，北京市检察院第一分院未成年人案件检察部四级高级检察官；荣杰，北京市检察院第一分院未成年人案件检察部四级书记员；刘兴春，中国政法大学 2019 级证据法学专业硕士研究生。

导　论

近年来，各级少年司法机关在"教育为主、惩罚为辅"原则和"教育、感化、挽救"方针指引下，严格落实未成年人刑事特别程序，积极参与社会综合治理，未成年人司法保护取得长足进展。其中，检察机关立足"捕、诉、监、防、教"五位一体职能，坚持"少捕、慎诉、少监禁"，有针对性地开展未成年人犯罪预防与矫治教育工作，最大限度帮助罪错未成年人回归社会，为未成年人保护工作做出了应有贡献。但是，随着社会转型进一步升级，未成年人犯罪呈现新趋势、新特点，罪错未成年人教育矫治等问题再次进入公众视野，为未成年人犯罪预防与矫正工作部署了新任务、新课题，少年司法机关应当立足新的法治起点，直面未成年人犯罪预防和矫正工作面临的新形势、新任务，持续推进未成年人犯罪预防和矫正工作纵深开展，持续推动少年司法各项制度落实完善，推进我国少年司法体系的积极构建。

一　未成年人犯罪预防与矫正的回顾

（一）检察机关未成年人犯罪预防和矫治工作整体格局

少年司法秉持少年保护理念，坚持"教育为主、惩罚为辅"原则和"教育、感化、挽救"的方针，司法实践自然应以未成年人犯罪预防与矫正为落实核心。少年司法30年来的发展一直遵循教育预防与矫正理念，倡导教育、保护，避免单独惩罚，司法实践也围绕于此形成了一系列司法经验。检察机关是国家法律监督机关，参与未成年人刑事办案全程，承担未成年人司法保护的重要职责。透视检察机关对未成年人犯罪预防与矫治的开展情况，可以一窥未成年人犯罪预防与矫正的整体格局，有助于分析研判预防与矫正的发展脉络和整体规律。

1. 始终坚持"教育为主、惩罚为辅"原则，"少捕、慎诉、少监禁"，最大限度为罪错未成年人回归社会创造条件

根据权威部门统计，近年来各地检察机关均积极落实未成年人特殊刑事政策，不捕率、不诉率均高于普通刑事犯罪，积极为未成年人回归社会创造条件。根据数据统计，2014年至2019年，全国检察机关共受理审查逮捕未成年犯罪嫌疑人284569人，其中，批准逮捕194082人，不批准逮捕88953人，不捕率为31.43%（如图1）；受理移送审查起诉383414人，其中，提起公诉292988人（含附条件不起诉考验期满后起诉人数），不起诉58739人（含附条件不起诉考验期满后不起诉人数），不诉率为16.70%（如图2），不捕率、不诉率均高于普通刑事犯罪。

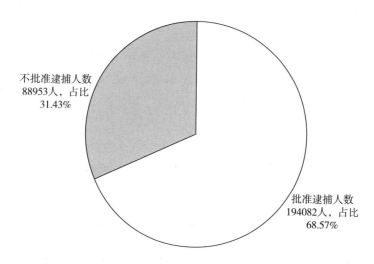

图1 2014~2019年全国检察机关受理审查逮捕未成年嫌疑人情况

数据来源：最高人民检察院《未成年人检察工作白皮书（2014—2019）》。

2. 全面落实未成年人刑事案件特别程序

2012年刑事诉讼法修改以来，全国检察机关将教育、感化、挽救贯穿办案始终，积极落实未成年人特殊办案程序要求，合适成年人到场、社会调查等特殊程序适用率逐年上升，附条件不起诉和犯罪记录封存等工作力度也逐年加大，确保特殊预防工作取得成效。例如2019年社会调查数量较2016

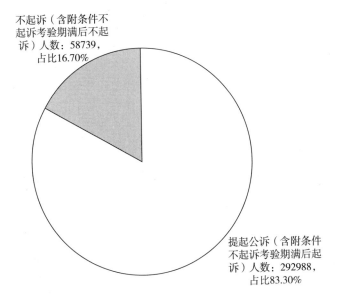

图2　2014～2019年全国检察机关受理审查起诉未成年嫌疑人情况

数据来源：最高人民检察院《未成年人检察工作白皮书（2014—2019）》。

年上升90.65%；法定代理人、合适成年人到场基本实现全覆盖；稳步提升附条件不起诉的数量与效果，2019年附条件不起诉数量较2014年上升85.60%，同时，2014年至2019年共对896名未成年人依法撤销附条件不起诉决定并提起公诉；持续加大未成年人犯罪记录封存工作力度，上海、浙江等地检察机关就未成年人犯罪记录封存工作开展专题调研、专项监督，最大限度确保罪错未成年人特殊预防效果。

3. 依法履行法律监督职责

检察机关在办理未成年人刑事案件过程中，一直坚持以案件为依托，充分履行检察监督职责，以检察建议等形式引导督促，促进社会综合治理，推动未成年人犯罪预防工作开展。例如：重庆市检察机关在办理涉黑涉恶案件中，向公安、教育、行政等部门等发出检察建议，严防辍学肄业或被劝退开除的学生参与涉黑恶犯罪，共劝返失学辍学学生1569人，从源头上减少未成年人涉黑恶犯罪的发生。福建省向公安等四个职能部门发出加强监管的检察建议，治理营业性网吧、娱乐场所和宾馆等违法接待、容留未成年人的问题，相关建议得到充分重视，促进行政机关开展工作，最终上述问题诱发的未成年人刑事案件大幅减少。①

4. 完善未成年人预防与帮教社会支持体系

近年来各地检察机关大力发展社会支持体系，在社会调查、合适成年人到场、观护矫正等方面形成检察机关与社会支持体系合力，共同推动未成年人犯罪社会化预防帮教体系不断完善、发挥效用。2019 年，最高人民检察院与共青团中央签订《关于构建未成年人检察工作社会支持体系合作框架协议》，并共同确定北京市海淀区等 40 个未成年人检察社会支持体系建设试点；广东省深圳市人民检察院依托专业社工机构，实现"专业社工帮教机构 + 劳动技能培训 + 心理干预 + 义工服务 + 社会企业支持"的综合性涉罪未成年人社会化帮教机制；四川省人民检察院在全省范围内推行强制性家庭教育指导制度（亲职教育），借助社会专业力量帮助涉案未成年人的监护人提高监护能力，改善亲子关系；福建、江苏、浙江等地利用本地民营企业发达的优势，依托爱心企业建立观护基地；重庆市检察机关充分发挥"莎姐"品牌效应，组建包括律师、心理咨询师、教师、代表委员等在内的志愿者服务队伍。上述社会支持体系在未成年人犯罪预防与矫正工作中发挥了重要参与作用。

（二）检察机关未成年人犯罪预防和矫治工作发展

1. 总体工作发展

未成年人犯罪预防和矫正工作是否取得应有成效，微观效果映射于个案中未成年人的成长与回归，而宏观反映则在未成年人犯罪趋势变化。近年来，在全社会的共同努力下，未成年人犯罪预防和矫正工作取得实质进展，深入落实有力助推了社会综合治理，未成年人犯罪总体形势趋稳向好。最高人民检察院公布的《未成年人检察工作白皮书（2014—2019）》显示，2014年至 2019 年，未成年人涉嫌严重暴力犯罪的总体下降趋势明显，校园欺凌

---

① 参见最高人民检察院《未成年人检察工作白皮书（2014—2019）》。

和暴力犯罪数量逐年下降，毒品犯罪总体大幅下降，未成年人重新犯罪小幅波动，但整体平稳。①

全国未检工作发展一直存在地域差异，地域差异直接关联各地理念、经济、文化、社会服务等现实条件，区域差异结果是犯罪预防与矫正手段的细微不同，但背后依据的少年司法理念和体现的司法规律却有趋同性。因此，定位于特定区域的犯罪预防和矫治工作的开展，分析预防和矫正工作对当地未成年人犯罪的影响，易于发现预防和矫治工作的效果、规律以及存在问题，对犯罪预防和矫治工作评价具有针对性，也对未成年人犯罪预防与矫正工作整体推进具有共通价值。本文拟重点选取北京地区为样本，详细分析北京市检察机关区域社会综合治理成效以及未成年人犯罪与预防工作开展情况，以发现关联、总结经验、助推发展。

2. 北京市未成年人犯罪预防与矫正工作发展②

2014 年至 2019 年，北京市检察机关共受理审查逮捕未成年犯罪嫌疑人案件 1978 件，共 2458 人，受理移送审查起诉未成年犯罪嫌疑人案件 2752 件，共 3515 人，其中不捕率为 41.58%（如图 3）、不诉率为 42.45%（如图 4），两项数据远远高于全国检察机关平均数据。③ 总结北京市未成年人犯罪预防与矫正工作，分析相关工作对未成年人犯罪预防的影响，总体呈现如下特点：

（1）未检案件不捕不诉率逐年上升，"少捕、慎诉"刑事政策有效落实。2014 年至 2019 年，经北京市检察机关审查后，对未成年犯罪嫌疑人不予逮捕的分别为 146 人、161 人、177 人、171 人、192 人、150 人，不捕率分别为 28.57%、37.97%、45.50%、43.80%、49.61%、43.90%；对未成年犯罪嫌疑人不予起诉的分别为 205 人、255 人、238 人、284 人、201 人、215 人，不诉率分别为 23%、39%、46.39%、48.20%、48.97%、49.20%

---

① 参见最高人民检察院《未成年人检察工作白皮书（2014—2019）》。
② 本部分全部数据均来源于北京市检察机关统计数据。
③ 最高人民检察院《未成年人检察工作白皮书（2014—2019）》公布，2014～2019 年全国检察机关不捕率和不诉率分别为 31.43% 和 16.11%。

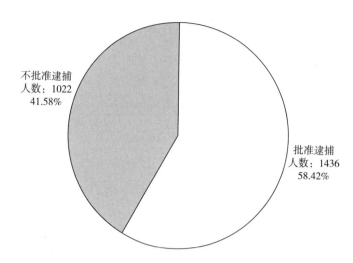

图3 2014~2019年北京市检察机关受理审查逮捕未成年嫌疑人情况

数据来源：北京市检察机关统计数据。

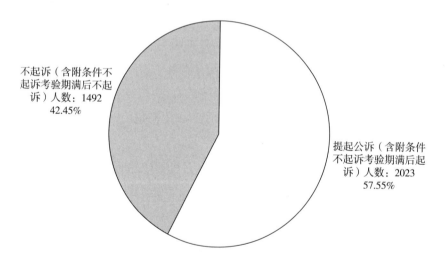

图4 2014~2019年北京市检察机关受理审查起诉未成年嫌疑人情况

数据来源：北京市检察机关统计数据。

（如图5）。就2019年对未成年人不起诉的情况，不起诉人数为215，其中相对不起诉117人，存疑不起诉4人，法定不起诉6人，附条件不起诉88人。

（2）多措并举，有效落实对未成年人"少监禁"政策。北京市检察机

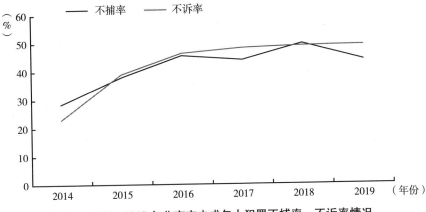

图 5　2014～2019 年北京市未成年人犯罪不捕率、不诉率情况

数据来源：北京市检察机关统计数据。

关严格落实对未成年人"少监禁"政策，有效降低未成年人羁押率。一是积极开展羁押必要性审查。2016 年，北京市对 167 名在押未成年犯罪嫌疑人进行羁押必要性审查，其中 23 人被依法变更强制措施；2017 年，开展未成年人羁押必要性审查 36 次，其中 23 人被依法改变强制措施；2018 年，开展未成年人羁押必要性审查 58 次，其中 31 人被依法变更强制措施。二是积极利用量刑建议的方式降低未成年涉案人员羁押率。2017 年，北京市检察机关共向法院发出适用非监禁刑量刑建议 38 份，均被法院采纳；2018 年，向法院发出非监禁刑量刑建议 24 份，法院采纳 22 份；2019 年，向法院发出适用非监禁刑量刑建议 38 份，法院采纳 37 份（见表 1）。

表 1　2016～2019 年北京市检察机关落实"少监禁"政策情况

年份	羁押必要性审查数（人）	依法变更强制措施数（人）	变更率（%）	向法院发出适用非监禁刑量刑建议数（份）	法院采纳数（份）	采纳率（%）
2016	167	23	13.77	—	—	—
2017	36	23	63.89	38	38	100
2018	58	31	53.45	24	22	91.67
2019	—	—	—	38	37	97.37

数据来源：北京市检察机关统计数据。

（3）全程全面，涉案未成年人社会调查覆盖率逐年提高。社会调查是未成年人帮教的基础，社会调查的质量决定未成年人帮教和矫正的效果，全程全面是调查质量的重要保障。北京市检察机关充分重视社会调查工作，积极推动规范完善。从早期部分案件审查起诉阶段调查，逐步到全程、全面调查。目前，已经实现在侦查阶段即开始调查，报告随案卷移送。对侦查阶段没有进行社会调查或调查质量不高的，检察机关补充调查，确保调查全面实效。2014年至2019年，北京市对未成年犯罪嫌疑人展开社会调查的分别为993人、674人、449人、442人、443人、667人（如图6）。此外，为保证调查质量，北京市也建立了社会调查评价机制，将对社会调查考评纳入首都社会治安综合治理考评分值，规范社会调查行为及调查报告形式，确保社会调查质量和效果。①

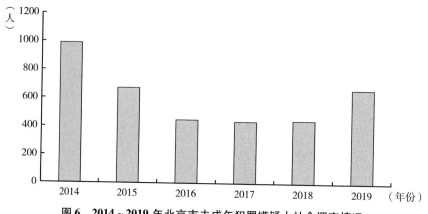

图6　2014~2019年北京市未成年犯罪嫌疑人社会调查情况

数据来源：北京市检察机关统计数据。

（4）依托观护帮教基地，积极适用附条件不起诉。对于附条件不起诉未成年人的考察帮教，北京市检察机关主要依托全市统一的"新起点扬帆观护基地"，基地类型涵盖企业、事业单位及社会团体，为涉罪未成年人接受附条件不起诉监督考察提供必要的生活保障和矫正场所。2014年至2019

---

① 参见北京市检察机关统计数据。

年，北京市检察机关对未成年人适用附条件不起诉的分别为53人、128人、101人、99人、80人、88人（如图7）。统计表明，被附条件不起诉监督考察的未成年人中，97.50%出现妨碍诉讼或重新犯罪。①

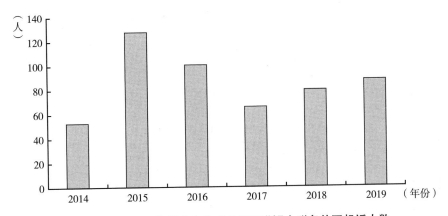

图7　2014～2019年北京市未成年犯罪嫌疑人附条件不起诉人数

数据来源：北京市检察机关统计数据。

（5）因人施教，充分落实法律援助等个性化矫正措施。北京市检察机关在落实"少捕、慎诉、少监禁"的基础上，因人施教，多措并举针对未成年人开展法律援助、跟踪回访、帮教矫正。2016年，北京市检察机关为412名未成年犯罪嫌疑人提供法律援助；2017年，为180名未成年犯罪嫌疑人提供法律援助；2018年，为313名未成年犯罪嫌疑人提供法律援助；2019年，为314名未成年犯罪嫌疑人提供法律援助（见表2）。2016年，北京市检察机关对不起诉和判处缓刑的涉罪未成年人跟踪回访帮教190人次；2017年，对33名不批准逮捕的未成年犯罪嫌疑人开展帮教工作，开展不起诉后帮教80人、判决后帮教14人，建立帮教档案83份；2018年，开展不批准逮捕后帮教52人、不起诉后帮教61人、判决后帮教8人，建立帮教档案81份；2019年，开展临界预防帮教14人、不捕后帮教30人、不起诉后

① 参见《不忘初心继往开来 努力开创首都未成年人检察工作新局面——在北京未检三十年暨未成年人检察工作座谈会上的报告》。

帮教39人、判决后帮教18人，建立帮教档案101份（见表3）。积极开展心理辅导，2017~2019年，开展心理辅导的人数和次数逐年递增，2017年，对139名未成年犯罪嫌疑人开展心理测试143次，对82名未成年犯罪嫌疑人开展心理疏导103次；2018年，对183名未成年犯罪嫌疑人开展心理测试194次，对71名未成年犯罪嫌疑人开展心理疏导121次；2019年，对212名未成年犯罪嫌疑人开展心理测试218次，对113名未成年犯罪嫌疑人开展心理疏导133次（见表4）。①

表2 2016~2019年北京市检察机关为涉罪未成年人提供法律援助情况

年份	2016	2017	2018	2019
人数	412	180	313	314

数据来源：北京市检察机关统计数据。

表3 2016~2019年北京市检察机关对涉罪未成年人帮教工作开展情况

年份	临界预防数（人）	不捕后帮教数（人）	不诉后帮教数（人）	判决后帮教数（人）	建立帮教档案数（份）
2016	—	—	190	—	—
2017	—	33	80	14	83
2018	—	52	61	8	81
2019	14	30	39	18	101

数据来源：北京市检察机关统计数据。

表4 2017~2019年北京市检察机关对涉罪未成年人心理辅导工作开展情况

年份	心理测试			心理辅导		
	人数	次数	人均次数	人数	次数	人均次数
2017	139	143	1.03	82	103	1.26
2018	183	194	1.06	71	121	1.70
2019	212	218	1.03	113	133	1.18

数据来源：北京市检察机关统计数据。

---

① 参见北京市检察机关统计数据。

（三）北京市未成年人犯罪新趋势新规律

近年来，北京市检察机关一方面积极参与社会综合治理，未成年人犯罪出现整体下降趋势，未成年人犯罪预防与矫正工作取得阶段性进展。另一方面北京市检察机关一系列帮教矫措施的有效开展对未成年人犯罪预防与矫正产生积极影响，促进了社会综合治理。随着社会经济进一步发展，未成年人犯罪预防矫正工作进一步深入，未成年人犯罪出现新的趋势，我们应当充分正视犯罪新规律、新形态，思考未成年人犯罪预防矫正工作的新应对、新调整。

1. 未成年人犯罪数量下降，总体趋稳向好

2014 年至 2019 年，北京市检察机关分别受理审查逮捕未成年犯罪嫌疑人 511 人、422 人、388 人、397 人、397 人、343 人；受理审查起诉未成年犯罪嫌疑人 878 人、637 人、524 人、587 人、452 人、437 人（如图 8）。总体来看，受理审查逮捕人数和受理审查起诉人数均呈现走低趋势，除 2017 年逮捕人数小幅上升外，审查逮捕和审查起诉人数都逐年降低。这一变化也在一定程度上反映了近年来北京市未成年人犯罪数量下降，且总体呈现趋稳向好的趋势。

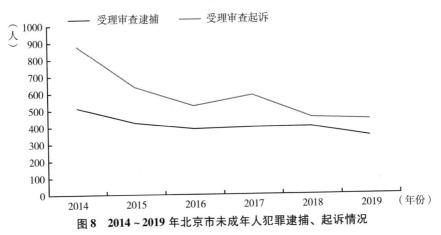

图 8　2014~2019 年北京市未成年人犯罪逮捕、起诉情况

数据来源：北京市检察机关统计数据。

2. 未成年人严重暴力犯罪呈现明显下降趋势

未成年人暴力恶性犯罪一直是国际社会的顽疾，是受公众关注的棘手问

题。从历年案例来看，北京市恶性故意杀人、伤害、放火等暴力犯罪也曾有
发生。不仅相关人员矫正难度很大，也极易影响公众安全感。近年来，北京
市社会治理手段效果显现，未成年人犯罪预防和矫正也取得实际效果，未成
年人恶性暴力事件鲜有发生。2014 年至 2018 年全市故意杀人案件，仅涉及
未婚妈妈杀婴的特殊类型案件，与严重暴力致人死亡型杀人、抢劫、伤害案
件并不相同。

3. 侵犯财产类犯罪、妨害社会管理秩序类犯罪、侵犯公民人身权利类犯
罪仍然是未成年人的主要犯罪类型

社会发展使未成年人新型犯罪增多，但总体观察，侵犯财产类犯罪、妨
害社会管理秩序类犯罪、侵犯公民人身权利类犯罪仍然是未成年人的主要犯
罪类型，这在在校生犯罪中表现得更为明显。根据北京市部分区域犯罪类型
分析，上述规律更为明显。例如，北京市石景山法院对近十年来的审理数据
统计后指出，在校未成年人犯罪主要集中在抢劫罪、聚众斗殴罪、故意伤害
罪、寻衅滋事罪、盗窃罪，分别占在校未成年人犯罪案件数的 26.44%、
19.50%、18.40%、18.40% 和 11.50%（如图 9）。从犯罪形式看，在校未
成年人犯罪呈现团伙化特征，涉及共同犯罪的占比 82.35%（如图 10）。①
北京市海淀区人民检察院课题组对 2015 年 1 月 1 日至 2016 年 3 月 31 日审
查起诉的 125 名涉罪未成年人案件进行的实证研究也表明，125 名未成年人
涉嫌盗窃罪、诈骗罪、强奸罪等 21 个罪名，涉嫌侵财类犯罪的人数所占比
例最高，共 59 人，占比 47.2%，其中盗窃罪最为多发，共 53 人；涉嫌暴
力型犯罪的共 41 人，占比 32.8%；涉嫌性犯罪的共 7 人，占比 5.6%；涉
嫌毒品犯罪的共 7 人，占比 5.6%，其他类型的犯罪共 11 人，占比 8.8%。
未成年人涉嫌故意杀人、故意伤害致人重伤或死亡、强奸、抢劫、贩卖毒品
等八种严重暴力犯罪共 24 件，占比 19.2%（如图 11、12）。②

---

① 《石景山法院发布涉未成年案件通报会机制白皮书》，北京法院网，http://bjgy.chinacourt.
gov.cn/article/detail/2018/12/id/3602682.shtml，最后访问日期：2020 年 9 月 19 日。
② 北京市海淀区人民检察院课题组：《附条件不起诉实证研究报告》，《国家检察官学院学报》
2017 年第 3 期。

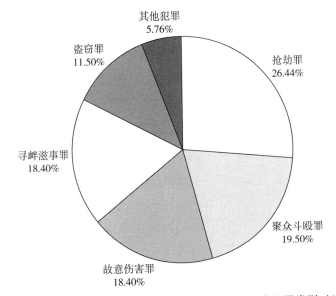

图9　北京市石景山法院近 10 年审理的在校未成年人犯罪类型（1）

数据来源：石景山法院发布《涉未成年案件通报会机制白皮书》。

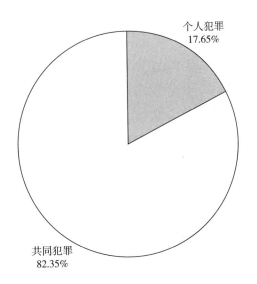

图 10　北京市石景山法院近 10 年审理的在校未成年人犯罪形式（2）

数据来源：石景山法院发布《涉未成年案件通报会机制白皮书》。

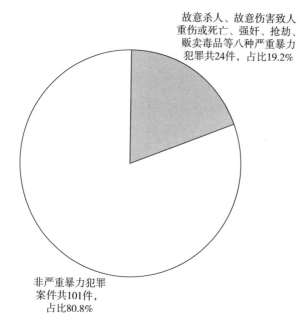

故意杀人、故意伤害致人重伤或死亡、强奸、抢劫、贩卖毒品等八种严重暴力犯罪共24件，占比19.2%

非严重暴力犯罪案件共101件，占比80.8%

图11　2015年1月1日至2016年3月31日北京市海淀区检察院审查起诉未成年人犯罪案件类型（1）

数据来源：北京市海淀区人民检察院课题组：《附条件不起诉实证研究报告》。

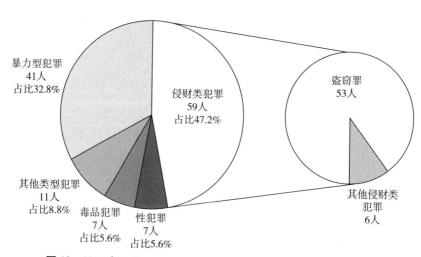

暴力型犯罪
41人
占比32.8%

侵财类犯罪
59人
占比47.2%

盗窃罪
53人

其他类型犯罪
11人
占比8.8%

毒品犯罪
7人
占比5.6%

性犯罪
7人
占比5.6%

其他侵财类犯罪
6人

图12　2015年1月1日至2016年3月31日北京市海淀区检察院审查起诉未成年人犯罪案件类型（2）

数据来源：北京市海淀区人民检察院课题组：《附条件不起诉实证研究报告》。

4. 新型未成年人犯罪样态及其发展规律

未成年人对计算机、互联网等新技术接受能力强，部分未成年人涉足与互联网有关的新型犯罪。2014～2019年，北京市共发生未成年人针对计算机信息系统、互联网犯罪4起，其中，非法获取技术及信息系统数据罪1起，非法利用信息网络罪1起，提供侵入、非法控制计算机信息系统程序、工具1起，帮助信息网络犯罪活动罪1起。另外，发生未成年人利用互联网实施的犯罪12起，其中寻衅滋事罪2起、盗窃罪5起、诈骗罪2起、侵犯公民个人信息罪2起、非法获取公民个人信息罪1起（如图13）。①

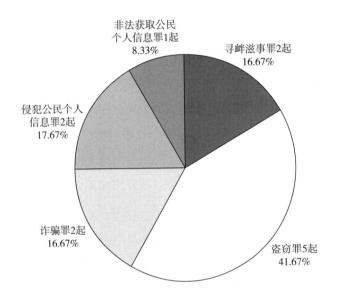

图13　2014～2019年北京市未成年人利用网络实施犯罪情况

数据来源：北京市检察机关统计数据。

5. 未成年人参与共同犯罪现象仍然突出，利用未成年人犯罪应予以重视

未成年人参与共同犯罪是未成年人犯罪的一个典型特点，且一直保持较高比例。以上述数据为例，石景山区对在校生犯罪的调研数据也显示，该区

---

① 参见北京市检察机关统计数据。

在校未成年人犯罪呈现团伙化特征，涉及共同犯罪的占比 82.35％。① 而海淀检察院上述调研的 102 件 125 名涉罪未成年人案件中，有 28 件案件是共同犯罪案件，涉及 51 名未成年人，共同犯罪案件数占比 27.45％，共同犯罪人数占比 40.80％。②

还需特别重视的是，未成年人社会经验少，辨别能力弱，在未成年人参与共同犯罪中，被成年人利用参与犯罪的情况也较为突出。在未成年人共同犯罪中，成年人利用未成年人犯罪具有较大社会危害性，应当引起注意。数据显示，北京法院近五年共审理利用未成年人实施犯罪案件 113 件，涉案被告人 324 人，其中，成年被告人 211 人，未成年被告人 113 人。成年人利用未成年人实施犯罪的案件相对集中于侵财类案件，累计占比约为 63％，③ 而未成年人参与其中部分恶性案件，也应受到高度关注。例如，北京市检察院审理王某等 13 人诈骗案件，王某等人成立公司以帮助拍卖收藏品，收取手续费为由诈骗他人钱财，被骗人员多达 200 余人，其中张某某系参与犯罪的从犯，犯罪时 17 周岁。再如，个别黑恶势力犯罪的案件中，也有未成年人被利用作为碰瓷犯罪撞车的"肉身"，相关情况应引起重视。

6. 未成年人犯罪原因引导犯罪预防与矫正方向更加聚焦④

对北京市未成年人犯罪特征和原因进一步分析，发现相关规律集中为以下几点。

一是外地户籍的未成年人犯罪率高。以海淀检察院调研的 125 名被审查起诉的未成年人为例，本地户籍人数为 23 人，外地户籍人数为 102 人，外地户籍占比 81.60％（如图 14）。

---

① 参见《石景山法院发布涉未成年案件通报会机制白皮书》，北京法院网，http://bjgy. chinacourt. gov. cn/article/detail/2018/12/id/3602682. shtml，最后访问时间：2020 年 9 月 19 日。
② 参见北京市海淀区人民检察院课题组：《附条件不起诉实证研究报告》，《国家检察官学院学报》2017 年第 3 期。
③ 参见《北京高院发布利用未成年人实施犯罪案件审理情况，对成年利用者严惩不贷》，北京法院网，http://bjgy. chinacourt. gov. cn/article/detail/2020/05/id/5250835. shtml，最后访问时间：2020 年 9 月 19 日。
④ 此部分数据均来源于北京市海淀区人民检察院课题组：《附条件不起诉实证研究报告》，《国家检察官学院学报》2017 年第 3 期。

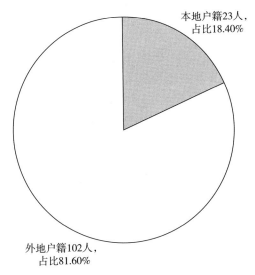

本地户籍23人，
占比18.40%

外地户籍102人，
占比81.60%

**图14　2015 年 1 月 1 日至 2016 年 3 月 31 日北京市海淀区检察院
审查起诉未成年犯罪嫌疑人户籍情况**

数据来源：北京市海淀区人民检察院课题组：《附条件不起诉实证研究报告》。

二是男性未成年人占绝大多数。在上述调研的 125 名被审查起诉的未成年人中，女性共 10 人，占总人数的 8%，男性共 115 人，占总人数的 92%。

三是完全刑事责任年龄段未成年人犯罪比例高。涉罪未成年人集中在 16 至 18 岁，16 岁以上的未成年犯罪嫌疑人共 112 人，占比 89.60%。

四是无业及闲散人员占比大。125 名被审查起诉的未成年人中，有固定工作的为 23 人，在上学的为 28 人，临时性打工的为 28 人，闲散无业的为 46 人。总的来说，生活固定人数占比 40.80%，生活不固定的人数占比 59.20%。

由以上数据可见，未成年人涉案原因更为集中，生活不固定、辍学、融入社会不畅是犯罪的主要客观原因。而未成年人心智不如成年人健全、法治观念相对更单薄、自控能力差、容易冲动行事也是犯罪主要原因。此外，随着互联网时代的到来，新型文化对未成年人造成不当影响也是诱发犯罪的重要原因。以上特点和规律一方面说明传统犯罪预防与矫正工作方向正确，另一方面也提示未来犯罪预防和矫正方向会更加聚焦于对未成年人法治观念和自律意识的培养，调试未成年人成长硬件环境，培育有利于未成年人健康成长的文化软件环境。

7. 科学评估北京市未成年人再犯罪情况

未成年人再犯罪情况是犯罪预防与矫正工作的衡量标准，具有重要指引价值。北京市人民检察院曾在全市随机抽取 1000 个样本，对未成年人重新犯罪进行专题调研。在被抽取的 1000 名人员中，具有两次以上犯罪经历的共 71 人，占抽样总数的 7.1%。深入分析可见如下特点：一是未成年人初次犯罪年龄越小，重新犯罪可能性越大（如图 15），71 名再犯人员中，有59 人的初次犯罪年龄在 14 岁至 16 岁，占再犯人员总数的 83.1%。二是未成年犯回归社会后就业能力差引发重新犯罪。未成年犯文化程度普遍较低（如图 16），初中及以下文化程度的有 62 人，高中、中专、技校等文化程度的有 9 人，初中以下文化程度所占比重高达 87.3%。71 名再犯人员中，初次犯罪后继续留在学校就读的仅有 9 人，失学率高达 87.3%。上述 71 人再次犯罪时处于无业状态的为 53 人，失业率高达 74.6%，其余的十几人虽有工作，但也多是临时工。三是未成年人重新犯罪的间隔周期较短（如图17），判处非监禁刑或刑满释放一年内重新犯罪的共 52 人，占再犯人员总数的 73.2%，其中 3 个月内重新犯罪的有 9 人，3~6 个月内重新犯罪的有 17人，6~12 个月内重新犯罪的有 26 人，其中有的还在取保候审期间再次犯

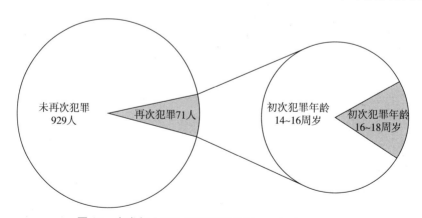

图 15　未成年人再次犯罪情况分析——初次犯罪年龄

数据来源：北京市检察机关统计数据。

罪。四是未成年人重新犯罪的罪名与前罪高度统一。从初次犯罪和重新犯罪的类型和性质来看，盗窃、抢劫等财产性犯罪的再犯率较高，共有 49 人，其中 38 人在重新犯罪时仍集中于上述财产性犯罪，约占 77.6%。

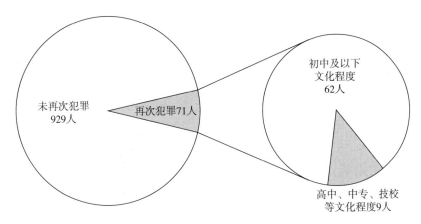

图16　未成年人再次犯罪情况分析——文化程度

数据来源：北京市检察机关统计数据。

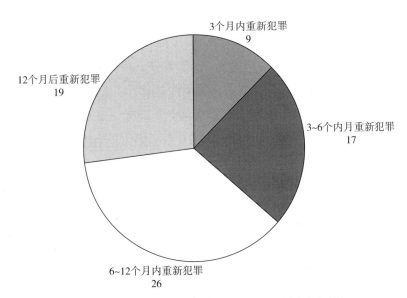

图17　未成年人再次犯罪情况分析——再次犯罪时间

数据来源：北京市检察机关统计数据。

二 未成年人犯罪预防与矫正的制度和机制建议

未成年人犯罪预防与矫正，是未成年人刑事工作的总体价值目标，也是少年司法有别于成年司法的关键所在。近年来，我国少年司法发展历经了依附期、显现期、成型期，逐渐形成特殊的运行模式、工作制度及配套措施，极大地促进了未成年人刑事检察工作健康科学发展。而司法实践中，未成年人犯罪预防与矫正在机制构建和制度落实方面逐渐发展、成熟，为未成年人保护搭建了良好平台。

（一）未成年人犯罪预防与矫正的制度发展

制度是实践的先导，机制是落实的保障。近年来，少年司法特别是未成年程序领域改变自下而上的发展脉络，加强顶层设计，出台大量制度，搭建配套工作机制，极大地推动了未成年人犯罪预防和矫正工作的规范深入开展。

2012 年修改的刑事诉讼法设立专章规定"未成年人刑事案件诉讼程序"，对检察机关落实新增的未成年人刑事案件诉讼程序中指定辩护、社会调查、法定代理人到场、少捕慎诉、附条件不起诉、考察帮教、教育矫治、犯罪记录封存等相关内容进行了规范和细化。同年，最高人民检察院制定《人民检察院刑事诉讼规则（试行）》和《关于进一步加强未成年人刑事检察工作的决定》，促进政法机关办理未成年人刑事案件配套工作体系和未成年人犯罪社会化帮教预防体系建设。2013 年，最高人民检察院再次修订《人民检察院办理未成年人刑事案件的规定》，对《中华人民共和国刑事诉讼法》（2012 修正）中未成年人刑事案件诉讼程序进一步落实。2014 年 12 月，最高人民检察院印发《关于进一步加强未成年人刑事检察工作的通知》，要求全国检察机关就社会调查、合适成年人到场、附条件不起诉、帮教考察等涉及面广、专业性强的工作，加强与有关部门的配合协调，建立多部门合作及司法借助社会力量的长效机制，实现对涉罪未成年人教育、感化、挽救的无缝衔接，共同将保护未成年人合法权益的制度措施落到实处。2015 年，最高人民检察院印发《检察机关加强未成年人司法保护八项措施》，要求全国检察机关逐步建立司法借助社会专业力量的长效机制，以政府购买服务等方式，提高未成年人权益保护和犯罪预防的专业水平。2016 年 3 月，最高人民检察院印发《关于加强未成年人检察工作专业化建设的意见》，在未成年人检察专门评价机制中反映未成年人权益保护、教育感化、犯罪预防成效等工作内容，将落实特殊程序及教育矫治、帮扶工作作为案件评价的标准之一。2016 年 11 月，最高人民检察院联合教育部等 9 部委联合印发《关于防治中小学生欺凌和暴力的指导意见》（以下简称《意见》），各级检察机关加强与其他部门的配合，依法履行检察职能，积极参与校园欺凌专项治理，加强防治中小学生欺凌和暴力工作力度。《意见》还规定对屡教不改、多次实施欺凌和暴力的学生必要时转入专门学校就读的教育矫治措施。2017 年 3 月，最高人民检察院印发《未成年人刑事检察工作指引（试行）》，对办理未成年人涉嫌犯罪案件，落实未成年人特别程序，开展保护救助和帮教挽救工作进行规范。2017 年 7 月，最高人民检察院未成年人检察工作办公室印发《关于未成年人刑事案件开展认罪认罚从宽制度试点的意见》，指导各地检察机关未成年人检察部门对未成年犯罪嫌疑人依法积极适用认罪认罚从宽制度，充分发挥该制度在落实少捕、慎诉、少监禁，教育挽救涉罪未成年人方面的积极作用。2018 年 2 月，最高人民检察院、共青团中央签署《关于构建未成年人检察工作社会支持体系合作框架协议》，决定发挥各自优势，联合推动未成年人检察社会支持体系建设。2019 年 6 月，最高人民检察院与国际救助儿童会签署合作开展未成年人司法保护试点的合作备忘录，决定围绕未成年人检察工作社会支持体系建设、未成年人犯罪预防干预创新等开展交流合作。2020 年，最高人民检察院印发《关于加强新时代未成年人检察工作的意见》，对坚持惩治与教育相结合、深入落实未成年人特殊检察制度、准确适用认罪认罚从宽制度、加强涉罪未成年人帮教机制建设、推动建立罪错未成年人分级干预体系等，依法惩戒、精准帮教罪错未成年人工作进行系统规范。此外，《意见》也再次调整未检工作模式为"捕诉监防教"，更加明确未检案件对教育矫正功能的承载。

梳理上述制度规范、机制建设和有利举措，少年司法理念随着未成年人检察制度健全而更加明确，未成年人犯罪预防与矫正在检察工作逐步成熟，发展脉络清晰。客观评价，2012 年最高人民检察院制定印发《关于进一步加强未成年人刑事检察工作的决定》，在当时的社会背景下不乏争议，质疑内容包括过于宽缓化、对刑罚的预防功能产生冲击等。而在司法机关内部，也存在不同程度的理念滞后，对儿童的特殊、优先保护等观念没有真正树立起来，对未成年人刑事检察的重要性、特殊性和复杂性认识不够等问题，从而影响了工作积极主动地推动。但是随着制度逐步健全，少年司法工作逐步推进，少年司法的独特理念借助司法实践开展而逐渐为公众知晓接受。少年宜教不宜罚的观念是司法机关办理未成年人案件的基本观点，是开展犯罪预防与矫正的出发点，同时，这一观念也逐渐为公众接受。未成年人刑事检察的工作特点被理解，各级未检工作也积极落实相关制度要求，未成年人刑事检察的特殊成效也逐渐显现。

（二）北京市未成年人犯罪预防与矫正制度建设及工作成效

北京市未成年人犯罪预防和矫正工作一直坚持以"未成年人利益最大化"为原则，以保护未成年人、帮教未成年人、预防犯罪为目的，建立专业的未成年人案件办理机构和培养专业性人才队伍，构建"捕诉监防教"五位一体工作模式，办理未成年人涉罪案件中贯彻落实"教育、感化、挽救""教育为主，惩罚为辅"的特殊方针、原则及"少捕、慎诉、少监禁、双向保护"的刑事政策，利用特殊办案程序实现精准帮教，做好未成年人司法保护和预防矫治，帮助罪错未成年人改造自我，使其重新融入社会，减少未成年人违法犯罪。

1. 完善制度，落实各项要求，加强未成年人刑事检察工作

2012 年，北京市检察院会同北京市高级人民法院、北京市公安局、北京市司法局、共青团北京市委员会、首都综治委预防青少年违法犯罪专

项组等部门联合印发《北京市关于进一步建立和完善办理未成年人刑事案件配套工作体系的若干意见》。印发《关于未成年人案件检察部门案件受理范围的规定》《未成年人案件个案督导办法》《关于进一步加强未成年人犯罪预防和法治教育工作的实施意见》。2013 年，北京市检察院会同北京市高级人民法院、北京市公安局、北京市司法局、共青团北京市委员会、首都综治委预防青少年违法犯罪专项组等部门联合印发《北京市未成年人法律援助实施办法》《关于在办理未成年人刑事案件中推行合适成年人到场制度的实施办法》《关于对未成年犯罪嫌疑人、被告人进行社会调查工作的实施办法》，加强未成年人权益保护与法律援助。2015 年 5 月，北京市人民检察院先后印发《关于进一步加强未成年人犯罪预防和法治教育工作的实施意见》《关于未成年犯罪嫌疑人适用逮捕强制措施实施意见》《未成年人涉罪案件相对不起诉和附条件不起诉适用标准》，会同北京市高级人民法院、北京市公安局、北京市司法局、共青团北京市委员会、北京市教育委员会、北京市人力资源与社会保障局、北京市民政局、首都综治委预防青少年违法犯罪专项组共同印发《关于未成年人犯罪记录封存的实施办法》。2017 年印发《关于未成年人刑事案件诉讼档案封存管理办法》。从上述规范可见，北京市检察机关积极落实刑事诉讼法专章要求，落实最高人民检察院各项要求，协调首都综治委预防青少年违法犯罪专项组、市教委、司法局、公安局、法院等单位，先后制定并印发了大量未检规范化建设意见，初步形成了落实未成年人刑事案件特别程序规定的规范体系。此外，北京市要求各级未检部门完善和落实未成年人特殊检察制度，针对未成年人犯罪的特殊性，细化落实特殊制度、程序和要求，把教育挽救罪错未成年人的效果作为办案质效的首要评价标准，为北京市未检工作统筹规范发展提供根本标准。

2. 构建专门机构、专业工作机制，确保未成年人犯罪预防与矫正专业规范

建立办理未成年人刑事案件的专门机构，是做好未成年人司法保护，预防、矫治、减少未成年人违法犯罪工作的重要保障。《最高人民检察院关于加强未成年人检察工作专业化建设的意见》指出："未成年人检察工作具有

特殊性，在职责任务、内在规律、司法理念、评价标准等方面都与成人司法有显著的区别，是独立的检察业务类别。"近年来，最高人民检察院要求各地检察机关不断加强未成年人检察专门机构建设。

北京市未成年人检察专门机构建设起步较早。早在 1988 年，东城区人民检察院就在批捕科设立未成年人办案组，标志着北京未检专业化办案机构建设开始启动；1992 年全市检察机关审查起诉部门和批捕部门中已有 128 人负责办理未成年人案件，同年石景山院联合公安、法院建立了本区办理未成年人犯罪案件配套工作体系，海淀、朝阳等多个区陆续形成专题公检法联席会议机制；2007 年市院发文要求"各级院侦查监督、公诉部门均应设立专门工作机构或者专门办案小组"，自此，全市检察机关内设于侦监、公诉部门的未检办案组织实现全覆盖；2010 年 9 月，海淀区检察院成立北京首家独立建制的少年检察处，随后朝阳、昌平、大兴等院未成年人检察处相继成立；2011 年，市检察院成立未成年人刑事检察工作领导小组，在公诉部门设办公室，负责对全市未成年人刑事检察工作的指导和管理；2012 年，市检察院推动各院积极组建独立编制的未检专门机构，并在全国率先统一机构名称为"未成年人案件检察处"，为涉未民行检察职能发展预留空间；2013 年 5 月，市院未成年人案件检察处正式成立，标志着全市三级未检组织体系正式建成，市院未检处成立后，又通过检察机关未检部门的市人大代表以及关心支持少年司法工作的市政协委员提出建议和提案，督促市公安局尽早启动未成年人案件办理专门机制建设；2015 年，海淀区公安分局在全国率先设立未成年人刑事案件预审中队；2016 年，朝阳区公安分局在执法办案中心设置未成年人专门办案区，并设立 24 小时社工办公室，提高了未成年人案件侦查的专业化水平；同年，司法责任制改革试点启动，三级院未检机构予以保留，名称变更为"未成年人案件检察部"，市院未检部编制和人员增加。

截至月前，全市三级未检专门机构全覆盖，基本形成市院总体把控、分院集中管理、区院抓好落实的北京市未成年人检察组织体系，由市检察院负责统筹未成年人检察工作，一分院、海淀和朝阳区检察院成立了专门的未成年人检察机构，其他检察院在刑事办案部门以下设立单独的未成年人检察办案组。

北京市检察部门也使用多种方式打造未成年人检察工作专业人才队伍：一是为适应未成年人检察业务发展吸纳大量人才，二是对检察业务人员进行定期培训，提高未检工作人员的专业素养，三是推进未成年人检察案件的科学研究，总结经验，结合实践指导办案。据统计，截至 2018 年，全市未成年人检察队伍共有 139 人，其中员额检察官 61 人，检察官助理 58 人，书记员 20 人，拥有硕士以上学历的 62 人，形成了一支既懂检察业务，又具备心理学、教育学、社会学等跨学科知识的专业化人才队伍。

此外，中国法学会检察学研究会未成年人检察专业委员会成立，北京市检察院未成年人检察部门作为专业委员会秘书处，努力打造中国资料最全的少年司法文献中心和研究基地，建设少年司法研究资源网络共享平台。2016 年，中国法学会检察学研究会未成年人检察专业委员会在京成立，大会旨在通过对未成年人检察基础理论和应用理论进行研究，加强信息交流与传播，建立和完善未成年人检察理论体系，促进未成年人检察学术发展，促进中国特色社会主义未成年人检察、未成年人司法制度的完善。会上，与会专家人员围绕中国特色的未成年人法律体系建设、少年司法组织体系建设、未成年人司法制度体系及社会支持体系建设、未成年人司法理论研究进行了研讨。2017 年年会以"未成年人检察专业化——《北京规则》的中国实践"为主题，围绕《北京规则》与少年司法实践、附条件不起诉、未成年刑事案件审查模式研究、未成年人检察监督等内容进行了研讨。2018 年年会以"新时代中国特色未成年人检察制度的发展与完善"为主题，围绕未成年人检察工作机构设置、评价机制、未成年人检察监督、建立少年检察院的构想、未成年人公益诉讼、少年司法监护职责、性侵害未成年被害人司法权益保护、儿童证言的审查和儿童证人诉讼权利保障等内容进行了广泛而深入的交流，在未成年人检察基础理论和应用理论研究方面进行了有益探索。2019 年年会以"未成年人保护法，预防未成年人犯罪法的修改与完善"为主题，从检察视角就"两法"修改与完善进行了集中交流研讨。2020 年年会以"《刑事诉讼规则》修订与未成年人全面综合司法保护"为主题，与会人员紧密结合未检及少年司法理论研究实际，围绕罪错未成年人分级处遇、未成年人刑事诉讼特别程序、未成年人民事权益保护等内容进行了广泛而深入的交流，为推动中国特色未成年人检察和少年司法制度发展提供了参考。

3. 提升办案质效，落实特殊程序，确保未成年人犯罪预防与矫正达到最佳效果

未检办案是犯罪预防和帮教的基础。北京市检察机关严格依据未成年人案件办理特殊程序要求，严格审查案件，并通过跟庭考核、案件评查、抽查卷宗、指导督办等多种方式规范未检工作，明确办理未成年人刑事案件各环节的操作规程，确保未检案件办理质量，并建立了未成年人检察工作考核评价机制。

第一，对未成年人犯罪案件依法快速办理，减少未成年人诉讼负累。在保障教育、挽救和保护救助效果的前提下，提高未成年人案件办案质量和效率，严格遵守案件办理审限要求，畅通办案流程，对于补充侦查和延长审查起诉期限加强监督，尽可能缩短办案周期；第二，提升社会调查实质效果。为防止社会调查同质化、形式化，切实发挥社会调查在未检工作中的基础作用。建立以司法机关为主导的、多方参与的社会调查模式，改进社会调查收集、审查方式，科学评估调查质量，规范社会调查的内容和方式，统一社会调查报告格式，提升社会调查报告的规范化水平。检察机关对随案移送的社会调查报告严格审查，督促没有社会调查的予以补充，完善异地调查合作机制，拓展异地调查渠道，充分发挥社会调查在办案和帮教中的参考作用；第三，积极推动附条件不起诉制度，提高附条件不起诉适用率。同时，准确把握附条件不起诉的条件，统一全市附条件不起诉的标准，搭建附条件不起诉的配套工作机制，建立未成年人异地帮教合作机制，打通未成年人回到原籍监督考察的渠道。充分利用社会资源，通过社会联动推动观护基地保障机制建设，强化附条件不起诉考验期间的监督考察工作，建立"检察官＋社工＋观护基地"的监督考察模式，提升监督考察质效，为涉罪未成年人监督

考察内的表现制定更加明确的考评制度，促进涉罪未成年人回归社会；第四，建立合适成年人到场制度，建立专业的合适成年人库，推动建立稳定的合适成年人队伍，确保未成年人合法权益得到维护；第四，对相对不起诉、附条件不起诉的未成年人积极适用不起诉训诫，着重强化教育作用，增强法治意识对未成年人的教育和矫正；第五，促进当事人和解制度在涉罪未成年人案件中的应用。未成年人案件的办理应当注重矛盾的化解，尽可能让未成年犯罪嫌疑人真诚悔过，鼓励未成年犯罪嫌疑人及其法定代理人通过赔偿损失、赔礼道歉等方式获得被害人谅解，促使双方当事人通过协商达成和解，提高诉讼经济效益，更好地使国家、被告人和被害人之间的利益得到平衡，化解社会矛盾；第六，完善落实犯罪记录封存制度。严格封存主体、程序以及后果，细化犯罪记录封存制度，使未成年人的受教育权、就业权等合法权利能得到更好的保障。

4. 组建青少年法治教育团队，形成1＋N模式，扩大一般预防覆盖面

一般预防是未成年人犯罪预防与矫正工作的重要内容，北京市检察机关为加强对青少年的法治教育，落实"谁执法谁普法"责任制，增强法治教育工作实效，预防未成年人犯罪，依据《关于进一步加强未成年人犯罪预防和法治教育工作的实施意见》，整合法治教育资源，创新法治教育方式，加大对法治副校长队伍管理、培训和表彰，推行1＋N法治教育工作模式。在全市建立一支法治副校长队伍，作为检察机关对青少年进行法治教育的主体，N即各院多年以来形成的法治教育平台，不断创新法治教育形式。整合东城区人民检察院"未检之窗"微信平台、北京市海淀区人民检察院"海淀未检杨新娥"微博、《中国中学生报》刊物、北京市西城区西检杯中学生思想道德法律知识竞赛，以及北京市昌平区彭燕热线、西城区检察院柳青热线等普法资源，为全市法治教育工作提供素材并共享资源，扩大法治教育辐射效应，举办大量符合未成年人心理特点的法治教育活动，同时对于法治教育优秀的案例予以表彰，加强定期培训，切实保障法治教育取得良好效果，教育手段更加多元化，不是简单地走过场，而是要起到实质的教育作用，切实确保未成年人犯罪一般预防的效果。

（三）当前未成年人犯罪预防与矫正工作的不足

不可否认，未成年人犯罪预防与矫治工作的专业化水平得到了很大提升，但是还应当看到，未成年人犯罪预防和矫正工作还处于发展之中，无论理念转变还是实践落实都存在进一步完善的空间，未成年人犯罪预防和矫正工作还存在阶段性特点。

一是少年司法理念有待进一步提升。在少年司法理念上，忽视未检特殊性的情况仍然在不同程度上存在，实践中仍存在未检制度落实不全面，未检队伍不稳定，未检人才培养机制缺乏，未检职能履行受到束缚，关注短期结案等"硬任务"，而不重视具有长期效益的"软任务"等问题。司法人员中，也存在对少年司法理念理解不够深刻，对未成年人案件的特殊性认识不足，进而在未成年人犯罪个案处理中就会出现个案适用不到位的情况，影响对未成年人保护和对未成年人犯罪的有效预防。司法实务中，应当进一步提升未成年犯罪预防与矫正成效，在办案中坚持少年司法理念，落实未成年人特殊刑事政策，搭建专业平台、提高未成年人办案专业化水平，促进未成年人犯罪预防与矫正向专业化发展。

二是制度机制建设应进一步落实。在制度与机制建设上，未成年人犯罪预防与矫正制度规范已取得很大进展，但在实践落实中还存在不足，还应当从基础抓起，持续推动。提高未成年犯罪预防与矫正工作质量，机构设置、人员保障是基础，未成年人检察专门机构和专业人员应当保障队伍的相对稳定性，建立适用于未成年人案件办理的权力清单，保障未成年人犯罪预防与矫治工作的质量和效果。① 在此基础上，持续坚持依法从宽与有效惩戒相结合，慎重对待未成年人逮捕、起诉工作，降低未成年人犯罪嫌疑人的逮捕率和起诉率，但是对于涉嫌严重犯罪的未成年人，也不能纵容，对批准逮捕的未成年人，应当进行羁押必要性评估，不需要继续羁押的，应当移送负责羁

---

① 最高人民检察院《关于加强未成年人检察工作专业化建设的意见》，http：//www.bjjc.gov.cn/bjoweb/sfyj/90426.jhtml，最后访问日期：2020 年 10 月 14 日。

押必要性审查的部门；落实宽严相济的刑事政策，整个办案过程要考虑未成年人案件的特殊性，尽可能以感化、寓教于审的方式对未成年犯罪嫌疑人动之以情、晓之以理，有针对性地制定帮教方案，使未成年人真正由内而外地改变，尽可能创造条件使未成年人回归社会。

三是未检人才培养应进一步加强。目前符合未检专业能力要求的人员比例有限，还应当进一步加强。未检业务涉及的知识范围很广泛，包括社会学、犯罪学、心理学、教育学等，应当选任更多具备这些知识的专业型、复合型人才，定期组织未检工作人员参加培训，学习未成年人犯罪预防与矫治的理论知识和办案技巧，总结办案经验，建立科学的未成年人检察专门评价机制，将未成年人权益保护、犯罪预防成效、特殊制度具体落实情况、帮教效果等都作为评价的要素，引导少年司法理念的贯彻，提高未成年人检察工作人员落实少年司法政策和方针的积极性，促进未成年人检察工作朝着规范化、专业化方向持续发展。

三 未成年人犯罪预防与矫正工作展望

（一）未成年人犯罪预防与矫正工作面临新的法治环境

近年来，低龄未成年人违法犯罪案件屡见报端，未成年人涉网、涉性犯罪日益突出，犯罪低龄化、成人化、暴力化、团伙化倾向明显，极端恶性犯罪时有发生，涉未成年人敏感案件更容易受公众关注，这些都给未成年人犯罪预防与矫正工作提出更高要求，如何进一步提升犯罪预防与矫正的实质进展，自然随之进入制度完善的视线。2016 年中办、国办下发的《关于进一步深化预防青少年违法犯罪工作的意见》和 2019 年中办、国办下发的《关于加强"专门学校"建设和专门教育工作的意见》，使得专门学校教育再度受到重视，也再次为未成年人犯罪预防与矫正梳理了新的发展方向与途径。2018 年，十三届全国人大常委会将修改《预防未成年人犯罪法》列入立法规划。2020 年 12 月 26 日，十三届全国人大常委会通过了新修订的《预防未成年人犯罪法》，新法将于 2021 年 6 月 1 日施行。修订的《预防未成年人犯罪法》是对《关于进一步深化预防青少年违法犯罪工作的意见》和《关于加强"专门学校"建设和专门教育工作的意见》的法制化确认。

修订后的《预防未成年人犯罪法》明确了预防未成年人违法犯罪的原则和机制，原则主要包括教育和保护相结合，坚持预防为主、提前干预，分级预防、干预和矫治，机制主要包括政府组织综合治理，专门学校、专门教育指导委员会等专门教育措施发挥独特作用，公检法司等机关和群团组织、社会组织等社会力量充分发挥作用。特别是其中强化家庭、学校、社会对未成年人不良行为的干预；加强公安机关、教育行政部门对未成年人严重不良行为的矫治；明确公安机关、人民检察院、人民法院、司法行政部门对未成年人重新犯罪预防的责任。对于未成年犯重新犯罪的预防，修订后的《预防未成年人犯罪法》主要围绕如何更好地帮助和促进犯罪的未成年人回归社会而展开。强调在与刑事诉讼法、社区矫正法、监狱法相衔接、协调的基础上，在办案中加强法治教育，进一步规范社会调查和心理测评制度，确立合适保证人制度和社会观护制度，强化分别关押、管理和教育以及社区矫正，保障未成年服刑人员的义务教育、法治教育和促进其接受职业技术教育，落实刑满释放和接受社区矫正的未成年人的安置帮教措施，未成年人适用有关措施和犯罪记录封存制度，人民检察院对重新犯罪预防工作实行法律监督。上述规定对于司法机关未成年犯罪预防与矫正的要求更加明确，规范也更加具体，是开展未成年人犯罪预防与矫正的良好依据。

对于专门学校的发展，修订后的《预防未成年人犯罪法》也做了诸多明确，专门学校的定位更加明确、职能更加清晰、发展更加科学，这对于专门学校准确定位、具体工作开展、持续科学发展，以及发挥未成年人犯罪预防与矫正的实质作用方面，都具有直接指导意义，也有利于各地直接贯彻执行。《预防未成年人犯罪法》的修订，对于未成年人犯罪预防与矫正具有重要意义，对于深化落实、有效调整已在进行中的未成年人犯罪预防与矫正工作，都具有深刻的影响。作为司法机关，自然应当以此为契机，及时跟进，进一步推进未成年人犯罪预防与矫正工作成熟发展。

（二）北京市未成年人犯罪预防与矫正工作新时期调整

新的时期，新的社会背景、新的法制环境，未成年犯罪预防与矫正的职责也更加任重道远。北京作为首都，地位特殊，未成年人犯罪预防与矫正工作一直走在全国前列，有些工作机制还被作为成熟经验推广到全国。面对新的法治环境、形势任务，北京市也应当在系统总结经验的基础上，根据最高人民检察院《关于加强新时代未成年人检察工作的意见》指明的方向，调整工作重点，阻断未成年人犯罪"预备军"，推进犯罪预防与矫正工作的进一步发展，完善未成年人犯罪预防与矫正配套工作机制，形成司法一条龙、社会一条龙，实现未成年人犯罪预防与矫正工作朝着专业化、全面化发展。

1. 继续贯彻宽严相济的刑事政策，对未成年人精准帮教

对未成年人犯罪实行教育、感化、挽救的方针和教育为主、惩罚为辅的原则，并不意味着对未成年人违法犯罪无限宽容甚至纵容，在司法实践中，要坚持贯彻宽严相济的刑事政策，克服简单从轻、单纯打击、帮教形式化等倾向，做到当宽则宽，当严则严，宽严相济，宽严有度。对涉罪未成年人的处理，要在准确认定事实和正确适用法律的前提下，综合考虑其成长经历、犯罪原因、监护教育等情况，对于主观恶性不大、初犯偶犯的未成年人，要依法尽量从宽、精准帮教，帮助其重回正常生活轨道；对于主观恶性大、犯罪情节恶劣、手段残忍、后果严重的未成年人，要依法惩处、精准矫治，做到宽容而不纵容，发挥刑罚的教育和警示功能。

2. 以专门学校工作机制建设为着力点，探索罪错未成年人分级处遇制度

专门学校作为教育矫治有严重不良行为未成年人的有效场所，在未成年人分级处遇制度中具有重要地位。北京市检察机关目前已经与专门学校建立未成年人犯罪预防与教育矫治工作机制，与全市六所专门学校签订合作协议，组建"北京市检察机关专门学校工作团队"，将专门学校纳入"北京市新起点扬帆观护基地"，试点接收附条件不起诉未成年人并做好他们教育矫治工作。这一做法在全国尚属首创，被正式写入《关于加强新时代未成年人检察工作的意见》，成为高检院向全国推广的"北京模式"。在今后的工

作中，北京市检察机关将在《预防未成年人犯罪法》的指引下，积极加入各级专门教育指导委员会，为委员会在强制入学必要性评估标准、教育矫治情况评估标准等方面提出合理建议，履行未成年人保护机制所要求的强制报告、应急处置、评估帮扶、监护干预等职责，构建预防未成年人犯罪的社会化体系。

3. 以观护基地统筹为切入点，提升未检社会化支持水平

观护基地是检察机关适用附条件不起诉制度、开展未检帮教工作的重要依托，经过多年探索，北京市已经建立多家观护基地，为进一步提升观护帮教工作质效，充分发挥观护基地在矫治涉罪未成年人方面的"基地""堡垒"作用，北京市检察机关将提高观护基地统筹管理水平、构建观护帮教社会支持体系作为下一阶段的工作重点。

一是推动观护基地规范化建设，构建检察官主导，司法社工、心理咨询师和观护人员共同参与的附条件不起诉监督考察统一模式，少年司法中相关诉讼流程全程建立"专办"模式，而且形成相互配套衔接的工作机制。司法人员在案件审理的同时，还要与社会机构一同开展未成年人犯罪预防与矫正，与共青团、教育、妇联、关工委等社会机构共同建立完善的少年司法社会支持体系，实现司法一条龙和帮教一条龙，实现对未成年人教育矫正最大化，取得实质效果。二是明确各方在观护帮教工作中的职责作用，提升观护工作针对性和实效性，进一步科学规划考察矫正程序。帮教考察程序应当进一步科学评估，以增加听证程序等方式加强对考察结果的分析评价，动态观测考察效果；防止观护帮教过程中教育保护单一，适当增加惩戒类矫正措施；注重支持体系社会化和司法工作专业化的结合，特别注重发挥检察机关的法律监督地位；充分发挥司法人员在观护帮教过程中的司法裁量权，确保自由裁量权的合理适用和规范行使，实现北京市未成年人犯罪预防与矫正的个性化、实效性目标。三是推动观护基地保障机制建设，定期组织开展优秀观护基地评选表彰活动。当前，借着"两法"通过的东风，全社会对未成年人犯罪预防与矫正的了解逐渐加深，检察机关应当帮助观护基地牢牢把握机遇，解决制约观护基地发展的保障机制方面的"瓶颈"，促进全社会对观

护帮教工作的理解支持。

4. 以未成年人刑事执行检察为平台，加强未成年人再犯预防

充分发挥检察监督职责，加强对未成年人刑罚执行和监管活动监督。在北京市建立联络站，作为未检工作载体，强化在押未成年人合法权益保障，畅通在押未成年人反映问题的渠道，加强调查核实工作，维护在押未成年人合法权益。加强未成年人社区矫正执行监督，推动建立适合未成年人身心特点的特殊教育矫正机制，动员多方力量，助力形成社区矫正综合帮扶合力，切实维护未成年人社区矫正合法权益，助力涉罪未成年人顺利回归社会。

5. 持续加强未成年人犯罪预防和法治教育

根据最高检对法制副校长全覆盖的要求，深入开展"十进百家、千人普法"活动，结合未成年人的法治需要，有针对性地设计课程，积极探索多样化、立体化的未成年人法治教育格局，把纸面上的法律、法庭中的案例转变为未成年人心中的法律意识、行为中的守法准则。

（三）未成年人犯罪预防与矫正工作的方向与展望

预防未成年人犯罪是一项系统工程，需要社会共同努力，齐抓共管。未来一段时间，检察机关未成年人犯罪预防与矫正工作，也必将有更多的面向与重点。2019年，中共中央办公厅、国务院办公厅出台的《关于加强专门学校建设和专门教育工作的意见》明确指出："要推动专门教育与治安管理处罚、收容教养、刑事处罚等配套衔接，建立科学的未成年人罪错行为预防矫治体系。"因此，针对未成年人犯罪预防，构建科学有效的配套衔接机制，形成未成年人罪错行为预防矫治体系，是今后一段时间的工作方向和重点。

1. 推动并完善未成年人分级处遇制度

最高人民检察院印发的《2018—2022年检察改革工作规划》明确要求："探索建立罪错未成年人临界预防、家庭教育、分级处遇和保护处分制度。"由此，各级检察机关进一步完善未成年人分级处遇制度、推进未成年人刑事检察二元构建，开展临界预防、家庭教育、保护处分制度等，将是检察机关

未成年人犯罪预防与矫正工作新的重点。罪错未成年人处遇制度历经数次变革与发展，将未成年人司法从成人司法中剥离出来，构建二元化司法制度，发展为在未成年人司法制度内，建立罪错未成年人分级处遇制度，进行差异化、个别化矫正；最终在分级处遇制度框架下实现分级干预制度的完善，推动形成了个性化和精细化的教育矫治体系。在此系统工程中，检察机关需要与专门学校等矫正机构共同参与，联动各方优势资源。统筹教育、民政、财政、共青团、妇联等政府部门和社会组织，畅通社会共治渠道，从而完善分级干预配套体系。

2. 推动并完善专门教育等教育与矫正制度

专门学校等专门教育的完善将是未成年人帮教与矫正的新途径。对此，司法机关应从源头做起，进一步完善社会调查制度，完善社会帮教制度及其相关配套机制；进一步完善未成年人涉案信息归口管理与转介服务工作机制，推动少年警务、少年审判、少年辩护共同参与罪错未成年人的帮教矫治，形成帮教的司法合力。进一步推动司法机关与社会机构联动，积极培育、引导和联系社会力量，引入社会工作者、心理咨询师、律师等参与学校教育管理、效果评估等，引入帮教矫正的专业力量，实现未成年人矫正社会帮教一条龙；顺应人工智能发展的时代趋势，提升未成年人检察智能化水平，探索帮教矫治工作从数据化走向数字化，为罪错临界预防和分级干预提供便捷高效的技术支撑。通过以上机制的系统推进，共同促进，推进未成年人犯罪预防与矫正有效衔接，实现对未成年人犯罪预防与矫正工作科学配置、见实见效，帮助罪错未成年人顺利回归社会。

3. 根据刑法修正案进一步完善犯罪与预防机制

刑法修正案（十一）规定降低未成年人最低刑事责任年龄，这自然会带来犯罪预防与矫正的未成年人人数增多、年龄跨度增大，对于未成年人犯罪预防与矫正工作提出了新的要求，更会促进犯罪预防与矫正工作机制的进一步完善。降低刑事责任年龄可以使低龄恶性犯罪未成年人进入刑罚处罚范围，从而加强社会治理。但不可否认，刑罚对于未成年人犯罪预防与矫正的作用有限，低龄未成年人正处于学龄期，矫正跟进不足加之交叉影响的不利后果，很可能对国家公共安全造成潜在威胁。因此，进一步完善未成年人犯罪矫正制度，特别是对于低龄恶性犯罪未成年人进行有针对性的教育矫正显得尤为重要，有效犯罪预防的意义迫切而突出。司法机关应当完善未成年人犯罪预防与矫正工作机制，针对不同年龄、不同特点的未成年人，采取针对性、实效性强的犯罪预防与矫正手段，切实落实分级处遇制度，提高犯罪预防和矫正质效，确保每一个罪错未成年人接受有效矫正，顺利回归社会。

四　结论

当前我们正处于一个急剧转型的社会，是问题显现的社会，也是反省与重建的社会。毋庸置疑，社会转型时期的未成年人犯罪问题突出，不容回避也亟待解决。未成年人犯罪预防与矫正的目的在于减少直至切断犯罪与犯罪原因之间的联系，从而达到预防犯罪行为、预防未成年人再犯罪发生的最终目的。社会转型时期，未成年犯罪预防与矫正不仅要转变观念、树立以人为本、预防为主的司法理念，主动积极开展犯罪预防与矫正，更要关注未成年人犯罪及犯罪背后原因，探求实际有效的对策、科学实用的方法，确保未成年人犯罪预防和矫正取得良好效果。不可否认，近年来未成年人犯罪预防与矫正工作有了长足的进展，但也应清醒地看到，现有预防的对策还不能很好地遏制未成年人犯罪，应当加强对未成年人犯罪研究，为未成年人犯罪预防对策制定提供基础论证，解决未成年人犯罪问题，维护社会治安。

当前，在《未成年人保护法》和《预防未成年人犯罪法》修订的背景下，检察机关应当始终坚持"教育为主、惩罚为辅"的原则和"教育、感化、挽救"的方针，将犯罪预防与矫正贯穿于刑事诉讼始终，加强对罪错未成年人专门教育，完善各项制度和机制建设，构建完整科学的青少年犯罪预防系统，加强刑罚执行监督等检察监督职能，保障未成年人犯罪预防工作依法科学高效运行。

预防惩治性侵害未成年人犯罪实证研究

——以 2015～2019 年北京市海淀区人民法院审理性
侵害未成年人案件情况为样本

王静姝　计莉卉　弓凯希　曹晓颖*

摘　要：　性侵害未成年人犯罪对未成年人权益造成严重侵害，通过刑事司法工作对该类犯罪进行预防与惩治是关键环节。通过对北京市海淀区人民法院5年间相关司法审判数据的深入分析，可以发现性侵害未成年人犯罪案件的被告人、受害人、犯罪手段、犯罪地点等具有显著特征，掌握此类案件特征，针对性地实施预防措施将能够更有效避免未成年人遭受性侵害。此类案件刑事审判中虽注重加强未成年人权利保护，从严惩处犯罪，但受到立法及相关配套机制的制约，对部分犯罪行为的惩罚力度受限，对未成年人权利的保护和救济不足。部分案件中被告人存在性心理障碍或为累犯，刑满释放后缺乏有效措施预防其再次实施性侵害犯罪，有必要继续完善相关立法和配套机制，促进对性侵害未成年人犯罪的刑事司法惩治与其他预防惩戒措施形成合力。

关键词：　性侵害未成年人犯罪　刑事审判　司法保护

---

* 王静姝，海淀法院法官助理，中国政法大学人权研究院博士研究生；计莉卉，海淀法院法官助理；弓凯希，海淀法院法官助理；曹晓颖，海淀法院刑事审判庭（未成年人审判庭）副庭长。

　　本文以近5年北京市海淀区人民法院（以下简称海淀法院）审理的全部涉及性侵害未成年人刑事案件为样本，[①] 同时部分采用北京全市法院近5年相关统计数据，通过对裁判文书要素的统计分析，以及对海淀法院开展未成年人案件审判相关机制的总结梳理，引入对预防惩治性侵害未成年人犯罪情况的分析，发现案件趋势、特点，梳理现行法律规定、法律适用存在的问题、困难，分析该类犯罪对未成年人权益及健康发展的影响，在以上研究的基础上提出相应建议。

　　本次调研主要采用实证研究方法，对海淀法院2015～2019年未成年人案件审判庭司法审判数据进行统计分析，同时结合海淀法院未成年人案件审判工作经验进行定性研究。本次调研的范围包含以下性侵害未成年人犯罪案件：包括《中华人民共和国刑法》（以下简称《刑法》）第二百三十六条、第二百三十七条、第三百五十八条、第三百五十九条、第三百六十条第二款（《刑法》修正案九于2015年删除该罪）、第三百六十三条规定的针对未成年人实施的强奸罪，强制猥亵罪，猥亵儿童罪，组织卖淫罪，强迫卖淫罪，引诱、容留、介绍卖淫罪，引诱幼女卖淫罪，嫖宿幼女罪及传播淫秽物品牟利罪等。[②]

　　1987年，海淀区人民法院成立少年法庭，隶属于刑事审判庭，[③] 开展未成年人案件专业化审判，至今有三十余年历史。2010年6月1日，海淀法院将未成年人案件审判庭从刑事审判庭分离出来，审理涉未成年人民事和刑事案件。2019年，因法院内设机构改革，海淀法院未成年人案件审判庭与刑事审判庭合并，但仍然保留专业化审判合议庭及涉未成年人案件管辖范围。近年来，海淀法院审理的涉未成年人刑事案件约占北京市同类案件的四

---

① 人民法院开展司法审判工作信息化建设以来，自2015年开始诉讼案件电子卷宗较为完整，因此以2015～2019年为统计分析时间段，以保证样本的完整准确。

② 依据最高人民法院、最高人民检察院、公安部、司法部印发《关于依法惩治性侵害未成年人犯罪的意见》（法发〔2013〕12号），第1条，2013年10月23日发布、实施。

③ 1984年，上海市长宁区人民法院成立了全国首个专门审理未成年人刑事案件的合议庭，标志着中国未成年人司法制度进入了专业化审判时期。在此之前，涉未成年人刑事案件（未成年被告人、未成年被害人）归由刑事审判庭统一审理。1984～1994年，全国法院逐步推广设立少年法庭、未成年人案件审判庭，截至1994年底，全国法院建立少年法庭3300多个，其中独立建制的少年审判庭800多个。

分之一，样本量较大；海淀区各类学校数量多，教育培训行业聚集性突出；辖区总人口数量大，流动人口占比较高；辖区兼具城市、农村区域，案件类型差异较大、类型覆盖较广泛。以海淀法院审理的性侵害未成年人案件作为样本进行分析，具有较好的代表性。

一　性侵害未成年人刑事案件概况

2015 年至 2019 年，海淀法院共审理 206 件侵害未成年人刑事犯罪案件，其中性侵未成年人案件共 106 件，占侵害未成年人刑事犯罪案件总数 51.46%，各年度占比均在 45% 以上，最高达 70.3%。

（一）涉及罪名情况

统计涉及的 106 件性侵害未成年人案件中，涉及罪名类型包括强奸罪、强制猥亵罪、猥亵儿童罪、组织卖淫罪、传播淫秽物品牟利罪与引诱、容留、介绍卖淫罪等，几乎覆盖全部性侵害相关罪名。部分案件中，被告人同时涉及两项罪名，详见表 1。

表 1　性侵害未成年人案件罪名情况

罪名	案件数量
猥亵儿童罪	44
强奸罪	40
强制猥亵罪	12
强奸罪、猥亵儿童罪	4
敲诈勒索罪、组织卖淫罪	1
传播淫秽物品牟利罪	1
介绍卖淫罪	1
强奸罪、强制猥亵罪	1
强奸罪、抢劫罪	1
猥亵儿童罪、强制猥亵罪	1
总计	106

数据来源：北京市海淀区人民法院司法审判数据。

其中主要罪名为猥亵儿童罪、强奸罪、强制猥亵罪，分别占全部性侵害未成年人案件的 42.45%、43.40% 和 11.32%（同时判处两个罪名的，计入较严重罪名），三类罪名占全部案件 97.17%。

与其他研究相比，上述海淀法院案件罪名的分布情况与全国范围内性侵害未成年人案件罪名分布基本一致，猥亵儿童罪数量最大，其次为强奸罪。依据对"北大法宝"司法案例库数据的分析，截至 2018 年 12 月 31 日，可检索到全国范围儿童性侵案件 1.7 万余例，在其统计的涉及儿童性侵的五个罪名中，猥亵儿童罪 9628 例，占比 47%；其次是强奸罪，8919 例，占比 43%；奸淫幼女罪（罪名已取消）1412 例，占比 7%；引诱幼女卖淫罪 329 例，占比 2%；嫖宿幼女罪（罪名已取消）292 例，占比 1%。[①]

（二）案件数量分布情况

2015～2019 年，海淀法院共审理性侵害未成年人犯罪刑事案件 106 件，各年度案件数量见表 2。

表 2　性侵害未成年人案件数量分布情况

年份	案件数量	年份	案件数量
2015	22	2018	20
2016	23	2019	26
2017	15	总计	106

数据来源：北京市海淀区人民法院司法审判数据。

近 5 年，海淀区性侵害未成年人案件数量年均 21.2 件，约占每年度侵害未成年人案件数量的 51%。近 5 年案件数量无明显增减趋势。但 2019 年案件数量为过去 5 年最多，达到 26 件，超出平均值近 5 件，且 2019 年遭受性侵害被害人达到 38 人，为近 5 年最多。2019 年被害人人数较多的原因主

[①]　北大法宝司法案例研究组编：《关于儿童性侵的司法案例数据分析报告》（2018 年第 4 期，案例报告总第 7 期），https：//www.sohu.com/a/288950995_120054205，最后访问日期：2021 年 1 月 20 日。

要是，存在多件针对数名被害人的猥亵儿童犯罪，以及 1 起组织 4 名未成年人卖淫、敲诈勒索的犯罪。预防性侵害未成年人犯罪，应成为预防针对未成年人刑事犯罪的工作重点。

（三）侵害情况概述

性侵害未成年人犯罪行为，以直接针对被害人身体的侵害为主。大部分案件中，犯罪行为在隐蔽环境中实施，受害人自行前往侵害人住所、经营场所，或侵害人将受害人引诱或强行带至私家车、旅馆、车库、杂物间等环境；在强制猥亵和猥亵儿童案件中，部分侵害人在公共场所实施猥亵行为，包括餐厅、路边和公共浴室等场所。部分案件中存在给未成年人播放、拍摄、传播淫秽视频的行为，以及引诱、组织未成年人卖淫。性侵害未成年人犯罪同时给被害人造成身体、心理伤害，被害人的生命权、健康权、身体权、隐私权、受教育权、财产权等权利遭受直接侵害。

二 性侵害未成年人刑事案件特点分析

（一）案件主体特点

1. 被告人基本情况

2015~2019 年统计的 106 件案件涉及被告人共 113 人，在 4 件案件中有多名被告人，其中两案为 2 名被告人，两案为 3 名被告人。有多名被告人案件涉及的案由包括强奸罪（2 件）、敲诈勒索罪与组织卖淫罪、介绍卖淫罪。全部被告人中，111 名为男性，占被告人总数的 98.23%；2 名为女性，2 名女性被告人分别犯强奸罪（教唆他人犯罪，15 岁）、介绍卖淫罪（19 岁）。

被告人的年龄最小为 15 岁，最大为 71 岁。其中，实施犯罪时为未成年人的共 8 人，占 7.08%；实施犯罪时 60 岁及以上的共 6 人。实施性侵害未成年人犯罪的被告人以青壮年男性为主，年龄分布在 18～50 岁的被告人共 88 人，占总数的 77.88%。[1] 详见表 3。

表 3　性侵害未成年人案件被告人年龄分布情况

被告人年龄区间	人数	被告人年龄区间	人数
15～20 岁	19	41～50 岁	20
21～30 岁	30	51 岁～60 岁	12
31～40 岁	27	61 岁～71 岁	5

数据来源：北京市海淀区人民法院司法审判数据。

被告人的文化程度普遍较低，其中文盲 5 人，占 4.42%；具有小学以下学历（包含小学）的占 24.78%，初中及以下学历的占 62.83%，高中及以下的占 77.88%，大专及以上学历的占 21.24%；3 名被告人有硕士学历，占 2.65%，详见表 4。

表 4　性侵害未成年人案件被告人文化程度情况

被告人文化程度	人数	被告人文化程度	人数
文盲	5	中专	6
小学肄业	3	高中	11
小学	20	大专	8
初中肄业	6	本科	13
初中	37	硕士	3

数据来源：北京市海淀区人民法院司法审判数据。

对被告人的职业情况统计发现，无业的被告人 26 人，占总人数的 23%；从事餐厅洗碗工、保洁员、快递员等临时性、短期性工作的 31 人，占 27.43%；学生 7 人，占 6.19%。在被告人中，其工作时与未成年人接触较多的有 15 人，包括学校保安、厨师、清洁工等，其中具有特殊职责的共

---

[1]　这一分布特点也与针对更大范围案件进行的统计结果一致，参见赵国玲、徐然《北京市性侵害未成年人案件的实证特点与刑事政策建构》，《法学杂志》2016 年第 2 期，第 13 页。

9 人，其职业包括负责青少年事务的公务员、儿童培训机构职员、体育教练和中小学校教师，占被告人总数的 7.96%。

从被告人的户籍分布来看，65% 的被告人为非北京户籍，35% 的被告人为北京户籍，被告人中外来人口比例远高于辖区外来人口所占比重。被告人户籍来源地主要为河北、河南、山西、山东等北京市周边省份，也有部分来自四川、湖北等劳动力输出较多的省份。在户籍地为外地的被告人中，有相对稳定职业的占 23.08%，其他均从事临时性工作；来自外地的被告人，其学历分布情况与被告人总体学历情况接近。在户籍地为北京的被告人中，就业情况主要为无业、学生，文化程度均在初中以上，仅有个别年龄在 60 岁以上的被告人为小学文化以下。综合被告人的户籍、职业、文化程度情况，性侵害未成年人犯罪被告人中，无稳定职业的外来人口和无业的本地人占比高。

被告人中有性犯罪前科的共 2 人，均为男性。1 人为培训机构辅导老师，36 岁，大学文化，曾因犯猥亵儿童罪，于 2007 年 9 月 7 日被判处有期徒刑二年，于 2009 年 2 月 27 日刑满释放；于 2018 年再犯猥亵儿童罪被判处有期徒刑三年，并判处五年从业禁止。案件审理中查明，该被告人患有性心理障碍但具有刑事责任能力。被告人代理人在庭审中陈述，被告人的心理疾病起始于青少年时期且未得到有效治疗。另 1 人为无业者，51 岁，初中文化，曾因犯盗窃罪、奸淫幼女罪，于 1994 年 5 月 13 日被判处有期徒刑十六年，2005 年 9 月 19 日刑满释放，于 2018 年再犯强制猥亵罪，被判处有期徒刑二年六个月。

另有 6 名被告人有其他犯罪前科，在此列举两例。

例 1：被告人甲，24 岁，小学文化，职业为餐厅服务员，曾因两次犯盗窃罪，于 2013 年 6 月被判处有期徒刑七个月，2013 年 6 月 28 日释放；于 2014 年 7 月被判处有期徒刑一年六个月，2015 年 8 月 27 日释放。因其在公共场所对儿童实施猥亵且系累犯被从重处罚，于 2017 年 11 月 28 日因犯猥亵儿童罪被判处有期徒刑五年。

例 2：被告人乙，43 岁，初中文化，无业，曾因犯盗窃罪，于 1993 年 9 月 2 日被判处有期徒刑一年六个月，1994 年 9 月 23 日刑满释放；因犯抢劫罪，于 1995 年 12 月 19 日被判处有期徒刑十四年，剥夺政治权利二年，2008 年 1 月 28 日经减刑后释放；因犯抢劫罪，于 2009 年 9 月 4 日被判处有期徒刑七年，剥夺政治权利一年一个月零十八日，罚金人民币一万四千元，2014 年 4 月 9 日经减刑后释放。因其对不满 12 周岁的未成年人实施强奸犯罪且系累犯被从重处罚，于 2018 年 6 月 28 日因犯强奸罪被判处有期徒刑六年。

2. 被害人基本情况

本次统计的 106 件案件共涉及未成年被害人 129 人。共有 12 件案件存在一案多名被害人的情况，共涉及 33 名被害人。

未成年被害人年龄在 3～17 岁，主要集中在 6～11 周岁。2015～2019 年各年份案件中，8 周岁以下的未成年被害人分别占比 13.3% 至 39.3%，其中除 2013 年为 13.3% 外，其余年份均超过 20%；8 周岁至 14 周岁的未成年被害人分别占比 15% 至 60%，其中 2016 年、2017 年、2019 年均超过 50%；14 周岁至 18 周岁的未成年被害人分别占比 24% 至 39.5%，其中 2015 年、2018 年、2019 年均超过 30%。

女性被害人 113 人，占比 87.6%；男性被害人 16 人，占比 12.3%。针对男性被害人的犯罪罪名为猥亵儿童罪（15 件）及强制猥亵罪（1 件）；根据对案件情节的统计，存在强行与男童发生性行为的案件，但因受到强奸罪适用范围限制，以猥亵儿童罪定罪处罚。

各年份，外地务工人员子女占比 36% 至 73.3%，除 2018 年为 36% 外，其余年份均超过 60%；本地未成年居民占比 28% 至 64%。被害人遭受侵害后，未能第一时间向父母主动陈述受害情况，其中 47 名被害人受到侵害的情况是由监护人察觉被害人身体受伤或情绪异常等迹象后，经反复询问被害人发现并报案。59 名被害人中，有 32 名被害人随父母居住在城中村、辖区乡镇的出租房等简陋房屋内，居住环境人员复杂；有 33 名被害人系在被告人租住的出租房周边被侵害。被害人的监护人主要为外地来京打工人员，主要从事建筑、货物批发、餐饮服务等职业，与子女相处时间较少，难以对子女进行妥善监护。

3. 被告人与被害人关系

性侵害未成年人犯罪案件中，由熟人实施犯罪的案件共计 81 件，占历年性侵害未成年人案件的 60% 以上；历年案件中侵害者为邻居的占到 8.3% 至 31.3%，学校及教育培训机构的教职人员占 14% 至 25%，家庭成员、亲属占 5% 至 24.9%，网友占 5% 至 22%。

在熟人性侵未成年人案件中，侵害人主要为成年男性"照护人"，或对未成年人具有特殊职责，或与未成年人及其监护人具有社会关系。该类案件中，侵害人大多可以长期、密切、近距离接触未成年人，且侵害人对未成年人有进行临时或长期的看护、教育、监护职责，包括教育机构的教职员工，看护未成年人的成年亲属、邻居、监护人的同事等。被害人多为幼女，内向、胆小、表达能力弱，或存在精神、智力障碍等自我保护能力差的未成年人。

（二）案件行为特点

1. 犯罪实施场所

陌生人作案的场所多为公共场所，包括公共厕所、路边、小区花园、自行车棚、学校门口、商场、游泳馆、咖啡厅、酒店走廊等。涉及的案件罪名主要为强制猥亵罪、猥亵儿童罪。陌生人实施的强奸案件大多因被害人激烈反抗或求情、环境因素或侵害人自身原因具有未遂、中止情节，仅有 1 件陌生人实施的强奸犯罪为既遂。

熟人、有特殊职责的人的作案场所多为学校、培训机构的空教室、杂物间、厕所等隐蔽场所，以及侵害者和未成年人住所。上述地点多属于未成年人日常生活范围，缺少安全监控设施。由于侵害者的熟人身份，监护人或负有监管、保护职责的人难以及早发现侵害意图；且侵害者对上述环境具有一定掌控能力，使得其更易寻找目标及作案地点。

2. 犯罪行为方式

通过对案件中具体犯罪行为方式的统计，可发现主要包括欺骗、利益引诱、言语威胁、暴力强迫等方式，部分案件中存在被害人同意的情况。在侵害的表现形式方面，在所有案件中，都存在强行抚摸、亲吻、搂抱等对被害人的猥亵行为；在强奸案件中，不仅存在强行与被害人发生性行为情况，同时还伴有侮辱、殴打、使用迷药、捆绑并限制人身自由、拍摄被害人受侵害的照片、强迫被害人观看淫秽视频等行为，对被害人身体、心理造成多重伤害。

在熟人实施犯罪且被害人为 8 岁以下儿童的案件中，普遍存在以玩游戏、给零食、零花钱进行诱骗，将被害人引诱至被告人住处、树林、汽车等被告人控制的特定场所实施犯罪的情况。

在 15 ~ 18 岁未成年被告人实施的性侵害犯罪中，犯罪行为呈现分化，一类是与年龄低于 12 周岁的未成年人发生性行为，即使被害人自愿仍然构成犯罪；一类是被告人基于报复心理或受人唆使，对被害人实施具有侮辱性质的性侵害行为，此类案件通常有多名被告人共同实施犯罪行为，包括将被害人诱骗至宾馆、捆绑限制人身自由，进行辱骂、侮辱、殴打，拍摄被害人受侵害照片等。

3. 报案间隔时间和报案人员

报案间隔时间是指报案时距被害人首次遭受性侵害的间隔时间。这一数据反映了被害人对遭受性侵害的主观认识情况，以及监护人对未成年被害人履行监护义务的情况。在调研的 106 件案件涉及的 129 名被害人中，关于报案时间的有效样本共 100 个。报案时间与案发时间间隔最短为案发当天，最长为犯罪行为发生 4 年之后，46% 的案件在 24 小时内报案，64% 的案件在 1 周内报案，76% 的案件在 1 个月内报案，88% 的案件在 2 个月内报案，93% 的案件在 3 个月内报案，在犯罪行为发生 3 个月以上报案的占 7%，详见图 1。

此类案件报案人主要为被害人监护人，其次为被害人本人，此外个别案件为被害人就读学校的老师、朋友报案。由于被害人中有相当比例为低龄儿童，个别被害人存在精神障碍，对性侵害行为性质缺乏清晰认识，通常不能明确及时地将遭受侵害情况告知监护人，多数案件为监护人发现儿童情绪异常后经过追问发现侵害情况，因而也影响到报案的及时性。

报案间隔时间与同一被害人遭受性侵害的时间跨度有较明显的正相关关系。报案间隔时间越长，遭受性侵害的时间跨度也相应增大。部分案件中，被害人因羞于向监护人告知受侵害情况，仅通过要求更换辅导教师、不愿与侵害人接触等方式进行暗示，监护人对被监护人关心不足，将被害人的不寻

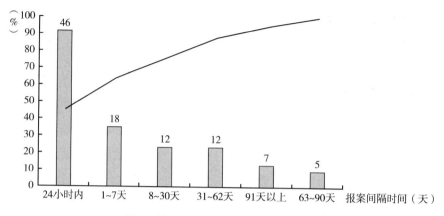

图1 性侵未成年人案件报案间隔时间

数据来源：北京市海淀区人民法院司法审判数据。

常反应视为不懂事、孩子气，未引起充分重视，导致被害人遭受多次侵害，时间跨度长达数月或数年。报案间隔时间与侵害时间跨度的关系见图2。

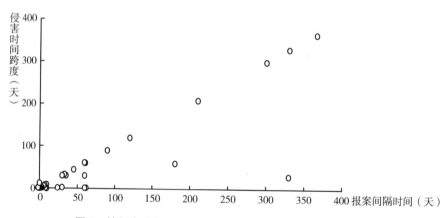

图2 性侵未成年人案件报案间隔时间与侵害时间跨度关系

数据来源：北京市海淀区人民法院司法审判数据。

（三）几类典型的性侵害案件

1. 教育领域性侵害案件

2015~2019年，北京法院受理教育领域性侵害未成年人案件67件，占所有性侵害未成年人案件的9%。该类案件有如下特点：

私立课外培训机构成"重灾区"。55%的教育领域性侵未成年人犯罪行为发生在私立课外培训机构中，对未成年人的身心健康造成严重的伤害，社会危害性极大。

同性间性侵害占比超一成。未成年人遭受性侵害案件受害者多为中小学学龄女性学生，但以中小学学龄男性学生为侵害对象的案件占比已达14%。社会和家长对男性同性侵害认识不足，男性学生防范意识较弱，此类犯罪行为相比异性侵害，往往更加难以察觉。

性侵害行为实施者均为男性教职员工，多利用教育和管理职责便利实施侵害。部分犯罪人以课堂教学互动或师生日常交往的名义，借机触摸学生身体。例如某被告在教室监控盲区内曾多次以肯定和鼓励学生积极发言为幌子，搂抱并抚摸受害学生敏感部位。部分犯罪人以课后补习交流和辅导作业的名义，在教学场所对学生进行猥亵，或在网络聊天空间向学生发送淫秽语言和黄色视频进行引诱；亦存在部分犯罪人利用教职员工的日常管理权限，威胁、迫使学生的情形。

性侵害行为反复率达33%。此类犯罪在案发前往往已实施多次犯罪行为，部分案件为长期性、持续性实施，或针对多名未成年学生实施。在67件教育领域性侵害未成年人案件中，22件存在反复性侵犯罪情形，占比达33%。例如，一起案件中，在近两个月的时间里，犯罪人对同一受害学生实施猥亵行为二十余次。据审理中反映，多数受害学生在案发后呈现不同程度的厌学情绪，甚至出现中度焦虑、重度抑郁症状，给被侵害学生造成难以愈合的身心创伤。

犯罪地点相对公开，存在当众侵害情形，社会影响恶劣。此类犯罪案发地点与一般性侵害犯罪案发地点的隐蔽性特点不同，犯罪场所往往集中在教室、楼道、办公室、宿舍、校车等公共场所，且作案时通常有其他学生在周围活动。此外，在公共教学场所的私教模式中，因上课时犯罪人和受害学生长时间独处，为犯罪人实施性侵提供了便利。如某被告利用一对一教学机会，在钢琴教室对女性学生多次实施猥亵行为。

案例1 北京市首例对性侵害未成年人被告人宣告"从业禁止"案①

2017年12月26日，海淀法院宣判一起职业教师利用家教时间性侵未成年女学生案。该案是北京市首例对被害人及家属在庭审及宣判环节全程采用视频保护的案件。

经法院审理查明，被告人邹某为高中数学老师，自2015年10月至案发前，邹某受雇为被害人小娜（化名）的家教老师。2016年4月至2016年12月间，被告人邹某4次在其家中或小娜家中，利用辅导功课之机，强行对被害人进行猥亵，并强行与被害人发生性关系。在2016年4月邹某实施第一次强奸行为后，小娜向父母提出要更换辅导老师，但不敢说出真实原因，父母对此要求未加关注。此后，小娜曾多次跟父母提出要更换家教，但父母误认为她不愿意学习，一直未更换。2016年12月初，邹某在小娜家中对其进行强奸，并询问家中是否有摄像头；此后，小娜要求其父亲在家中安装监控设备。同年12月25日，监控设备记录下被害人小娜被邹某强行猥亵，并被拉拽强迫为邹某实施性行为过程。

被告人邹某当庭辩称被害人系自愿与其发生性关系，其也未采取强制手段猥亵被害人。

庭审中，为保障未成年被害人出庭参与诉讼以及参加宣判的权利，同时考虑到被害人的年龄、个人隐私及案件性质，避免其心理受到二次伤害，庭审采用视频保护的方式进行。小娜及其父母在法院工作人员的陪同下，在专门的保护室通过视频同步参与法庭宣判，确保被害人及家人在不直接面对邹某的情况下，最大限度地行使其参与诉讼的权利。

法院经审理认为，被告人邹某违背妇女意志，多次强行与未成年女性发生性关系，其行为已构成强奸罪，应予惩处；邹某以胁迫方式多次强制猥亵未成年女性，其行为亦已构成强制猥亵罪，应与其所犯强奸罪并罚。

同时，法院认为，被告人邹某作为具有从业资格的职业教师，也是本案

---

① 参见《北京海淀：首次对性侵未成年人罪犯宣告"从业禁止"专家建议完善相关机制并加快推广》，新华网，http://www.xinhuanet.com/legal/2017-12/27/c_ 129776735.htm，最后访问时间：2017年12月27日。

未成年被害人的任课及家教老师，本应知荣明耻、严于律己、教书育人，但却在教学过程中利用身份的便利，严重违背教师职业道德，多次强奸、强制猥亵未成年女性学生。根据最高人民法院、最高人民检察院、公安部、司法部印发《关于依法惩治性侵害未成年人犯罪的意见》的相关规定及邹某犯罪行为持续的时间、次数、对象、手段及主观态度等情况，为预防再犯的发生、保障未成年人的健康教育环境，依法对邹某宣告从业禁止。

综合全案证据，法院判决：一、被告人邹某犯强奸罪，判处有期徒刑九年，剥夺政治权利二年；犯强制猥亵罪，判处有期徒刑四年；决定执行有期徒刑十二年六个月，剥夺政治权利二年。二、禁止被告人邹某自刑罚执行完毕或者假释之日起五年内从事与未成年人相关的教育工作。

2. 家庭成员性侵害案件

家庭成员性侵害案件是性侵害案件中侵害程度、侵害后果很严重的一种。被告人与受害者之间通常为继父母子女、养父母子女关系。

发生在家庭成员间的性侵未成年人案件取证困难。该类案件发生的环境通常相对封闭，因被害人与侵害人具有亲属关系，案件大多数发生在家中、宾馆等只有侵害人和被害人二人在场的情况下，一般没有直接目击证人，也没有监控录像。且未成年人对侵害行为认知不足，没有证据保全概念，部分被害人被侵害后急于清理身上、衣物上的证据，加之报案不及时，证据已毁灭或遗失，取证困难。此外，未成年被害人受到感知、理解、表达能力等限制，部分被害人难以清楚表述案发过程，或由于受到惊吓恐吓，出现前后陈述不一致甚至相矛盾的情形。若无专业人士辅助询问，难以取得有价值的证言。若被告人拒不认罪，又无其他证据佐证，则定罪难度较大。

3. 涉互联网性侵害案件

调研中，有 17 件为利用网络性侵害未成年人案件。部分案件显示，"以儿童为对象的色情制品"已出现制作、传播、使用的黑色产业链。儿童色情制品制作可能诱发更多侵害未成年人性权利犯罪行为。同时，儿童使用网络的低龄化，使得互联网社交平台、即时通信软件成为作案的工具。

该类案件具有显著特点。调研发现，"网友"是犯罪分子实施性侵害的重要身份，被告人通常为初中以下学历、30~50岁的中年男性，被害人年龄集中在9~13岁，年龄最小的受害者仅5岁。利用网络性侵害未成年人的犯罪分子通常采取暴力、威胁、诱骗等手段，将网络这一虚拟空间作为实施性侵害的场所或者中介实施犯罪，具体表现为以下几类：一是通过QQ、微信等网络平台结识后进行线下侵害。二是制作、提供、传播网络儿童淫秽制品。调研样本中，2019年审理的一起贩卖淫秽制品牟利案件，涉案的140余部淫秽视频，几乎均为性侵男性未成年人的行为。制作儿童淫秽制品，加剧了对儿童的性侵害、性剥削。此外，调研样本中35%的被告人通过播放儿童淫秽视频、给被害人拍摄淫秽视频以及传播儿童淫秽制品等方式实施侵害。三是要求儿童拍摄裸露身体的照片、视频，强迫儿童观看色情图片、视频等新型边缘性模式。

在审理利用网络性侵害未成年人案件中，法院面临着较为严峻的找法难、定罪难、量刑标准不适当等问题，将在下文详细论述。

三　性侵害未成年人刑事案件审判现状分析

（一）坚持幼女特殊保护原则，依法从严惩处性侵害未成年人犯罪

1. 量刑情况

在本文统计的案件中，被告人几乎全部被判处实刑，仅有两例被判处缓刑。判处缓刑的案件中，其中一案被告人犯强制猥亵罪，被判处有期徒刑二年，缓刑四年，该案情节轻微，且被告人为限制刑事责任能力人。另一例被告人犯猥亵儿童罪被判处有期徒刑三年，缓刑五年，该被告人为未满16周岁的限制刑事责任能力人。

同时，全部案件被告人均被判处有期徒刑以上刑罚，2015~2019年被判处有期徒刑三年以上的被告人数（实刑）占每年总人数（实刑）的比例均在40%以上，详见表5。

表5　性侵未成年人犯罪判处刑罚量刑情况

年份	有期徒刑三年以下（实刑）（被告人数/被告人总数）	有期徒刑三年（含三年）至五年（不含五年）（实刑）（被告人数/被告人总数）	有期徒刑五年以上（含五年）（实刑）（被告人数/被告人总数）	缓刑
2015	5/23	9/23	9/23	0
2016	11/23	7/23	5/23	0
2017	4/15	4/15	7/15	0
2018	10/19	2/19	7/19	1
2019	18/30	8/30	4/30	1

数据来源：北京市海淀区人民法院司法审判数据。

2. 量刑因素

调研数据显示，针对性侵害未成年人被告人，法院在量刑时除了依据刑法总则和刑法具体条文的规定，还会根据最高人民法院《关于依法惩治性侵害未成年人犯罪的意见》（以下简称《性侵意见》）的规定对符合具体条款的被告人依法从重处罚，判决中常见的从重因素包括《性侵意见》中的"特殊职责""进入未成年住所""多次实施强奸、猥亵"，等等。此外，除了刑法规定的如实供述、自首等从轻情节，法院在量刑时考虑的酌定从轻情节主要包括补偿被害人、获得被害人谅解等。

上述数据反映出法院针对性侵害未成年人的被告人量刑时，充分贯彻了《性侵意见》的规定，依法对强奸、猥亵未成年人的被告人从重处罚，对该意见规定的具有"对未成年人负有特殊职责的人员、与未成年人有共同家庭生活关系的人员、国家工作人员或者冒充国家工作人员，实施强奸、猥亵犯罪的"七种情节之一的更是依法严惩。

除量刑方面，在事实认定、证据标准、定性方面也体现了对儿童的特殊保护。与性侵害成年人不同，法院在认定强奸罪既遂时采用"接触说"，即生殖器相接触即成立既遂。在性侵害未成年人案件中，对于已满12周岁不满14周岁的未成年被害人，被告人通常提出其主观上不具有明知被害人是幼女的故意性。法院在审查时，充分体现出对幼女特殊保护的原则，除非被告人有足够确切的证据证明通过核实有效身份信息等方式已经尽到了谨慎注意义务后仍对幼女年龄作出了误判，一般均认定行为人明知被害人是幼女。此外，性侵害未成年人案件经常发生在被告人和被害人之间，仅有被告人供述和被害人陈述的直接证据，在被告人拒不认罪的情况下，法院在审查被害人陈述时，如果被害人表述符合年龄认知、与其他间接证据相互佐证，一般均认可被害人陈述的真实性。

（二）有力保障被害人参与诉讼，积极保障被害人权利

1. 被害人参与诉讼情况

总体而言，被害人本人直接出庭参与诉讼的比例很低，2015～2019年仅有3名被害人到庭，3名被害人到庭时的年龄分别14岁、17岁、19岁，相对应的3起案件中的被告人均不认罪；被害人法定代理人参与庭审的共6名，被害人委托诉讼代理人参与庭审的共9名，详见表6。

表6　性侵害未成年人案件被害人参与诉讼程序情况

年份	被害人到庭数/ 被害人人数	被害人的法定代理人 到庭数/被害人人数	被害人委托诉讼代理人 到庭数/被害人人数
2015	0/28	1/28	2/28
2016	2/25	4/25	1/25
2017	1/15	1/15	2/15
2018	0/22	0/22	1/22
2019	0/38	0/38	3/38

数据来源：北京市海淀区人民法院司法审判数据。

2. 被害人获得补偿情况

被告人主动补偿被害人的情况并不多，2015～2019年共14名被害人获得被告人的补偿，相应的，法院在对这些被告人量刑时也考虑了该因素。2015～2019年9名被害人遭受侵害程度达到轻微伤以上，所占比例比较低。2015～2019年无人向法院提起附带民事诉讼，详见表7。

表7　性侵害未成年人案件被害人获得补偿情况

年份	获得补偿人数	提起附带民事诉讼人数	轻微伤以上人数
2015	3	0	4
2016	4	0	0
2017	3	0	1
2018	2	0	3
2019	2	0	1

数据来源：北京市海淀区人民法院司法审判数据。

根据上述统计，性侵害案件中被害人及法定代理人参与庭审的数量较低，委托诉讼代理人出庭的也较少。究其原因，被害人及法定代理人不愿意参与庭审，再次见到被告人及回忆被害的经历而受到二次伤害。部分案件，被告人及家属积极补偿被害人，获得了被害人的谅解；在被害人或其法定代理人出庭的案件中，被告人不认罪或认罪态度差的较多，并没有取得被害人的谅解。此外，上述统计案件中，被害人及法定代理人均没有提起刑事附带民事诉讼。上述案件中被害人所受身体伤害较轻，被害人没有提起诉讼的必要；并且，对刑事附带民事诉讼的案件，法律规定仅赔偿物质损失，对于精神损失不予支持，性侵害案件对被害人的心理伤害甚于身体伤害，而这部分损失是无法通过刑事附带民事诉讼解决的。

在被害人出庭陈述的场合，为减少对被害人的刺激和伤害，同时保障被害人刑事诉讼权利，法院严格贯彻落实刑诉法对未成年被害人出庭作证的特别保护程序，将被害人安排在专门的被害人出庭室，确保未成年被害人在不暴露面容、不直接面对被告人的情况下，通过视频方式参与庭审诉讼全过程。此外，对于申请法律援助的被害人，法院按照法律程序帮助被害人委托诉讼代理人，进而加强对未成年被害人权利的保障。

（三）加大从业禁止使用力度，有效预防性侵未成年人犯罪

根据上述案件统计，从业禁止的对象为教师、教练、保姆等对未成年人具有教育、看护、照顾等特殊职责的人员，详见表8；各案件中判处从业禁

止时长均为五年，系刑法规定的最高时长，详见表9；从业禁止的方式视案件情况而定，包括禁止从事与未成年人相关的职业，禁止从事与未成年人相关的看护工作、相关的教育工作等。但并非所有具有特殊职责的被告人均被判处从业禁止，继父等与被害人共同生活的家庭成员，虽系具有特殊职责的被告人，但考虑到此类案件被告人并非利用职业之便，而是利用与被害人共同生活的便利条件实施性侵害行为，法院未对该类被告人判处从业禁止。

表8　性侵害未成年人案件从业禁止涉及人员情况

年份	教练	教师	保姆	其他
2017	0	2	1	1
2018	0	0	0	0
2019	1	1	0	1

数据来源：北京市海淀区人民法院司法审判数据。

表9　性侵害未成年人案件从业禁止使用情况

年份	"特殊职责"人数	从业禁止人数	从业禁止期限
2015	0	0	0
2016	5	0	0
2017	4	4	5年
2018	3	2	5年
2019	4	3	5年

数据来源：北京市海淀区人民法院司法审判数据。

相比于撤销某种资格认证的行政处罚手段，例如撤销教师资格证书等，从业禁止涉及的禁业范围更广，密切接触未成年人的行业均不能从事，包括校外培训机构的工作人员甚至后勤服务人员，等等。法院通过适用从业禁止条款，禁止此类犯罪人员从事与其原职业或其他与未成年人密切接触的行业，可以有效地隔绝危险人员，保护未成年人远离不法侵害，体现了对性侵害未成年人犯罪的预防和对未成年人群体的特殊保护。

然而从业禁止制度在实践中面临不少问题。本文调研结果显示，法院适用从业禁止的频率并不高，从业禁止的方式并不统一，原因在于，一方面从业禁止并非强制性的规定，且缺乏具体适用规范。刑法第37条规定人民法院可以根据犯罪情况和预防再犯罪的需要，判处从业禁止；即法官审理案件时可自行把握适用尺度，但又没有相关实施标准，导致法官在审理案件时无所适从。另一方面，实践中从业禁止的实施其实是系统性的工程，不仅需要靠公安部门的执行，还需要社会各行业在人员招聘时予以配合，而目前又缺乏配套制度对用人单位进行有效管理，以致从业禁止在执行中遇到很大障碍。

法院在审理性侵害未成年人犯罪中，除上述成效外，也遇到一些问题。比如统计中发现，法官在认定被告人是否具有"特殊职责"上存在一定分歧。《性侵意见》第9条规定了负有"特殊职责"的人员包括对未成年人负有监护、教育、训练、救助、看护、医疗等特殊职责的人员，这些特殊职责的人员在定罪、量刑上与其他成年被告人存在一定区别，也是从业禁止的前提条件，所以"特殊职责"的认定显得十分重要。但由于《性侵意见》仅是列举式的规定，并未涵盖所有情形，法官在判断时难免出现不一致。

关于未成年被害人权益保障问题。在本文统计的案件中，存在同一名有智力障碍的幼女被不同被告人在多个案件中分别、多次性侵的情况，可见对于缺乏性防卫能力的幼女，家庭、社会及国家层面尚缺乏有效保护措施。

四 性侵害未成年人犯罪预防与惩治工作存在的问题

（一）刑事立法缺乏针对性罪名

目前，我国对性侵害未成年人行为进行规制处罚的主要法律为《刑法》，《中华人民共和国未成年人保护法》（以下简称《未成年人保护法》）及相关司法解释中也有规定。我国刑法没有设立性侵儿童犯罪这一独立罪名；对部分犯罪行为，仍缺乏针对未成年人遭受侵害的独立罪名，而是作为性侵害成年人的从重或加重处罚情节，如奸淫幼女为强奸罪的加重处罚情节，这导致在案件定罪和量刑方面受到制约，在犯罪要件构成、证据认定、量刑幅度方面受制于性侵害成年人罪名的规定，与对此类行为进行严惩的目标不相符。

同样，《刑法》对儿童淫秽制品与成人淫秽制品未作区分。法律适用中定罪和量刑标准也未作区分。从实践来看，儿童淫秽制品社会危害性更大，按照成人淫秽色情制品标准入罪，定罪标准过高，大量该类违法行为无法入罪，或入罪行为的罪责刑不相称。同时，虚拟儿童色情等特殊网络儿童色情形式，未纳入刑法淫秽物品概念中，目前，尚无法对该类行为进行刑事追责。

（二）存在法律保护空白

1. 对未成年男性的性权利保护缺失

《刑法》中除猥亵儿童罪未明确被害人的性别特征外，其余相关性侵害罪名中均明确被害人为女性，对女性的性权利进行了较为完善的保护，对男童保护不足。经统计，男童遭受强奸、猥亵的案例屡见不鲜，且对被害男童的心理伤害程度同样十分严重。因法律的限制性规定，男童遭受强奸多数只能以猥亵儿童罪定罪量刑，与罪责刑相适应的基本原则相违背。

2. 性同意年龄偏低，对14~18周岁未成年人保护较弱

根据《刑法》对强奸犯罪的规定，与不满 14 周岁女孩发生性关系的行为为强奸犯罪；年满 14 周岁后，则脱离对于未成年人的特殊保护，将按照普通成年妇女标准适用强奸罪普通条款的规定，即只有当行为人以暴力、胁迫等手段违背妇女意志发生性关系时，才能够认定为强奸。性同意年龄偏低不利于保护未成年人的性权益，特别是难以保护 14~18 周岁未成年人免受对其具有影响力的教师、监护人等的性剥削。于 2021 年 3 月 1 日起正式施行的《中华人民共和国刑法修正案（十一）》，将具有特殊职责的人员与 14~16 周岁未成年女性发生性关系的行为入刑，提高了性同意年龄，一定程度弥补了法律保护空白。①

---

① 《中华人民共和国刑法修正案（十一）》新增第二百三十六条之一第一款："对已满十四周岁不满十六周岁的未成年女性负有监护、收养、看护、教育、医疗等特殊职责的人员，与该未成年女性发生性关系的，处三年以下有期徒刑；情节恶劣的，处三年以上十年以下有期徒刑。"

3. 未成年被害人请求精神损害抚慰金无法律依据

《中华人民共和国刑事诉讼法》规定提起刑事附带民事诉讼的前提是"物质损害",即被害人需要有遭受损害后产生相关损失的书面证明材料,如为进行康复治疗支付的医疗费、护理费、交通费、误工费等合理费用,这一点在《性侵意见》第31条有明确规定,其中康复治疗费包括进行身体医治和精神诊治所支付的费用。但实际当中,性侵案件被害人一般不需住院治疗,例如,在占全部案件近半数的猥亵犯罪中,有相当部分不会造成明显的身体伤害,但对被害人心理造成的创伤则是普遍的;而部分被害人遭受到明显或者严重的身体伤害,精神创伤多数非常严重甚至难以完全康复。此外,在由家庭成员实施的性侵中,受害人恢复难度更大,在没有经济赔偿、没有专业人士的帮助下很难独自走出创伤所造成的阴影。《性侵意见》明确了被害未成年人就精神康复治疗支出的医疗费有赔偿请求权是具有积极意义的,但这不等同于精神损失抚慰金,仍需要被害人提供医院病历、收费凭证等书面证据。现行法律法规对于遭受到性侵害的未成年人请求精神损害抚慰金的权利并无规定,被害未成年人无法得到充分司法救济。

4. 缺乏关于未成年人网络保护的专门立法

我国关于未成年人网络保护的现行法律规定较为分散且规定较为抽象,缺乏操作性。特别是对利用网络性侵害未成年人行为无特别规定,存在立法空白。正在制定中的《中华人民共和国未成年人网络保护条例》(以下简称《网络保护条例》),在送审稿中较为详细地规制了网络欺凌、网络隐私泄漏等较常见的网络侵害未成年人权利现象,但未包括网络性侵害未成年人这一最为严重的侵害形式。这使得实践中难以有效预防该类行为发生;且对侵害行为的规制面临无法可依、入罪标准不明晰的障碍。

(三)立法层级不够、法规强制力不足

除《刑法》对未成年人遭受性侵的刑事处罚外,其他相关立法、规章规定层级不够,规定措施的强制力不足,对违法违规行为追责难。

例如,《网络信息内容生态治理规定》等网络监管制度安全监管和防范

措施强制力不足，使得利用网络实施性侵未成年人犯罪成本较低。实践中，网络服务平台对相关违法犯罪行为的筛选、审查、监督等预防和制止机制明显滞后，具体表现为：一是网络用户非实名制不利于法律责任追究。用户使用虚假身份信息注册使用情况下，若发生网络性侵害未成年人行为，对违法犯罪分子难以追查。二是保护机制缺乏强制、监督。2020年3月，国家互联网信息办公室发布的《网络信息内容生态治理规定》（以下简称《网络生态规定》）第13条鼓励平台开发适合未成年人使用的模式。据此，快手、抖音、哔哩哔哩等网络服务平台在登录时会自动跳出"选择未成年人模式"提醒；但该模式无强制性或监督措施，用户可直接选择关闭该提醒，不能实现分类保护的目标。三是强制报告制度缺乏可操作性。《网络生态规定》虽然规定了网络服务提供者对利用网络性侵害未成年人违法犯罪行为的报告义务，但是并未赋予报告义务强制性，亦未对报告程序进行细化，规定内容缺乏可操作性。

（四）司法裁判法律适用有待规范统一

与上文提到的缺乏专门罪名、法律保护存在空白相关，司法实践中，性侵害未成年人犯罪的处罚仍存在量刑不一、罪责刑不相称的情形。同时，相关的量刑规范化体系仍然不完善、不全面。《最高人民法院关于常见犯罪的量刑指导意见》中，与性侵害未成年人犯罪相关的主要是对强奸罪的量刑指导内容，但仅涉及针对女性实施的性侵犯，与上述立法对男童保护不足相关。最高人民法院《性侵意见》也对该类案件中适用法律和量刑进行指导，但部分规定尚不够具体，例如，《性侵意见》第28条关于宣告禁止令的规定，对于宣告禁止令的条件、禁止时长、执行机构、应送达的机构及其义务等没有进一步规定。此外，尽管《性侵意见》第30条明确规定："对于判决已生效的强奸、猥亵未成年人犯罪案件，人民法院在依法保护被害人隐私的前提下，可以在互联网公布相关裁判文书，未成年人犯罪的除外。"但大多该类案件文书均因涉及当事人隐私未进行公开，也影响到裁判统一。

（五）预防性侵害未成年人犯罪综合举措不健全

1. 从业禁止及配套机制不完善

《刑法》明确规定了从业禁止，但较为笼统，且司法实践中适用率较低。新修订的《未成年人保护法》第62条明确规定了从业查询和禁止制度，限制有性侵害等违法犯罪记录的人员进入密切接触未成年人的单位工作，但法律效力较低，且具体操作方法还有待地方性立法加以细化完善。① 依据该法第126条规定，② 相关单位未履行查询要求雇用有性侵等犯罪记录人员的，对单位进行警告、停业整顿、罚款等行政处罚，对主管人员及负责人给予处分，行政监管力度和惩罚力度仍然较轻，如不定期开展对相关单位的专项行政检查，则难以发现存在上述违规情况，难以充分发挥该制度有效避免特定人员与未成年人进行接触以及降低未成年人遭性侵害危险的功能。

2. 对于未成年人遭受监护人等有特殊职责人员侵害情况监管救济不足

与未成年人相熟识人员实施犯罪所占比例较高，其中教师、监护人等特殊职责人员对未成年人进行性侵犯，隐蔽性更强，持续时间更久，危害更大。但《刑法》并未明确规定对未成年人负有特殊职责人员实施性侵害未成年人犯罪应从重或加重处罚，仅在《性侵意见》中有所规定，未能对该类犯罪人员进行有效的威慑。

例如，在本次调研涉及的部分案件中，未成年人女性遭受继父、养父等性侵害，侵害次数多、时间长，但由于发生在家庭领域，本次调研中涉及的一起案件，侵害时间长达4个月，侵害次数3次以上，最终由未成年人的母亲报案。

强制报告制度未得到落实。在有特殊职责的人性侵未成年人案件中，如果仅依靠监护人，而没有学校、妇女儿童保护组织等其他力量提供可获得的

---

① 《中华人民共和国未成年人保护法》（2020修订，2021年6月1日生效），第62条。
② 《中华人民共和国未成年人保护法》（2020修订，2021年6月1日生效），第126条。

帮助，未成年人通常难以及时报警或寻求救济。对此，《未成年人保护法》第40条规定了学校应当开展性教育并对遭受性侵害的学生采取保护措施。同时，2020年发布的《关于建立侵害未成年人案件强制报告制度的意见（试行）》[①] 要求与未成年人密切接触的各类组织及其从业人员，在工作中发现未成年人遭受或者疑似遭受不法侵害以及面临不法侵害危险的，应当立即向公安机关报案或举报，但规定过于笼统，违规处罚较轻，相关配套机制空缺。《未成年人保护法》第43条规定了居委会、村委会指导、帮助和监督未成年人的父母或者其他监护人依法履行监护职责的内容，但考虑到城市居委会通常居民人口众多，同时该项工作需要较高专业水平，要落实该条规定还需要通过地方性立法法规进行进一步完善，为未成年人社会保护工作提供更多人力、资金支持。此外，遭受监护人侵害案件中的受害人通常难以得到经济赔偿，遭受心理、精神侵害较一般案件更为严重，如不能得到有效介入康复将遭受长期的身心伤害。上述强制报告、法律帮助、救济帮扶等工作机制，尚有待持续细化落实。

除可能遭受直接性侵害外，未成年人可能被监护人要求从事视频直播行为，以获得打赏。为迎合一些低端品味和需求，未成年人可能被要求穿着暴露、进行特定表演等，遭到隐私泄露和性剥削。《未成年人保护法》在2020年修订时增设网络保护专章，但未涉及该类情形。2020年11月，国家网信办发布《互联网直播营销信息内容服务管理规定（征求意见稿）》，其中第15条规定"直播营销人员或者直播间运营者为自然人的，应当年满十六周岁；十六周岁以上的未成年人申请成为直播营销人员或者直播间运营者的，应当经监护人同意"。该条文旨在对该类行为进行规制，但对相关平台违规责任，对利用未成年人直播牟利的主体应承担的责任，尚无明确规定。

---

① 最高人民检察院、国家监察委员会、教育部、公安部、民政部、司法部、国家卫生健康委员会、中国共产主义青年团中央委员会、中华全国妇女联合会关于印发《关于建立侵害未成年人案件强制报告制度的意见（试行）》的通知，2020年5月7日发布。

五 对完善性侵害未成年人犯罪预防与惩治的建议

（一）完善专门立法

应就性侵害未成年人相关罪名进行专项立法或设置独立的罪名，与性侵害成年人罪名进行明确区分，并对不同罪名的从重或加重处罚情形以列举式与兜底式相结合的方式进行规定，构建性侵害未成年人犯罪涵盖立法宗旨、行为特点、惩处措施等各方面的全面细致法律体系。体现对未成年人的特殊优先保护，进而推动全社会树立尊重与保护未成年人性权利的重要理念。

将未成年男性纳入性侵害犯罪被害人范畴。未成年男性应与未成年女性享有同等性权利，应受到法律的同等保护。在关于性侵害未成年人的专门立法体系中，不应再因性别区别对待，对未成年男性的性权利进行合理明确的保护，实现法律面前人人平等的基本立法原则。

在《刑法》中应明确儿童淫秽制品的概念，不仅应包含成人淫秽制品认定标准中的"具体描绘性行为"和"露骨宣扬色情"，也应结合现实情况扩充其内涵，应涵盖：真实、貌似、计算机合成乃至虚拟的儿童色情图像，以及文字、语言形式的真实儿童色情。同时，在刑法中对不同犯罪情节的行为，比照涉成人淫秽制品罪名，为涉儿童淫秽制品犯罪制定罪责刑相适应的入罪和量刑标准。

明确性侵害未成年人案件强制精神损害赔偿制度。性侵害对未成年人造成的心理伤害影响时间长、危害大。为最大限度保障未成年人的基本权益，不论被侵害未成年人是否实际接受精神治疗或能否向法院提交治疗支出凭证等书面证据，均应赋予其请求精神损害赔偿的权利。此外，对于某些被害人因某种原因未提起相关赔偿请求的，法院应主动释明其有提起精神损害赔偿的权利，若其仍未提起，根据具体案情，法院可酌情判定被告人对被害人进行精神损害赔偿。对于被告人确无能力赔偿的，应启动司法救助程序，对被害人提供必要的物质补偿，同时提供心理辅导与干预，关注被害人的心理康复进程。

完善《刑法》或专项立法对特殊职责人员性侵害的规制。应在《刑法》或性侵害未成年人的专项立法中对负有特殊职责人员提出更高的法律要求，细化并明确不同职责人员身份的认定标准及法律适用标准，将被告人的特殊身份作为入罪或提升量刑等级的根据，在刑罚设置和适用上，区别于普通人实施的犯罪，成为部分罪名入罪及加重量刑的情节。

加快出台《未成年人网络保护条例》，形成未成年人网络安全保护法律规范体系。应把利用互联网性侵未成年人作为重点防治行为，以新出台的《网络信息内容生态治理规定》为纲领，细化未成年人网络保护的相关规定，列明网络性侵害未成年人的行为方式，特别对前文提及的新类型边缘性行为予以明晰；强化互联网企业责任，禁止儿童淫秽信息的制作、传播、浏览、持有等行为，明确违反规定的惩罚措施，以常规化、制度化而非运动式执法的方式弥补未成年网络保护的制度空缺。

（二）细化量刑规范化标准

细化并完善性侵害未成年人犯罪行为的具体量刑情节及加减刑期的比例，包括被告人情况、被害人情况、二者关系、犯罪场所、实施手段、持续时间等，尽可能地涵盖司法实践中可能出现的各类情况，并定期征集各地司法人员发现的新的量刑情节，及时更新量刑规范化标准，为司法人员做出罪责刑相适应的裁判提供法律依据。

（三）普及从业禁止及完善相关配套机制

首先应在性侵害未成年人专门立法中规定专门针对性侵害未成年人犯罪者从业禁止的相关规定，对于司法机关在何种情况下应判处从业禁止进行细化规定，实现从业禁止制度的全面有效覆盖。

其次，应将有性侵害前科的犯罪者进行等级区分，依据罪行的严重程度分不同时期定期到公安机关进行住所、职业等相关信息的更新登记，以实现查询系统的有效更新。

对于部分罪行极为严重的性侵害未成年犯罪人的姓名、住址、照片、犯罪事实、判处情况等重要信息对其所居住的社区居民公开，提醒居民保护自己的孩子不受侵害。

对于教育机构、儿童医院等与儿童接触极为密切的特殊机构，必要时可考虑开放性侵害未成年人犯罪者系统查询权限，无须必须到公安机关进行查询，以方便相关机构对应聘人员身份的筛查。此外，对未成年人负有监护、教育、训练、救助、看护、医疗等职责的相关机构不仅应严格实行上述的从业查询制度，亦应制定相应的安全审查制度，对入职人员的日常表现、社会评价、婚姻状况、性格心理测评结论等定期评估，及时发现潜在的性犯罪者，更多地从事先预防的角度维护未成年人的性权利不受侵害。

（四）完善强制报告制度及配套机制

首先，应规定一般人有举报的权利，同时应对该项权利制定配套的鼓励及保护机制，提高一般人举报的积极性。其次，应明确对于学校、监护人等负有特殊职责人员未履行报告义务的惩处措施，依据报告义务人的身份以及未报告的后果处以不同的处罚，加大惩处力度，增强报告的强制性。

对于强制报告制度与职业道德相违背的特殊职责人员，如医生，赋予其免责权与奖励机制，鼓励其履行报告的义务。报告的内容不应仅限于发现未成年人遭受或可能遭受到性侵害，适当涵盖事前未然的情况，如对于监护人不履行监护职责或监护不力等可能侵害未成年人身心健康的行为都应纳入报告的范围，从而实现事后惩处向事先预防的有效转变。

明确网络服务提供者强制报告义务。网络服务主管部门应以《网络信息内容生态治理规定》为基础，细化强制报告实施规定，明确报告主体、需要报告的情况、报告的形式、内容及证据留存要求等，规定违反报告义务的具体处罚措施，从而形成较为完善的常态化事前防御报告机制，实现对未成年人网络保护从事后惩处到事前预防的有效转变；设立专门机构处理对平台的举报信息、审查平台提交的报告，并对平台的审查义务进行监督，形成政府部门对网络平台进行监管，网络平台对注册用户进行监督的未成年人网络安全防护体系。

性别视角下未成年人的受教育权保护

黄周正　沈飞飞　刘小楠*

摘　要：　未成年人受教育权的保障是实现国家发展和人权保障的重要环节。性别平等是我国始终贯彻的国家基本教育政策。20世纪90年代至今30年间，在未成年人受教育权的保护方面，教育性别公平得到巩固，实现了未成年人教育机会的性别平等，性别平等教育环境及性别教育体系初步发展，但仍然面临挑战，需要从加快支持发展学前教育、改善性别平等的教育环境、推进性与性别平等教育实施三个方面来巩固性别视角下未成年人受教育权保护取得的成果。

关键词：　性别视角　未成年人　受教育权　性别平等

引　言

我国《宪法》《教育法》《未成年人保护法》和《义务教育法》均明确规定，公民享有受教育权。保障受教育权是实现国家发展和人权保障的重要环节。从性别视角关注未成年人受教育权的实现，不仅是对未成年人人权和宪法基本权利的关切，也是坚持贯彻宪法男女平等的基本原则的体现。《中

---

* 黄周正，中国政法大学人权研究院2019级博士研究生，研究方向：人权法学，特定群体人权保障；沈飞飞，中国政法大学人权研究院2019级硕士研究生，研究方向：性别与人权；刘小楠，中国政法大学人权研究院教授。

国教育现代化 2035》提出，推进教育现代化，要更加注重全面发展，更加注重面向人人，要推进教育治理体系和治理能力现代化。① 从性别视角对未成年人受教育权保障的基本状况、内容和经验进行总结和分析，对于促进教育领域的性别平等，促进个人发展和社会发展具有重要的现实意义。

一　性别视野下受教育权保障的基本内容

我国《宪法》规定"中华人民共和国公民有受教育的权利和义务"，这与《经济、社会及文化权利国际公约》第 13 条关于受教育权的规定②在理念及内涵上达成了一致，我国作为公约缔约国，有义务确保人人享有受教育之权，不得基于性别而作任何的区别、排斥或限制。作为推动人类社会不断向前发展的基本手段和保障，受教育权是在全世界范围内最具有共识和普遍性的权利之一。受教育权是公民的基本人权，是指公民依法享有的，要求国家积极提供均等的受教育条件和机会，通过学习发展其个性、才智和身心能力，以获得平等的生存和发展机会的基本权利。③ 首先，受教育权是所有人均应当享有的人权。作为一项人权的受教育权，其基本内涵指向受教育者所享有的权利以及与之相对应的国家应当承担的义务。《世界人权宣言》第 26 条规定"人人都有受教育的权利"，《经济、社会及文化权利国际公约》第 13 条规定"人人有受教育的权利"。经济、社会和文化权利委员会的第 13 号一般性意见称，"各种形式的、各个层级的教育应该展现下列相互联系的基本特征"，即可用性（Availability）、可及性（Accessibility）、可接受性（Acceptability）、可调试性（Adaptability）。④ 其中可用性特征是指开展教育活动的条件，如教室校舍、男女生卫生设备、教师和教学材料等方面。可及

---

① 《中共中央、国务院印发〈中国教育现代化 2035〉》，《人民日报》2019 年 2 月 24 日第 1 版。
② 《经济、社会及文化权利国际公约》第 13 条第 1 款：本盟约缔约国确认人人有受教育之权。
③ 龚向和：《人权法学》，北京大学出版社，2019，第 192 页。
④ 经济、社会和文化权利委员会关于受教育权的第 13 号一般性意见（《公约》第 13 条），E/C.12/1999/10，第 6 段。

性包含不歧视、实际可及性及经济可及性三个要素，意味着教育必须为人人可及、必须在安全的力所能及的距离内进行、必须是人人负担得起的。可接受性包含教育质量、文化适合度等问题，如对学校条件的关切以及教育竞争性所导致的压力。可调适性主要指教育必须灵活，"能够针对变动中的社会和社区的需求而进行调适，使其符合各种社会和文化中的学生的需求"①。受教育权的实现不仅在于使所有人能够享受到与自身相适应的教育，同时还要求国家提供实现权利的相关环境或条件。对处于弱势地位的女童或性别少数者而言，受教育权对其实现自由而全面的发展具有关键意义和核心作用。就我国而言，实现对未成年人性别平等下的受教育权保障是贯彻男女平等基本国策的前提。

联合国大会 2015 年通过的《2030 年可持续发展议程》指出，优质的教育、良好的健康和福祉、社会性别平等和人权在本质上是不可分割的。② 联合国教科文组织 2019 年发布了《在教育全过程推进性别平等战略（2019~2025）》，该战略立足"更精确的数据以为教育全过程中的性别平等行动提供依据""更全面的法律、政策和规划框架以增进权利""更优质的教育和学习实践以促进赋权"三个方面，致力于"使教育系统更具有性别的变革力，推动性别平等""使女孩和妇女在教育中得到赋权，以获得更好的生活、更好的未来"。③ 从性别视角考察未成年人受教育权的实现状况，主要是对教育性别公平进行考察。教育性别公平，从法律意义上而言是指未成年人不论其性别，均享有平等的受教育机会。我国《教育法》规定了公民依法享有平等的受教育机会，《义务教育法》第 4 条规定"凡具有中华人民共和国国籍的适龄儿童、少年，不分性别、民族、种族、家庭财产状况、宗教信仰等，依法享有平等接受义务教育的权利，并履行接受义务教育的义

---

① 《经济、社会及文化权利委员会关于受教育权的第 13 号一般性意见》（《公约》第 13 条），E/C. 12/1999/10，第 6 段 cd。
② 联合国，《2030 年可持续发展议程》（A/RES/70/1）。
③ 联合国教科文组织：《From Access to Empowerment：UNESCO strategy for gender equality in and through education 2019–2025》。

务"。平等的受教育机会是受教育权的重要内容，它是指从每一教育阶段的开始（入学、升学）到结束（毕业、休学、退学、转学），包括受教育过程中获得教育资源、发展机会和学业评价等方面，不得基于性别、性倾向、性别认同和表达而受到任何不合理的区别对待。从统计意义而言，教育性别公平包括教育起点、教育过程、教育结果三个环节的性别公平。[①] 从受教育权产生、发展的时间顺序而言，可以将受教育权划分为三个阶段的"子权利"，即开始阶段的学习机会权、过程阶段的学习条件权和结束阶段的学习成功权。[②] 在教育领域内，性别完全平等意味着机会平等、学习过程中的平等和结果平等。[③] 本文依照上述对受教育权内容的已有研究，从性别的视角对未成年人受教育权的三个方面，即教育机会性别公平、性别教育情况、性别教育环境三个方面进行考量。教育机会性别公平是指男女两性所获得的教育机会与其在总人口中所占的比例是大致相等的，教育机会的获得不因性别而有所区别。性别教育是教育的一个分支，它是以特定社会背景中的性别观念为基础，通过有形和无形的方式渗透到教育的各个环节，影响受教育者性别认知的发展和性别观念的形成，产生相应性别行为的社会化教育过程。[④] 在人权保障的要求下，性别教育还能发挥消除性别歧视、促进性别平等的作用。性别教育环境即在任何学习阶段，确保安全、包容和健康的身体和心理环境，[⑤] 采取和改善"性别平等"的教育措施和"为所有人提供安全、非暴力、包容和有效的学习环境"。[⑥] 性别友好的学习环境主要包括禁止身体暴

---

① 郭东生：《改革开放 30 年我国妇女教育发展总报告》，载《中国妇女教育发展报告 1978 ~ 2008》，社会科学文献出版社，2008，第 2 页。

② 龚向和：《人权法学》，北京大学出版社，2019，第 192 页。

③ 荆建华：《教育中性别平等的理性诉求与中小学教材中性别不平等的现实困惑——兼论对儿童性别角色形成的影响》，载《河南教育学院学报》（哲学社会科学版）第 6 期，第 43 页。

④ 丛中笑：《浅析现代幼儿性别教育的基本问题》，《中华女子学院学报》2005 年第 4 期，第 74 ~ 79 页。

⑤ 联合国教科文组织：《From Access to Empowerment：UNESCO strategy for gender equality in and through education 2019 – 2025》，第 16 页。

⑥ 联合国大会 2015 年 9 月 25 日第 70/1 号决议通过《变革我们的世界：2030 年可持续发展议程》，可持续发展目标 4，具体目标 4. a。

力、性暴力、心理暴力等形式的校园性别暴力，满足不同性别需要的卫生设施、性别友好的教材以及性别比例平衡的师资力量等。

二　性别视角下我国未成年人受教育权保障的基本状况

新中国成立之初，我国就重视教育公平和教育平等的重要性，开始对受教育权的实现进行政策部署和制度设计。① 中共十九大报告提出要推进教育公平、努力让每个孩子都能享有公平而有质量的教育。② 2019 年政府工作报告再次强调发展更加公平有质量的教育。③

（一）教育机会性别公平的新进展

1. 巩固教育性别公平的制度保障

（1）加强未成年人教育性别公平的宏观指导

1995 年在北京举行的世界妇女大会通过了《北京宣言》（以下简称《宣言》）和《北京行动纲领》（以下简称《纲领》），《宣言》重申了"妇女权利就是人权"（第 14 条），并提出"促进和保护妇女和女孩的所有人权"（第 31 条）。④《纲领》明确提出"教育是一项人权，是实现平等、发展与和平目标的一个重要工具"⑤（第 69 段）。尽管在区域一级，男性和女性已经获得了平等接受初等教育的机会，但教育仍然是改善女性保健、营养以及促进妇女参与社会决策的关键要素。非歧视性的教育不仅能使女孩受益，也能使男孩受益，并最终使女性与男性的关系更加平等。《纲领》还提出了确保接受教育的平等机会、消除妇女文盲现象、发展非歧视性教育和培

① 魏文松：《新中国成立七十年来我国公民受教育权保障的历史逻辑与前景展望》，《理论月刊》2020 年第 2 期，第 110 页。
② 习近平：《决胜全面建成小康社会 夺取新时代中国特色社会主义伟大胜利》，《人民日报》2017 年 10 月 19 日第 2 版。
③ 《李克强作的政府工作报告（摘登）》，《人民日报》2019 年 3 月 6 日第 2 版。
④ 《北京宣言》，《中国妇运》1995 年第 11 期，第 3 ~ 4 页。
⑤ 见《北京行动纲领》第 69 段。

训等具体战略目标，要求采取措施在所有级别的教育中消除因性别理由或任何形式的歧视，以达到平等接受教育的目标；要求至少将女性文盲率削减到1990年的一半，到2000年普及女童接受初等教育的机会（第80段）。第四届世界妇女大会结束后的十年间，我国通过扫盲行动，成人妇女文盲率从1990年的32%降低到2000年的10%，青壮年妇女文盲率从14.78%降低到5%①；2000年女童入学率达到99.07%，五年巩固率为94.48%，实现了《纲领》所提出的目标。②

国家人权行动计划始终把受教育权以及妇女、儿童的各项权利作为国家保障人权的重要内容。《国家人权行动计划（2009—2010）》明确提出要保障女性受教育的权利，要巩固女童的小学、初中、高中入学率。③《国家人权行动计划（2012—2015）》提出要巩固九年义务教育普及水平。④ 2010年颁布的《国家中长期教育改革和发展规划纲要》提出要"把促进公平作为国家基本教育政策"。⑤

2011年，国务院颁布了《中国妇女发展纲要（2011—2020年）》（以下简称《妇女发展纲要》）和《中国儿童发展纲要（2011—2020年）》（以下简称《儿童发展纲要》）。⑥《妇女发展纲要》将"妇女与教育"确定为优先发展领域之一，

---

① 郭东生：《改革开放30年我国妇女教育发展总报告》，载《中国妇女教育发展报告1978～2008》，社会科学文献出版社，2008，第6页。

② 教育部，《2000年全国教育事业发展统计公报》，2001年6月1日。教育部网站，www.moe.gov.cn/s78/A03/ghs_ left/s182/moe_ 633/tnull_ 843.html，最后访问日期：2020年10月28号。

③ 国务院新闻办公室：《国家人权行动计划（2009—2010年）》，中国政府网，www.gov.cn/jrzg/2009 - 04/13/content_ 1283983.htm，最后访问日期：2020年10月28号。

④ 国务院新闻办公室：《国家人权行动计划（2012—2015年）》，中国政府网，www.scio.gov.cn/ztk/dtzt/2013/dljbjrqlt/1129195/Document/1345624/1345624_ 1.htm，最后访问日期：2020年10月28号。

⑤ 教育公平是社会公平的重要基础。教育公平的关键是机会公平，基本要求是保障公民依法享有受教育的权利，重点是促进义务教育均衡发展和扶持困难群体，根本措施是合理配置教育资源，向农村地区、边远贫困地区和民族地区倾斜，加快缩小教育差距。教育公平的主要责任在政府，全社会要共同促进教育公平。《国家中长期教育改革和发展规划纲要（2010—2020年）》，中国政府网：http://www.gov.cn/jrzg/2010 - 07/29/content_ 1667143.htm，最后访问日期：2020年10月28号。

⑥ 《国务院关于印发〈中国妇女发展纲要〉和〈中国儿童发展纲要〉的通知》，国发〔2011〕24号。

并提出在教育领域，要坚持教育工作全面贯彻性别平等原则，巩固女童、女性平等接受学前教育、义务教育、高中教育和高等教育的成果。《中国儿童发展纲要》提出要保障所有儿童享受公平教育，要促进女性接受学前和高中教育。

（2）完善未成年人教育性别公平的法律保障

我国《宪法》明确规定公民享有受教育的权利和义务。男女平等的宪法原则得到有效贯彻，妇女的受教育权也受到宪法的保障。1986 年《义务教育法》规定了适龄儿童、少年平等享有接受义务教育的权利，并履行接受义务教育的义务，"凡具有中华人民共和国国籍的适龄儿童、少年，不分性别、民族、种族、家庭财产状况、宗教信仰等，依法享有接受义务教育的权利，并履行接受义务教育的义务"。1992 年，国家制定并实施《妇女权益保障法》，明确规定妇女享有接受文化教育的权利。1995 年的《教育法》第 9 条规定，公民有受教育的权利和义务，并且不分民族、种族、性别、职业、财产状况、宗教信仰等，依法享有平等的受教育机会。除此之外，《学位条例》《教师法》《职业教育法》《高等教育法》《通用语言文字法》《民办教育促进法》六部法律侧重于教育发展，但也都一定程度上体现了对公民受教育权的保护。

保护平等接受教育权利的立法一直在不断推进和完善。2020 年 9 月，教育部关于《中华人民共和国学前教育法草案（征求意见稿）》（以下简称《学前教育法草案》）公开征求意见。[①]《学前教育法草案》指出国家保障学前儿童的受教育权，对所有适龄儿童平等接受学前教育的权利作出了规定。《未成年人保护法》于 2020 年 10 月修订。新修订的《未成年人保护法》加强了对未成年人的综合、全面性保护，在家庭保护、学校保护、社会保护、网络保护、政府保护、司法保护方面作出了规定。由规定未成年人享有生存权、发展权等权利，修正为更强调国家对未成年人生存权、发展权的保障。未成年人依法平等地享有各项权利，不因本人及其父母或者其他监护人的民族、种族、性别、户籍、职业、宗教信仰、教育程度、家庭状况、身心健康

---

① 《教育部关于〈中华人民共和国学前教育法草案（征求意见稿）〉公开征求意见的公告》，教育部网站，www.gov.cn/hudong/2020 – 09/07/content_ 5541349.htm，最后访问日期：2020 年 10 月 28 号。

状况等受到歧视（第3条）。

（3）落实促进教育性别公平的配套措施

我国始终把教育摆在优先发展的战略位置，不断扩大投入，努力让每个孩子享有受教育的机会。① 我国对于教育事业的经费总投入连年大幅增长，从1996年的2262.34亿元提高至2018年的46143亿元（见图1），增长速度超过同期国民经济增长速度，促进了各项教育事业的发展。通过设立中小学助学金、制定女童专项扶助政策、实施"春蕾计划"和"希望工程"等助学项目，大大增加了农村女童受教育的机会。② 截至2019年，"春蕾计划"已资助女童373.4万人次。③

建立国家义务教育质量监测制度，保障义务教育的质量。2007年教育部依托北京师范大学成立基础教育质量检测中心，连续8年开展对义务教育阶段6个学科领域的试点监测。国务院教育督导办于2015年印发《国家义务教育质量监测方案》，以3年为周期在全国范围内开展义务教育质量监测工作。④ 2019年《关于深化教育教学改革全面提高义务教育质量的意见》进一步强调了义务教育质量的重要性和具体实施方法。⑤

此外，还将教育工作作为西部大开发、精准扶贫等政策的重点内容，促进西部及贫困地区教育事业的发展。2019年，教育部办公厅贯彻打赢脱贫攻坚战的战略部署，将农村义务教育纳入工作重点。⑥ 2020年5月中共中

---

① 《在联合国"教育第一"全球倡议和行动一周年纪念活动上发表视频贺词》，《人民日报》2013年9月27日。

② 中华人民共和国国务院新闻办公室：《平等、发展、共享：新中国70年妇女事业的发展与进步》，中国政府网，www.gov.cn/zhengce/2019 – 09/19/content_ 5431327. htm，最后访问日期：2020年10月28号。

③ 中国少年儿童基金会：《中国儿童少年基金会2019年年度报告》，中国少年儿童基金会网站，http://www.cctf.org.cn/d/file/report/year/2020 – 06 – 23/af1c4fc010fd932de212aba49eebcdde.pdf，最后访问日期：2020年10月28号。

④ 《国家义务教育质量监测方案》，国教督办〔2015〕4号。

⑤ 《中共中央、国务院关于深化教育教学改革全面提高义务教育质量的意见》，中国政府网，www.gov.cn/zhengce/2019 – 07/08/content_ 5407361. htm，最后访问日期：2020年10月28号。

⑥ 《教育部办公厅关于打赢脱贫攻坚战进一步做好农村义务教育有关工作的通知》，教育部办公厅，教基函〔2019〕10号。

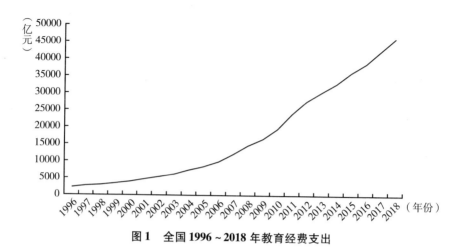

图1 全国1996~2018年教育经费支出

央、国务院印发《关于新时代推进新大开发形成新格局的指导意见》，提出支持教育高质量发展，加快改善贫困地区义务教育薄弱学校基本办学条件，有序增加义务教育供给，落实好控辍保学工作等教育保障措施。①

2. 推进教育性别公平的现实情况

1991年《中国人权白皮书》记载，1990年城市学龄儿童入学率达到99.77%，农村达到97.29%，中、小学校在校学生数分别为1949年的40.3倍和5倍。中等学校在校女生2156万人，小学在校女生5656万人，分别占在校学生总数的42.2%和46.2%。②自1991年至今的30年间，我国始终坚持大力发展教育事业，切实保障公民的受教育权利，各级各类教育事业取得了新进展，在发展未成年人教育及保障妇女受教育权利方面取得了显著的成就。

（1）未成年人学前教育、初等教育和中等教育入学率普遍稳定增长

党的十九大报告提出要办好学前教育、在幼有所育上取得新进展。③ 近

---

① 《中共中央、国务院关于新时代推进西部大开发形成新格局的指导意见》，中国政府网，www.gov.cn/zhengce/2020–05/17/content_5512456.htm，最后访问日期：2020年10月28号。

② 国务院新闻办公室：《中国的人权状况》，1991年。

③ 习近平：《决胜全面建成小康社会 夺取新时代中国特色社会主义伟大胜利》，中国政府网，http：//www.gov.cn/zhuanti/2017–10/27/content_5234876.htm，最后访问日期：2020年10月28号。

年来，我国学前教育事业发展迅速，普及水平及教学质量都有了明显的提高。全国幼儿园数量从 1998 年的 18.14 万所发展到 2019 年的 28.12 万所，幼儿园园长和教师数量从 95.57 万人增加到专任教职工 491.57 万人、专任教师 276.31 万人。自 1990 年起学前教育毛入学率①逐步增加，到 2018 年、2019 年分别突破 80% 达到 81.7% 和 83.4%（见图 2）。

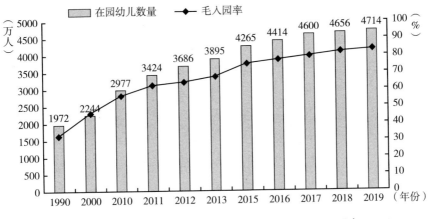

图 2　1990～2019 年学前教育在园幼儿数量和毛入园率

说明：部分年份数据缺失。

数据来源于教育部网站 1998～2019 年《全国教育事业发展统计公报》，在园幼儿数量四舍五入精确到万人。

1986 年我国通过《义务教育法》首次把免费的义务教育写入法律，标志着我国基础教育发展到了新的阶段，义务教育在 90 年代初显现成果，净入学率②由 1985 年的 95.95% 上升到 1990 年的 97.83%③。此后 30 年来义务

---

① 毛入学率，是指某一级教育不分年龄的在校学生总数占该级教育国家规定年龄组人口数的百分比。由于包含非正规年龄组（低龄或超龄）学生，毛入学率可能会超过 100%。

② 小学学龄儿童净入学率，是指小学教育在校学龄人口数占小学教育国家规定年龄组人口总数的百分比，是按各地不同入学年龄和学制分别计算的。

③ 1985 年全国小学学龄儿童 10362.3 万人，已入学学龄儿童 9942.8 万人，净入学率为 95.95%。参见《1997 年小学学龄儿童入学率》，教育部网站，http://www.moe.gov.cn/s78/A03/moe_560/moe_569/moe_576/201002/t20100226_7576.html，最后访问日期：2020 年 4 月 3 日。

教育的成果进一步得到巩固，2005 年净入学率达到 99. 15%，自 2010 年以来一直保持在 99.7% 以上，并于 2018 年达到 99.95%（见图 3）。

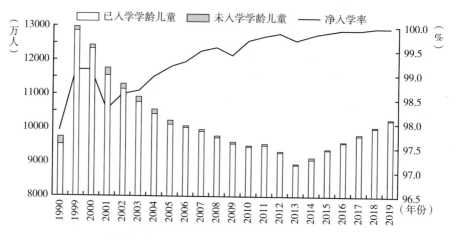

图 3　1990～2019 年小学学龄儿童净入学率

初中入学率自 1990 年开始增长，2010 年初中毛入学率较 1990 年和 2000 年有了显著的突破，达到 100.1%，此后十年间毛入学率都超过 100%（见图 4）。《国家教育事业发展"十三五"规划》提出要保持普通高中和中等职业教育招生规模大体相当，巩固提高中等职业教育发展水平。① 《高中阶段教育普及攻坚计划（2017—2020 年）》指出要使普通高中与中等职业教育结构更加合理。② 近年来，普通高中与普通中专、职业高中等中等职业教育规模结构及招生规模更为合理。2019 年全国有普通高中 1.4 万所，招生 839. 49 万人，中等职业教育学校（不包括成人中专）9000 余所，招生人数 550. 64 万人③，招生人数及在校生人数都有所增加。

（2）入学性别差异减小，未成年人教育性别平等实现

30 年来，小学教育阶段的男女入学比例性别差异逐渐缩小，2005 年以

---

① 《国务院关于印发〈国家教育事业发展"十三五"规划〉的通知》，国发〔2017〕4 号。
② 《教育部等四部门关于印发〈高中阶段教育普及攻坚计划（2017—2020）〉的通知》，教基〔2017〕1 号。
③ 根据《2019 年全国教育事业发展统计公报》计算得出。

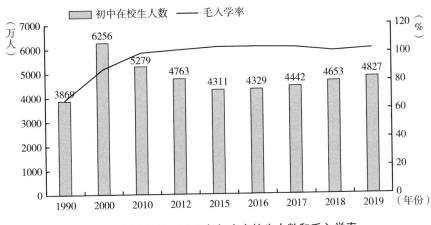

图4　我国 1990~2019 年初中在校生人数和毛入学率

来，男童入学率和女童入学率均超过99%。2008年，中国全面实现城乡九年制免费义务教育。[①]《中国实施千年发展目标报告（2000~2015年）》指出九年免费义务教育全面普及，基本实现了教育中的性别平等，男女平均受教育年限差距从2000年的1.3年缩小到2014年的0.8年。[②] 2011年女童入学率首次超过男童入学率，达到99.8%，高于男童的99.78%（见图5）。

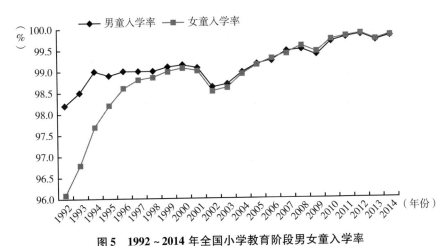

图5　1992~2014 年全国小学教育阶段男女童入学率

---

① 韩洁：《我国将全面实施城乡免费义务教育》，《教育情报参考》2008年第1期，第5页。
② 中华人民共和国外交部：《中国实施千年发展目标报告（2000~2015年）》，2015年。

学前教育、初等教育和中等教育中女生占所有学生的比例总体均衡，符合幼儿园及中小学适龄男女人口比例规律。其中学前教育中女生所占比例明显增高，由2009、2010年的45.8%、45.44%上升到2019年的46.94%。初等教育和中等教育中女生所占比例较为稳定，中等教育中女生所占比例于2019年出现较为明显的下降（见图6）。

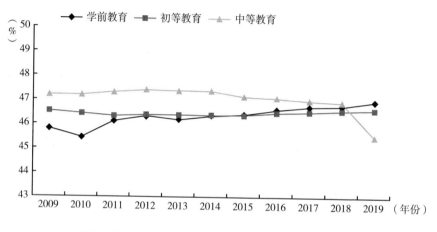

图6　2009~2019年我国各阶段教育女生所占比例变化

（3）受教育权实现的城乡性别差异缩小

通过对小学、初中、高中三类学校的城区、镇区和乡村学校女生所占该类学校总学生人数比例的统计，主要发现城乡之间未成年女性实现教育权的差异缩小。这主要体现在小学教育当中，城区、镇区、乡村女生所占学生比例均超过45.49%，三者自2010年以来都呈现平稳上升趋势，彼此间差异较小（见图7）。城区、镇区、乡村初中女生比例总体而言呈平稳下降趋势，但其所占比例与小学女生比例大致相当，各类地区之间差异较小（见图8）。普通高中的女生比例较为明显地持续上升，且总体高于小学和初中，尤其是自2016年以来城区、镇区、乡村的女生比例都超过了50%（见图9）。

此外，值得注意的是，由于学龄人口减少，从全国范围来看，2001~2019年，小学女生比例较为平稳，初中女生比例自2009年来逐渐降低，高

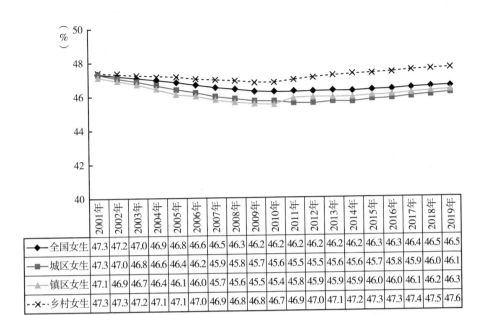

	2001年	2002年	2003年	2004年	2005年	2006年	2007年	2008年	2009年	2010年	2011年	2012年	2013年	2014年	2015年	2016年	2017年	2018年	2019年
◆ 全国女生	47.3	47.2	47.0	46.9	46.8	46.6	46.5	46.3	46.2	46.2	46.2	46.2	46.2	46.2	46.3	46.3	46.4	46.5	46.5
■ 城区女生	47.3	47.0	46.8	46.6	46.4	46.2	45.9	45.8	45.7	45.6	45.5	45.5	45.6	45.6	45.7	45.8	45.9	46.0	46.1
▲ 镇区女生	47.1	46.9	46.7	46.4	46.1	46.0	45.7	45.6	45.5	45.4	45.8	45.9	45.9	45.9	46.0	46.0	46.1	46.2	46.3
✗ 乡村女生	47.3	47.3	47.2	47.1	47.1	47.0	46.9	46.8	46.8	46.7	46.9	47.0	47.1	47.2	47.3	47.3	47.4	47.5	47.6

图 7　2001~2019 年普通小学教育城乡女生比例

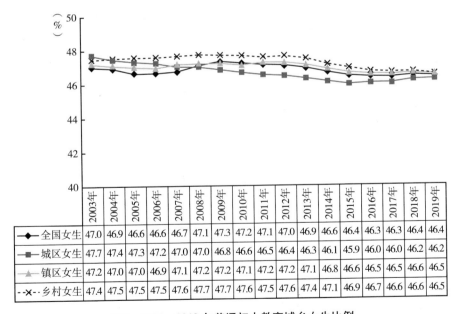

	2003年	2004年	2005年	2006年	2007年	2008年	2009年	2010年	2011年	2012年	2013年	2014年	2015年	2016年	2017年	2018年	2019年
◆ 全国女生	47.0	46.9	46.6	46.6	46.7	47.1	47.3	47.2	47.1	47.0	46.9	46.6	46.4	46.3	46.3	46.4	46.4
■ 城区女生	47.7	47.4	47.3	47.2	47.0	47.0	46.8	46.6	46.5	46.4	46.3	46.1	45.9	46.0	46.0	46.2	46.2
▲ 镇区女生	47.2	47.0	47.0	46.9	47.1	47.2	47.2	47.1	47.2	47.2	47.1	46.8	46.6	46.5	46.5	46.6	46.5
✗ 乡村女生	47.4	47.5	47.5	47.5	47.6	47.7	47.7	47.6	47.5	47.6	47.4	47.1	46.9	46.7	46.6	46.6	46.5

图 8　2003~2019 年普通初中教育城乡女生比例

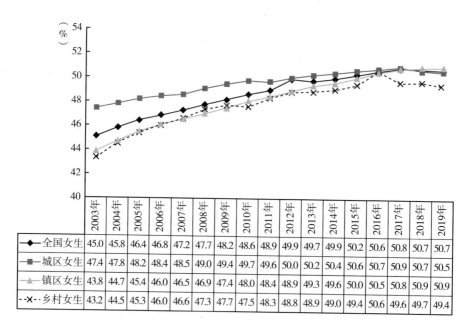

图9 2003~2019年普通高中教育城乡女生比例

	2003年	2004年	2005年	2006年	2007年	2008年	2009年	2010年	2011年	2012年	2013年	2014年	2015年	2016年	2017年	2018年	2019年
全国女生	45.0	45.8	46.4	46.8	47.2	47.7	48.2	48.6	48.9	49.9	49.7	49.9	50.2	50.6	50.8	50.7	50.7
城区女生	47.4	47.8	48.2	48.4	48.5	49.0	49.4	49.7	49.6	50.0	50.2	50.4	50.6	50.7	50.9	50.7	50.5
镇区女生	43.8	44.7	45.4	46.0	46.5	46.9	47.4	48.0	48.4	48.9	49.3	49.6	50.0	50.5	50.8	50.9	50.9
乡村女生	43.2	44.5	45.3	46.0	46.6	47.3	47.7	47.5	48.3	48.8	48.9	49.0	49.4	50.6	49.6	49.7	49.4

中女生比例反增不减，这在一定程度上说明未成年女性获得高中教育的比例是上升的。

（二）教育性别平等环境的新发展

1. 推进性别平等进校园工作

《中国妇女发展纲要（2011—2020年)》在妇女与教育领域确定了"教育工作全面贯彻性别平等原则"。推进校园性别平等环境建设，是促进文明校园建设的重要任务，也是打造"学校－家庭－社会"全方位性别平等文化环境的核心环节。

国务院妇儿工委办公室统筹规划，采用教育培训、试点先行、辐射带动、扩面提质等方式，在中小学探索将性别平等理念和男女平等基本国策精神融入教育教学全过程。国务院妇儿工委办公室举办了一系列性别平等活动。2014年召开"男女平等基本国策进校园工作交流研讨会"，2015年举办"教育工作者社会性别意识培训班"，2016 年组织编写《男女平等基本国策的贯彻与落实》《中小学性别平等教育工作手册（试行）》。

在山西、内蒙古、江西、山东、贵州等省区设立中小学性别平等教育进课堂项目试点；2017 年召开"中小学性别平等教育进课堂项目启动暨培训会""中小学性别平等教育进课堂交流研讨会"，在天津、内蒙古、江苏、贵州、陕西等省区市再次设立项目试点；2018 年 12 月召开"中小学性别平等教育进课堂项目试点总结推进会"，在天津、江苏、山东、湖南、贵州、陕西等省区市设立第三批项目试点。广东省早在 2018 年发布《关于在我省全面开展中小学性别平等教育的通知》，要求各地级市以上市妇儿工委、教育局、妇联、省属中小学坚持"教育工作全民贯彻性别平等原则""性别平等原则和理念在各级教育课程标准及教学过程中得到充分体现"，开展中小学（包含中职学校）性别平等教育。[1] 截至 2019 年，全国已有天津、山西、内蒙古、黑龙江、上海、江苏、江西、山东、广东、四川、陕西、湖南等 13 个省区市开展了中小学性别平等教育进课堂工作，其中天津、黑龙江、广东、贵州实现了全覆盖。[2]

2. 开展性别知识的师资培训

教育是性别文化交锋的重要场域，要促进教育性别平等需要将性别平等理念纳入教育要素，在教学设计中注重性别文化教育，在教学方法上坚持无差别对待，在教育内容上消除性别偏见。要提升教师性别意识，努力创造性别友好型教学环境。要改变教师在评价方式、交流方式、教育期待、教育行为中的性别差异，强调教师在构建性别平等空间中的责任与作用，注重发挥学生在实现无性别歧视教学中的主体作用，强调无性别偏见的教学气氛与过程。[3]

---

[1] 广东省妇女儿童工作委员会、教育厅、妇女联合会：《关于在我省全面开展中小学性别平等教育的通知》，粤妇儿工委字〔2018〕8 号。

[2] 《贯彻男女平等基本国策全面推进新时代中小学性别平等教育工作》，http：//news.sina.com.cn/o/2019-01-15/doc-ihqfskcn7239794.shtml，最后访问日期：2021 年 1 月 10 日。

[3] 林志文、南储鑫：《贯彻男女平等基本国策 探索中小学性别平等教育》，《中国妇女报》2016 年 1 月 4 日 A3 版。

《中国妇女发展纲要（2001—2010年）》指出："在课程、教育内容和教学方法改革中，把社会性别意识纳入教师培训课程，在高等教育相关专业中开设妇女学、马克思主义妇女观、社会性别与发展等课程，增强教育者与被教育者的社会性别意识。"《中国妇女发展纲要（2011—2020年）》明确提出："提高教育工作者的社会性别意识。加大对教育管理者社会性别理论的培训力度，在师资培训计划和师范类院校课程中增加性别平等内容，强化教育管理者的社会性别意识。提高各级各类学校和教育行政部门决策和管理层的女性比例。"

一些师资培训计划和师范类院校课程中增加了性别平等内容，增强了教育工作者的性别平等意识。[1] 广东省中山市是较早全面推行性别平等教育进课堂工作的城市，先后在2014年和2016年被确定为广东省性别平等教育试点市和全国性别平等教育试点市。中山市近年来已初步建立起了"学校-家庭-社会"三位一体的性别平等教育体系。2020年江苏淮安市妇联、淮阴师范学院举办"性别平等"教育进课堂工作现场推进会，淮阴小学展示了"性别平等"教育进课堂试听课，[2] 针对各类学校教师开展了性别平等教育培训工作，使性别平等教育理念和性别平等教育进课堂共同推进。2019年湖南省长沙市在5所中小学积极推进了性别平等教育进课堂试点工作，2020年进一步扩大范围，在全省展开中小学性别平等教育进课堂工作。[3]

在教学指引方面，中山市率先编写了国内首个中小学性别平等教育指导大纲、教师手册、教案汇编。开展了"从性别视角看校园"实践课，调查分析包含校内功能场所、运动设施、公共厕所等校内资源的分配情况。[4] 至2018年先后培训妇女干部、教师达5000人次，覆盖了24个镇区的42所性

---

[1] 中华人民共和国国务院新闻办公室：《中国性别平等与妇女发展》，《光明日报》2015年9月23日第8版。

[2] 韩羽：《全市"性别平等"教育进课堂工作现场推进会在淮师举行》，淮师新闻网，http：//www.hytc.edu.cn/info/1069/5884.htm，最后访问日期：2021年1月10日。

[3] 匡春林、李芳：《性别平等教育将进中小学课堂》，《长沙晚报》2019年12月31日A02版。

[4] 陈俊宇：《性别平等教育进课堂实现全覆盖》，《工人日报》2018年9月28日第6版。

别平等教育试点学校。[①]

（三）性与性别教育体系的新发展

习近平总书记在2018年全国教育大会上强调，培养德智体美劳全面发展的社会主义建设者和接班人，是教育工作的根本任务。应当推进教育改革，加快补齐教育短板，提高学生人文素养。[②] 2019年中共中央、国务院印发的《中国教育现代化》[③] 提出要推进教育治理体系和治理能力现代化。完善未成年人的性别知识体系，营造性别友好的教育环境和社会环境，是教育现代化的重要内涵。

1. 性与性别教育在国际层面得到广泛倡导

2018年，联合国《国际性教育技术指导纲要》（以下简称《纲要》）中提出了"全面性教育"这一概念，指基于课程，探讨性的认知、情感、身体和社会层面意义的教学过程，意在培养相互尊重的社会关系和性关系。[④] 性别教育包括性别角色教育和性别平等意识教育两大方面，[⑤]《日惹原则》中性别教育体系包括性教育和性别平等教育。[⑥] 全面性教育具备科学准确、循序渐进、适应年龄和发展水平、依托于课程、全面综合、遵循人权原则、遵循社会性别平等、具备文化相关性和环境适宜性、能促进根本性变化、培养做出健康选择所需的生活技能这10个方面的特点。它不仅关注社会性别规范导致的不平等以及这种不平等对儿童和年轻人健康、福祉的影响，还关

---

① 吴静：《突破社会性别刻板印象 打造性别平等教育"中山模式"》，中国网，http://news. china. com. cn/2018－09/11/content_ 63375086. htm，最后访问日期：2021年1月10日。

② 《培养德智体美劳全面发展的社会主义建设者和接班人》，《中国青年报》2018年9月1日01版。

③ 《中共中央、国务院印发〈中国教育现代化2035〉》，中国政府网，www. gov. cn/xinwen/ 2019－02/23/content_ 5367987. htm，最后访问日期：2020年10月28号。

④ 联合国教科文组织：《国际性教育技术指导纲要》，2018，第15页。

⑤ 王文、王国、赵莹：《国外社会性别发展研究进展及对我国性别教育的启示》，《东北师大学报》（哲学社会科学版）2009年第5期，第233页。

⑥ 刘小楠：《中国跨性别者受教育权实现状况及法律对策》，刘小楠、王理万主编《反歧视评论》（第6辑），社会科学文献出版社，2019，第225～278页。

注艾滋病病毒、性别暴力等方面。

《2030年可持续发展议程》（以下简称《议程》）和《可持续发展目标》（SDGs）[1]都提出了加强教育性别公平和性教育，以促进实现社会性别平等，增强所有妇女和女童权能的目标。《教育2030仁川宣言和行动框架》的监测指标中明确了可持续发展目标4.7[2]的具体指标是"开展基于生活技能的艾滋病病毒教育和性教育的学校百分比"。

消除对妇女歧视委员会《关于女童和妇女受教育权的第36号一般性建议》第68段提出，应在各级教育中开设适龄的强制性全面性教育课程，应对针对女童的性暴力，使教室对其更加安全和有利，促进其受教育权的实现。[3]许多国家和地区在开展性教育或性别平等教育方面有了立法或实践的经验。瑞典在1933年就成立了性教育联合会，在学校普遍实施性别教育。秉持着性别平等教育是儿童的基本权益的理念，瑞典至今已经形成了从学前阶段到高中阶段的全国性儿童性别教育体系。美国"性教育未来组织"于2011年颁布了《全国性教育标准》，该标准适用于幼儿园至高中十二年级，提供了有关性别教育的最基本、最核心的知识框架以及清晰易懂、符合年龄特征的持续性学习指导。该标准提出，建设良好的师资队伍是确保实现儿童性别教育目标的重要举措，为此制定了《全国性教育教师标准》，为教师提供可利用的网络资源平台，便于教师不断提高专业素质。加拿大不列颠哥伦比亚省颁布了意在促进性别包容的公立学校性别教育指导手册。[4]台湾《性别平等教育法》将性别平等教育定义为以教育的方式消除性别歧视，促进

---

① 2015年联合国可持续发展峰会通过。
② 确保包容和公平的优质教育，让全民终身享有学习机会。4.7到2030年，确保所有学习者掌握促进可持续发展所需知识和技能，具体做法包括开展可持续发展和可持续生活方式、人权和性别平等等方面的教育，弘扬和平和非暴力文化，提升全球公民意识，以及肯定文化多样性和文化对可持续发展的贡献等。
③ 消除对妇女歧视委员会：《关于女童和妇女受教育权的第36号一般性建议》，CEDAW/C/GC/36，第16页。
④ 戴莉：《学前儿童性别教育的研究现状及其启示》，《中华女子学院学报》2016年第4期，第91页。

性别地位的实质平等。①

2. 性与性别教育政策及立法在我国的发展

性与性别教育在人的学习中是非常重要的一环。2020 年 10 月，"性教育"首次被写入法律。在我国，性与性别教育经历了长时期的沿革和变化。

早在 1963 年，周恩来同志就曾提出，学校和社会都要向青年公开进行生理卫生教育。在生理卫生教育中，卫生教育多，生理教育少。在学校里，性知识的教育就很不够。② 1981 年教育部颁发的《全日制六年制重点中学教学计划试行草案》和《全日制五年制中学教学计划试行草案的修订意见》中，都将生理卫生课列为必修课。由于当时一些中学尤其是农村中学未重视或未开设生理健康课，1984 年教育部、原卫生部、原国家人口和计划生育委员会发布《关于改进和加强中学生理卫生知识教育的通知》，指出"必须提高对开设生理卫生课重要性的认识"，生理卫生课的内容，包括"生殖与发育"一章内容，对于促进中学生的身心健康发展很必要，对于帮助学生正确对待恋爱、婚姻、生育问题和将来自觉做到晚婚和计划生育，对德智体全面发展都很有意义。③

1988 年，原国家教育委员会和国家计划生育委员会联合发布《在中学开展青春期教育的通知》。该通知较为体系化地对中学青春期教育做出了安排。青春期教育包括性生理、性心理、性道德教育三个方面。还指出了开展青春期教育要掌握适时、适度、适当的原则，提出要做好青春期教育的师资培训以及教材大纲和教材的编写。④ 2001 年，在国务院印发的《关于基础教育改革与发展的决定》中，要求把思想品德类课程与青春期教育等内容结

---

① 曹书阳：《台湾地区性别平等教育述评》，《上海教育科研》2008 年第 2 期，第 43 页。

② 周恩来于一九六三年七月二十二日在北京市高等学校应届毕业生大会上的报告。参见《全面发展，做有社会主义觉悟的有文化的劳动者》，《周恩来教育文选》，教育科学出版社，1984，第 221～222 页。

③ 《关于改进和加强中学生理卫生知识教育的通知》，1984 年 3 月 6 日，［84］国计生委第 34 号。

④ 国家教育委员会、国家计划生育委员会：《关于在中学开展青春期教育的通知》（1988），《生物学通报》1991 年第 5 期。

合起来对学生进行教育，其目标是"帮助学生掌握一般的生理和心理保健知识和方法"。同年，教育部要求将防范艾滋病、性病的知识纳入教学计划。

2008年，教育部编制了《中小学健康教育指导纲要》，指出中小学每学期应安排6~7课时的健康教育课，其中从小学高年级起就应教授青春期生长发育相关知识，防范性侵害，了解和预防艾滋病，在高中时应教导学生避免婚前性行为。2010年《中国教育改革和发展纲要》提出，要"逐步按照教学计划上好体育和健康教育课"。① 此后，2011年，教育界出版《珍爱生命——小学生性健康教育读本》。《中国儿童发展纲要（2011—2020年）》在关于"儿童与健康"的策略措施第11条提出，将性与生殖健康教育纳入义务教育课程体系。《中国妇女发展纲要（2011—2020年）》的总目标中提出，要将社会性别意识纳入法律体系和公共政策。在教育中，要将性别平等原则和理念在各级各类教育课程标准及教学过程中得到充分体现。在教育法规、政策和规划的制定、修订、执行和评估中，增加性别视角，落实性别平等原则。要实施教育内容和教育过程性别评估，在课程和教材相关指导机构中增加社会性别专家。在教育内容和教育方式中充分体现社会性别理念，引导学生树立男女平等的性别观念。②

2013年，教育部和公安部下发文件要求"提高师生、家长对性侵犯犯罪的认识"。③ 2016年，教育部在对十二届全国人大四次会议第5232号建议的答复中提出，要加强各级各类教育中性别教育和引导工作。各阶段教育内容充分体现社会性别理念，引导学生树立男女平等的性别观念。④ 直到2017

① 《中国教育改革和发展纲要》，第34段。
② 《国务院关于印发〈中国妇女发展纲要〉和〈中国儿童发展纲要〉的通知》，国发〔2011〕24号。
③ 王雪婷：《改革开放以来中小学性教育内容演变研究——以文本分析为中心的考察》，沈阳师范大学，硕士论文2019年，第39~45页。
④ 《教育部对十二届全国人大四次会议第5232号建议的答复》，教建议〔2016〕第306号，http://www.moe.gov.cn/jyb_xxgk/xxgk_jyta/jyta_szs/201609/t20160921_281797.html，最后访问日期：2021年1月10日。

年，中共中央、国务院共同颁布《"健康中国 2030"规划纲要》，提出"要以青少年为重点，开展性道德、性健康和性安全宣传教育和干预"，但对课时等具体操作并无要求。2019 年 5 月，全国妇联、教育部等九部门联合发布的《全国家庭教育指导大纲（修订）》中，提出要对 12～15 岁、15～18 岁的青少年进行性教育。

在立法方面，1999 年通过的《中华人民共和国预防未成年人犯罪法》总则当中规定，预防未成年人犯罪，应当结合未成年人不同年龄的生理、心理特点，加强青春期教育、心理矫治和预防犯罪对策的研究。2001 年，《中华人民共和国人口与计划生育法》（以下简称《人口与计划生育法》）通过审议，其中第 13 条规定"学校应当在学生中，以符合受教育者特征的适当方式，有计划地开展生理卫生教育、青春期教育或者性健康教育"。2020 年 10 月最新修订通过的《未成年人保护法》第 30 条规定学校应当根据未成年学生身心发展特点，进行社会生活指导、心理健康辅导、青春期教育和生命教育。第 40 条新增内容"学校、幼儿园应当对未成年人开展适合其年龄的性教育，提高未成年人防范性侵害、性骚扰的自我保护意识和能力"。"性教育"首次被写入我国法律，"心理健康辅导""青春期教育"之外在小学和幼儿园新增"性教育"的内容，表明开展性教育十分必要。

三　性别视角下未成年人受教育权保障现状的分析

（一）学前教育发展尚未满足社会需要

学前教育是学校教育的起始阶段，影响着个体的成长与发展。近年来，我国的学前教育虽取得长足发展，普及程度逐步提高，但总体上来看学前教育发展依然面临一些困难。

1. 学前教师资源不充分

从学前教育、初等教育和中等教育的学龄儿童入学率来看，学前教育儿童入园率仍然较低。此外，学前教育教师资源数量上缺口大，且存在性别、年龄结构失调，资格准入参差不齐的问题。[①] 幼儿园教师承担着保育和教育的双重职能，关系到亿万儿童的健康成长，关系到学前教育事业的健康发展。[②] 教育部于 2013 年发布的《幼儿园教职工配备标准（暂行）》（以下简称《教职工配备标准》）规定全日制幼儿园教职工与幼儿比为 1∶5~1∶7，全园保教人员与幼儿比为 1∶7~1∶9，半日制幼儿园分别为 1∶8~1∶10 和 1∶11~1∶13。[③] 2019 年全国教育事业发展统计公报显示，在园幼儿 4713.88 万人，幼儿园教职工仅 491.57 万人，其中专任教师仅 276.31 万人。全国平均师生比例将近 1∶10，专任师生比为 1∶17，加之学前教育资源存在城乡发展不平衡的现象，一些地区学前教育的师生比例更低，与《教职工配备标准》差距较大。

2. 学前教育城乡发展不平衡

联合国教科文组织的世界教育不平等数据库[④]根据"中国家庭追踪调查"项目的数据[⑤]对我国 2010 年、2012 年及 2014 年的教育情况进行了统计。数据显示，在接受调查的 3~4 岁儿童中，男童与女童入园学习的性别比率并无显著差异，在 2010 年有 66% 的男童和 69% 的女童入园学习，2012

[①] 赖昀、薛肖飞、杨如安：《农村地区学前教育教师资源配置问题与优化路径——基于陕西省 X 市农村学前教师资源现状的调查分析》，载《教育研究》2015 年第 3 期，第 104~107 页。

[②] 《教育部、中央编办、财政部、人力资源和社会保障部〈关于加强幼儿园教师队伍建设的意见〉》，教师〔2012〕11 号。

[③] 幼儿园教职工包括专任教师、保育员、卫生保健人员、行政人员、教辅人员、工勤人员。幼儿园保教人员包括专任教师和保育员。参见《教育部关于印发〈幼儿园教职工配备标准（暂行）〉的通知》，教育部网站。

[④] 世界教育不平等数据库，https://www.education-inequalities.org/，最后访问日期：2020 年 10 月 28 号。

[⑤] 中国家庭追踪调查（China Family Panel Studies，简称 CFPS），是由北京大学中国社会科学调查中心设计和实施的全国性、综合性的社会追踪调查项目。该项目自 2010 年在全国 25 个省市（自治区）对 15000 户家庭及家庭成员进行了调查，并于 2012 年、2014 年、2016 年、2018 年进行了四轮追访工作。详见中国家庭追踪调查网站，http://www.isss.pku.edu.cn/cfps/index.htm，最后访问日期：2020 年 10 月 28 日。

年有 54% 的男童和 57% 的女童入园学习。但在不同经济水平中①，男童与女童的入园率都大致随着家庭经济水平增长而增高（见图 10）。

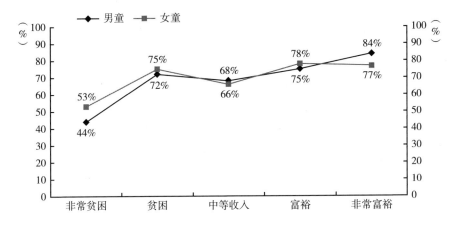

图 10　2010 年 3～4 岁男（女）童学前教育入园率

城乡之间入园率也存在差异。2010 年最初的调查结果显示 3～4 岁学龄儿童城市入园率为 88%，乡镇入园率为 53%；2012 年追踪调查时显示城市入园率为 63%，乡镇入园率为 50%。② 同时有研究表明，乡镇幼儿园班级的教育环境质量显著低于市县幼儿园。③

（二）教育环境中的性别平等发展不均衡

在教育和学习过程中，教师对男女学生的参与、期望和互动上的区别对待，以及教科书中的性别刻板印象还普遍存在。联合国教科文组织 2019 年发布了《在教育全过程推进性别平等战略（2019—2025）》指出在教育领域

---

①　该统计数据根据家庭住房及其他家庭资产指数将家庭社会经济地位划分为"poorest"（非常贫困）、"poor"（贫困）、"middle"（中等收入）、"rich"（富裕）、"richest"（非常富裕）5 个水平。对中国家庭经济水平的分类依据来源于中国家庭追踪调查中心（CFPS）。

②　入园率自 2010 年至 2012 年降低的一个原因是自 2010 年起的两年间调查样本中的学龄儿童数量减少。

③　刘焱、李志宇、潘月娟、张婷：《不同办园体制幼儿园班级教育环境质量比较》，《学前教育研究》2008 年第 8 期，第 7～11 页。

和通过教育实现赋权和性别平等还有很长的路要走。在很多情况下，性别偏见和基于性别的歧视仍然渗透在整个教育过程中，教育制度往往延续而非挑战性别不平等。①

尽管在未成年人受教育权中，男女两性平等地享有了接受教育的机会，但在学习生活、教材及学校设施中，女性仍然面临不平等、性别偏见乃至性霸凌和性骚扰。一些课程和教材带有歧视性色彩或设置不合理，难以照顾到女性的具体需求。校园和宿舍等设施依照男性的标准设计，缺乏足够的和方便女性的设施。不仅女性面临不平等，男性也难以避免性别刻板印象。

1. 教材中的性别刻板印象未得到改善

性别平等的教育追求与不平等的教材文化在学生性别角色发展中存在矛盾。② 长期以来，教材中存在的性别偏见和性别刻板印象未得到改善。男女人物比例失调，职业、性格特征严重定型。③ 尽管一项关于小学英语教材中的语言性别歧视研究指出，《新标准英语》采用了避免性别歧视的策略来设计，保持了教材中人物的职业性别平衡和家庭性别平衡，④ 但教材中的性别刻板印象仍较为普遍地存在。2014 年以人教版、苏教版和北师大版的语文教材插图为对象的研究指出，插图中的人物在数量上严重偏向男性。职业类型设置方面，科学家、艺术家、军人、领导者领域均出现了男性占绝对优势的局面，在社会工作中扮演着绝对的把控者角色。在性格特征的描述上，对男性的肯定与否定性词汇均高于女性，并且描写男性性格特征的词汇具有更多的智慧性和复杂性，对女性的描写多为"温柔、美丽、任劳任怨"。⑤ 对

① 联合国教科文组织：《From Access to Empowerment：UNESCO strategy for gender equality in and through education 2019 – 2025》，第 6 页。
② 荆建华：《教育中性别平等的理性诉求与中小学教材中性别不平等的现实困惑》，《河南教育学院学报》（哲学社会科学版）2006 年第 6 期，第 44~45 页。
③ 郑泉、李兴韵：《三种版本的小学语文教材中插图人物的性别刻板印象研究》，《教育导刊》2014 年 4 月上半月，第 72~73 页。
④ 张洁、杨永林：《小学英语教材建设中的语言性别歧视现象研究》，《清华大学教育研究》2003 年第 1 期，第 75 页。
⑤ 郑泉、李兴韵：《三种版本的小学语文教材中插图人物的性别刻板印象研究》，《教育导刊》2014 年 4 月上半月，第 72 页。

人教版小学语文教材（2001 年编制）的研究更进一步指出，教材不仅存在性别角色出现频次上男性明显高于女性的问题，还存在对女性角色的扭曲。① 另一项对沪教版语文教材（2015 年版）的研究指出沪教版十册语文教材标题中的男性角色多于女性角色，并且在男女角色共存的课文中，女性大量扮演配角。在课文中的称谓和插图上，男性的称谓和插图也显著多于女性。②

2. 具备性别知识的师资力量及专业度不足

教师是性别公平教育最直接的传播者、施予者和参与者。多年来，由于教学中有明显的性别偏见和性别刻板印象，所以教学中男女生明显或潜在地被区别对待，直接或间接地导致了教育的不公平，并扩大了学科的性别偏见与差异。③ 学前教育阶段，94% 的教师是女性，但是在高中阶段女教师的比例只有 50%。男教师和女教师之间的差异不仅存在于不同的教育阶段中，在不同的学科领域也存在。在低收入国家，小学阶段女教师的比例只为 41%，这一数据只有高收入国家（82%）的一半，男性和女性本身在接受教育方面所存在的性别差异是造成这一现象的重要因素。④ 一项实证研究指出，校园空间、知识领域、文化层面、卫生制度都存在性别不平等现象，比如男女教师都认为男生的数理化能力比女生好，女生的语言能力比男生好，这种印象影响了师生教学互动的质量，形成了教学互动的性别差异。⑤ "假小子""娘娘腔"以及性少数群体在升学面试中难以得到客观中立的评价，更容易遭受排挤和校园暴力。⑥

---

① 孙天华、张济洲：《女性主义视角下小学语文教材的文化构成分析》，《鲁东大学学报》（哲学社会科学版）2014 年第 3 期，第 89～90 页。
② 葛逻夷：《沪教版小学语文教材中的性别角色研究》，上海师范大学，硕士论文 2018 年，第 10～27 页。
③ 赵艳红、李洋、张东洁：《用社会性别意识审视中国的女性教育》，《河北大学学报》（哲学社会科学版）2010 年第 5 期，第 106 页。
④ 刘天红编译：《二十五年，全球中小学教育性别平等进程》，《中国妇女报》2020 年 4 月 21 日，http：//www.nwccw.gov.cn/2020－04/21/content_283535.htm。
⑤ 孙文书：《课程公平的性别体验研究——基于女中学生的立场》，宁波大学，硕士论文 2013 年，第 36～53 页。
⑥ 刘小楠：《中国跨性别者受教育权实现状况及法律对策》，刘小楠、王理万主编《反歧视评论》（第 6 辑），社会科学文献出版社，2019，第 246～248 页。

学生个体在学校的集体社会关系中被忽视，如生物课堂，教师向学生整体教授性知识，而学生个体自身对于性知识的学习与认知需求没有得到充分满足。在教学活动中，教师对学生的性别期待也忽略了学生的个体表达，而是将学生看作她/他所属性别群体的一分子。[①]

目前，公益组织承担了大量性别教育的工作。公益组织的这项工作多数以课程讲座和主题活动的方式进行，直接受益对象数量较少，也未形成规模化的连续性教育，服务对象有效参与量较少。[②] 公益组织重点关注的是生殖健康、疾病预防和自我保护等方面，在性别教育方面较为片面，缺乏性别平等、预防性别暴力方面的专业知识。

3. 性别友好的校园环境建设不完善

直到 2016 年，世界范围内，仍有 18% 的小学、13% 的中学缺少卫生设施，全球依然有 3.35 亿女孩就读的小学和初中缺少必要的经期卫生护理设施和条件。[③] 2012 年，卫生部和标准化管理委员会发布《学校卫生综合评价》，其中学校厕所监测依照每蹲位学生人数（男/女）进行评价，即学生人数（男/女）与厕所蹲位数之比，[④] 要求男生每蹲位不超过 40 人，女生每蹲位不超过 13 人，[⑤] 否则该项在学校卫生评估中不得分。

2019 年，国家发展改革委员会和教育部发布《关于在实施教育现代化推进等工程中大力推进中小学改厕工作的通知》，提出对于一些地区特别是中西部地区中小学厕所还存在卫生不达标、安全有隐患、蹲位数不足、隐私难保护等突出问题。要认真解决好中小学改厕问题，中小学厕所不是小事而

[①] 李晓萱、龚伯韬：《中小学性别教育：现状、问题与对策》，《教育理论与实践》2020 年第 32 期，第 19~20 页。

[②] 吴晓艳：《公益组织开展性/别教育的困境及改善策略研究——以山东省 12 地市公益服务项目为例》，山东大学，硕士论文 2020 年，第 28~29 页。

[③] 联合国教科文组织：《From Access to Empowerment：UNESCO strategy for gender equality in and through education 2019–2025》，第 6 页。

[④] 中华人民共和国卫生部、中国国家标准化管理委员会：《学校卫生综合评价 GB/T 18205—2012》，中国标准出版社，2013，第 7 页。

[⑤] 中华人民共和国卫生部、中国国家标准化管理委员会：《学校卫生综合评价 GB/T 18205—2012》，中国标准出版社，2013，第 14 页。

是事关文明健康的大事。① 一项研究对 2016~2018 年陕西省 150 个乡镇初中、小学的饮用水与厕所卫生状况进行了调查，依据前述蹲位标准，调查显示关中平原学校男、女蹲位比合格的学校分别占 99.29% 和 79.62%，秦巴山区学校分别为 96.47% 和 76.08%，陕北高原学校分别为 98.45%，80.62%。蹲位合格比存在性别差异，女厕蹲位合格比例远远低于男厕蹲位。②

普遍存在的还有与性别相关的性别暴力与欺凌问题，尽管安全校园环境权并未被直接纳入受教育权的范畴之中，但其成为实现受教育权的主要障碍之一。③《校园暴力与欺凌——全球现状报告》指出"学校中任何形式的暴力和欺凌行为都是对儿童接受教育这一基本权利的侵犯"，报告将"安全和包容的校园环境"作为应对校园暴力与欺凌的对策之一。④ 自 2017 年至 2019 年，检察机关批准逮捕、起诉的校园欺凌和暴力犯罪呈下降趋势，⑤ 但许多校园欺凌隐蔽持久，或通过学校处理，未进入司法机关的处理范围。2016 年针对 29 个县市 104825 名中小学生的调查显示，校园欺凌发生率为 33.6%。⑥ 一项针对上海市中小学生的抽样调查指出，36.32% 的中小学生都有过受欺凌的经历。⑦

（三）性与性别教育发展滞后于社会发展

1. 性与性别教育理念亟待深化

儿童社会性别发展以对生物性别的理解为基础，树立儿童对自身性别的

---

① 《国家发展改革委、教育部关于在实施教育现代化推进等工程中大力推进中小学改厕工作的通知》，发改社会〔2019〕1674 号。
② 郑晶利、雷佩玉、孟昭伟、常锋：《陕西省 2016~2018 年农村中小学饮用水与厕所卫生现状》，《中国学校卫生》2019 年第 10 期，第 1550 页。
③ 消除对妇女歧视委员会：《关于女童和妇女受教育权的第 36 号一般性建议》，CEDAW/C/GC/36。
④ 联合国教科文组织：《校园暴力与欺凌：全球现状报告》，2017，第 5 页。
⑤ 中华人民共和国最高人民检察院：《未成年人检察工作白皮书（2014—2019）》，2020 年。
⑥ 颜湘颖、姚建龙：《"宽容而不纵容"的校园欺凌治理机制研究——中小学校园欺凌现象的法学思考》，载《中国教育学刊》2017 年第 1 期，第 10 页。
⑦ 刘程：《中小学校园欺凌行为及其影响因素》，《青年研究》2020 年第 6 期，第 27 页。

认同，在性别发展中具有重要作用。[1] 缺乏性健康教育和生殖健康教育对男女都会产生严重的影响。在我国的语言和文化背景下，"性"的确是一个包含敏感意思的词。但开展对未成年人的性与性别教育并非着重"性"的单独某一方面的意思。全面性教育包含了对影响人际关系、疾病和脆弱性的社会文化因素的持续探讨，比如社会性别、社会经济因素、艾滋病病毒、残障、性倾向和社会性别认同等。我国以"性道德、性责任、性健康、预防和拒绝不安全性行为"为重点[2]的性教育内容局限于性与生殖健康方面，忽视了社会性别、社会性别认同、性倾向等重要内容。目前所谈及的性与性别教育主体均在学校和政府等公共参与方，而家庭在其中并没有产生真正的教育作用。对于很多家庭而言，一些家长存在对性教育、性教育教材的漠视乃至反对的现象。此外，社会舆论和观念对性与性别教育也产生了负面影响。对待性教育，家庭和社会都有着特殊的"沉默文化"，即从不谈"性"，也不鼓励不支持他人谈"性"。[3] 这种舆论使性与性别教育遇到极大阻力，不只是性与性别教育的实施遇到困难，即使真正实施了性与性别教育，其影响也难以走出校园。[4]

2. 性与性别教育制度体系尚待完善

开展科学、全面的性与性别教育，离不开法律和政策的保驾护航，如果失去法理和政策上的支持，性与性别教育的真正实施只会是空中楼阁，难以有效地得到执行。[5] 学校缺乏开展性与性别教育的动力和目标，在教材和师资方面也面临不足。首先是关于性与性别教育的政策倡导和法律制度较为薄

① 王文、王国、赵莹：《国外社会性别发展研究进展及对我国性别教育的启示》，《东北师大学报》（哲学社会科学版）2009 年第 5 期，第 233 页。
② 《全国妇联教育部等九部门关于印发〈全国家庭教育指导大纲（修订）〉的通知》，妇字〔2019〕27 号。
③ 参见陈文雯《性教育不能再"害羞"了》，《青海法制报》2020 年 07 月 15 日。
④ 沈飞飞、余若凡、张志敏、康子豪：《性/别少数者在受教育权实现中面临的挑战及其对策》，《反歧视评论》（第 8 辑），社会科学文献出版社，2020，第 89 页。
⑤ 沈飞飞、余若凡、张志敏、康子豪：《性/别少数者在受教育权实现中面临的挑战及其对策》，刘小楠、王理万主编《反歧视评论》（第 8 辑），社会科学文献出版社，2020，第 87 页。

弱。《未成年人保护法》中写入"性教育",明确了性教育的必要性,但距离性与性别教育的真正落实还有一段距离。开展性与性别教育的具体措施尚未出台,学校缺乏开展性与性别教育的动力和资源。其次是性与性别教育教学体系方面较为薄弱。缺乏适合于不同年龄阶段的性与性别教育教材,教师在性与性别教育方面的专业性不高,各级教育工作者对性别问题缺乏认识,不利于系统、全面的性与性别教育的展开。

3. 性与性别教育方式、内容较为单一

在小学至高中阶段,性与性别教育有着比较固定的教学方式,主要分为正式课程、课程关联、讲座、小课堂和自学五种形式。正式课程是指将性与性别教育以单列专门课程加入教学计划中,如小学专门开展的生理健康课;课程关联指在原有的必修课程中加入部分性教育元素,如在生物课和思想品德课中进行性知识的简单讲解;讲座则比较多元,是指邀请校内外人员专门对学生进行性知识相关的宣讲;小课堂是介于正式与非正式课堂之间的一种课程安排,例如将男女生分开分别讲授性生理与性发育知识;自学则更为自由化,仅仅由学生自己阅读相关的生理健康读物或生理课本。[1] 这些主要涉及生理健康、青春期教育的上课形式往往效率不高,并且非正式的、缺乏体系化的生理知识的传授往往无法引起学生的重视,反而有可能引起误解和不当的好奇心,为实现提高自我保护意识和性别尊重文化造成障碍。

性教育内容较为片面。"性"可以被理解为人的一个核心维度,包括人对身体的理解和人与身体的关系、生理性别、社会性别等方面,涵盖了生理、社会、心理、精神、宗教、政治、法律、历史、伦理和文化维度。[2] 过去所提的青春期教育往往只涉及未成年人生理发育的方面,缺乏基本的对社会性别文化、男女平等文化的普及。

---

[1] 沈飞飞、余若凡、张志敏、康子豪:《性/别少数者在受教育权实现中面临的挑战及对策》,刘小楠、王理万主编《反歧视评论》(第 8 辑),社会科学文献出版社,2020,第 79 ~ 81 页。

[2] 联合国教科文组织:《国际性教育技术指导纲要》,2018,第 17 页。

四 性别视角下进一步完善未成年人受教育权保障的建议

（一）加快支持发展学前教育

1.完善学前教育的政策法规体系

在《学前教育法（草案）》的基础上扩大法律保护的对象范围，将0～3岁的儿童纳入法律保护范围。可以明确对不满三周岁的婴幼儿及其家长提供的早期教育指导依照本法有关规定执行，从而对0～3岁儿童参加的商业早教和其他早期教育指导起到规范作用。[①]

加强立法的可操作性，对于社会力量参与发展学前教育，鼓励支持企事业单位、社会团体等举办幼儿园，出台相应的政策和具体安排。[②]

2.弥合学前教育的城乡地区差距

《乡村振兴战略规划（2018—2022年）》提出要求各部门、各地区优先发展农村教育事业。[③]地方政府需要加大乡镇地区的学前教育资金投入，开展乡镇学前教育质量提升的专项工作，完善县乡村学前教育公共服务网络。充分发挥社会力量办园的作用，积极鼓励多种力量办园，实现公办民办幼儿园的长足发展，对社会力量办学的民办幼儿园要多加扶持，在政策和资金上要向规模较小、设备相对简陋且师资水平较低的民办学前教育机构倾斜，支

[①] 《青岛市学前教育条例》第33条"市、区（市）人民政府应当在普及学前三年教育基础上，推进不满三周岁婴幼儿早期教育指导工作。市、区（市）人民政府应当统筹教育、卫生、计生、民政、妇联等部门和组织，建立以幼儿园、妇幼保健机构和社区为依托，为不满三周岁婴幼儿及其家长提供早期教育指导的公共服务体系"。第34条"第三十四条 建立早期教育指导许可制度。举办早期教育指导机构，由区（市）教育行政部门参照本条例关于举办幼儿园的程序办理"。

[②] 湛中乐：《〈学前教育法（草案）〉的立法特点与完善建议》，《湖南师范大学教育科学学报》2020年第6期，第30页。

[③] 《中共中央、国务院印发〈乡村振兴战略规划（2018—2022年）〉》，中国政府网，www.gov.cn/zhengce/2018–09/26/content_5325534.htm，最后访问日期：2020年10月28日。

持这些民办学前教育良性发展，促进学前教育多元化发展。地方政府在鼓励社会力量办学时，也要加强对民办幼儿园的监督与管理。

3. 加强学前教育师资的优化配置

为了改善我国目前面临的专业学前教育教师供不应求的状况，首先要拓宽学前教育教师资源补充渠道。国家和教育部门在充分调研的基础上，在具备办学条件的本、专科高等院校发展学前教育专业，运用政策导向强化相关主体对学前教育教师资源配置的正确认识。各地方政府加大对学前教育专业的政策和财政支持，还可以与高校开展定向培养模式，为学前教育培养所需的师资力量。各类高校发挥科研优势，增设学前教育专业，开设学前教育课程。

（二）加快完善性别平等的教育环境

1. 加强校园性别友好环境建设

在学校的硬件设施建设和设置上，充分考虑不同性别的需求，完善性别友好的校园环境。如进行男女厕位比例的调整，在卫生间这一校园卫生基础设施的设置上考虑女性和性/别少数群体的需要。对于昏暗角落、光照不良、无人监督的楼梯、厕所以及角落进行警戒，防止在这些场所发生校园欺凌或其他形式的暴力。[①]

2. 完善性别友好的校园管理制度

各级教育部门及地方政府可以出台"性别友好型学校建设"的导则或倡议，倡导各类型的学校探索建立"以性别友好为中心，促进学生全面发展"的性别友好校园管理制度。

学校将性别视角纳入学校发展的目标及日常的校园管理工作当中。在校规当中体现性/别平等的理念，平等对待所有的学生、家长及教工，同时呼吁教工和学生遵守性别平等的相关准则。学校的日常管理中，应制定明确的政策，从教学活动管理、生活管理、学业评价等方面促进性别平等。如在学

---

① 联合国教科文组织：《校园暴力与欺凌：全球现状报告》，2017，第36页。

校课程、教材与教学方面，营造具有性别多元、平等意识的学习环境，在课程设置上鼓励学生发挥潜能，不得因性别而被差别对待；除了将性别平等融入课程外，每学期应开设性别平等教育相关课程或活动至少四小时。在生活管理当中，应避免校服设计、发型着装要求对于性别刻板印象的强化；避免教学活动、座位编排或校园就餐时的性别区分现象。在学业评价上，对于不同性别一视同仁，禁止使用性别歧视的语言对学生的学业和发展进行评价；在入学或升学环节，不得基于性别、性倾向、性别认同和表达对学生做出不公正的评价。对于校园中发生的性别歧视或欺凌事件，制定相应的程序，并定期与学生和教工讨论程序的实施及有效性。

3. 加强对学校教职工的性别知识培训

教职工的性别观念和性别认知对学校的教育理念、管理制度、教学过程以及师生关系都具有重要影响。[1] 教师进行教育活动时，应具备性别平等意识，破除"女生擅长文科，男生擅长理科"的刻板印象，鼓励学生选修非传统性别的学科领域。因此，在教师培养方面，大中专院校师范专业应当逐步将性别平等课程纳入必修课程，中小学及幼儿园应当定期开展性别平等教育师资培训，只有教师具有性别敏感度和性别平等意识，才能公平地对待每一个学生，关注不同学生的需求，才能选择适当的教材，将性别平等和社会多元的理念传授给学生。在教师的考核和认定方面，应当将性别平等纳入日常考核标准，支持教师参与性别平等教育培训，支持教师开设性别平等相关课程。

（三）推进性与性别教育实施

1. 深化对全面性教育的认识

通过法律法规促进性与性别教育的认知，明确性与性别教育不止于艾滋病防治、防范性侵害以及性生理与性发育知识，还包括更为广泛的安全性行

---

[1]　沈飞飞、余若凡、张志敏、康子豪：《性/别少数者在受教育权实现中面临的挑战及对策》，刘小楠、王理万主编《反歧视评论》（第8辑），社会科学文献出版社，2020，第73页。

为知识、性骚扰、性霸凌与性侵害的相关知识及其防治，性别平等相关知识和多元性别相关知识。

调动家庭和社会参与性与性别教育，发挥家庭在性与性别教育中的辅助作用。在社会上通过公益广告、合理宣传和打造标杆等多种形式来引导和改造社会舆论，在全社会范围内营造良好的舆论和正确的性与性别观念①。

推动发展全面性教育理论和实践工作。支持学术研究机构对性别和性别教育等问题的调查研究，并将研究成果应用于编写课程，包括中小学课程、课本和教具以及师资培训方面。各地选取中小学作为全面性教育的工作试点，试行开展全面性教育，通过实践发现性与性别教育中的问题和不足，为性与性别教育研究理论的发展提供经验支持，形成性别和性别教育理论与实践的双向互动。尤其是对于性与性别平等的理论基础，性与性别教育教学方法和知识体系的研究。通过专业的研究，能够深化性与性别平等的理论，发现性与性别教育中的问题和不足，及时改正和补足并进一步完善，达到确保性与性别教育的先进性和科学性的目的。

2. 完善全面性教育制度保障

国家制定的性与性别教育政策是幼儿教育和学校机构开展性与性别教育的法律依据，也是相关课程设置的纲领性文件。为此，国家所制定的性教育或性别教育政策必须在确保未成年人接受平等教育的前提下，把平等教育纳入各级教育课程体系之中，颁布有关课程的国家标准和具体措施并严格实施。将性教育课程纳入必修课程，保证性教育在各级教育中的广泛性和专业性。消除对妇女歧视委员会《关于女童和妇女受教育权的第 36 号一般性建议》第 27 段提出，要对各级教育的教学人员进行强制培训，内容涉及平等问题、性别敏感度及其性别行为对教育和学习过程的影响。②

---

① 沈飞飞、余若凡、张志敏、康子豪：《性/别少数者在受教育权实现中面临的挑战及对策》，刘小楠、王理万主编《反歧视评论》（第 8 辑），社会科学文献出版社，2020，第 88 ~ 89 页。

② 消除对妇女歧视委员会：《关于女童和妇女受教育权的第 36 号一般性建议》，CEDAW/C/GC/36，第 6 页。

除了遵循国际公约中的要求，也可以参考其他地区的相关立法。比如，台湾地区的《性别平等教育法》把立法重点放在性别平等教育上。为了有效突破教育中的性别区隔，《性别平等教育法》明确规定学校课程、教材与教学等方面，都必须提供一个具有性别多元/平等意识的学习环境，以课程融入、课程开设、发展课程规划及评量等方式，推动性别平等教育，突破教育资源的性别区隔。我国法律和政策中也应以国际公约的原则和规定为指导，借鉴国外的立法经验，增加平等教育的内容。例如，在教材编写方面，要为所有级别的教育包括师资培训，提出详细建议并编制无性别陈规定型看法的课程、课本和教具；从学前教育起，就促进女孩和男孩之间平等、合作、相互尊重并共同分担责任。此外，还应通过法律规定，明确各级教育部门促进和保障当地中小学开展性别平等教育的职责。

3. 性教育内容和形式专业化

性教育的教育教学方式、知识体系等并非一成不变，而是根据人们的认识、时代的发展和不断更新的理论成果不同程度地更新和发展。要保持性与性别教育的先进性、科学性和即时性，就必须不断推进对性与性别教育中教与学的研究，也必须时刻紧跟理论研究的发展，对其方式和知识体系进行更新换代。[1]

因此，应当扩大性别理论研究与性别平等教育教学工作的交流和合作。首先是在性别理论研究方面，鼓励和支持性别研究者、教育研究者不断深入挖掘、发展性别理论研究、教育理论研究，促进对于性别教育的认知、丰富性别理论的体系知识；其次在性别平等教育教学工作中，鼓励和支持教学经验的分享和教学方法的探讨，可以定期开展性别平等教学工作会议，为教师提供探讨问题、交流提升的平台；最后也要畅通理论研究与实践教学双向互动的渠道，使关于性别的理论研究能够真切地回应性别平等教学实践中面临的问题，实现性别平等教育在理论和实践方面的长远发展。

---

[1] 沈飞飞、余若凡、张志敏、康子豪：《性/别少数者在受教育权实现中面临的挑战及对策》，刘小楠、王理万主编《反歧视评论》（第8辑），社会科学文献出版社，2020，第88页。

我国儿童福利与保护体系
建设迈入历史新阶段

张　柳　熊泰松*

摘　要： 2020年是我国打赢脱贫攻坚战决胜之年，又是全面建成小康社会收官之年，还是《中国儿童发展纲要（2011～2020年）》实施收官之年。在新一轮国家五年规划和儿童工作十年规划之际，回顾十年儿童福利与保护制度体系建设具有重要意义，这将为下一个十年全面建设中国特色现代化儿童福利与保护制度体系提供经验。

关键词： 儿童福利　儿童保护　儿童政策

一　儿童福利与保护工作发展现状

（一）儿童优先被纳入国家战略　四大领域各有侧重

"儿童优先""儿童分享社会经济发展成果"已被纳入国家战略，与儿童相关的政策目标在福利、保护、健康和教育领域各有侧重。人口与发展是当今全球共同关注的重大问题，以人为本，寻求人口、经济、资源、环境和社会的可持续发展模式成为人类社会的共同目标。过去十年里，我国出台了一系列儿童政策文件和规划方案。儿童作为社会可持续发展的重要资源，促

---

* 张柳、熊泰松：北京师范大学中国公益研究院儿童福利与保护研究中心。

进儿童发展被赋予提高中华民族素质、建设人力资源强国的重要战略意义。在"儿童优先"战略目标要求下，不同领域又各有不同的工作重点，儿童福利优先保障，儿童社会保护体系优先建立，儿童健康服务优先供给，儿童教育优先发展（见表1、表2）。

表1 分领域儿童发展政策目标（2011～2020年）

分领域	2020年目标规划
整体目标:儿童优先	坚持男女平等基本国策和儿童优先,切实加强儿童群体权益保护,公平参与并更多分享发展成果;⑦ 促进机会均等,保障人人得到基本公共服务的机会。⑪
儿童福利:优先保障	扩大儿童福利范围,建立和完善适度普惠的儿童福利体系;② 贫困地区儿童发展整体水平基本达到或接近全国平均水平;③ 建立健全与我国经济社会发展水平相适应的儿童分类保障制度;⑧ 落实困境儿童优先原则,全面提升儿童福利服务水平;⑨ 基本实现残疾儿童应救尽救。⑭
儿童社会保护体系:优先建立	提高儿童工作社会化服务水平,创建儿童友好型社会环境;② 完善保护儿童的法规体系和保护机制,依法保护儿童合法权益;② 全社会关爱保护儿童的意识普遍增强,儿童成长环境更为改善、安全更有保障。⑥
儿童健康服务:优先供给	完善覆盖城乡儿童的基本医疗卫生制度,提高儿童身心健康水平;② 加强妇幼卫生保健和生育服务,加强儿童基本用药保障;④ 人人享有基本医疗卫生服务和基本体育健身服务,主要健康指标居于中高收入国家前列。⑤
儿童教育:优先发展	促进基本公共教育服务均等化,保障儿童享有更高质量的教育;② 基本实现教育现代化,进入人力资源强国行列。①

数据来源：根据媒体公开报道资料整理。指标来源对应政策文件序号参见表2政策清单。

表2 我国儿童发展战略目标和监测指标主要政策对照表（2010～2020年）

序号	政策文件	发文单位	年份
1	《国家中长期教育改革和发展规划纲要（2010—2020年）》	教育部国家中长期教育改革和发展规划纲要工作小组办公室	2010
2	《中国儿童发展纲要（2011—2020年）》	国务院	2011

序号	政策文件	发文单位	年份
3	《国家贫困地区儿童发展规划（2014—2020年）》	国务院办公厅	2014
4	《"十三五"卫生与健康规划》	国务院	2016
5	《"健康中国2030"规划纲要》	中共中央、国务院	2016
6	《国务院关于加强农村留守儿童关爱保护工作的意见》	国务院	2016
7	《中华人民共和国国民经济和社会发展第十三个五年规划纲要》	国务院	2016
8	《国务院关于加强困境儿童保障工作的意见》	国务院	2016
9	《民政事业发展第十三个五年规划》	民政部、国家发展改革委	2016
10	《全国民政标准化"十三五"发展规划》	民政部、国家标准化管理委员会	2016
11	《"十三五"推进基本公共服务均等化规划》	国务院	2017
12	《国民营养计划（2017—2030年）》	国务院办公厅	2017
13	《国家教育事业发展"十三五"规划》	国务院	2017
14	《国务院关于建立残疾儿童康复救助制度的意见》	国务院	2018

数据来源：根据媒体公开报道资料整理。

（二）近90％监测指标基本实现预定目标

儿童宏观政策规划基本都制定了明确的目标和监测指标。将表2中14份规划文件汇总可获得44项指标，从儿童福利、儿童保护、儿童健康、儿童教育四个领域进行评价。结果显示，儿童健康和儿童教育领域政策指标较多，儿童福利和儿童保护领域指标较少，且数据获取较难。根据目标实现情况分为提前实现、即将实现、努力可实现3类。从完成情况来看，儿童健康和儿童教育指标即将完成和已完成比例达100％，儿童保护和儿童福利领域有待加强（见图1、表3）。

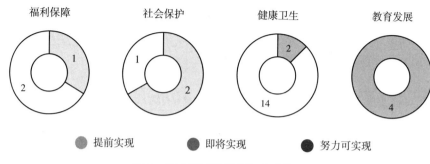

图1 四大领域政策指标完成情况

说明：数字代表指标数量，见表3圈出的数字。

表3 监测指标情况

指标名称	2020年目标	最新数据	数据年份	进展情况
1. 福利保障（3个指标有数据）				
孤儿家庭寄养率和收养率（%）②	提高	5.3	2018	⬤
0~6岁残疾儿童康复率（%）②	提高	提高	2018	⬤
流浪儿童反复性流浪（%）②	降低	—	—	
地级以上城市和重点县儿童福利机构覆盖率（%）②	100	100	2018	⬤
2. 社会保护（3个指标有数据）				
地级以上城市和重点县儿童救助保护机构覆盖率（%）②	100	52.9	2018	⬤
18岁以下儿童伤害死亡率（人/10万人）②	17.33	11.74	2018	⬤
未成年人社会保护工作机制县级层面覆盖率（%）⑨	95	—	—	
城乡社区儿童之家覆盖率（%）②⑦	90	34.9	2018	⬤
3. 健康卫生（16个指标有数据）				
婴儿死亡率（‰）②④⑦⑪	7.5	6.1	2018	⬤
出生人口性别比（%）④	112	111.9	2017	⬤
低出生体重发生率（%）②	4	3.13	2018	⬤
0~6个月婴儿纯母乳喂养率（%）②⑫	50	74.9	2018	⬤
纳入国家免疫规划的疫苗接种率以乡（镇）为单位（%）②④⑪	95	95	2018	⬤
新生儿破伤风发病率以县为单位（‰）②	1	0.01	2018	⬤

续表

指标名称	2020年目标	最新数据	数据年份	进展情况
3岁以下儿童系统管理率(%)④	90	91.2	2018	●
0～6岁儿童健康管理率(%)⑪	90	92.7	2018	●
5岁以下儿童死亡率(‰)②④⑦⑪	9.5	8.4	2018	●
5岁以下儿童贫血患病率(%)②⑫	12	5.44	2018	●
5岁以下儿童生长迟缓率(%)②④⑫	7	1.11	2018	●
5岁以下儿童低体重率(%)②④	5	1.43	2018	●
基本医疗保险参保率(%)⑪	95	95	2019	●
孕产妇死亡率(人/10万人)④⑦⑪	18	18.3	2018	●
孕产妇系统管理率(%)④⑪	90	89.9	2018	●
孕前优生服务目标人群覆盖率(%)④⑪	80	88.4	2018	●
孕妇贫血率(%)⑫	15	—	—	
孕妇叶酸缺乏率(%)⑫	5	—	—	
贫困地区婴儿死亡率(‰)③	12	—	—	
贫困地区5岁以下儿童死亡率(‰)③	15	—	—	
贫困地区5岁以下儿童生长迟缓率(%)③	10	—	—	
贫困地区低体重率(%)③	5	—	—	
贫困地区贫血患病率(%)③	12	—	—	
贫困地区以乡镇为单位适龄儿童国家免疫规划疫苗接种率(%)③	90	—	—	
贫困地区孕产妇死亡率(人/10万人)③	30	—	—	
4. 教育发展(4个指标有数据)				
学前一年毛入园率(%)①②	95	—	—	
学前二年毛入园率(%)①	80	—	—	
学前教育毛入园率(%)①②⑬	85	83.4	2019	●
九年义务教育巩固率(%)①②⑪⑬	95	94.8	2019	●
高中阶段毛入学率(%)①②⑬	90	89.5	2019	●
义务教育基本均衡县(%)(市、区)比例⑪⑬	95	92.7	2018	●
中小学生贫血患病率(%)②	下降1/3	—	—	
农村中小学生的生长迟缓率(%)⑫	5	—	—	
贫困地区学前三年毛入学率(%)③	75	—	—	
贫困地区视力、听力、智力残疾儿童少年义务教育入学率(%)③	90	—	—	
贫困地区九年义务教育巩固率(%)③	93	—	—	

注：根据媒体公开报道资料数据监测整理。指标来源对应政策文件清单参见表2。

（三）多部门跨领域联合行动推进制度创新

在国家儿童宏观政策规划指导下，2010~2019年，国家层面出台了343份儿童领域相关政策文件。从数量变化来看，2010~2017年，平均每年出台30份政策文件；2018年以来，平均每年出台50份左右。从领域分类来看，教育与健康类政策文件占比达到37%和25%，占比较高；福利与保护类政策文件占比不足10%；跨领域政策文件占比为18%。从儿童群体特征来看，以义务教育阶段学生为对象的政策文件数量最多，受监护侵害、遭受性侵儿童、家庭寄养儿童等各类儿童都被纳入政策保障范围，专门针对县域、城乡、农村地区、贫困地区儿童群体的政策文件占到22%（见图2）。

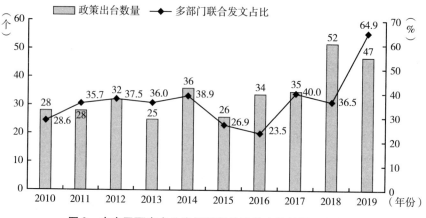

图2　中央层面出台儿童领域相关政策文件数量及多部门
联合发文占比（2010~2019年）

数据来源：根据媒体公开报道资料数据监测整理。

二　儿童福利与保护服务体系向普惠型专业化发展

（一）现代儿童福利与保护服务制度框架全面确立

1. 儿童基本生活保障制度不断健全

2010年以来，"儿童优先"已被纳入国家战略，我国出台了一系列有关儿童福利与保护的政策，儿童福利与保护制度体系不断健全（见图3）。以"孤儿和事实无人抚养儿童津贴"为突破点的儿童生活保障制度逐步完善；以设立儿童主任为代表的基层儿童服务体系基本建立；以残疾儿童康复服务纳入保障范围为标志的儿童救助体系逐步形成；以覆盖城乡儿童医疗保障为基础的儿童健康服务体系全面铺开；以学前教育和特殊教育为发力点的儿童教育政策体系日益健全。中国儿童福利与保护制度体系完成了从"兜底保障"向"分类保障"、从"补缺"向"适度普惠"、从"物质保障"向"物质保障＋服务保障"的转型升级，儿童福利、儿童保护、儿童健康、儿童教育四个方面均进展显著。同时，我国儿童福利与保护制度体系仍存在发展不平衡、不充分的问题。

图3　儿童福利与保护政策的出台情况

中国儿童福利与保护政策环境持续优化，从"现金补贴"到"社区服务"，从救"孤"到助"困"，在普及低保的基础上，针对基本生活特别困难的儿童，各类生活救助制度相继建立。2010年出台孤儿生活保障制度，2012年发放艾滋病儿童补贴，2016年建立临时救助制度，2018年落实残疾人补贴，2020年事实无人抚养儿童全部纳入保障并参照孤儿保障标准发放生活补助。这些举措让更多经济困难的儿童在养育、营养、就医、就学和受保护方面得到进一步重视。2016年农村留守儿童关爱保护、困境儿童保障两大政策出台，将儿童社会服务拓展到社区。我国儿童福利与保护内涵不断加大，从解救"孤"到帮助"困"，保障的内容由基本生活、基本生存向教育、医疗、救护、康复、服务等拓展，标志着我国儿童福利制度进入了一个新的发展阶段。

2. 儿童关爱保护制度不断完善

健全农村留守儿童和困境儿童关爱服务体系。2019年出台《关于进一步健全农村留守儿童和困境儿童关爱服务体系的意见》（民发〔2019〕34号），对2016年农村留守儿童关爱保护、困境儿童保障两大政策进行了细化，为做好农村留守儿童和困境儿童关爱服务工作提供了制度保障。2016年，国务院建立了由民政部牵头的农村留守儿童关爱保护工作部际联席会议制度。2018年，国务院批复将此部际联席会议制度调整为农村留守儿童关爱保护和困境儿童保障工作部际联席会议。2019年，增补国资委和中国铁路总公司为部际联席会议成员单位，至此，部际联席会议成员单位共28个。（见图4）

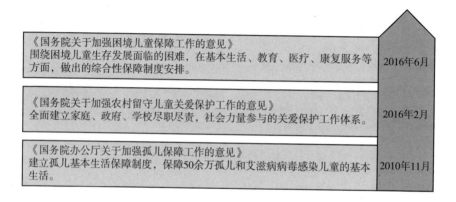

图4 农村留守儿童和困境儿童关爱保障政策出台情况

政府主导、多部门协同的儿童保护机制逐步建立。2015年《反家庭暴力法》颁布后，陆续出台各项规范性文件。2017年，民政部研究制定了《受监护侵害未成年人保护工作指引》，以民政行业标准的形式，指导各地民政部门和救助保护机构规范开展受监护侵害未成年人救助保护工作；2020年5月，民政部、最高检等部门联合出台《关于建立侵害未成年人案件强制报告制度的意见（试行）》，完善未成年人救助保护机制，及时有效预防和惩治侵害未成年人的违法犯罪，切实维护未成年人合法权益；2020年，新修订的《中华人民共和国未成年人保护法》从家庭保护、学校保护、社会保护、网络保护、政府保护、司法保护六个方面加强对儿童的保护和权益维护。贯彻落实《关于进一步加快推进民办社会工作服务机构发展的意见》（民发〔2014〕80号），培育了一批社会工作服务机构，为遭受家庭暴力的儿童提供专业社会工作服务提供了平台载体。

通过完善法律法规和提高儿童工作社会化服务水平，依法保护儿童合法权益，完善未成年人保护机制建设。2010 年以来，最高检察院、公安部、司法部、民政部、财政部、团中央等多部门协同发布的重要文件数量逐年增长，在依法办理案件的同时，探索建立跨部门、跨领域的社会支持体系。政策保护从关注被拐卖儿童、孤儿弃婴社会救助，逐渐扩展到儿童司法保护以及留守儿童关怀服务领域，更多儿童被纳入政策保护框架。

3. 儿童医疗健康政策环境持续优化

我国儿科学专业 1998 年被调出专业范围，自 1999 年起，大多数医学院校停止招生。2015 年，我国首批 8 所高校增设了儿科医学专业。2016 年，教育部发布《2016 年度普通高等学校本科专业备案和审批结果的通知》，20 所普通高等学校新增儿科医学专业。2016 年印发《关于印发加强儿童医疗卫生服务改革与发展意见的通知》，对推进高等院校儿科医学人才的培养进行了要求。自 2016 年起，在全国 39 所举办"5＋3"一体化医学教育的高校开展一体化儿科医生培养；同时根据教学资源和岗位需求，扩大儿科学专业研究生招生规模；并继续推进农村定向医学生免费培养工作。2016 年 3 月发布《关于新增部分医疗康复项目纳入基本医疗保障支付范围的通知》，将儿童孤独症诊断测评、儿童听力语言障碍等领域的康复纳入保障范围。2018 年，国务院下发《关于建立残疾儿童康复救助制度的意见》，按照十九大提出的"兜底线、织密网、建机制"的要求，着眼于为残疾儿童接受基本康复服务提供制度保障，自此，我国残疾儿童康复救助工作有了专项政策规定。2018 年印发《关于开展儿童白血病救治管理工作的通知》，启动儿童白血病救治管理工作，这是我国第一次出台专门针对儿童白血病救治的政策文件，至此，通过完善诊疗服务网络这一途径来攻坚儿童白血病的举措正式进入国家法律。

4. 政策推动教育均衡发展

自 2006 年起，国务院深化农村义务教育经费保障机制改革，对农村学生实行"两免一补"。2008 年，国务院决定免除城市义务教育学生学杂费。2010 年以来，我国教育现代化进程加速推进。2015 年新修正的《中华人民共和国教育法》要求"促进教育公平，推动教育均衡发展""保证教育教学质量"。2015 年，国务院印发《关于进一步完善城乡义务教育经费保障机制的通知》，进一步完善义务教育经费保障机制，全面部署统筹城乡义务教育资源均衡配置，是我国首次建立起城乡统一的义务教育经费保障机制。2018 年，中共中央、国务院印发了《关于学前教育深化改革规范发展的若干意见》，进一步推动了我国学前教育的改革与发展。2019 年，国务院办公厅出台意见，将婴幼儿照护服务纳入经济社会发展规划。2020 年《政府工作报告》再次提出，要推动教育公平发展和质量提升。

（二）儿童福利与保护行政管理体制进一步完善

民政部门设立专门的儿童工作机构。完善的行政管理体系是儿童福利发展的关键。为积极应对当前儿童福利发展的挑战，更好地满足现阶段经济社会和儿童发展内在需求，加速构建我国现代儿童福利体系，2019 年 1 月 25 日，《民政部职能配置、内设机构和人员编制规定》正式发布，批准在民政部设立儿童福利司，负责拟订儿童福利、孤弃儿童保障、儿童收养、儿童救助保护政策、标准，健全农村留守儿童关爱服务体系和困境儿童保障制度，指导儿童福利、收养登记、救助保护机构管理工作，2019 年 2 月正式运行（见表 4）。截至 2019 年底，全国有 23 个省（自治区、直辖市）民政厅（局）、1 个计划单列市民政局单独设立了儿童福利处，部分市（地、州、盟）单独设立了儿童工作科。

表 4　民政部儿童福利工作机构设置与主要职责调整情况

	儿童福利司成立后	儿童福利司成立前
机构设置	儿童福利司，下设儿童收养（综合）处、儿童福利处、儿童保护处。	社会事务司下设儿童福利和收养处、未成年人（留守儿童）保护处。
主要职责	拟定儿童福利、孤儿弃婴保障、儿童收养、儿童救助保护政策、标准；健全农村留守儿童关爱服务体系和困境儿童保障制度；指导儿童福利、收养登记、救助保护机构管理工作。	拟定儿童收养政策，承办政府间儿童收养政策协调事宜，协调省际流浪儿童救助工作；指导儿童收养、救助服务机构管理。建立完善未成年人保护工作机制和服务体系，全面摸底排查、完善农村留守儿童信息管理。

民政部儿童福利司的设立，是实现多头管理归口整合、应对当前儿童福利发展挑战、践行儿童利益最大化原则、满足新时代儿童发展多元需求所采取的重大举措。这项改革对于我国儿童福利事业的发展具有里程碑意义，我国现代儿童福利体系建设进入新阶段。

最高人民检察院增设机构推动未成年人司法保护。2018 年底，最高检设立了未成年人检察厅，由第九检察厅专门负责未成年人检察工作。设立专门的未成年人检察机构，有利于和社会组织加强沟通协调，做好未成年人的司法保护工作。截至 2018 年底，地方人民检察院已经有 24 个省级人民检察院、1400 多个市（县）级人民检察院设立了专门的未成年人检察机构。

构建未成年人检察工作社会支持体系。2018 年 2 月，最高人民检察院、共青团中央共同签署了《关于构建未成年人检察工作社会支持体系的合作框架协议》，在依法办理案件的同时，建立跨部门、多专业的社会支持体系。北京、上海、福建等地检察机关与共青团组织合作，开展实践探索。

（三）基层儿童公共服务能力逐步增强

《"十三五"推进基本公共服务均等化规划》首次将困境儿童保障和农村留守儿童保护写入服务项目清单，统筹考虑儿童关爱保护服务与基本公共服务均等化同规划、同落实、同推进。中共中央、国务院印发了《关于加强和完善城乡社区治理的意见》，对基层儿童服务专业化提出明确要求；民政部等五部门印发《关于在农村留守儿童关爱保护中发挥社会工作专业人才作用的指导意见》（民发〔2017〕126 号），提出支持引导社会工作专业人才参与农村留守儿童关爱保护工作的政策措施。政策密集出台为儿童福利、保护、教育、医疗事业的发展创造了良好的政策环境，为儿童关爱保护服务专业人员队伍建设提供了政策保障。

各地在整体规划建设过程中，更加考虑社区儿童福利需求，发展社区儿童服务项目，壮大社区志愿者队伍，为社区儿童提供全方位、全覆盖的福利服务。"专业社会工作"一词连续三年写进《国务院政府工作报告》，从"发展、支持到促进"社会工作发展，有力推动社会工作人才培养机制完善。2017 年，民政部等五部门联合发布《关于在农村留守儿童关爱保护中发挥社会工作专业人才作用的指导意见》，围绕"强化专业作用"原则，引导和支持社会工作专业人才服务农村留守儿童和困境儿童；中共中央、国务院《关于加强和完善城乡社区治理的意见》明确提出到 2020 年推进社区、社会组织、社会工作"三社联动"，完善社区组织发现居民需求、统筹设计服务项目、支持社会组织承接、引导专业社会工作团队参与的工作体系的目标。2018 年，全国 31 个省全部出台困境儿童保障工作意见，为基层全面普及儿童福利和保护服务体系奠定基础。

根据国务院困境儿童保障意见要求，村（居）民委员会将设立儿童福利督导员或儿童权利监察员开展困境儿童保障工作，全国将建成一支由 68 万名兼职或专职儿童福利督导员组成的基层儿童福利与保护服务专业工作队伍。截至 2020 年 6 月，全国建成由 4.8 万名乡镇（街道）儿童督导员、66.3 万名村（居）儿童主任①组成的基层儿童工作队伍，实现村（居）全覆盖，成为关心关爱农村留守儿童和困境儿童的主力军。

三　儿童福利与保护实务探索取得巨大进展

（一）儿童津贴和营养改善福利范围进一步扩大

2010 年，我国建立了由中央财政支持的孤儿弃婴津贴制度。同年，国务院颁布《中国儿童发展纲要（2011—2020 年）》提出扩大儿童福利范围，推动儿童福利由补缺型向适度普惠型转变。随后，艾滋病感染儿童、事实无人抚养儿童等津贴制度逐步确立。

1. 国家财政持续投入为儿童福利与保护提供有力经费保障

近十年来，国家财政加大对儿童福利事业发展的资金保障。2009 ~ 2017 年，我国民政事业费总支出从 2180.9 亿元持续上升至 5932.7 亿元，2018 年

---

① 数据来源：全国儿童福利信息系统。

开始略有下降。其中，2009～2011 年儿童福利经费支出从 2.1 亿元大幅度提升至 40 亿元，2012 年起基本保持在每年 50 亿元左右的水平。（见图 5）

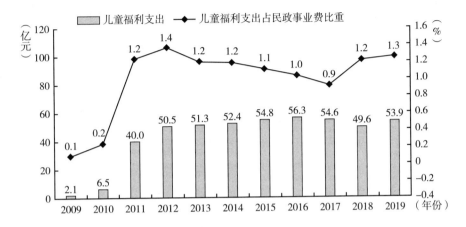

图 5　我国儿童福利经费投入（2009～2019 年）

数据来源：根据历年民政统计年鉴整理。

2. 分类施策逐步扩大制度保障范围

一是儿童福利津贴制度范围不断拓展。2009～2010 年，随着《民政部关于制定孤儿最低养育标准的通知》《民政部 财政部关于发放孤儿基本生活费的通知》出台，我国建立起由中央财政支持的孤儿津贴制度。之后逐步建立起艾滋病病毒感染儿童、受艾滋病影响儿童基本生活保障制度，以及困难残疾人生活补贴和重度残疾人护理补贴制度。2016 年，困境儿童保障意见的出台标志着我国儿童福利制度从孤儿弃婴向困境儿童，从基本生存保障向教育、医疗、救护、康复、服务全面保障的重要转型。2019 年出台政策将事实无人抚养儿童正式纳入政府制度性救助体系。（见表 5）

表 5　儿童福利津贴相关政策（2010～2020 年）

发文时间	保障对象	政策文件
2010 年 11 月	孤儿弃婴	《关于加强孤儿保障工作的意见》
2010 年 11 月	孤儿弃婴	《关于发放孤儿基本生活费的通知》
2012 年 1 月	烈士子女	《关于给部分烈士子女发放定期生活补助的通知》

续表

发文时间	保障对象	政策文件
2012 年 1 月	烈士子女	《关于落实给部分烈士子女发放定期生活补助政策的实施意见》
2012 年 10 月	艾滋病病毒感染儿童	《关于发放艾滋病病毒感染儿童基本生活费的通知》
2012 年 10 月	孤儿弃婴	《关于按照福利机构养育标准落实 SOS 儿童村孤儿基本生活费的通知》
2014 年 12 月	受艾滋病影响儿童	《关于进一步落实受艾滋病影响儿童医疗教育和生活保障等政策措施的通知》
2015 年 9 月	残疾儿童	《关于全面建立困难残疾人生活补贴和重度残疾人护理补贴制度的意见》
2016 年 6 月	困境儿童	《关于加强困境儿童保障工作的意见》
2018 年 6 月	残疾儿童	《关于建立残疾儿童康复救助制度的意见》
2019 年 6 月	事实无人抚养儿童	《关于进一步加强事实无人抚养儿童保障工作的意见》
2020 年 12 月	事实无人抚养儿童	《关于进一步做好事实无人抚养儿童保障有关工作的通知》

数据来源：根据媒体公开报道资料数据监测整理。

二是儿童收养寄养制度进一步完善。《中国儿童发展纲要（2011—2020年）》提出完善孤儿收养制度，规范家庭寄养，鼓励社会助养，并建立受艾滋病影响儿童和服刑人员未成年子女的替代养护制度。随着《中华人民共和国收养法》等法律法规的实施，我国收养制度逐渐完善，收养行为更加规范。2014 年，民政部出台《家庭寄养管理办法》，将寄养儿童范围扩大至流浪乞讨等生活无着未成年人，对重度残疾儿童家庭寄养给予特殊规定。（见表6）

表6 儿童收养、寄养相关政策（2010～2020 年）

发文时间	政策名称
2011 年	《中国儿童发展纲要(2011—2020 年)》
2014 年	《家庭寄养管理办法》(中华人民共和国民政部令第 54 号)

发文时间	政策名称
2014 年	《关于规范生父母有特殊困难无力抚养的子女和社会散居孤儿收养工作的意见》(民发〔2014〕206 号)
2015 年	《关于开展查找不到生父母的打拐解救儿童收养工作的通知》(民发〔2015〕159 号)

数据来源:根据媒体公开报道资料数据监测整理。

3. 儿童福利与救助保障规模扩大

孤儿和社会救助津贴标准逐年提高。2010 年以来,孤儿养育津贴、最低生活保障、特困人员供养三项制度惠及大量儿童人口,2018 年受保障儿童数量达到 717.6 万。从津贴标准来看,2010~2019 年,三项制度保障标准和支出水平逐年提高,城乡差距逐步缩小。(见表 7)

表 7 三项制度保障救助水平(2010~2019 年)

年份	孤儿养育津贴平均标准		最低生活保障平均标准		特困人员供养平均标准	
	集中供养(元/月)	社会散居(元/月)	城市(元/月)	农村(元/年)	城市(元/年)	农村(元/年)
2010	—	—	251.2	1404	—	—
2011	—	—	287.6	1718.4	—	—
2012	—	—	330.1	2067.8	—	—
2013	—	—	373.3	2433.9	—	—
2014	—	—	410.5	2776.6	—	—
2015	—	—	451.1	3177.6	—	—
2016	1143.7	792.9	494.6	3744	9259.7	4607.6
2017	1258.7	858.2	540.6	4300.7	8344.5	5769.3
2018	1344	924	579.6	4833.4	10657	6744.7
2019	1499	1074	624.0	5335.5	10304.4	7639.2

数据来源:根据历年民政统计年鉴整理。

25.3 万事实无人抚养儿童被纳入保障范围。2019 年,民政部等 12 部门联合发文建立事实无人抚养儿童保障制度。截至 2020 年底,全国已有 25.3 万名事实无人抚养儿童获得保障,保障标准参照孤儿,目前平均每人每月

1140 元①。多地公布了地方事实无人抚养儿童津贴标准，从津贴金额来看，最高的是天津、北京、上海，分别达到 2420 元/月、1800 元/月、1800 元/月。从发放标准来看，天津等 22 个省区市参照孤儿津贴标准，上海、湖南、宁夏、新疆 4 个省区市按照事实无人抚养儿童的类型设置多种津贴标准；北京、广东、重庆、青海 4 个省区市设置单独津贴标准。

18.1 万 0~6 岁残疾儿童获得基本康复服务。2018 年 6 月，国务院印发《关于建立残疾儿童康复救助制度的意见》，提出 2020 年建立与全面建成小康社会目标相适应的残疾儿童康复救助制度体系，实现残疾儿童"应救尽救"。（见图 6）中央和各级地方政府不断加大投入，各类康复机构的发展取得长足进步。《残疾人事业发展统计公报》显示，2019 年，全国已有残疾人康复机构 9775 个，18.1 万名 0~6 岁残疾儿童得到康复服务。

图 6　残疾儿童保障政策出台情况

（二）儿童福利与保护社会化与专业化实务进展

儿童福利机构设施建设加速。"十一五""十二五"期间，国家发展改革委和民政部以"实现建成布局合理、功能完备、管理规范的基层儿童福利设施网络"为目标，共同实施了《"十一五"儿童福利机构建设规划》和

---

① 《民政部 2021 年第一季度例行新闻发布会》，http://lyzx.mca.gov.cn：8280/asop/templates/n33/interviewlog.html，最后访问日期：2021 年 4 月 1 日。

《儿童福利设施建设规划二期》（蓝天计划）。2010 年以来，《中国儿童发展纲要（2011—2020 年）》《"十三五"推进公共服务均等化规划》要求全国地级以上城市和重点县（市）建立一所具有养护、医疗康复、教育、技能培训等综合功能的儿童福利机构和一所流浪儿童救助保护机构，儿童福利与保护机构将发挥更大作用。2018 年，民政部颁布了《儿童福利机构管理办法》，2019 年 1 月 1 日起正式生效，该办法是我国首个针对儿童福利机构的专门管理规章。（见表 8）

表 8　儿童收养救助机构建设相关政策（2010～2020 年）

发文时间	政策名称
2010 年 11 月	《关于批准发布〈儿童福利院建设标准〉的通知》（建标〔2010〕195 号）
2011 年 7 月	《中国儿童发展纲要（2011—2020 年）》
2012 年 10 月	《关于印发〈"十一五"儿童福利机构建设规划〉和〈儿童福利机构设施建设指导意见（试行）〉的通知》（民发〔2007〕76 号）
2013 年 11 月	《关于印发儿童福利设施建设规划二期的通知》
2017 年 3 月	《"十三五"推进公共服务均等化规划》（国发〔2017〕9 号）
2018 年 10 月	《儿童福利机构管理办法》中华人民共和国民政部令（第 63 号）

数据来源：根据媒体公开报道资料数据监测整理。

儿童福利与救助保护服务机构面向社区儿童提供服务。儿童福利与救助保护服务机构的数量从 2010 年的 480 所增加至 2014 年的 890 所，2015 年开始逐年递减。随着集中供养孤儿数量减少和地方儿童福利机构基础设施扩建，集中供养孤儿数量开始少于儿童福利机构床位数，床位空置率开始上升（见表 9）。北京等多地的儿童福利机构探索向社区儿童逐步开放，接收社会散居孤儿、残疾儿童、临时监护缺失儿童，提供低偿甚至免费日托照料、残疾康复、特殊教育等服务。

我国儿童福利与救助保护机构中的社工数量快速增加。儿童福利与救助保护服务机构社工规模逐年增长，从 2009 年的 288 人增长至 2018 年的 1359 人；机构职工中社工占比从 2009 年的 3.1% 增长至 2018 年的 9.5%。其中，

助理社工师和社工师比重基本持平，2013年开始，社工师比重超过助理社工师，基本保持在52%～58%。（见图7）

表9　儿童福利与救助保护服务机构、床位数量变化（2010～2019年）

年份	儿童福利与救助保护服务机构(所)			儿童福利与救助保护服务机构床位(万张)			集中供养孤儿（万人）
	儿童福利机构	未成年人救助保护中心	合计	儿童福利机构	未成年人救助保护中心	合计	
2010	335	145	480	5	0.5	5.5	10
2011	397	241	638	6	0.8	6.8	7.7
2012	463	261	724	7.7	1	8.7	9.5
2013	529	274	803	8.7	1.1	9.8	9.4
2014	545	345	890	9.6	1.2	10.8	9.4
2015	478	275	753	8.9	1.1	10	9.2
2016	465	240	705	9	1	10	8.8
2017	469	194	663	9.5	0.8	10.3	8.6
2018	475	176	651	8.9	0.8	9.7	7
2019	484	202	686	9.0	0.8	9.8	6.4

数据来源：根据历年民政统计年鉴整理。

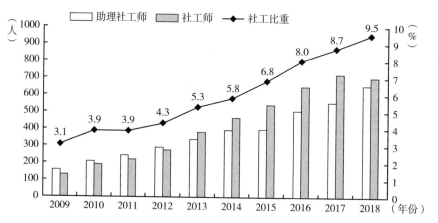

图7　儿童福利与救助保护服务机构中社工数量变化（2009～2018年）

数据来源：根据历年民政统计年鉴整理。

基层儿童工作队伍从无到有，向专业化服务迈进。我国儿童保护政策从"规范现金转移支付标准和渠道"迈向"为儿童提供社会服务"的阶段。

2017 年，全国开始大力推进基层儿童工作队伍建设，特别是民政部、教育部等 10 部门出台的《关于进一步健全农村留守儿童和困境儿童关爱服务体系的意见》（民发〔2019〕34 号）中对加强儿童督导员、儿童主任队伍建设提出要求之后，队伍建设迎来一个飞速发展期。截至 2020 年 6 月，全国建成由 4.8 万名乡镇（街道）儿童督导员、66.3 万名村（居）儿童主任组成的基层儿童工作队伍，实现村（居）全覆盖，成为关心关爱农村留守儿童和困境儿童的主力军。积极推动儿童主任津补贴落实，目前，湖南、广西、宁夏建立了省级层面儿童主任津补贴制度，每人每月给予儿童主任 100～300 元不等的补贴。

（三）儿童教育发展更加注重公平

2010 年以来，我国教育现代化进程加速推进。2015 年新修正的《中华人民共和国教育法》要求"促进教育公平，推动教育均衡发展""保证教育教学质量"。2019 年，国务院办公厅出台意见，将婴幼儿照护服务纳入经济社会发展规划。2020 年《政府工作报告》再次提出，要推动教育公平发展和质量提升。

财政性教育经费支出占 GDP 比例连续七年超 4%。1993 年，中共中央、国务院发布《中国教育改革和发展纲要》首次提出了"财政性教育经费支出占 GDP 比例要达到 4%"的目标，并于 2012 年实现。国家财政性教育经费支出占国内生产总值 4% 是衡量各国教育水平的重要指标。（见图 8）

学前教育持续快速发展，学前教育毛入园率显著提升。2010 年实施学前教育三年行动计划以来，各地幼儿园数量大幅增加，学前教育普及率大幅提高，"入园难"问题得到有效缓解。2019 年全国学前教育毛入园率达到 83.4%，提前实现《国家中长期教育改革和发展规划纲要（2010～2020 年)》《中国儿童发展纲要（2011～2020 年）》70% 的目标，即将实现《国家教育事业发展"十三五"规划》85% 的目标。学前教育资源快速增加，2019 年全国幼儿园数量达 28.12 万所，创历史新高。（见图 9）

九年义务教育巩固率达 94.8%，95% 县域实现义务教育优质均衡发展。

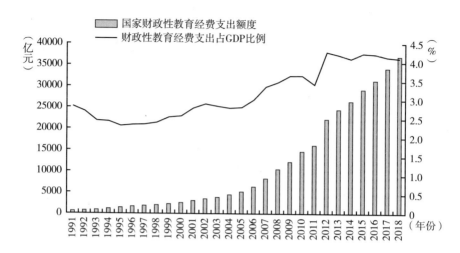

图 8　1991~2018 年国家财政性教育经费支出与占 GDP 比例

数据来源：中国统计年鉴、全国教育经费统计快报。

图 9　2013~2018 年学前教育财政经费投入、学前三年毛入园率

资料来源：历年教育统计年鉴、教育部网站。

（见图 10）近十年来，我国义务教育普及程度持续提高。2019 年，全国九年义务教育巩固率达 94.8%，持续逼近"达到 95%"的儿童发展纲要目标。

视力、听力、智力三类残疾儿童义务教育入学率达 90% 以上。近十年来，我国特殊教育覆盖范围不断扩大，进一步保障了残疾儿童的受教育权。1992~

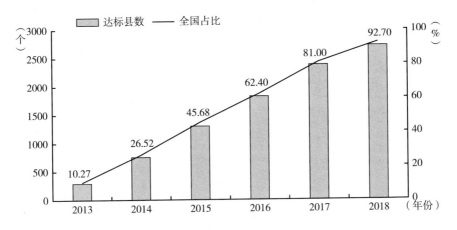

图 10　义务教育发展基本均衡县国家认定工作情况（2013～2018 年）

数据来源：根据《2017 年全国义务教育均衡发展督导评估工作报告》公布数据整理。

2014 年，我国特殊教育学校从 1123 所增加到 2053 所。根据残疾人事业统计年鉴，从 1999 年到 2014 年，义务教育阶段未入学残疾儿童人口数量减少了 34.8 万，但由于残疾程度较重、家庭经济困难、无特教班、交通不便等原因，仍有 8.5 万（37%）学龄残疾儿童无法接受义务教育。（见图 11）

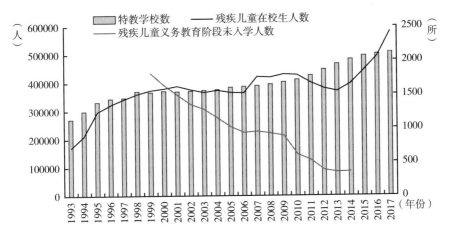

图 11　特教学校数、残疾儿童在校生人数及义务教育阶段
未入学人数变化情况（1993～2017 年）

资料来源：《中国社会统计年鉴》《中国教育统计年鉴》《中国残疾人事业统计年鉴》。

（四）儿童医疗健康保障水平日趋完善

我国儿童健康领域各项指标明显改善，大病儿童、贫困家庭儿童、残疾儿童医疗健康保障体系受到政策倾斜和社会特别关注。自 2010 年起，大病儿童医疗救助制度逐步完善，部分农村地区开始儿童重大疾病救助试点。2012 年，城乡居民大病保险推行，儿童重特大疾病被进一步纳入国家医疗保障体系。2016 年，"两保合一"，城乡儿童医保筹资和待遇实现统一。（见图 12）

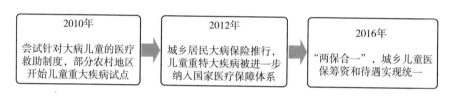

图 12　儿童医疗政策制度发展

1992～2017 年，我国新生儿、婴幼儿和 5 岁以下儿童的死亡率逐年降低。其中，新生儿死亡率从 1992 年的 3.25% 下降到 2017 年的 0.45%，仍高于加拿大（0.35%）、法国（0.24%）、澳大利亚（0.21%）等国家新生儿死亡率①。婴幼儿死亡率从 1992 年的 4.67% 下降到 2017 年的 0.68%，仍高于加拿大（0.45%）、澳大利亚（0.3%）、日本（0.19%）等国家的婴幼儿死亡率②。5 岁以下儿童的死亡率从 1992 年的 5.74% 下降到 2017 年的 0.91%，仍高于加拿大（0.51%）、澳大利亚（0.35%）、新加坡（0.28%）等国家的 5 岁以下儿童死亡率③。（见图 13）

自 1996 年以来，我国 5 岁以下儿童中重度营养不良比例呈现明显下降

---

① 世界银行：http://data.worldbank.org/indicator/SH.DYN.NMRT，最后访问日期：2021 年 4 月 1 日。

② 世界银行：http://data.worldbank.org/indicator/SP.DYN.IMRT.IN，最后访问日期：2021 年 4 月 1 日。

③ 世界银行：http://data.worldbank.org/indicator/SH.DYN.MORT，最后访问日期：2021 年 4 月 1 日。

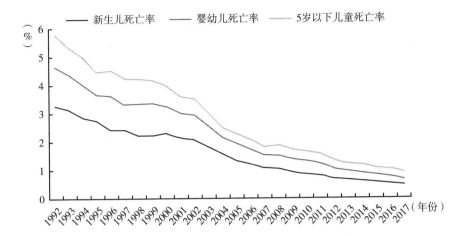

图 13 新生儿、婴幼儿及 5 岁以下儿童死亡率（1992～2017 年）

数据来源：《中国卫生统计年鉴》。

趋势，2013 年达到历史最低值 1.37%，2011 年以来始终保持在 1.5% 以下。20 年间，我国 15 岁以下儿童两周患病率下降了 50%。根据历年《中国卫生和计划生育统计年鉴》，我国 15 岁以下儿童两周患病率从 1993 年的 3.19%下降至 2013 年的 1.59%。（见图 14）

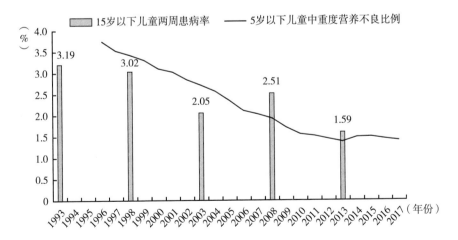

图 14 5 岁以下儿童中重度营养不良比重及 15 岁
以下儿童两周患病率（1993～2017 年）

资料来源：《中国卫生统计年鉴》《中国卫生和计划生育统计年鉴》。

儿童卫生保健覆盖率保持在较高水平。2018 年，全国 3 岁以下儿童系统管理率为 91.2%，7 岁以下儿童保健管理率为 92.7%，分别比 2010 年提高 9.7 和 9.3 个百分点，提前实现《中国儿童发展纲要（2011—2020 年)》目标。（见图 15）

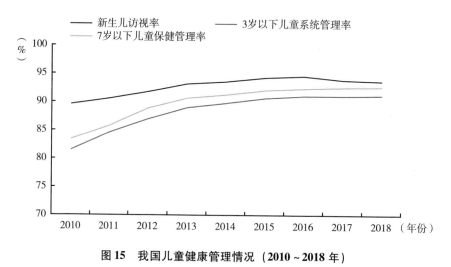

图 15　我国儿童健康管理情况（2010~2018 年）

数据来源：根据历年中国卫生统计年鉴整理。

儿科人才培养与床位资源建设进一步加强。2010~2015 年，我国儿科医师数量与儿童医疗需求的不匹配问题突出。"十三五"时期，高校设置儿科专业与儿科医师转岗培训有效增加了儿科医师数量。2016 年，《关于加强儿童医疗卫生服务改革与发展的意见》出台，大力培养儿科医生，到 2020 年累计招收培训儿科专业住院医师 3 万名以上。截至 2018 年，我国儿科医师从 2015 年的 12 万人增加至 23 万人，每千名儿童儿科执业（助理）医师数为 0.92 人。（见图 16、表 10）多地先行开展儿科建设的实践探索，北京出台加强综合医院儿科建设的意见，浙江、上海、新疆等省区市陆续开展加强儿科医师、儿科门急诊服务、儿科床位建设等工作。

农村义务教育学生营养改善计划进一步完善。为贯彻落实《健康中国 2030 规划纲要》，提高国民营养健康水平，国务院办公厅发布《国民营养计划（2017—2030 年)》，开展贫困地区营养干预行动，继续推进实施农村义务

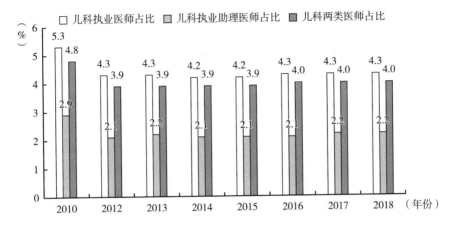

图16　儿科医师在医师中占比（2010~2018年）

数据来源：根据历年中国卫生统计年鉴整理。

表10　我国儿童医疗卫生资源情况（2010~2018年）*

年份	儿童床位数 （张/千名儿童）	儿科执业（助理）医师 （名/千名儿童）
2010	1.41	0.52
2011	1.54	0.43
2012	1.71	0.46
2013	1.86	0.49
2014	1.96	0.50
2015	2.05	0.52
2018	2.22	0.92
2020 目标①	2.2	0.69

*2010~2015年数据详见秦晓强、毛军胜等，《2010年至2015年我国儿科医生资源配置状况动态分析》，《中华医院管理杂志》2017年第9期，第662~665页。2019年7月26日，国家儿童医学中心发布我国儿童医疗卫生服务发展最新情况。数据显示，截至2018年，我国拥有儿科医师23万人，每千名儿童儿科执业（助理）医师数为0.92人，每千名儿童床位数为2.22张。

"每千名儿童床位数增加到2.2张。加强儿科医务人员队伍建设，每千名儿童儿科执业（助理）医师数达到0.69名，每个乡镇卫生院和社区卫生服务机构至少有1名全科医生提供规范的儿童基本医疗服务，基本满足儿童医疗卫生需求。"国家卫生计生委、国家发展改革委、教育部、财政部、人力资源和社会保障部、国家中医药管理局：《关于印发加强儿童医疗卫生服务改革与发展意见的通知》（国卫医发〔2016〕21号）。

教育学生营养改善计划和贫困地区儿童营养改善项目，逐步覆盖所有国家扶贫开发工作重点县和集中连片特困地区县。教育部 2017 年重点工作计划明确提出，"扩大农村义务教育学生营养改善计划实施范围，2017 年实现国家扶贫开发重点县全覆盖"，截至 2018 年底惠及全国 29 个省 1642 个县 726 个国家试点、916[①] 个地方试点共计 14.1 万所学校 3700[②] 万农村义务教育学生。（见图 17）中央和地方财政投入 285 亿元，其中中央财政安排当年膳食补助资金 185 亿元，地方财政安排膳食补助资金约 100 亿元[③]。

四 社会组织成为儿童权利保护重要力量

（一）中央财政购买儿童服务项目比重持续增长

2012~2020 年，中央财政连续九年购买儿童类专业服务，其中购买儿童服务项目比重持续增长。2020 年，中央财政支持社会组织参与社会服务项目共立项 127 个，项目资金共计 6036 万元。其中，儿童领域项目 61 个，项目金额共计 4206.2 万元，占 2020 年资金总额的 69.7%。（见图 18）

（二）社会公益组织开展儿童福利服务取得的成就

1. 社会组织探索建立社会创新模式
民间组织自身具有灵活性、自发性和代表性的特点，能够较为敏锐、及

---

① 《农村义务教育学生营养改善计划国家及地方试点县名单》，http://www. moe. gov. cn/ jyb_ xwfb/xw_ zt/moe_ 357/s6211/s6329/s6371/201904/t20190419_ 378881. html，最后访问日期：2021 年 4 月 1 日。

② 《农村义务教育学生营养改善计划让 3700 万学生受益》，http://www. moe. gov. cn/jyb_ xwfb/xw_ fbh/moe_ 2069/xwfbh_ 2018n/xwfb_ 20181228/mtbd/201812/t20181229_ 365354. html，最后访问日期：2021 年 4 月 1 日。

③ 教育部，全国学生资助管理中心，《2017 中国学生资助发展报告》，http://www. moe. gov. cn/jyb_ xwfb/xw_ fbh/moe_ 2069/xwfbh_ 2018n/xwfb_ 20180301/sfcl/201803/t20180301_ 3 28216. html，最后访问日期：2021 年 4 月 1 日。

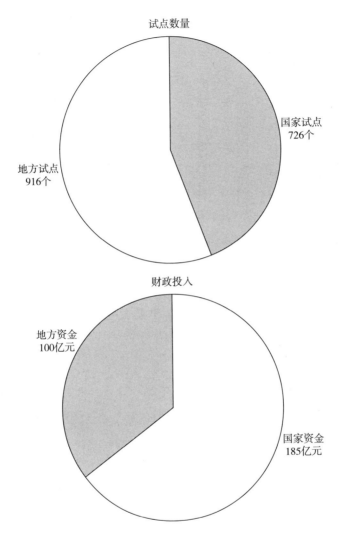

图 17　截至 2018 年底农村义务教育学生营养改善计划
惠及 14.1 万所学校 3700 万学生

资料来源：教育部网站。

时地体察社会需求的变化。随着我国社会的变迁和转型，处于困境的儿童呈
现多元化趋势。近年来，不断涌现出一些新型弱势儿童群体，如受艾滋病影
响儿童、留守儿童、随迁子女、贫困大病儿童等。民间组织根据儿童社会需
求的变化，创造性地开展了一系列儿童福利服务工作，弥补了国家社会在儿

图18 2012～2020年政府购买儿童类社会服务项目资金额及其占比

资料来源：根据民政部官网公开信息整理。

童权益保护方面的缺失。以中国社会福利基金会"免费午餐"和上海市中小学生、婴幼儿住院医疗互助基金为例。

免费午餐

免费午餐是邓飞联合500名记者、国内数十家主流媒体和中国社会福利基金会在2011年发起的免费午餐基金公募计划，倡议每天捐助3元为贫困学童提供免费午餐，致力于帮助中国儿童免于饥饿，健康成长，希望免费午餐成为中国儿童的基本福利，大规模改变中国乡村儿童营养状况。截至2019年3月底，免费午餐项目累计开餐学校1168所，累计受惠304570人。现有开餐学校905所，遍布全国26个省、市、自治区，供200848人用餐。截至2018年12月，项目捐赠约48317万元。

上海市中小学生、婴幼儿住院医疗互助基金

20世纪90年代，在国家医疗保险缺失的情况下，多地探索建立了儿童医疗救助互助金模式，其中以上海市中小学生、婴幼儿住院医疗互助基金建立时间最早，运作最为成功。即便是在政府各项医疗保障制度都在逐步完善的今天，上海市中小学生、婴幼儿住院互助基金仍然在上海市儿童医疗保障

方面发挥着重要作用，成为多方力量推动提升儿童大病医疗保障水平的典范。近十年来，上海市中小学生、婴幼儿住院互助基金参保人数不断攀升，截止到2015年末达到最大值223.2万，1996~2015年的20年间，参保人数平均值为200.34万。互助基金不断提高对参保少儿的保障水平，罕见病特殊药物报销范围不断扩大，每人每学年最高累计报销限额从1996年的8万元提高至现在的20万元。截止到2015年，互助基金已先后为158.7万余人次的少儿支付了住院和大病专科门诊医疗费用16.6亿元。（见表11）

表11　上海市中小学生、婴幼儿住院医疗互助基金报销比例[*]

费用类型	医疗机构	起付标准（元）	报销比例		封顶线	
			有城居保（扣除城居保可报销部分）（%）	无城居保（%）	普通、罕见病	大病
住院	一级	50	100	50	10万	20万
	二级	100	100	50		
	三级	300	100	50		
大病专科门诊	—	0	100	50	—	

[*] 备注：参加了城镇居民基本医疗保险的患儿应先扣除城居保可报销的部分，余下的目录内费用减去起付标准，上海市中小学生、婴幼儿住院医疗互助基金给予100%报销。

2. 社会组织探索提供专业化服务

随着我国社会的转型，对于多种类型的困境儿童，如孤儿、流浪儿童、留守儿童、大病儿童等的特殊福利需求，国家和市场均不能很好地满足。民间组织自身有能力组建一支专业化团队，在满足儿童"吃饱穿暖"的基本生理需求的基础上，进一步开展康复训练、心理干预、法律援助等更专业、更符合特殊需求的工作。以民政部、联合国儿童基金会及北师大中国公益研究院共同开展的中国儿童福利示范项目和中国扶贫基金会支持的"童伴计划"为例。

中国儿童福利示范项目

2010年，民政部携手联合国儿童基金会，启动了中国儿童福利示范项目，并邀请北京师范大学中国公益研究院等机构进行专业技术指导。项目先后在 7 省（市、自治区）20 个试点县开发了"在村居设立儿童主任，开办儿童之家；在乡镇设立儿童福利督导员；县民政局专人负责，建立儿童信息系统，购买社会组织专业服务；社会工作专家多层次多种形式技术支持"的基层儿童福利和保护服务模式。试点地区通过每年总结实践经验，创新儿童政策，逐步建立起了适用于中国基层横纵联合的儿童福利和保护服务体系。目前，试点地区已初步建立服务体系，儿童及其家庭的动态困境信息尽在掌握之中，儿童福利和保护的各项政策充分落实，以困境儿童为重点的全体儿童享受到了基础的、专业的社会工作服务。儿童获得了身心安全所需的家庭和社会关爱及基本经济支持，使其在和谐关爱的氛围中正向发展，摆脱了贫困及贫困的代际传递问题。

"童伴妈妈"项目——中国儿童福利示范项目的延续

"童伴妈妈"项目（童伴计划）是中国扶贫基金会发起并联合北京师范大学中国公益研究院、地方政府、爱心企业及研究机构合作的留守儿童关爱项目。项目自 2015 年开始，陆续在四川、贵州、江西和云南的 44 县 453 村（包括 28 个贫困县及 296 个"建档立卡"贫困村）启动，覆盖近 25 万名儿童。项目通过"一个人，一个家，一条纽带"的模式，建立村级留守儿童监护网络模式，并探索农村留守儿童福利与保护的有效途径，为政府政策落地提供参考。

截至 2018 年，项目累计解决儿童福利需求 7.06 万余例，包括协助儿童户籍登记、大病救助、办理低保等，童伴之家开展 2.6 万次活动，参与童伴之家活动的儿童达 34.78 万余人次，家长达 6.59 万余人次。2019 年，项目继续向江西、贵州、湖北等省拓展。"童伴妈妈"项目创立了留守儿童服务递送的新模式，在服务过程中凸显了服务人员队伍建设的专业化、工作流程的规范化和服务质量的持续监测。

3. 社会力量关注女童发展

随着《慈善法》的正式实施，慈善组织开始直接参与社会问题的解决，越来越多的公益慈善组织关注女童的生存、发展、受保护和参与问题。公益组织将性别视角引入儿童发展项目，针对性别不平等给儿童带来的危害，在儿童项目中重点考虑女童的需求。以中国儿童少年基金会"春蕾计划"和中国少年儿童文化艺术基金会"女童保护专项基金"为例。

春蕾计划

"春蕾计划"是一项帮助贫困地区失学女童重返校园、改善贫困地区办学条件的社会公益事业。1989 年,在全国妇联领导下,中国儿童少年基金会发起并组织实施。20 多年来,"春蕾计划"与时俱进,创新发展,实施了一系列包括"助学行动""成才行动""就业行动""关爱留守儿童特别行动""护蕾行动"等在内的公益活动。截至目前,"春蕾计划"已在全国 31 个省份资助女童 369 万人次,捐建春蕾学校 1811 所,对 52.7 万人次女童进行职业教育培训,编写、发放护蕾手册 217 万套。"春蕾计划"已经成为中国民间公益组织促进女童教育发展的最成功、最有影响力的范例。2005 年"春蕾计划"被民政部授予"中华慈善奖"。

女童保护专项基金

女童保护专项基金以"普及、提高儿童防范意识"为宗旨,致力于保护儿童,远离性侵害。2013 年,百名女记者联合多家媒体单位发起"女童保护"公益项目,2015 年 7 月 6 日,"女童保护"升级为专项基金,设立在中国少年儿童文化艺术基金会下。项目主要针对 14 周岁以下儿童及其家长进行关于预防性侵害的知识推广。截至 2018 年 6 月底,"女童保护"在全国 30 个省相继开课,覆盖儿童超过 230 万人,覆盖家长超过 49 万人,培训志愿者超过万人,使儿童防性侵教育覆盖面大大拓宽。

4. 社会组织之间加强联合

近十多年,我国慈善事业蓬勃发展,各类民间组织应运而生。而民间组织之间、民间组织与政府之间、民间组织与救助者之间缺乏有效的沟通协作导致信息不能互通、资源不能优化配置,一方面存在重复救助的现象,另一方面又存在缺乏有效救助的现象。为解决上述问题,部分民间组织进行了有益探索，通过推进民间公益组织对话与合作实现资源优化配置。以中国儿童大病救助联盟为例。

中国儿童大病救助联盟

中国儿童大病救助联盟由中国红十字基金会、中国妇女发展基金会、中国社会福利基金会、中华少年儿童慈善救助基金会、北京天使妈妈慈善基金会、春晖博爱儿童救助公益基金会共同发起，秘书处设在北师大中国公益研究院。儿童大病救助联盟通过慈善组织之间联合的形式，实现了成员单位之间信息互通，救助资源优化配置，以联盟的名义推动政府与慈善组织在儿童大病救助领域创新合作模式，进行政策倡导，为国家医疗救助政策改革提供研究参考。

儿童大病联合救助的专业性主要体现在三个方面：一是联合组织内部规范化工作流程，主要包括信息沟通流程、服务对象转介流程、联合救助流程等；二是救助服务标准确立，主要包括求助信息登记、身份核实、医疗救助、社工服务及救助效果追踪等流程，也包括成员机构服务标准的培训完善等；三是推动政策完善，推动政府与慈善组织在儿童大病救助领域创新合作模式，为国家医疗救助政策改革提供研究参考。

（三）儿童主任工作模式全国推广

经过十年政社协同探索，民政部与联合国儿童基金会"中国儿童福利示范项目"建立的儿童主任模式被写入国家政策，成为我国基层儿童保护服务体系建设实践探索的重要里程碑。

建立县乡村三级儿童福利服务工作网络。儿童主任模式旨在解决儿童和家庭获取政府和社会资源不畅的问题。2019年，项目试点地区在村居委会领导下，招募"儿童之家"日常和寒暑假活动志愿者，每个自然村指定一名儿童主任协理员，进一步缩小服务人数比，拉近儿童与服务者的距离。2016年《国务院关于加强困境儿童保障工作的意见》和2019年《关于进一步健全农村留守儿童和困境儿童关爱服务体系的意见》均对基层儿童工作队伍建设提出要求，县（市、区、旗）、乡镇（街道）、村（居）三级工作网络正式建立。（见图19）

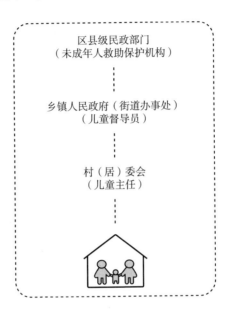

图19　儿童主任服务模式三级工作网络

工作下沉至村居，儿童服务由被动受理向主动发现转变。《民政部等十部门关于进一步健全农村留守儿童和困境儿童关爱服务体系的意见》《儿童主任工作指南》详细规定了儿童主任的工作职责、标准和方法，儿童保护工作由被动受理向主动服务转变。儿童主任收集村居所有儿童信息，对不同类型的儿童进行分类后建立档案，后期开展有针对性的服务，确保不把任何一名儿童遗漏在保护之外。

专业化能力培养应对儿童需求变化。不断变化的儿童需求对儿童主任的知识能力提出更高要求。随着儿童福利保障力度不断加大和国家精准扶贫战略快速推进，儿童需求从生存保障向保护救助转变。北京师范大学中国公益研究院从儿童主任工作需求出发，以儿童发展心理学和社会工作为核心学科，持续开发儿童主任人才培养体系和各类实务工具。经过十年探索，形成了《中国儿童社会工作实务指南》系列丛书、三级面授培训课程、三级网络培训课程等技术支持材料。

五　社会力量参与儿童福利保护体系建设的挑战与机遇

（一）儿童福利与保护工作仍然面临多重挑战

近年来，中国儿童福利与保护服务体系建设在政府的高度重视下快速推进，取得了显著的成绩。但是，由于地区儿童关爱保护服务体系发展的不平衡，我国在儿童福利保障、安全保护、教育发展、医疗健康等方面仍然面临资源配置存在差异、基本公共服务不足等严峻挑战，主要体现在：儿童人口出生率走低，出生人口减少，少儿抚养比持续升高，"低生育陷阱"风险犹存；现有基层儿童福利服务尚未充分满足儿童关爱保护需求，基层儿童福利与保护人员和儿童之家配置存在较大缺口；村级儿童主任的专业素养及资格、县级儿童保护干预社工专业人员配备、针对儿童的暴力案件发现和干预的县级数据及指挥协调中心设置、县级以上专家学者团队建设等有待制度化；纳入现金福利保障的儿童规模逐年减少，中央孤儿基本生活保障经费投入总量逐年走低，儿童关爱保护财政投入缺乏制度安排；儿童教育、医疗资源配置仍然存在投入不足、地区不均的问题；中央彩票公益金用于儿童类别项目经费逐年下降，儿童社会服务专业化政府购买政策支持欠缺。

我国儿童福利和保护事业的发展离不开政府的主导，但也离不开非政府组织的参与。虽然我国的社会组织在我国儿童福利领域起到了一定的积极作用，但是仍有其自身的局限性，例如项目提供服务方式及资金来源单一、基层服务人员缺口较大、受地域及组织目标限制服务目标对象较为狭窄等，要满足我国亿万儿童基本的福利需求，社会组织参与儿童福利服务程度有待提升。

（二）社会力量参与儿童福利保护服务迎来巨大机遇

1. 全面推进基层儿童关爱保护服务体系建设

十九大报告明确提出健全基层"儿童关爱服务体系"。根据国务院困境儿童保障意见的要求，村（社区）委员会设立儿童福利督导员或儿童权利监察员开展困境儿童保障工作，全国将建成一支由 68 万名兼职或专职儿童福利督导员组成的基层儿童福利与保护服务专业工作队伍。《中国儿童发展纲要（2011~2020 年)》中提出，90% 以上的城乡社区建设 1 所儿童之家。随着地方进一步推进基层儿童福利与保护服务体系建设，民间组织参与儿童主任和儿童之家的专业化建设，势必成为工作重点。

2. 推进我国儿童政策法律体系顶层设计现代化转型

新修订的《中华人民共和国未成年人保护法》将于 2021 年 6 月 1 日起施行，这将推动我国儿童政策法律体系顶层设计现代化转型。社会组织积极参与推进研究制定儿童福利与保护领域专门法的出台，将现有儿童福利与保护政策系统化，以儿童福利推动儿童保护，重点解决体制、机构、基础设施和财政预算等问题，构建国家主导的儿童福利制度和全社会参与的儿童保护机制。

3. 儿童权利保护服务队伍的专业化建设将快速推进

2017 年，民政部等五部门联合发布《关于在农村留守儿童关爱保护中发挥社会工作专业人才作用的指导意见》，围绕"强化专业作用"原则，引导和支持社会工作专业人才服务农村留守儿童和困境儿童；《中共中央 国务院关于加强和完善城乡社区治理的意见》明确提出到 2020 年完成推进社区、社会组织、社会工作"三社联动"，完善社区组织发现居民需求、统筹设计服务项目、支持社会组织承接、引导专业社会工作团队参与的工作体系的目标。

自 2008 年社会工作职业水平考试开始以来，我国通过考试认证体系仅培养了 53.4 万持证社会工作者。按照国务院困境儿童保障政策要求，建设一支由 68 万名兼职或专职儿童福利督导员组成的基层儿童福利服务专业工作队伍，不仅规模庞大，且对于社会工作实务水平要求高。仅仅依靠政府兜底保障无法完成专业化人员队伍建设任务，落实儿童专业社会工作精准服务，民间组织参与儿童专业社工人才培养，将成为未来的工作重点。

4. 成立儿童社工教材与培养体系建设委员会促进服务专业化

截至 2020 年 6 月，全国共配备儿童主任 66.3 万名，儿童督导员 4.8 万名，实现了基层关爱服务力量的全覆盖。下一步，社会组织可积极推进成立儿童社工教材与培养体系建设委员会，促进服务专业化。组织由社会工作、儿童发展、儿童心理等跨领域专家组成的全国儿童社会工作教材与培训体系建设委员会，遵循儿童发展规律，编制儿童主任培训教材，组织开展专业化培训，建立日常服务支撑体系。

5. 搭建政府与社会组织儿童大病联合救助机制

联合救助机制打通了政府与慈善组织、慈善组织自身之间的信息壁垒，建立以真实需求为基础的资金募集平台，推动信息共享和联合救助，动员全社会的力量共同参与，为患大病儿童有尊严地生存与发展而努力。

组建大病救助慈善联盟，推动慈善医疗救助成为政府大病医疗救助的重要补充。依托全国性社会组织、慈善组织和研究支持机构广泛参与，建立起全国性大病慈善救助平台，有助于政府政策与慈善救助的对接。国家不断加大大病医疗保障力度，慈善组织需做好与政策的对接。建立全国性大病慈善救助平台，共享救助信息，可让大病患者根据自身情况进行有针对性的申请。在统一平台上对获资助患者的信息进行公示，可避免重复救助，增强救助的公平性。

建立大病慈善救助平台能促进慈善救助与政策之间的衔接，加强大病救助慈善组织的合作，方便患者救助，但在具体实施中，由于需要慈善组织进行数据的上传等工作，在某种程度上会增加工作量，使慈善组织缺乏足够的动力去推动大病慈善救助平台的建立；加上各个大病救助慈善组织的公示信息、患者登记信息格式迥异，单一的慈善组织无法对整个行业从业者进行规范和产生约束力。因此，大病救助慈善平台的建立，离不开政府的参与，也需要行政力量推动。

6. 提升公众认识，倡导全社会共同参与儿童发展事业

提高社会公众对儿童保护的意识。从整体上看，近几年来我国民众的儿童保护意识在逐渐增强。为了调动民众的力量，建设保障儿童权利的社会环境，需要政府、社区、学校、民间组织等通过各种渠道，如通过政策倡导、媒体宣传、社区培训等向公众传达儿童保护的意识。倡导社会公众投身到保护儿童的公益事业中来。社会公众参与儿童保护事业的方式和渠道有很多种，比如，宣传儿童权利意识、向有需要的儿童捐款捐物、资助公益组织、与危害儿童权利的行为做斗争，坚决抵制危害儿童的行为和事件的发生等。

涉未成年人欺凌行为现状调查

涉未成年人欺凌行为调查课题组 *

摘　要：　涉未成年人欺凌行为是未成年人保护中的一个重要问题。未成年人既可能成为欺凌行为的加害者，也可能是欺凌行为的受害者。从行为恶性程度上区分，未成年人实施的欺凌行为可以分为不良行为、一般违法行为和犯罪行为。从侵犯客体上区分，欺凌行为的表现形式多种多样，主要存在于侵犯未成年人的财产权、性自主权、人身健康权等权利。未成年人实施欺凌行为的原因比较复杂，既有其成长过程中生理和心理发育因素，也有家庭、学校和社会教育因素。防治未成年人欺凌行为根本上还是要优化未成年人的成长和教育环境，培育其规则意识，减少暴虐和戾气生长的土壤，实现家、校、社会的协同治理。

关键词：　未成年人欺凌　未成年人违法犯罪　家校协同治理

一　调查方法与调查范围

本调查报告通过实证调研对涉及未成年人欺凌行为的司法、执法实践情

---

　*　课题组成员：王晓华，华东政法大学讲师、硕士研究生导师；王春丽，上海市嘉定区人民检察院第一检察部主任；彭玉婕，华东政法大学硕士研究生；谢甜甜，华东政法大学硕士研究生；梁钰蕾，华东政法大学硕士研究生；王倩，华东政法大学硕士研究生。

况进行描述与分析。本次调查的案例通过收集媒体和网络公开报道的有关案件与调取实务部门真实案例相结合的方式收集。通过实务部门，我们共收集了五例构成犯罪的严重涉未成年人欺凌案件以及四例接受保护处分的轻微涉未成年人欺凌案件。通过这些案件，对本次调研中的涉未成年人欺凌行为的表现形式、欺凌主体特征以及主体关系、欺凌者家庭情况和在校状况等因素进行了宏观分析。

二 欺凌行为的界定与特征

（一）欺凌行为的概念

目前，《未成年人保护法》[①] 和《预防未成年人犯罪法》等现行未成年人专门法律中并没有适用"欺凌"一词，两部法律多使用的是"不良行为""严重不良行为"等术语，避开了对于暴力的描述[②]，欺凌尚未形成法定概念。2016 年 4 月国务院教育督导委员会办公室发布的《关于开展校园欺凌专项治理的通知》（国教督办函〔2016〕22 号，以下简称《通知》）和 2016 年 11 月发布的《教育部等九部门关于防治中小学生欺凌和暴力的指导意见》（教基一〔2016〕6 号，以下简称《指导意见》）中出现了"学生欺凌"和"校园欺凌"等包含"欺凌"的概念。

校园欺凌的概念最早来自国外，词源是"School Bullying"[③]，学界及官

---

① 本文所称《未成年人保护法》是指 2020 年 10 月 17 日修订的《中华人民共和国未成年人保护法》。

② 徐久生、徐隽颖：《"校园暴力"与校园欺凌的概念重塑》，《青少年犯罪问题》2018 年第 6 期。

③ 与校园欺凌概念较为相近也经常被混淆使用的是"校园暴力"（也即"School Violence"）的概念，而校园暴力的概念因使用范围比较广，因而对其定义也较为完善。其中典型的是将校园暴力定义为"发生在中小学幼儿园及其合理辐射地域，学生、教师或校外侵入人员故意侵害师生人身以及学校和师生财产，破坏学校教学管理秩序的行为"（参见姚建龙《校园暴力：一个概念的界定》，《中国青年政治学院学报》2008 年第 4 期）。

方文件对于校园欺凌的特点有比较一致的认识①，即校园欺凌具有重复性、持续性、隐蔽性、受害者为学生主体、发生场所在学校及其辐射范围内和网络上等特点。因此，结合前述校园欺凌概念的渊源及其特点，校园欺凌应定义为"发生在校园②及其辐射区内③、密切接触未成年人的单位内④的同校/同机构学生之间、校外与校内/机构外与机构内学生之间以及学校/机构老师及其工作人员对本校/本机构学生之间的，一方（个体或群体）单次或多次蓄意或恶意通过肢体、语言及网络等手段实施的心理性或物理性的欺负、侮辱等攻击行为，造成另一方（个体或群体）身体伤害、财产损失或精神损害等的行为"。

（二）欺凌行为的程度分类

欺凌行为从行为人主观恶性、结果严重程度可以分为不良行为/严重不

---

① 参见 2017 年教育部等十一部门发布的《加强中小学生欺凌综合治理方案》；曾琬雅、张高宾：《现实治疗团体对受霸凌青少年忧郁之辅导效果——以台湾某初中为例》，《青年探索》2011 年第 3 期；证明：《英国中小学校园欺凌现象及其解决对策》，《青年研究》2008 年第 1 期；郭开元：《论校园欺凌的预防和处置机制》，《预防青少年犯罪研究》2017 年第 6 期；任海涛：《"校园欺凌"的概念界定及其法律责任》，《华东师范大学学报》（教育科学版）2017 年第 2 期；徐久生、徐隽颖：《"校园暴力"与校园欺凌的概念重塑》，《青少年犯罪问题》2018 年第 6 期等。

② 2020 年 9 月 17 日修订的《中华人民共和国未成年人保护法》第 123 条第 2 款规定的校园，即学校是指普通中小学、特殊教育学校、中等职业学校、专门学校。

③ 此处的校园辐射区包括学校周边、学校校车以及由学校组织学校老师带队的外出郊游、参加集会、文化娱乐、社会实践等集体活动等学校对于学生负有监管义务的区域范围（参见徐久生、徐隽颖：《"校园暴力"与校园欺凌的概念重塑》，《青少年犯罪问题》2018 年第 6 期）；所谓幼儿园、中小学的合理辐射区域，是指与学生学习、生活具有密切关系的区域，比如说在校园周围 200 米以内的超市、网吧、影院、书店等属于辐射区域。学校组织学生外出观看演出、春游、参观等活动过程中所经过的场所也应为合理辐射区域。孩子在门口被家长接到，乘公共交通工具回家过程中，已经与学校脱离管理关系，则不再属于合理辐射区域。〔参见任海涛《"校园欺凌"的概念界定及其法律责任》，《华东师范大学学报》（教育科学版）2017 年第 2 期。〕

④ 2020 年 9 月 17 日修订的《中华人民共和国未成年人保护法》第 123 条第 2 款规定的密切接触未成年人的单位是指学校、幼儿园等教育机构；校外培训机构；未成年人救助保护机构、儿童福利机构等未成年人安置、救助机构；婴幼儿照护服务机构、早期教育服务机构；校外托管、临时看护机构；家政服务机构；为未成年人提供医疗服务的医疗机构；其他对未成年人负有教育、培训、监护、救助、看护、医疗等职责的企业事业单位、社会组织等。

良行为、一般违法行为和犯罪行为三大类。这三者之间，对于校园欺凌行为的评价在社会危害性和可罚性以及惩罚的严厉程度上是一种循序递进的关系。从欺凌主体上来看，未成年人既可能是欺凌行为的加害人也可能是受害人，因此欺凌行为本身涉及的法益比较多。

1. 不良行为

《未成年人保护法》和《预防未成年人犯罪法》对"不良行为"和"严重不良行为"作出了界定。《未成年人保护法》提出了"不良行为"的概念，但并未具体规定不良行为包括哪些行为；在《预防未成年人犯罪法》中，"不良行为"和"严重不良行为"以列举的方式出现在第14条和34条中（见表1）。

表1 不良行为与严重不良行为的对比

不良行为（14条）	严重不良行为（34条）
旷课、夜不归宿	纠集他人结伙滋事，扰乱治安
携带管制刀具	携带管制刀具，屡教不改
打架斗殴、辱骂他人	多次拦截殴打他人或者强行索要他人财物
强行向他人索要财物	传播淫秽的读物或者音像制品等
偷窃、故意毁坏财物	进行淫乱或者色情、卖淫活动
参与赌博或者变相赌博	多次偷窃
观看、收听色情、淫秽的音像制品、读物等	参与赌博，屡教不改
进入法律、法规规定未成年人不适宜进入的营业性歌舞厅等场所	吸食、注射毒品
其他严重违背社会公德的不良行为	其他严重危害社会的行为

从表1可以看出，区分"不良行为"和"严重不良行为"的主要依据是未成年人行为后果的严重性和主观恶性大小，多数不良行为和严重不良行为的性质本身区别不大。《预防未成年人犯罪法》在第34条对于未成年人"严重不良行为"的社会危害性有一个程度上的界定即"严重危害社会，尚不够刑事处罚的违法行为"，也即"严重不良行为"仅是一种违法行为，"纠集他人结伙滋事，扰乱治安；携带管制刀具，屡教不改；多次拦截殴打他人或者强行索要他人财物；传播淫秽的读物或者音像制品等；进行淫乱或

者色情、卖淫活动；多次偷窃；参与赌博，屡教不改；吸食、注射毒品"
等行为对社会产生严重的危害性，但这一危害性还不足以达到刑事处罚的
程度。

从行为内容上看，18种不良行为和严重不良行为中，"打架斗殴、侮辱
他人"与"强行向他人索要财物"两种不良行为及"纠集他人结伙滋事，
扰乱治安"与"多次拦截殴打他人或者强行索要他人财物"两种严重不良
行为可能构成欺凌。从行为性质上讲，这四种行为对应了人身权、名誉权、
安宁权和财产权等多种公民权利。在有关性权利方面，不良行为和严重不良
行为侧重的是禁止未成年人参与任何形式的色情、淫秽活动，包括个人行为
和多人行为。由于性侵行为的入罪门槛较低，两部法律并没有将侵犯他人性
自主权的行为纳入不良行为/严重不良行为的范围，与《治安管理处罚法》
和《刑法》进行了梯度上的衔接。但是随着社会的发展和人们性自由保护
意识的提高，性侵害的概念已经从单纯的强奸、威胁扩大到性骚扰，轻佻令
人不适的或者含有性暗示的语言挑逗、肢体接触已经逐渐成为人们防范的对
象。未成年人之间或者针对未成年人的相关行为是否可以纳入严重不良行为
值得我们思考。

2. 一般违法行为

根据《治安管理处罚法》第2条的规定，违反《治安管理处罚法》的
一般违法行为应该是指"扰乱公共秩序，妨害公共安全，侵犯人身权利、
财产权利，妨害社会管理，具有社会危害性，依照《中华人民共和国刑法》
的规定尚不够刑事处罚的，由公安机关依照本法给予治安管理处罚"的行
为。因此，在涉及校园欺凌的案件中，当欺凌行为超出了校规校纪能够规制
的"严重不良行为"的范畴，并对社会秩序、社会治安等产生严重的危害
性，但尚未达到《刑法》规定的进行刑事处罚的程度，为一般的违法行为。
此处所称的一般违法行为是介于"严重不良行为"和"犯罪行为"之间的
一般违法状态，《刑法》规定的刑事处罚行为则是其递进程度。

3. 犯罪行为

我国《刑法》第13条规定，"一切危害国家主权、领土完整和安全，

分裂国家、颠覆人民民主专政的政权和推翻社会主义制度，破坏社会秩序和经济秩序，侵犯国有财产或者劳动群众集体所有的财产，侵犯公民私人所有的财产，侵犯公民的人身权利、民主权利和其他权利，以及其他危害社会的行为，依照法律应当受刑罚处罚的，都是犯罪"，即要成为我国《刑法》所规定的违法行为应同时具备社会危害性和依照法律应受刑罚处罚这两个特征①。而根据有关学者的研究，校园欺凌常涉及的罪名有故意伤害罪、故意杀人罪、寻衅滋事罪、聚众斗殴、猥亵罪、强奸罪以及抢劫罪等罪名，而涉及这些罪名的行为其社会危害性是显而易见的。

但是校园欺凌案件多涉及未成年人犯罪嫌疑人和被告人，其刑罚处罚性常受到刑事责任年龄的阻却，即《刑法》第 17 条规定的："已满十四周岁不满十六周岁的人，犯故意杀人、故意伤害致人重伤或者死亡、强奸、抢劫、贩卖毒品、放火、爆炸、投毒罪的，应当负刑事责任。……因不满十六周岁不予刑事处罚的，责令他的家长或者监护人加以管教；在必要的时候，也可以由政府收容教养。"也就是说校园欺凌案件中，只有涉及上述八种特定罪名时，对于 14 ~ 16 周岁的未成年人才能够给予相应的刑事处罚，但对于 14 周岁以下的未成年人也只能采取其他规制方式进行规制。

（三）欺凌行为的形式分类

1. 寻衅滋事式欺凌行为

寻衅滋事式的欺凌行为在未成年人中比较普遍。调研案例中的三、四、六、八、九都带有寻衅滋事的性质，其中案例三和案例四直接被法院以寻衅滋事罪定罪；案例六、八、九的行为人则因各种原因被司法机关保护处分。这类欺凌行为的成因也往往比较复杂：案例三和案例六都是因为欺凌双方存在旧有矛盾所以欺凌者对被欺凌者展开报复；案例八和案例九是因为琐事；案例四是欺凌者为显示自己的"权威"而造成的。甚至在 2017 年，北京市西城区某职业学院内一名女生朱某仅仅因"心情不爽"而伙同另外四名被

---

① 张明楷：《刑法学（第 5 版）》，法律出版社，2020，第 68 页。

告人在女生宿舍楼内对两名被害人进行殴打、辱骂，并对该过程拍摄视频，在五人所在的微信群内传播。五名被告人将其中一位被害人的衣服脱光并进行羞辱、殴打，伴随着相关视频的拍摄与传播，其精神抑郁，在很长时间内无法正常生活、学习。该案五名被告人均以寻衅滋事罪分别被判处十一个月到一年不等的有期徒刑。① 又如，2019 年 11 月 24 日，福建中华技师学院宿舍内，2019 级 15 岁的女生小小（化名），连续两天被五名同学欺凌。小小同学被威逼脱掉衣服，甚至被扇耳光，还被拍下凌辱视频，言行上尽被嘲讽和侮辱。小小因此在精神上受到刺激一时根本无法恢复。如此严重的欺凌事件的起因，仅仅是小小将自己的衣服放到宿舍床的下铺，和下铺的人有了矛盾没有及时解决，下铺的同学心怀不轨便连同其他几个朋友以"出气"的名义集体欺凌小小。2019 年 6 月 28 日下午 5 点左右，在广西南宁南晓中学宿舍内，一名女生被数名女生围殴，原因仅仅是这八名年长的女生看这个初一学生"不顺眼"……未成年人的这种寻衅滋事式的欺凌往往伴随着群体性和弱（无）目的性的特点，与其所处的年龄阶段和社会环境有很大的关系。

2. 侵害财产权的欺凌行为

侵犯财产权的欺凌行为多以敲诈勒索、抢劫为主要表现形式。这种欺凌行为往往伴随着暴力或以暴力相威胁。调研案例一就是一起典型的类似案件。被告人以非法占有为目的，对被害人实行威胁恐吓，在被害人产生恐惧的心理强制下，向被害人索取数额较大的公私财物，犯罪情节恶劣。本案中，欺凌者预谋向他人索要钱款，采用言语侮辱和打耳光、踢打身体、踩胸部等方式殴打被欺凌者并录制视频，逼迫被欺凌者写欠条。暴力、威胁行为是抢夺财产的手段。对于这种欺凌行为的定性除了根据客观行为的表现判断外，欺凌者的年龄也是一个需要考虑的重要因素。案例一中欺凌者年龄分布于 16~18 岁，其中 16 岁两人，17 岁三人，18 岁一人，两位年龄较大的男

---

① 《五名未成年女生欺凌同学被判刑，央视独家还原案情始末》，https://www.guancha.cn/society/2017_ 11_ 21_ 435844_ 1. shtml. 最后访问时间：2020 年 10 月 29 日。

性学生仅起到壮胆作用，并未实际动手，司法机关考虑到实际参与者年龄较小，且为女性，暴力程度不高，对被害人人身权的侵害有限，故定性为敲诈勒索罪。而 2018 年在苏州发生的一起案件中，未成年人王某于苏州吴江某街道被两行为人以借用手机之名抢劫，两行为人"借用"手机后随即逃跑，在王某追逐过程中，另有两名同伙突然挡住其去路，四人对王某进行殴打。后查明，犯罪嫌疑人中年龄最大的 19 岁，最小的 15 岁，本案中四名犯罪嫌疑人的行为均被定性为抢劫罪，与其实际参与者的年龄有较大关系。[①]

3. 侵害性权利的欺凌行为

侵害性权利的欺凌行为在性质上往往较为严重，一般都属于犯罪行为。调研案例二和案例五即其中的代表。由于未成年人的生活圈和活动范围较小，在侵害性权利的欺凌行为中，无论未成年人是加害人还是被害人，对象往往是身边熟人。如案例二的强制侮辱案中，实施强制侮辱的被告人与被害人之间曾是"恋人"关系，两名参与帮助的未成年女性也与加害人、被害人存在身份联系；在案例五的强奸案中，加害人与被害人系同校学生，且相互间加有微信，属于熟人的范畴。根据媒体报道，很多对未成年人的性侵害案件的加害人都是对未成年人具有教育、管理、监护、抚养责任的人。比如，2011 年上半年至 2012 年 6 月 4 日，被告人李吉顺在甘肃省武山县某村小学任教期间，利用在校学生年幼无知、胆小害羞的弱点，先后将被害人王某甲等 26 名 4～11 周岁的幼女骗至宿舍、教室等处奸淫、猥亵。

侵犯性权利的欺凌不仅会发生男性对女性未成年人的侵害，也会发生女性对男性未成年人或男性成年人对男性未成年人的侵害。2014 年，香港金文泰中学一男生遭其邻座女同学接连"性骚扰"，半年时间被接连摸下体一千多次，患上重度抑郁。而该名男同学曾经反抗，拨开女同学的手并不停举手问老师一些无关痛痒的问题，希望能够引起老师的注意，但老师误以为他在玩，未予关注。但该事情被曝出后，校方却表示该女孩并未触碰敏感部

---

① 《未成年人抢劫不负刑责？吴江这 4 个少年的教训告诉你真相》，https://www.sohu.com/a/243075009_349648. 最后访问时间：2020 年 10 月 29 日。

位，女孩已有歉意，只是男生家长不愿意接受。该事件之后，校方也仅对二人进行分班处理，但双方未能就道歉方式达成共识，事情拖延了超过一年未解决。

4. 侵害人身权的欺凌行为

从上文我们可以发现，涉及未成年人的欺凌多少都伴有侵害人身权的行为，实践中，除了以实现其他目的实施暴力以外，聚众斗殴也常出现于涉未成年人欺凌案件中。在聚众斗殴类的案件中，侵害他人人身权直接成为这类欺凌行为的目的。如 2019 年发生在山东德州的一起案件中，多名男孩在树林中对一名男孩进行辱骂、扇耳光、殴打等暴力行为，部分施暴者手中更是持有金属棍棒。[①] 这一视频在网络传播后人们极为震惊。

以暴制暴也往往是未成年人处理纠纷甚至是保护自己的优先选择。2016年，初中生阮某某（16 周岁）因自己之前多次向同校学生李某某（14 周岁）索要香烟未果而纠集同学黄某某（15 周岁）、秦某（14 周岁）等人将李某某带至学校附近的空地上，对其实施掌掴等侮辱行为，在此过程中，李某某拿出事先备好的刀具反击，刺中秦某左胸部，导致秦某当场死亡。事后，李某某因犯故意伤害罪而被判处有期徒刑六年。[②] 欺凌者阮某某等人的行为虽涉嫌寻衅滋事但因未对被欺凌者造成严重伤害而无法转化为故意伤害罪或故意杀人罪，但被欺凌者李某某用事先备好的刀具反击的行为因造成秦某死亡而构成故意伤害罪。因此，在涉未成年人欺凌案件中，聚众斗殴与故意伤害、故意杀人的行为边界在欺凌过程中往往难以明确。

不论室内还是室外，都存在发生涉未成年人欺凌事件的可能性，而当该类事件发生在某特定空间时，欺凌者便极有可能涉嫌非法拘禁罪。2016 年，温州市鹿城区人民法院审理的一起案件便是典型。该案所涉主体均为女性，七名被告人（犯罪时年龄最大的 19 岁，最小的未满 16 周岁）在 30 多个小

---

① 《最新！山东德州警方通报未成年人暴力欺凌事件！》，https://society.huanqiu.com/article/9CaKrnKmq6Z. 最后访问时间：2020 年 10 月 29 日。

② 《"防治校园欺凌 护航未成年人成长"典型案事例》，http://www.jsjc.gov.cn/dbwyll/yaow/201707/t20170704_155313.shtml. 最后访问时间：2020 年 10 月 29 日。

时内对四名被害人实施过欺凌行为，其中最严重的当为其中六名被告人对其中一名被害人的施暴行为。他们在某快捷酒店的房间内轮流殴打被害人，并用冷热水交替淋湿被害人的身体（事发时为冬天），用扫把敲打其头部，逼迫其下跪。该案行为性质与上述欺凌事件相比存在很大程度的相似之处，但因案发地点在某快捷酒店的房间内而使被告人的行为又涉嫌非法拘禁，最终适用数罪并罚。①

三 欺凌行为对被害人的影响

涉未成年人欺凌行为对被害人的影响不仅体现在行为发生当下被害人受到的生理伤害，多数行为将更为深远地给被害人的心理健康、人格发展甚至人生历程带来负面影响。

（一）生理上的负面影响

生理上的负面影响主要是指由欺凌行为（尤其是暴力行为）导致的生理疾病或者残疾。②多数涉未成年人欺凌案件均涉及对未成年受害者的暴力行为，以发生在北京的一起校园欺凌案为例，③五名犯罪时未满十八周岁的被告人仅因自身情绪不佳而在一天内多次对同学进行羞辱、殴打的行为严重损害了被害人的身体健康，经鉴定，该案两名被害人均构成轻微伤，对于身体尚未发育完全的未成年人来说，轻微伤已足以使其感到生理性疼痛。

更有甚者，欺凌行为会导致未成年被害人终身残疾。如，被告人李某华因与紫某某的情感纠纷而心生怨恨，伺机报复，因寻找紫某某未果，遇到紫某某的儿子李某林（6岁）时，便用事先准备的硫酸浇在李某林头上，致其

---

① 《温州宣判一起未成年人霸凌案件7少女被判刑 最重的被判了6年半》，https：//hzdaily.hangzhou.com.cn/dskb/html/2016-12/14/content_2424262.htm.最后访问时间：2020年10月29日。
② 刘猛：《治理校园欺凌还须关护未成年受害人》，《检察日报》2016年6月29日，第3版。
③ 《五名未成年女生欺凌同学被判刑，央视独家还原案情始末》，https：//www.guancha.cn/society/2017_11_21_435844_1.shtml.最后访问时间：2020年10月29日。

头部、面部及全身多处严重灼伤。经鉴定，被害人李某林的伤情为重伤二级，重度容貌毁损，构成二级伤残，全身多处体表瘢痕形成，构成八级伤残。① 严格来说，导致未成年被害人残疾可谓对该未成年被害人的毁灭性打击，故涉未成年人欺凌行为对被害人生理上的负面影响程度不可估量。

（二）心理上的负面影响

除直接的生理伤害外，涉未成年人欺凌行为的后果更多地体现于对被害人的心理影响，精神损害将对个体的人生发展产生深刻的影响。以上述发生在北京的欺凌案为例，该案中，一名被害人被要求脱光衣服，并遭受殴打、辱骂，其间伴有相关视频在微信群的小范围传播。② 在案发后的八个月内，该名被害人始终把自己关在黑屋子里，精神抑郁，拒绝与外界交流，直至心理专家介入，该名被害人才逐渐走出封闭空间，愿意接受外界的帮助。③ 也就是说，该名被害人在案发后的八个月内始终将其封闭在自己的世界中，对于欺凌者对其人身进行残害、对其人格进行侮辱的行为一遍遍地回忆。未成年被害人正处于价值观、世界观被塑造的重要阶段，如果长时间缺乏专业的心理疏导，将不可避免地产生恐惧与绝望心理，欺凌者对欺凌过程进行视频拍摄的行为亦会使该名被害人产生极大的不安全感，由此产生对他人和社会的不信任，这种负面状态维持了整整八个月，不仅对被害人的学习，更对其日常生活，甚至对其往后的人际交流、人生发展造成了极大的负面影响。此为及时接受专业心理帮助的案例，被害人有幸在经过八个月的精神斗争后从欺凌的阴霾中走出，但实践中仍有被害人因未得到及时关注而精神抑郁，甚至自杀的案例。

2016 年，青海省海东市一名初中生陶某某因无法忍受同学的欺凌而选

---

① 《云南法院全面推进未成年人司法保护工作》，http：//ynfy. chinacourt. gov. cn/article/detail/ 2020/05/id/5251814. shtml. 最后访问时间：2020 年 10 月 29 日。
② 《5 名未成年女生欺凌同学被判刑，央视独家还原案情始末》，https：//www. guancha. cn/ society/2017_ 11_ 21_ 435844_ 1. shtml. 最后访问时间：2020 年 10 月 29 日。
③ 《5 名未成年女生欺凌同学被判刑，央视独家还原案情始末》，https：//www. guancha. cn/ society/2017_ 11_ 21_ 435844_ 2. shtml. 最后访问时间：2020 年 10 月 29 日。

择以自杀的方式结束欺凌行为带来的痛苦。实际上，从陶某某受到欺凌到自杀的这段时间内，其向父母请求过帮助，但并未得到重视。事发前一个月，寄宿生陶某某突然回到家中，在父母的询问下告知自己被欺凌的事实，但在被父母责骂后返校，学校也未对其逃学问题深究；一个月后，陶某某再次逃学至某饭馆，饭馆老板在得知其因受欺凌而欲在此打工时，便及时通知其母亲，陶某某被领回家休息了两天后又被送往学校；之后，陶某某自杀身亡。[①] 本案中，被害人陶某某始终在积极地向外界寻求帮助，却因外界的忽视与专业心理帮助的缺失而未得到救助，最终趋于绝望，服毒自杀，自杀前的心理状态与精神压力令常人难以想象。

四　欺凌行为的成因分析

在分析涉未成年人欺凌行为的成因时，应当主要从未成年人的生理、心理等内部原因以及家庭与学校、社会等外部环境原因入手，多方面分析涉未成年人欺凌行为的缘起。同时，研究者不应仅囿于欺凌者或被欺凌者视角，而应将二者结合起来审视，以便更好地发现欺凌行为背后的原因。

（一）生理与心理因素

早期研究中有学者试图从生理方面去解释人类的攻击性行为，如犯罪学鼻祖龙勃罗梭的"天生犯罪人"理论。我国学者研究未成年人暴力行为时，也曾提出大脑中枢回路异常导致情绪调节失控从而发生攻击性行为的观点。[②] 未成年人的生理状态在青春期时得以进行较快发育，无论是青春期男生还是女生都已逐步进入第二性征的发育阶段，外形逐渐成人化，对外界的

---

① 《青海15岁少年服毒自杀　三份遗书道明真相》，https：//news. qq. com/a/20160617/035130. htm. 最后访问时间：2020年10月29日。
② 参见郑开诚、张芳德《校园暴力溯源及其防治对策》，《四川教育学院学报》2002年第2期。

攻击性加强，发育不完善的神经系统加剧了未成年人的情绪冲动。[1] 尤其对于青春期女生而言，她们比男生发育更为迅速，身体内累积的大量荷尔蒙使其本身更易激动兴奋，情绪呈现出波动化的特点，亟须一个能量导出的借口或理由。因此，青春期女生特别容易因为一两件小事或普通口角引发欺凌行为。而未成年人的生理发育又会进一步引发未成年人青春期的心理健康问题：激动的情绪、难以平息的愤怒与冲动等均为情绪失控与心理失衡的具体表现。在青春期心理状态中，男女生们更愿意选择遵从自己的内心、渴望凸显自我意志。换言之，他们不如成年人拥有较强的心理承受能力与控制能力，在发生冲突时，未成年男女可能更易选择越轨手段去解决问题。心理学学者研究反映：未成年人欺凌者呈现出冷漠无情、过于自恋和冲动、缺乏同情心与移情能力等心理特征。但是在间接欺凌中，欺凌者往往通过利用自己在小团体中的尊崇地位来使其获利、实现自我。而被欺凌者则与前者相反，他们身上会反映出抑郁、焦虑、懦弱、低自尊等内化情绪问题，呈现出一种心理脆弱状态，很容易被欺凌者察觉从而对他们进行欺凌。[2]

年龄也是造成欺凌行为发生的一个重要因素。我们收集的案例中，欺凌者年龄分布在13~18岁，其中15~17岁分布较为集中。欺凌者年龄分布特征与未成年人的青春期导致的情绪冲动有关。未成年人进入青春期后由于身心的逐渐发展和成熟，往往对生活采取消极反抗的态度，否定以前发展起来的一些良好本质。这种反抗倾向，会引起青少年对父母、学校以及社会生活的其他要求、规范的抗拒态度和行为，对外界的攻击性加强，发育不完善的神经系统加剧了未成年人的情绪冲动，从而会引起一些不利于他们的社会适应的心理卫生问题。从欺凌者与被欺凌者年龄差来看，欺凌者与被欺凌者年龄差距较小，但欺凌者往往年龄稍长于被欺凌者或与被欺凌者同龄，这反映出涉未成年人欺凌行为恃强凌弱、以大欺小的特征。

欺凌行为的出现也与欺凌主体的性别存在一定的关联。本次调研收集的

---

① 参见龚江、王英《校园欺凌的综合治理思考》，《青少年犯罪问题》2019年第5期。
② 参见王玥《心理学视域下校园欺凌的形成机理及对策》，《北京师范大学学报》（社会科学版）2019年第4期。

案例中，男生对男生的欺凌行为多表现为殴打被欺凌者肢体、体罚（逼迫做深蹲）、逼迫下跪磕头等，多为直接的肢体暴力。女生对女生的欺凌行为除了殴打，还包括打耳光、脱衣服、拍裸照和视频、踩打胸部等带有严重侮辱色彩的欺凌行为，对被欺凌者造成的心理创伤往往大于生理伤害。男生对女生的欺凌行为，一般不包含以欺凌为目的的殴打行为，往往是以欺凌为目的的侮辱、性侵行为。

（二）家庭教育因素

从欺凌者的家庭情况来看，部分欺凌者的背后有着问题家庭，这些问题可能正是该欺凌者实施欺凌行为的重要成因，例如成长于离异家庭，随父母一方生活；父母一方早逝；父母因犯罪被判刑；虽然家庭完整，但父母比较溺爱或亲子关系淡漠，父母疏忽管照；家庭教育不当；父母患有精神疾病情绪不稳定等。上述因素的存在导致未成年人存在逆反心理过强、不听从父母管教、常混迹社会结交不良青年、抽烟喝酒、出入网吧 KTV 等场所、偷窃等诸多不良行为，这些不良行为可能诱发对他人的欺凌行为。

正所谓"父母是孩子最好的老师"，家庭教育因素是影响未成年人欺凌行为发生的主要因素。一是亲子关系与家庭氛围问题。平等的亲子关系更易营造和谐、舒适的家庭氛围，在此氛围中成长的孩子更易富有同理心与同情心，面对问题时多会选择平和的解决方式。反之，过于溺爱或过于严格都会使孩子与父母之间存在隔阂：父母的过分宠爱会使孩子养成以自我为中心的性格，在与旁人相处时事事以己为先，这种"自我同一性过度扩散"容易让孩子走向对外欺凌；而当父母过于严格时，孩子可能会缺乏自尊与自信，在面对欺凌时会过于胆怯，容易遭到欺负。二是家庭环境错误渲染与家庭教育手段偏差。青春期少年往往会对父母的相互关系、行为模式进行模仿。如父母关系冷淡、甚至双方发生暴力行为或者家庭奉行"棍棒底下出孝子"的暴力型教育方式，未成年人则会学习这种暴力行为来处理自己身边的人际关系。三是家庭结构缺失因素。有研究者曾进行"哪些学生容易成为欺凌者"的实证调研，发现有 64.0% 的家长、80.8% 的教师以及75.0%的校长选择了"家庭结构不完整的学生"。生活在不同家庭结构中的孩子受制于家庭结构的局限，如单亲或重组家庭的孩子容易遭到父母的忽视、缺少家庭的监管从而形成畸形的心理状态。而独生子女家庭中，孩子自小受到万千宠爱，在离开家庭辐射范围时容易优柔寡断，遇事缺乏主见。①

（三）社会环境因素

随着社会发展进步，未成年人有更多的途径接触影视娱乐与网络游戏。影视、游戏中的血腥暴力等攻击性表演对未成年人具有一定的刺激性与感染性。一方面，未成年人会不由自主地去学习模仿电影、游戏中的暴力行为，渴望在现实中也体验虚拟世界的热血、畅意、快感，但另一方面他们也对这种暴力行为缺乏有效的法律认知与危险性认知。因此，存在未成年人模仿虚拟世界暴力行为进行欺凌行为的可能，并且这种模仿行为的危险性会升级，发展为违法犯罪行为。

从欺凌主体人数分布情况来看，本次调研收集的九个案例中，大部分是多数人对单人或者少数人的欺凌，人数上欺凌者一般多于被欺凌者。这与未成年人所受的社会影响有关。他们正处于身心发育不成熟、判断力不足、易冲动等特殊年龄段，很容易被所谓的"义气""面子"等因素吸引或绑架，被裹挟到集体性的欺凌行为中。防治欺凌的法律法规缺失也是社会环境因素的重要组成部分。目前，刑事法、行政法等法规范对未成年人违法和越轨行为都缺乏有效的矫治与教育作用。有学者总结：刑法、行政法、民法在对待校园欺凌行为上"各自为政"，缺乏合力。② 多起低龄犯罪嫌疑人实施的恶性刑事案件引发了实践与理论界对降低刑事责任年龄的大讨论。近期，刑法第十一修正案二审草稿提出："已满12周岁不满14周岁的人，犯故意杀人、

---

① 参见苏春景、徐淑慧、杨虎民《家庭教育视角下中小学校园欺凌成因及对策分析》，《中国教育学刊》2016年第11期。

② 参见段威《校园欺凌的成因与防治——法学与社会学的对话》，《青少年犯罪问题》2018年第2期。

故意伤害罪，致人死亡，情节恶劣的，经最高人民检察院核准，应当负刑事责任。"刑法修正案对刑事责任年龄的调整从另一个侧面也反映出当下缺乏约束未成年人越轨、违法行为的立法规范，正需要法律树立起一道严格的警示牌告知未成年人不能逾越道德与法律的底线。

（四）学校管理因素

涉未成年人欺凌行为大多数情况下发生在校园内部或周边，因此，学校对校内学生关系的引导与校外学生安全保护等管理因素将成为影响欺凌行为发生的重要原因。然而，根据学者的实证调研，学校作为主要管理方之一在大多数涉未成年人欺凌事件中并未发挥其应有作用：在 50 起典型校园欺凌事例中，校方处理结果不明的占 66%；以调解、赔礼道歉、批评教育等软性教育手段处理的仅占 16%；而处以劝退、开除学籍的事件仅有 2 例，占 4%。① 2019 年，河南有一 7 岁女童被同班男生将纸片塞入眼睛，而该小学校长则轻描淡写地回应说："只是小孩子之间的玩闹。"② 这明显体现了学校责任的缺失。一方面，学校对校园霸凌、欺凌行为缺乏正确认知，在处理学生间的欺凌事件时往往出于维护学校名声而息事宁人，一般不对欺凌者做出严肃处理。这种不作为会使被欺凌者在遭受欺凌时产生"跟老师反应被欺负也没有用"的感觉，促使他们选择默默忍耐欺凌。另一方面，学校基于成绩等标准对学生的分类管理，从一定程度上也催生了校园欺凌行为。成绩稍差的学生可能会由于学校的区分态度产生较大落差感，从而对成绩优秀的学生有所反感与厌恶，并试图从其他途径寻回自身的优越感（譬如：对优等生施以冷暴力或直接暴力）。从所收集的案例来看，欺凌者多为中学生、职业院校学生或者在校大学生。大部分欺凌者都存在在校成绩较差、不爱学习的情况，有些多次因违反校纪校规

---

① 参见于阳、史晓前《校园霸凌的行为特征与社会预防对策研究——基于 50 起校园霸凌典型事例分析》，《青少年犯罪问题》2019 年第 5 期。

② 参见《女童眼睛被塞纸片，面对校园欺凌学校不能学鸵鸟》，https://new.qq.com/omn/20191113/20191113A0JLV00.html，最后访问时间：2020 年 11 月 5 日。

被学校处分，甚至部分欺凌者初中、高中辍学后常混迹社会，长期处于无业状态，经常接触社会闲散人员。

（五）受害者身份转变因素

被欺凌者向欺凌者转变是涉未成年人欺凌的另一重要原因。在我们收集的九个案例中，部分案件实施欺凌行为的未成年人曾经也是被欺凌者。比如A等人敲诈勒索案，A曾被同学找校外人员殴打，后该同学虽道歉，事后却散播谣言，导致A被同学们孤立，对A之后的性格和处事风格产生较大影响，从被害人变成了施暴者；A等寻衅滋事案，欺凌者C曾是受他人欺凌的被害人，后成为欺凌案件的加害人，欺凌者B在学校被同学欺负后向老师和家长反映无果，进而引发孤独失落之感，缺乏情感关怀，遂为寻求情感认同结识了不良社会人员，并从被欺凌者逐渐转变成欺凌者；A某某等保护处分案，欺凌者A、B、C以报复D曾殴打三人为由，约D见面并对其实施殴打行为，本案也是被欺凌者转变为欺凌者的典型案例。未成年人被欺凌后，未能受到学校和家庭的重视与理解，没有外部力量帮助其疏解心理创伤，因而产生一种以暴制暴的情绪，形成被欺凌者欺凌比自己更弱小的未成年人群体的恶性循环。

被欺凌者转变为欺凌者的现象之所以出现，主要存在以下几个原因。第一，从被欺凌者内部角度看，当被欺凌者遭到欺凌后无法获得来自家长、学校、同学等外部力量的帮助，无法及时治愈他们的受伤心理，从而使他们产生了一种"以眼还眼、以牙还牙"的暴力反抗意识。北京市家庭教育研究会副会长宗春山曾提出要及时关注被欺凌者转向欺凌者的情形。有些孩子在向家长反馈自己受欺凌的经历时，并未获得长辈的及时安抚，而是报以"干吗欺负你不欺负别人""谁让你这么怂"等不正确的教育方法，这会使孩子产生以暴力还击理所应当的理念。[①] 以暴力反抗暴力形成一种恶性循

---

① 参见《专家谈校园欺凌：被欺凌者若缺乏及时疏导 易转为欺凌者》，https://bjnews.com.cn/news/2020/05/30/733210.html，最后访问日间：2020年11月5日。

环，本质上提升了未成年人欺凌的发生频率。第二，从被欺凌者所处的外部环境角度看，外部环境裹挟着被欺凌者走向欺凌道路。一方面，被欺凌者可以模仿学习欺凌行为。美国心理学家班杜拉提出了社会学习理论，他将儿童的观察学习过程分为直接强化、替代强化以及自我强化三个部分。其中替代强化是指学习者通过观察其他人实施这种行为后所得到的结果来决定自己的行为指向。例如班杜拉进行了观看大孩子击打充气玩具模拟实验。分为 A、B、C 三个班进行，三个班观看的前段录像相同，即大孩子在房间内击打充气玩具，而后半段走进房间的大人对孩子击打行为的反应则不同，其中 B 班的同学在看到录像中大人表扬攻击充气玩具的孩子时，就会下意识地在现实生活中以与录像中孩子相同的行为来处理事情。① 另一方面，被欺凌者可以通过欺凌比他/她更为怯弱的未成年人来满足自己因被欺凌而缺失的满足感。当被欺凌者自身遭受损失时，就需要通过暴力、威胁等来"弥补"自己的心理创伤。② 更有甚者，为避免自身再遭到欺凌，被欺凌者可能"为虎作伥"，加入欺凌者的组织中，为其寻找新的受害者，通过树立从众心理来缓解自身被欺凌所承受的压力，形成"欺凌者→新加入的欺凌者（原被欺凌者）→新的被欺凌者"这一具有等级层次的欺凌链条。

五　欺凌行为的防治对策

未成年人在身心发育过程中存在的荷尔蒙分泌过剩所导致的易怒、易激动等情绪是欺凌行为产生的生物基础。同时，囿于不完善的认知能力，未成年人对于开玩笑、恶作剧以及欺凌之间区别的认识可能很模糊，有些欺凌者的初衷未必是要给被欺凌者施加痛苦，有些可能是出于好奇，有些可能是出于自尊心。如果我们的家庭、学校和社会能因势利导，在相关心理和生理教育上给予更多的关注，或许可以减少欺凌的发生。

---

① 参见李迎春主编《心理学》，北京希望电子出版社，2014 年 9 月版，第 297～298 页。
② 参见李明达《自我认同视角下校园欺凌行为成因及对策研究》，《当代教育科学》2017 年第 11 期。

对未成年人防欺凌的教育大致可以分为事前、事中和事后三个阶段：事前立规矩、事中多沟通、事后撕标签。

（一）培养未成年人的规则意识

制定适合年龄的规则允许未成年人知道预期的行为。未成年人小的时候，要保持简单的规则。当孩子长大时，应制定规则以帮助他们成熟。从小为孩子树立规则意识有利于规范其进入青春期后的行为模式。为未成年人制定规则应当遵循下列原则：①尽量以正面的方式陈述规则，即以引导或鼓励的方式表述规则的内容；②尽可能限制规则数量，未成年人的认知水平有限，对于规则的理解和吸收能力远不如成年人，因此为未成年人制定规则强调有效性而非全面性，越是低龄的未成年人，越要避免制定过于庞杂、复杂的规则；③设置遵循规则的行为示例，以举例的方式为未成年人说明规则的内容更有利于他们的理解；④在执行规则时要保持一致，未成年人对于规则的理解相对比较简单和机械，他们常常难以理解原则性和灵活性统一的关系，因此对于规则的执行需要保持统一，当然，随着未成年人年龄的增长，在制定规则时可以视情形展示不同的后果，帮助他们深层次理解规则意识的实质目的；⑤规则一定要包含后果，遵守规则和违反规则的后果应明确说明，未成年人需要知道他们实施某种行为会产生什么后果，这可以让未成年人理解规则并不是简单的说教或口号，而是有可能对他们的利益产生影响的。

执行规则也是培养未成年人规则意识的重要组成部分。我们在执行规则时比较强调负面结果，即当未成年人违反规则时，如何处罚他们。但仅仅以处罚作为强化规则的手段可能会导致未成年人惧怕规则、厌恶规则，反而不利于他们形成敬畏规则、尊重规则的意识，所以，成年人在执行规则时更应当注重强化遵守规则的后果。当发现未成年人在规则框架内做了一件好事情时，应该予以鼓励，指出良好行为会强化这种行为。这样，未成年人将更有可能再次参与积极行为，并认同该规则的价值。帮助未成年人纠正他们的行为，帮助他们了解违反规则的后果，可以帮助未成年人更多地接受积极的态度，减少参与消极行为的可能性，从而有助于减少欺凌行为。

（二）提高未成年人的社交能力

很多欺凌行为的被害者都有一个特征：在群体中不受欢迎。造成这种结果的原因是多种多样的，但其中很重要的一点是未成年人社交能力的缺乏。家长及学校在对孩子的培养过程中有意识地对其进行社交能力的培养，有助于减少欺凌行为的发生。有研究表明，当未成年人意识到有同伴存在时，他们会更好地应对被欺负的情况。而未成年人在面对欺凌行为时大声表示反对，可以使未来的欺凌情况减少50%以上。[1]

在家庭中，家长要避免营造一种亲子隔绝的环境，未成年人的社交能力很大程度上受到家庭环境以及父母的影响。在学校里，教师要尽量营造一个允许未成年人表达自己的意见的环境，通过各种形式培养学生为自己和他人代言的能力。家长、老师要学会和孩子沟通，当成年人与未成年人进行开放式交流时，他们会更愿意敞开心扉，谈论他们自身以及身边出现的各种现象，包括已存在或潜在的欺凌行为，家长和老师除了对具体事件进行处理外也应该引导未成年人正确地应对。

（三）不给涉及欺凌行为的未成年人贴标签

不要轻易给欺凌行为中的加害人和受害人贴上标签，尤其是低龄未成年人。这种标签包括对未成年人的身份定性（比如，坏孩子、捣乱鬼）和性格定性（比如，性格怯懦、易怒）。不适当的标签会给未成年人带来心理暗示，让他们下意识地认为自己就是成年人眼中的形象，有些未成年人会进一步强化标签上的特质，另一些则会为了证明自己不是这种性格而走向反面，这也是很多欺凌行为受害者变成加害者的一个重要原因。同时，标签化也容

[1] 6 Ways Educators Can Prevent Bullying in Schools, https://lesley.edu/article/6 - ways - educators - can - prevent - bullying - in - schools, 最后访问日期：2021年1月12日。

易使成年人在处理未成年人矛盾时出现偏见，从而不利于问题和矛盾的解决。

（四）加强家校社会的协同治理

未成年人的教育并不单纯是家庭或学校的责任，许多人都直接或间接地影响到了未成年人的成长和教育，遏制欺凌行为同样需要家庭、学校和全社会的参与。在防治欺凌的过程中切忌出现"属地管辖""分片包干"的思想，无论欺凌行为发生在哪里，家庭、学校和社会都负有弥补、救助和教育未成年人的责任。家长、教师以及社工在面对欺凌行为时应属于合作式关系。家长需要了解孩子在学校里的表现以及 TA 的朋友们；学校老师也需要了解孩子们的家庭背景；学校应创造机会让更多家长参与到学校的工作中，而不应当排斥——甚至更加应当寻求和具有潜在欺凌可能或被欺凌可能的学生家长合作的机会。学校、家庭和社会需要为未成年人成长提供一种积极的氛围，这种氛围可以是教育未成年人礼貌待人，也可以是建立一种以合作方式解决矛盾的环境。积极的成长氛围促进未成年人健康发展，有利于遏制未成年人间的欺凌、受害和不安全感的发生。

积极的氛围不仅包括直接和未成年人有关的环境氛围，也包括未成年人在成长过程中能够接触或观察到的环境。比如，家庭内父母的相处模式、学校内领导和教师间的关系、社会上权力的运作及其表达方式等都会对未成年人的社会认知产生影响。建立一个相对宽松、平等、自由的生长环境，未成年人之间及其与成年人社会之间建立某种积极的文化，并逐渐增强未成年人的自我信心，增强他们对消极情绪和生活态度的免疫，可以减少孕育欺凌行为的土壤。

此外，加强司法机关与学校的合作也有助于预防欺凌行为的发生。新通过的《预防未成年人犯罪法》第 20 条明确规定，教育行政管理部门应当与相关部门建立学生欺凌预防机制。在实践操作层面，检察机关与教育行政主管部门以及学校的联系较为紧密，很多地区都建立了检校合作的预防机制。比如上海市嘉定区人民检察院与辖区内的中小学签订《防范校园欺凌保护行动合作协议》，约定检察院与全区中小学建立防范校园欺凌的检校共管机制，强化信息互通。学校通过电话、网络、微信等平台或举报信箱，方便学生及时报告发生在校内外的欺凌事件。发现有严重不良行为的学生，学校要及时干预，有效化解学生之间的矛盾纠纷，如果情节严重，应当将相关情况告知负责检校对接的检察官，共同研究应对与有效处置。检察院还将以"学法用法夏令营"、法治进校园巡讲活动等方式开展宣传活动来加强学生和学校的反欺凌意识，并联合公安、文化执法部门对学校周边环境进行治理，消除不安全因素。对于在校内发生的欺凌事件，教育行政主管部门会同公安机关、检察院共同探索校园欺凌事件认定及调解机制，引入社会第三方机构来分析、研判、处理学生间的矛盾纠纷。司法机关的提前介入对于降低欺凌行为发生的可能性，提高家庭、学校对欺凌行为的预防和鉴别起到了实质性的作用。

附件　调研案例

案例一　A 等人敲诈勒索案

【基本案情及处理结果】

A（女，涉案时 16 岁）、B（女，涉案时 16 岁）、C（女，涉案时 17 岁）、D（女，涉案时 17 岁）等人因缺钱，预谋向他人索要钱款。经商议，决定向与 D 发生过纠纷的被害人 E（女，15 岁）索要钱款，并由 A 出面约 E 在某校门口见面。某日，被害人 E 放学后至校门口，被 A 等人带至附近一商场二楼，A 采用言语侮辱、打耳光、踢打身体、踩胸部等方式殴打被害人，E，C、D 等人在旁围观并录制视频。后 A 等人又将 E 带至该商场一商店内，逼迫 E 写下 2 万余元欠条后放其离开。经鉴定，被害人 E 的外伤已构成轻微伤，并因此事患有应激障碍。

法院经审理认为，被告人 A、B、C、D 四人以非法占有为目的，以殴打、辱骂、写欠条等方式向他人索取数额较大的财物，造成被害人轻微伤，严重侵犯公民人身和财产权利，构成敲诈勒索罪。据此，以敲诈勒索罪依法分别判处上述被告人六个月至九个月不等的有期徒刑。除上述四人之外，案发时，F（男，17岁）、G（男，18岁）被A等人喊至现场，以充壮声势，二人虽未直接动手，但在旁围观给被害人造成了心理强制。鉴于二人情节轻微，且涉案时均未满十八周岁，检察机关联合公安对两人作出保护处分决定。

案例二　A强制侮辱案

【基本案情及处理结果】

某日，A（男，涉案时18岁）与被害人B（女，14岁）因分手事宜在某商场门口发生争执，与A同行的C（女，15岁）及D（女，14岁）也与B发生口角。后A在商场门口与C一起对B拳打脚踢。之后A等人又将被害人B带至一宾馆房间内，以玩游戏名义逼迫被害人B脱光衣物并对其实施殴打，拍摄裸照及视频。后B家人报警，A等人被公安机关抓获。经鉴定，被害人B的外伤已构成轻微伤。

法院经审理认为，被告人A采取逼迫被害人脱衣、裸体下跪、拍裸照及视频等暴力、胁迫方式侮辱他人，造成被害人轻微伤，侵害被害人性的自主权，构成侮辱罪。据此，以侮辱罪判处被告人A有期徒刑八个月。被告人A伙同的两名未成年人C、D因未达到刑事责任年龄，遂对其作出保护处分，并建议公安机关对两人作出行政处罚。

案例三　A等寻衅滋事案

【基本案情及处理结果】

A（女，涉案时17岁）等人在酒后无故殴打C（女，涉案时15岁）。C误以为系与其存在纠纷的被害人小珍（女，14岁）指使A等人对其实施殴打。某日，C纠集A、B（女，涉案时16岁）、D（男，涉案时16岁）等十余人欲报复被害人小珍，并从某学校门口将放学的小珍带至一商场停车场附近，以踢踹、打耳光等方式，对小珍实施殴打。后殴打视频被上传至互联网，造成恶劣的社会影响。经鉴定，小珍的外伤已构成轻微伤。

法院经审理认为，被告人 A、B、D 三人聚众随意殴打他人，造成被害人两处轻微伤，侵犯公民人身权利，且造成恶劣社会影响，构成寻衅滋事罪，并分别判处三名被告人拘役四个月至有期徒刑八个月不等的徒刑。本案中 C，系受他人欺凌的被害人后成为欺凌案件的加害人。纠集者 C 和另外两名主要殴打者未达到刑事责任年龄而接受保护处分。

案例四　甲等寻衅滋事案

【基本案情及处理结果】

甲（男，涉案时 16 岁）系某职业院校学生，同时被所住宿舍楼管理员"任命"为"楼层长"，协助宿舍楼管理员管理学生在宿舍楼的卫生、熄灯等。某日，甲等人在一学校宿舍楼过道内，以行使宿舍管理员给"楼层长"的管理权力为由，令被害人戊（男，15 岁）、己（男，16 岁）、庚（男，16 岁）等人做深蹲以示处罚。后甲等人又以戊认错态度不端正为由，将戊带至该宿舍楼一房间内继续"教育"，此时乙（男，涉案时 16 岁）、丙（男，涉案时 16 岁）进入该宿舍内，乙以看不惯戊的行为为由，用拳头殴打被害人戊面部、背部，用膝盖撞其腹部，甲、丙也参与其中对戊殴打。次日凌晨，甲伙同丁（男，涉案时 16 岁）等人又以被害人戊在宿舍内吵闹等为由，要求被害人戊、己、庚下跪磕头道歉，并进行殴打。经鉴定，被害人戊鼻骨骨折构成轻伤，被害人己构成轻微伤。

本案系一起典型的校园欺凌案件，甲等人和三名被害人均系某职业院校学生，均系未成年人。四名被告人的行为已不仅仅是同学伙伴之间的打闹玩笑，也不仅仅是一般的违反校规校纪的行为，而是触犯刑法应当受刑罚惩处的犯罪行为。法院经审理认为，被告人甲、乙、丙、丁等人为逞强耍横、发泄情绪，随意殴打他人，致一人轻伤一人轻微伤，情节恶劣，已构成寻衅滋事罪。据此，以寻衅滋事罪对四名被告人均判处有期徒刑六个月，缓刑六个月，同时被告人对被害人进行相应的民事赔偿。

案例五　A 等强奸案

【基本案情及处理结果】

A（男，涉案时 14 岁）经常在网上观看一些不雅视频，后伙同 B（男，涉案时 14 岁）欲对同校低年级同学小云（女，12 岁）实施强奸行为，C（男，涉案时 16 岁）获悉此事后亦表示要一起参与。后由 A 通过微信以谈事情为由将小云约至一建筑物天台，被害人小云到达天台后，A 等三人强行脱掉被害人小云衣裤，先后对小云实施了强奸行为。

本案系一起犯罪性质恶劣、情节严重的欺凌案件。本案与大多数校园欺凌案件不同，三名加害人均是在校男生，以性侵方式欺凌一名年仅 12 岁的在校女学生。法院经审理认为，被告人 A、B、C 三人违背被害人意志，明知被害人系不满十四周岁的幼女，仍对其实施轮奸行为，犯罪情节特别恶劣，已构成强奸罪。据此，以强奸罪对三名被告人分别判处四年六个月至五年六个月不等的有期徒刑。

案例六　A 等殴打他人案

【基本案情及处理结果】

某日，A（男，17 岁）、B（男，18 岁）、C（男，18 岁）等人以报复 D（男，18 岁）曾殴打三人为由，约 D 见面并对其实施殴打行为。因违法行为轻微，未造成轻伤以上后果，公安、检察机关联合对上述四人作出保护处分决定。

案例七　A 等敲诈勒索案

【基本案情及处理结果】

某日，A（男，14 岁）因与 B 发生口角，遂纠集 C（男，17 岁）、D（男，17 岁）等人在一中学门口拦截 B，途中 E（男，13 岁）、F（男，17 岁）等人知悉后加入。待 B 放学后，A 等人将其带至学校附近，对其推搡并向其索要保护费，后联勤人员赶到并制止。因五人违法行为轻微且涉案人员均系未成年人，检察机关联合公安机关对上述五人作出保护处分决定。

案例八　A等殴打他人案

【基本案情及处理结果】

某日，A（女，15 岁）因琐事与 F（女，15 岁）发生口角，遂纠集 B（女，15 岁）、C（女，15 岁）、D（女，15 岁）等人，对 F 实施殴打行为。后因违法行为轻微对上述四人作出保护处分决定。

案例九　A等殴打、侮辱他人案

【基本案情及处理结果】

某日，因言语口角，A（女，15 岁）及 B（女，14 岁）同成年人 C 一起逼迫被害人 D（女）脱光衣物，后 A、B 先后对 D 实施殴打，拍摄裸照及视频。因二人未达刑事责任年龄，检察机关联合公安对二人作出保护处分决定。

我国青少年法治教育的历史、现状及未来发展

张永然　苏　芮*

摘　要：　青少年法治教育是全面依法治国的基础工程。党和国家历来重视青少年法治教育工作，始终坚持法治教育从娃娃抓起。当前，随着全面依法治国基本方略的推进和中国特色社会主义法治体系的不断健全，我国的青少年法治教育秉承立德树人的根本任务，以培养德智体美劳全面发展的社会主义建设者和接班人为目标，顺应时代需求，其宗旨内涵、体制机制、目标内容、途径方式不断创新发展，效果不断凸显，青少年群体的法治意识和道德素养得到全面增强，青少年尊法、学法、守法、用法、护法成为时代的新风尚。

关键词：　法治　青少年　法治教育

法治教育要从娃娃抓起，要把法治教育纳入国民教育体系和精神文明创建内容，由易到难、循序渐进不断增强青少年的规则意识。青少年是祖国的未来、民族的希望。加强青少年法治教育，使广大青少年学生从小树立法治观念，养成自觉守法、遇事找法、解决问题靠法的思维习惯和行为方式，是全面依法治国、加快建设社会主义法治国家的基础工程；是在青少年群体中

---

* 张永然，法学博士，教授，中国政法大学研究生工作办公室主任，兼研究生院副院长；苏芮，中国政法大学法学院硕士研究生。

深入开展社会主义核心价值观教育的重要途径；是全面贯彻党的教育方针，促进青少年健康成长、全面发展，培养社会主义合格公民的客观要求。

党和国家历来重视青少年法治教育工作，法律、纪律教育始终贯穿于青少年思想道德建设和青少年成长发展的全过程，并以法律的形式明确作为国家任务。宪法明确规定国家普及"纪律和法制教育""培养青年、少年、儿童在品德、智力、体质等方面全面发展"。教育法亦明文规定："国家在受教育者中进行爱国主义、集体主义、中国特色社会主义的教育，进行理想、道德、纪律、法治、国防和民族团结的教育。"当前，随着全面依法治国基本方略的深入推进和中国特色社会主义法治体系的不断健全，青少年法治教育以立德树人为根本任务，以培养社会主义建设的可靠接班人和合格建设者为目标，顺应时代需求，其宗旨内涵、体制机制、目标内容、途径方式不断丰富发展，效果不断凸显，青少年群体的法治意识和道德素养不断增强，青少年尊法、学法、守法、用法和护法成为时代的新风尚。

一 我国青少年法治教育的历史发展

新中国成立以来，我国社会主义民主法治建设在探索中进步，经历了曲折发展。法治兴则教育兴，法治衰则教育衰，是青少年法治教育发展历程的真实写照。

（一）青少年法治教育起步和奠基阶段（1979～1990年）

改革开放以后，面对日益严重的青少年犯罪等社会现实问题，在青少年中普及法律知识，开展法治教育得到了党和国家的高度重视。邓小平同志指出："法制教育要从娃娃开始，小学、中学都要进行这个教育，社会上也要进行这个教育。"1979年，中共中央转发中宣部等八部门《关于提请全党重视解决青少年违法犯罪问题的报告》就提出"加强青少年教育，预防青少年违法犯罪"，要求"全党、全社会都要重视教育事业，加强对青少年的理想、道德、纪律和法制教育"。1985年，全国人民代表大会常务委员会作出

《关于在公民中基本普及法律常识的决议》（以下简称《决议》），启动了第一个全民普法五年计划，其中就将青少年作为普法重点，并明确"学校是普及法律常识的重要阵地。大学、中学、小学以及其他各级各类学校，都要设置法制教育的课程，或者在有关课程中增加法制教育的内容，列入教学计划，并且把法制教育同道德品质教育、思想政治教育结合起来"。据此，我国青少年法治教育迅速起步，各级各类学校开设法制课程，社会各界通过各种形式在青少年群体中普及法律知识。据统计，到1987年，约95%的中小学开设法制课；在"一五"普法期间，约有1.5亿在校生接受了法治教育。[①] 这些为以后青少年法治教育的迅速发展奠定了坚实基础。

（二）青少年法治教育推进和发展阶段（1991~2000年）

20世纪90年代，青少年法制建设取得显著成绩，在党和国家的高度重视和社会各界的积极推进下，《未成年人保护法》《教育法》《预防未成年人犯罪法》等法律相继公布，各地的《未成年人保护条例》等地方法规以及中共中央《关于进一步加强和改进学校德育工作的若干意见》、国家教委《关于加强学校法制教育的意见》、司法部等《关于进一步加强青少年学生法制宣传教育工作的通知》等一系列文件也相继出台。《未成年人保护法》首次以专门法律的形式明确了家庭、学校以及社会各方面的责任和义务，要求对未成年人进行理想教育、道德教育、文化教育、纪律和法制教育，体现了保障未成年人的合法权益的原则、尊重未成年人的人格尊严的原则以及适应未成年人身心发展的原则。这作为我国青少年工作纳入法律化轨道的重要标志，[②] 为青少年法治教育深入推进和发展提供了有力的法制保障。

这一时期，随着"二五""三五"全民普法的深入开展，青少年法治教育体制机制逐渐健全，党委政府领导、司法教育部门主责、全社会齐抓共管的工作格局初步形成。全国各地的关心下一代工作委员会、未成年人保护委

---

① 见中宣部、司法部《关于第二次全国法制宣传教育工作会议情况的报告》。
② 程维荣：《当代中国司法行政制度》，学林出版社，2004，第239页。

员会（青少年保护办公室）纷纷成立，并通过热线咨询、活动宣传等方式积极开展青少年权益维护和法制宣传活动。各地司法、公安、法院、检察院、律师事务所、社区街道、共青团、妇联等机关和组织也积极参与进来，通过建设法制教育基地、举办家长课堂、开设法律及心理讲座、进行法律知识宣传和咨询、选聘法制副校长和辅导员、帮扶违法犯罪的未成年人、开展校园环境综合治理等举措，对增强青少年的法律意识和预防青少年犯罪起到了重要作用。

此时期，学校作为青少年法治教育主阵地的地位不断加强。"二五"普法规划[1]提出，大、中、小学校要进一步完善法制教育体系，实现法制教育系统化。"三五"普法规划[2]要求，大、中、小学校要把法制教育列为必修课，做到教学有大纲，学习有教材，任课有教师，课时有保证。就此，全国大、中、小学都普遍开设法制教育相关课程，中小学开设了法律常识课程，高校则开设了法律基础课程。

此时期，青少年法治教育内容更加聚焦，从早期的"十法一条例"[3] 到深入学习宪法，开展国旗法、义务教育法以及未成年人保护法等与青少年密切相关的法律教育；方式亦更加丰富，青少年知识竞赛、演讲征文、文艺演出、普法夏令营、参观考察等形式多种多样；电影、电视、报纸等大众传媒积极参与到普法教育中来，涌现出一批优秀的法制教育影视剧目、栏目，这都对于青少年法治教育起到了重要的推动作用。

但也必须看到，这个时期的青少年法治教育还存在诸多不足。教育目标不明确、不科学，立足于青少年违法犯罪的预防，重点是向青少年群体普及法律知识，侧重于青少年行为的规范约束，忽视对其法治观念的培养。实践中，一些地方对于青少年法治教育不关心、不重视，师资、经费等保障不到位，学校课程开设不达标，宣传活动流于形式，内容形式和青少年成长需求

---

[1] 《中央宣传部、司法部关于在公民中开展法制宣传教育的第二个五年规划》。
[2] 《中央宣传部、司法部关于在公民中开展法制宣传教育的第三个五年规划》。
[3] "十法一条例"即《宪法》《刑法》《刑事诉讼法》《民事诉讼法（试行）》《民法通则》《婚姻法》《继承法》《兵役法》《经济合同法》《森林法》及《治安管理处罚条例》。

仍存在差距，等等，加之家庭教育的不同步及外界不良社会环境的干扰，青少年法治教育的整体效果受到不小影响。

（三）青少年法治教育深入和提升阶段（2001~2012年）

进入 21 世纪后，我国社会主义法治建设进入快车道。1998 年党的十五大报告明确了"依法治国，建设社会主义法治国家"，1999 年宪法修改将"建设社会主义法制国家"改为"建设社会主义法治国家"，中国特色社会主义法治理念的明确和树立，推进了青少年法治教育的不断深入和提升。

此时期的青少年法治教育的目标进一步明确。"一五"普法期间，党和国家明确了法治教育的目标是"通过普及法律常识教育，使全体公民增强法制观念，知法、守法，养成依法办事的习惯"①。"四五"普法规划②提出"努力实现由提高全民法律意识向提高全民法律素质的转变"，并明确"青少年学生要在法律素质的养成上下功夫"，要求法制教育课程的计划、课时、教材、师资"四落实"，保证普及基本法律常识的任务在九年义务教育期间完成。"五五"普法规划③提出要开展"法律进学校"活动，发挥第一课堂的主渠道作用。"六五"普法规划④强调学校法制教育的系统化、科学化。在此阶段，《中共中央国务院关于进一步加强和改进未成年人思想道德建设的若干意见》《教育部、司法部、中央综治办、共青团中央关于加强青少年学生法制教育工作的若干意见》、中宣部等部门《中小学法制教育指导纲要》等重要文件相继出台，进一步深化和拓展了青少年法治教育的深度和广度。

此时期，学校作为青少年法治教育主阵地不断得到加强。如在"四五"普法期间，各类大专院校普遍开设了法学基础课程；中小学校基本做到了法制教育计划、课时、教材、师资"四落实"，95% 以上的城镇中小学校、

---

① 《中央宣传部、司法部关于向全体公民基本普及法律常识的五年规划》。
② 《中央宣传部、司法部关于在公民中开展法制宣传教育的第四个五年规划》。
③ 《中央宣传部、司法部关于在公民中开展法制宣传教育的第五个五年规划》。
④ 《中央宣传部、司法部关于在公民中开展法制宣传教育的第六个五年规划（2011—2015 年）》。

81%以上的农村中小学校配备了兼职法制副校长协助学校开展法制教育。整体而言，学校、家庭、社会"三位一体"的青少年法制教育格局已经形成并初步完善。青少年法制教育基地建设也不断发展，各地依托少年法庭、监狱和青少年活动中心等场所，建立了近3.5万个青少年法制教育基地。①。

青少年法治教育内容和形式亦随着时代的发展不断丰富，除学生日常生活中交通安全、消防、人身安全等法制教育之外，防毒防艾教育、国家安全教育等亦成为重要内容。丰富多样的青少年法治教育教材和读物大量出版，《为了明天》②《海底淘法》③ 等动漫影视作品、央视"班长对班长"等专题青少年普法电视栏目亦纷纷面世，进一步丰富了青少年法治教育的内容。而随着互联网的迅速普及，网络教育成为青少年法治教育的重要途径。全国青少年网上普法知识大赛的举办，吸引了广大青少年的广泛关注和积极参与，全国性和地区性的青少年普法专题教育网站成为青少年法治教育的重要阵地。

在全社会的共同努力下，这个时期的青少年法治教育更加贴近青少年的需求，形式更加喜闻乐见，实效亦不断提升。青少年群体的法律素质显著提

---

① 参见《法制日报》2006年4月26日吴爱英报告"四五"法制宣传教育基本情况，以及《国务院关于"五五"普法工作情况的报告2011年4月20日在第十一届全国人民代表大会常务委员会第二十次会议上》，中华人民共和国全国人民代表大会常务委员会公报，2011年04期。

② 影片《为了明天》由中央新闻纪录电影制片厂、北京法宣影视文化有限公司联合拍摄，影片充分展现了党中央三代领导核心亲切关怀青少年的健康成长，全面介绍了我国青少年成长的环境；通过模拟再现若干青少年犯罪典型案例，揭示当前青少年犯罪低龄化、团伙化、暴力化、智能化的趋势；通过对著名专家学者和司法工作者访谈，分析社会转型期道德失范、代沟加大、家庭残缺、交友不慎、鉴别能力低和心理偏差等青少年犯罪的主要原因，以及青少年犯罪者既是侵害行为人也是受害人的双重危害性；影片以启发、交互的手法向青少年普及和灌输应知应会的法律常识，培养他们从小崇尚法制、遵纪守法的观念和习惯，明白小错不改、大祸之源，以强凌弱、害人害己，缺乏警觉、受残害，行为偏差、迷途难返等道理。

③ 由宁波稻草家族影视策划有限公司携手中国电影集团公司、中国儿童电影制片厂联合出品。动画电影《海底淘法》是《法典之谜》系列的第一部。《海底淘法》是一部针对儿童的普法教育动画片，此部动画片面向年龄在5～12岁的儿童，故事以动画的形式，透过生动有趣的情节介绍法律知识。

升，全国未成年人犯罪率呈下降趋势。① 随着社会主义民主法治建设快速发展，全社会对青少年法治教育目标任务的认识更加深入。青少年法治教育实现了从普及法律知识、增强法律意识的法制教育向培养法律素养的法治教育转变，这亦体现了党和国家对社会主义法治建设的本质和规律的认识全面深化。

当然，经济全球化、文化多元化尤其互联网快速发展带来的社会信息化给青少年群体思想行为特征带来了深刻的影响，青少年法治教育面临着时代的新挑战。如何在复杂多变的社会文化环境下，向青少年讲好中国法治故事，树立社会主义法治信仰成为青少年法治教育乃至青少年思想政治教育面临的重大时代课题。

（四）新时代的青少年法治教育（2013年至今）

2013年以来，党的十八大作出"全面推进依法治国"的重大决策，十八届四中全会《中共中央关于全面推进依法治国若干重大问题的决定》对全面推进依法治国作出全面的战略部署，明确指出："要推动全社会树立法治意识，把法治教育纳入国民教育体系，从青少年抓起，在中小学设立法治知识课程。"我国社会主义建设进入了新时代，青少年法治教育作为全面依法治国，建设社会主义法治国家的基础工程，亦迈入新的历史时期，处在前所未有的发展期和机遇期。

2016年，"七五"普法启动，"七五"普法规划②提出要弘扬社会主义法治精神，建设社会主义法治文化，推进法治教育和道德教育相结合。随后，教育部、司法部、全国普法办联合研究制定《青少年法治教育大纲》，对青少年法治教育进行了统筹规划和整体设计。中共中央办公厅、国务院办

---

① 王秋实：《未成年犯连续四年减少》，《京华时报》2011年12月5日；周斌：《全国法院27年判处未成年罪犯120余万人，未成年罪犯重新犯罪率低于2%》，《法制日报》2011年12月5日。

② 《中央宣传部、司法部关于在公民中开展法治宣传教育的第七个五年规划（2016—2020年）》。

公厅《关于深化新时代学校思想政治理论课改革创新的若干意见》，教育部《关于加强新时代中小学思想政治理论课教师队伍建设的意见》等一系列重要文件的相继出台为青少年法治教育提供了坚实的政策支持和制度保障。与此同时，以《宪法》为基础，涵盖《民法》《刑法》《教育法》《妇女儿童权益保护法》等关于青少年权益保护的法律法规体系不断健全，《未成年人保护法》《预防未成年人犯罪法》等青少年专门法律与时俱进地修订完善，亦为新时代青少年法治教育的开展提供了更为坚实的法治基础。2020年，中央全面依法治国工作会议召开，习近平法治思想中明确了"普法工作要在针对性和实效性上下功夫，特别是要加强青少年法治教育，不断提升全体公民法治意识和法治素养"，更是为新时代青少年法治教育明确了发展方向。

当前，在党和国家的高度重视下，在习近平总书记的亲切关怀下，全社会关注青少年法治教育的氛围已经形成。在各界关心重视和群策群力的参与下，以社会主义核心价值观为统领，以社会主义法治理念为指导的新时代中国特色青少年法治教育体系初步形成，并处在快速向纵深发展的过程之中。

二 新时代青少年法治教育的生动实践

新时代的青少年法治教育秉承立德树人的根本任务，立足于青少年健康成长、全面发展的基本规律，不断创新和发展，形成了新时代青少年法治教育的生动实践。

（一）青少年法治教育的宗旨不断鲜明

邓小平同志指出，"加强法制重要的是要进行教育，根本问题是教育人"。青少年法治教育作为开展社会主义核心价值观教育的重要途径，是全面贯彻党的教育方针，促进青少年德智体美劳全面发展，培养社会主义合格公民的客观要求。随着国家民主法治建设进程的不断深入以及全民普法活动的全面开展，我国青少年法治教育历经法律知识普及、法制教育宣传、法治教育等不同阶段，时代在变、内容方式在变，但立德树人的宗旨和初心并没有变。从早期"一五"普法期间提出的"青少年作为全面普及法律知识重点"，到"四五"普法明确提出"青少年法律素质的养成"，再到继《中共中央关于全面推进依法治国若干重大问题的决定》提出"增强全民法治观念，推进法治社会建设"的重要论断之后，《青少年法治教育大纲》明确了"以社会主义核心价值观为引领，普及法治知识，养成守法意识，使青少年了解、掌握个人成长和参与社会生活必需的法律常识和制度，明晰行为规则，自觉遵法、守法；规范行为习惯，培育法治观念，增强青少年依法规范自身行为、分辨是非、运用法律方法维护自身权益、通过法律途径参与国家和社会生活的意识和能力；践行法治理念，树立法治信仰，引导青少年参与法治实践，形成对社会主义法治道路的价值认同、制度认同，成为社会主义法治的忠实崇尚者、自觉遵守者、坚定捍卫者"。这充分体现了党和国家对于青少年法治教育规律认识的不断深化，也揭示了中国特色社会主义法治建设的不断深入和取得伟大成绩。

新时代的青少年法治教育始终秉承立德树人的根本宗旨，以马克思主义的"人的全面发展"的学说和习近平法治思想作为理论基础，尊重青少年成长成才规律，坚持以社会主义核心价值观为价值统领，并以中国特色社会主义法治理念为实践指导，丰富广大青少年的社会主义法治知识，培养其社会主义法治意识、法治能力、法治信仰，激发他们自觉学法、尊法、守法、用法、护法，实现知信行合一，这对于提升青少年的综合素质，实现德智体美劳全面发展具有重要意义。

（二）青少年法治教育的体系不断健全

青少年法治教育作为一项系统工程，构建政府、家庭、学校、社会分层立体、协同合作的教育模式已经成为世界各国的共识。根据党的十八届四中全会做出的"把法治教育纳入国民教育体系，在中小学设置法治知识课程"的决定，新时代青少年法治教育努力构建政府、学校、社会、家庭共同参与的新格局，使各方力量积极参与到青少年法治教育中来，推进形成覆盖校内校外、课内课外、网上网下的"三全"育人良好氛围。

1. 法治教育学校主阵地全面巩固，课堂教学主渠道全面畅通

"法治教育，特别是青少年法治教育，应该成为教育的主旋律，应该成为很多高校中小学的一个必修课。"① 随着新时代思政课程的全面深化改革，自 2016 年起，义务教育阶段的"道德与法治"课程取代了原有的"品德与社会""品德与生活"等课程，对其中法治教育内容的课程标准、课程内容以及课时安排都做了明确要求。尤其六年级上、八年级下两部教育部统编法治教育专册教材的投入使用，有力推进了法治教育的课堂教学。高中阶段和高等教育阶段的思想政治理论课，亦全面强化了法治教育的要求。《中共中央办公厅、国务院办公厅关于深化新时代学校思想政治理论课改革创新的若干意见》就明确指出课程内容要以政治认同、家国情怀、道德修养、法治意识、文化素养为重点，明确"思想道德修养与法律基础"作为专科和本科阶段的必修课。在其他课程渗透教育中，《青少年法治教育大纲》则提出了多学科协同，在各学科课程中挖掘法治教育因素，并明确了在课程建设和课程标准修订中要强化法治教育内容，并将法治教育内容落实到各学科课程的教育目标之中。与此同时，模拟法庭、普法讲座、参观考察、社团活动等活动进一步丰富学校法治教育，而校园法治文化建设作为法治教育的"隐性课程"，使学生潜移默化地接受其中蕴含着的法治精神，提升学生法治观念。整体来看，青少年法治教育的教育教学体系初步构建。

2. 各级国家机关、政府部门的"谁执法、谁普法"责任有效落实

法院、检察院、司法公安等部门按"谁执法、谁普法"的要求，积极和教育部门、学校开展合作，建设法治教育实践基地，通过法治教育进校园、举办法治讲座、编写相关普法书籍、开展青少年法律知识竞赛、工作人员担任法治副校长（辅导员）、提供实践平台等方式给青少年提供了解法律实际运作，增长见识和能力的窗口。截至 2019 年底，全国中小学法治副校

---

① 中国政法大学马怀德在首届"青少年法治教育国际研讨会"的发言。

长、法治辅导员的配备率达到 97.3%，全国共建成青少年法治教育实践基地 3 万多个。① 作为国家司法机关的各级人民法院、人民检察院高度关注青少年权益保护和青少年犯罪问题，每年的工作报告都有相关内容，一些法院和检察院还通过白皮书向社会公众通报相关情况。如 2020 年最高人民检察院《未成年人检察工作白皮书（2014—2019）》系统全面地介绍了近五年来检察系统在青少年法治教育宣传和未成年人保护上的经验做法，取得了良好的社会效果和示范效应。

3. 关注青少年法治教育已经成为社会共识

妇联、共青团等群团组织，关心下一代工作委员会、律师协会、法律援助志愿服务等社会团体以及社区等基层组织在青少年法治教育中发挥了重要作用。高校则在青少年法治教育理论研究以及青少年法治教育志愿宣传方面起到了不可替代的作用，如中国政法大学、北京外国语大学等高校、科研院所成立青少年法治教育研究机构，积极开展青少年法治教育研究，推进青少年法治人才培养。高校师生也以支教、普法的形式积极参与进来，助力青少年法治教育，如北京市举办的"青春船长"和中国政法大学开展的"社会主义法治教育进校园"等志愿活动，组织法学专业学生走进中小学校园进行法治教育宣传，实现了青少年法治教育和法学专业人才培养的双赢。

（三）青少年法治教育的内容不断丰富

随着全面依法治国的深入推进，青少年法治教育纳入国民教育体系。《青少年法治教育大纲》等重要文献出台，新时代青少年法治教育的内容进一步明确和丰富，形成层次衔接有效、内在逻辑统一的完整体系。

1. 总体内容更加全面，实现了从法律知识学习到法治素养养成的升华

新时代青少年法治教育涵盖法律常识、法治理念、法治原则、法律制度四个层面，涉及青少年与家庭、学校、社会、国家的关系四个领域，覆盖公

---

① 《我国已建成 3 万多个青少年法治教育实践基地》，http://news.jcrb.com/jxsw/201910/t20191015_2061220.html，最后访问日期：2021 年 4 月 5 日。

民基本权利义务、家庭关系、社会活动、公共生活、行政管理、司法制度、国家机构等领域的主要法律法规以及我国签署加入的重要国际公约等八个方面的核心内容。正如"法制是法治的基础，法治是法制的深化"。① 新时代青少年法治教育内容更加丰富多样，通过对"法制教育"抑或"法制宣传教育"的升级重构，实现从法律常识、法律知识、以案释法的学习到法律意识、法治观念、法律素质养成的转变，这符合法治建设内在逻辑。② 青少年法治教育内容的丰富不仅使青少年知法守法不违法，更使青少年对于法律有关的重要原理、原则、观念、程序、人员都有基本认识，培养和提升自身的法治素养，能有效参与现实社会的法律生活。

2. 阶段内容更加明确，构建了层次递进、衔接有效、螺旋上升的内容体系

新时代青少年法治教育根据青少年的身心特点和成长需求，设置义务教育、高中教育、高等教育等分学段的内容，实现统筹安排、层次递进。义务教育学段作为青少年法治教育的关键期，进一步细化为小学低年级、小学高年级、初中三个分阶段，实现了从法治启蒙到法治认知再到法治实践的基础建构。整体而言，青少年法治教育内容层次递进、由低到高、由浅入深、衔接有效、螺旋上升，符合青少年认知规律和成长特点。以权利义务教育为本位贯穿于各阶段内容之中的内在价值逻辑和新时代青少年思想道德建设更是紧密融合，实现了从"法律是最低限度的道德"，到"法律是成文的道德，道德是内心的法律"③ 教育理念的转变。新时代青少年法治教育和新时代公民道德教育相辅相成，以道德滋养法治精神，以法治体现道德理念，④ 培养了青少年德法兼修的社会主义法治信仰和法治理念。

3. 核心内容更加聚焦，以宪法教育为核心内容凸显制度自信和文化自信

依法治国首先是依宪治国。宪法作为国家根本法和最高法，是治国安邦

---

① 张文显主编《法理学（第五版）》，高等教育出版社、北京大学出版社，2018，第369页。
② 许晓童：《从法制教育到法治教育的历史意蕴及实践策略——基于〈青少年法治教育大纲〉视角》，《教育评论》2017年第4期。
③ 习近平：《加强党对全面依法治国的领导》，《求是》2019年第4期。
④ 见《新时代公民道德建设实施纲要》。

的总章程，具有最高的法律地位、法律权威、法律效力，具有根本性、全局性、稳定性、长期性。[①] 宪法确定了国家生活和社会生活的根本制度、基本制度和基本原则。[②] 我国现行宪法作为一部好宪法，符合国情、符合实际、符合时代发展要求，更具有显著的制度优势、坚实的群众基础、强大的生命力，为中国特色社会主义建设和实现中华民族的伟大复兴提供了根本法治保障。[③] 新时代青少年法治教育以宪法为核心内容，并将其贯穿始终，是培养青少年的国家观念和公民意识的必然要求，也是坚定青少年制度自信和树立文化自信的必然要求。当前宪法教育在课堂落地，全国统一使用的中小学《道德与法治》六年级上的教材就是宪法专册。而全国宪法日、"学宪法讲宪法"等活动得到广大青少年的积极响应，参与人数每年都创新高，目前达到几千万。

（四）青少年法治教育的方式不断创新

青少年阶段是人生的"拔节孕穗期"，最需要精心引导和栽培。[④] 新时代青少年法治教育遵循青少年身心发展规律，其方式方法不断创新，法治教育的育人效果不断凸显。

1. 理论和实践全面契合，更加贴近青少年的生活实际

长期以来，以法制讲座、普法书籍、考试考核等形式讲授法律条文和案例是法治教育的主要方式，这在早期对于宣传普及法律常识，预防青少年违法犯罪具有重要意义。但随着法治建设的深入，社会公众的法治意识尤其权利意识不断增强，这种知识灌输的方式已和时代的要求、青少年的生活实际脱节，青少年对法治的认知局限在知识层面，懂法不守法，乃至知法避法，

---

① 见习近平就在纪念现行宪法公布施行 30 周年大会上的讲话。

② 参见《宪法学》编写组《马克思主义理论研究和建设工程重点教材——宪法学》，高等教育出版社、人民出版社，2011 年 11 月版，第 23 页。

③ 参见《我国现行宪法是一部好宪法——论学习贯彻党的十九届二中全会精神》，http://opinion. people. com. cn/n1/2018/0120/c1003 - 29776587. html，最后访问时间：2021 年 4 月 5 日。

④ 习近平总书记在学校思想政治理论课教师座谈会的讲话。

严重违法犯罪的极端情况也有发生。

对此,新时代青少年法治教育注重理论和实践结合,采用实践式、体验式、参与式、讨论式等教学方式,开展模拟法庭,通过法治情景剧、参观考察、演讲比赛、法治辩论等形式多样的活动,将法治知识的传授与法治事件、现实案例、常见法律问题紧密结合,与青少年的可知可见可感的生活紧密结合,通过青少年参与和互动,引发主动思考,切实提高了法治教育的质量和实效。

当前,青少年法治教育融入国家宪法日、国防教育日、国家安全教育日、全国消防日、全国交通安全日、国际禁毒日、世界知识产权日、消费者权益日等重要节日以及入学仪式、开学典礼和毕业典礼、成人仪式等青少年成长的关键环节,和安全教育、廉政教育、民族团结教育、国防教育、交通安全教育、禁毒教育等专题教育紧密结合,引导学生自主参与、体验、感悟法治的内涵和精神。教育部自 2016 年起已经连续举办五届的全国"学宪法、讲宪法"系列活动,通过国旗下的宪法晨读活动、动漫视频征集、"宪法小卫士"网络知识竞赛、"我和宪法"演讲比赛等形式引导青少年从身边事情了解宪法、讲述宪法,做到了知识性、趣味性和参与性的结合。

2. 继承和创新的深度融合,实现融媒体时代教育方式的全面升级

当代青少年作为"网络原住民",其学习生活与互联网密不可分。习近平总书记指出,"读者在哪里,受众在哪里,宣传报道的触角就要伸向哪里,宣传思想工作的着力点和落脚点就要放在哪里"。[①] 深化创新青少年法治教育方式,实现"互联网 + 青少年法治教育"已经成为时代的要求。

新时代青少年法治教育积极建构网络阵地,通过建设专题网站,开发主题 App,利用微博、微信、抖音等新媒体平台,实现融媒体时代青少年法治教育的全面升级。当前,教育部全国青少年普法网已经成为青少年法治教育的重要网络平台,各地亦有自己的青少年法治教育主题网站和专题网页,如北京教育普法网等;承担普法责任的各级国家机关、政府部门的官网、官微

---

① 见 2015 年 12 月 25 日,习近平在视察解放军报社时的重要讲话。

也推出青少年法治教育的相关内容。而借助新媒体平台，主题影视剧、微电影、微视频等青少年喜闻乐见的法治教育作品也纷纷面世，取得良好效果。最高人民检察院聘请知名演员李易峰担任全国检察机关"法治进校园"活动形象大使，合作拍摄了预防校园欺凌的公益 MV《青春需要温暖》，在社会上引起强烈反响，网络点击量超过四个亿。①

与此同时，青少年法治教育基地以及青少年法治教育书籍刊物、电视传媒等传统形式也在不断与时俱进。各地青少年法治教育基地的建设主动融合现代多媒体技术和网络智能技术，给青少年以全新体验。如 2019 年新落成的山东省青少年法治教育基地就采用实物与虚拟相结合的方式，利用先进的"声光电"等多媒体手段，通过原创动画、VR 互动、知识竞答、实物展示等贴合青少年需求的设计，将参与性、互动性、知识性、趣味性融为一体，实现了法律知识普及、警示教育、法治文化展示等功能的有机融合，让青少年在寓教于乐中学习法律、体验法治。法治教育图书、期刊不断推陈出新，不再局限于法律条文的诠释和具体案例的编写，而是采用讲故事、画漫画的形式以案释法，结合耳熟能详的传统文化经典和青少年身边故事，以生动活泼的形式诠释社会主义核心价值观，涌现出了《青少年法治教育》《法治与校园》《正义岛》《莎姐讲故事》等一批深受青少年喜爱的书籍和刊物。电视等大众传媒充分发挥渠道畅通、覆盖面广的优势，推出《守护明天》② 等诸多青少年法治教育品牌节目。

3. 自律和他律深入结合，激发青少年学法、守法、尊法和信法的内在动力

"学生是有血有肉的人，教育目的是为了激发和引导他们的自我发展之路。"③ 青少年法治教育旨在培养社会主义法治的忠实崇尚者、自觉遵守者、坚定捍卫者，青少年不只是接受法治知识的受教育者，亦是主动学习、践行法治理念的实践者。新时代青少年法治教育将自律和他律相结合，积

---

① 见最高人民检察院《未成年人检察工作白皮书（2014~2019）》。
② 《守护明天》是由最高人民检察院、中央电视台社会与法频道联合制作的大型未成年人法治教育特别节目。
③ 〔英〕怀特海：《教育的目的》，庄莲平、王立中译，文汇出版社，2012，前言。

极营造以学习者为中心的教育环境，引导学生自主学习和主动实践，延伸拓展到"谁学法、谁普法"学以致用的新领域。如上海市就引导青少年将学习到的法治知识反哺家庭、社会，中小学生作为"法律小顾问"，从法律的视角看待和分析社会实践；成立"法宣小分队"，走进社区展示宣传伪劣保健品的危害；开展了 6·26 国际禁毒日主题活动，举行了禁毒知识竞赛等等。[①] 同时，依法治校成为青少年法治教育的重要保障和基本内容，各地通过依法治校的开展和评比，将法治教育融入学校教育管理的全过程，通过校务公开、制定规则公约等引导学生民主参与学校管理，充分发挥学生的主体作用，培养学生参与群体生活、自主管理、民主协商的能力，养成按规则办事的习惯，引导学生在学校生活的实践中感受法治力量，培养法治观念。

（五）青少年法治教育的效果不断凸显

在党和国家的高度重视下，在全社会的共同努力下，我国青少年法治教育效果不断凸显。其中最为显著的就是青少年的守法意识和守法行为不断增强，青少年犯罪得到了有效控制。未成年人犯罪一直是困扰社会的重大难题，而 2002~2011 年，经过各方努力，中国未成年人重新犯罪率基本控制在 1%~2%。[②] 2012 年以来，未成年人犯罪案件数整体呈现下降趋势，未成年罪犯占全部罪犯的比例逐渐下降，2015 年下降到 3.56%。[③] 2017 年，全国未成年人犯罪人数为 32778 人，比 2010 年减少 35420 人，降幅达51.9%。未成年人犯罪人数占同期犯罪人数的比重为 2.58%，比 2010 年下降 4.2 个百分点。[④] 最高人民检察院统计数据显示，2014~2019 年，未成年人犯罪形势总体趋稳向好，涉嫌严重暴力、毒品、侵财抢劫、校园欺凌等的

---

① 《上海遴选建设第二批青少年法治教育协同创新中心实验校》，《中国青年报》2019 年 6 月26 日。

② 国务院新闻办公室：《中国的司法改革》白皮书，2012 年 10 月。

③ 国务院新闻办公室：《中国司法领域人权保障的新进展》，白皮书2016 年 9 月。

④ 国家统计局：《中国儿童发展纲要（2011—2020 年）》统计监测报告，2017。

犯罪总体下降趋势明显，14~16周岁未成年人犯罪人数明显减少，低龄未成年人犯罪形势逐步向好。[①] 以上情况亦为各级法院未成年人审判的统计数据所印证。整体来看，青少年法治教育的开展有效减少了在校学生的犯罪，未成年人犯罪低龄化的趋势得到有效遏制。[②]

与此同时，青少年群体的法律知识水平、法治意识、法治素养不断提升。由中国政法大学青少年法治教育中心于2013年和2018年两次开展的全国青少年法治教育发展调研显示，随着我国青少年法治教育明显得到强化，我国青少年的法治价值观已经初步养成。青少年的民主观念已初步形成，具有通过民主参与促进班级管理的动力和积极性；青少年初步确立了法律面前人人平等的意识；青少年对于自由意识的认知层次较高，认为自由并非任意妄为，而应当被约束在法律框架之内。青少年也初步形成了遵守法律和运用法律的意识。调查显示，青少年已经具备了一定的规则意识，普遍愿意自觉遵守和运用法律。而随着社会主义民主法治建设的不断深入，青少年群体的法治意识和道德素养不断提升，青少年尊法、学法、守法、用法和护法成为时代的新风尚。

三 当前青少年法治教育的挑战和问题

青少年法治教育从探索起步到深入发展，再到步入新时代，历经四十年，取得了巨大成绩，为我国青少年的健康成长成才提供了强有力的支持。但面对新时代的新要求、新形势，青少年法治教育面临着新挑战和新任务。

（一）青少年法治教育理念有待深化

历史实践证明，法治教育是法治国家加快法治现代化进程的必由之路。[③]

[①] 最高人民检察院《未成年人检察工作白皮书（2014—2019）》，2020年6月。
[②] 《广东未成年人刑事审判白皮书（2013—2018）》《安徽省未成年人刑事审判白皮书（2012—2015）》《深圳法院未成年人刑事审判白皮书（2015—2019）》等统计数据。
[③] 王俊杰：《高校法治教育的现实困境与应对策略》，《韶关学院学报》（社会科学），2014年3月。

我国青少年法治教育作为"法治中国"建设的关键环节和基础工作，是以社会主义法治理念为指导，服务于、服从于中国特色社会主义法治建设的。这要求青少年法治教育应当立足于我国现实国情和历史文化传统，充分考虑到我国青少年的成长发展规律，将青少年培养为社会主义法治的忠实崇尚者、自觉遵守者、坚定捍卫者和认同社会主义法治道路、忠于祖国的可靠接班人和合格建设者。

但因历史等因素，当前对于青少年法治教育的理念、目标的认识还存在误区。现实中仍存在将青少年法治教育等同于公民教育、权利教育的错误做法。一些教育者出现了对学生关注的法治热点难点，讲不清、说不明甚至解释错误的情况。还存在将法治教育视为"法制教育"，等同于法律知识应试教育的认识。一些教育者不能正确把握讲授法治知识与落实立德树人要求之间的关系，出现了以简单的道德说教和法律知识学习代替社会主义法治理念诠释的情况。另外，法治教育和其他课程的交叉融合不够，就法律知识来学法论法的现象还比较普遍。在个别地区和学校，法治教育课程因和中考、高考等关键考核不直接挂钩，甚至沦为不受重视的边缘课程。

（二）青少年法治教育队伍有待加强

高水平的法治教育教师队伍是青少年法治教育的基本保障。当前青少年法治教育队伍建设受到了普遍重视，各地均已初步建立起一支专兼结合的青少年法治教育队伍。中小学基本按要求配备了专职或兼职的法治教育教师，聘请法官、检察官、公安干警等工作人员以法治副校长、法治辅导员的形式担任兼职教师。与此同时，各地法治教育教师的专业培训体系也在不断健全，提升了队伍专业化水平。如北京市推出了中小学教师法治教育能力展评活动以及中小学法治教育名师工作室计划，旨在提升中小学法治教育师资质量。

尽管青少年法治教育队伍建设受到重视，并取得一定成绩，但"先天不足，后天不全"的情况在短期内很难得到有效改变。目前中小学法治教育的主要力量是《道德与法治》课教师，但因历史原因，这支队伍的法学专业背景和知识储备的短板非常明显。法治教育专职教师岗位培训的效果也不理想，和新时代青少年法治教育的要求存在差距。在兼职法治教育队伍方面，则存在着"法律有余则教育不足"的情况，法律专职工作者如何结合青少年特点开展有针对性的法治教育工作还在探索之中。

另外，专门研究队伍的缺乏也是制约青少年法治教育发展的重要因素。"青少年法治教育是一个包括但不限于预防未成年人犯罪的一个多学科交叉研究的一门大学问"。[①] 长期以来，对于青少年法治教育的研究多是零星的、散落式的，早期主要是法学、犯罪学以及社会学的学者以青少年犯罪为主题开展研究，后期教育学、心理学以及思政课的专家也开始相关研究，教育、司法部门和高校、科研院所合作成立相关研究机构。但整体来看，研究队伍人数少，深度研究成果缺乏的情况未得到有效改观。而目前综合运用法学、心理学、教育学、社会学等多学科的知识契合不同年龄段、学段学生的身心特点，开展法治教育已成为必然趋势。

（三）青少年法治教育合力有待提升

当前，青少年法治教育得到了党和国家的高度重视，出台了相关制度保障和明确了措施要求。但因各地的经济发展和重视程度等问题，政策支持和经费投入等方面不尽相同，配套资源未到位的情况并不少见。青少年法治教育存在规划统筹、部门协同不够的情况，资源有待整合，合力有待提升。司法行政部门的全民普法、教育部门的法治教育以及各执法机关的法治宣传在一定程度上存在内容重叠，甚至冲突的情况。教育行政部门和学校之间的权责不清，对涉及青少年法治教育的专业师资、优质教材和法治教育形式等核心因素认识不统一，行动不一致。[②]

青少年法治教育中的家庭教育亟待加强。家庭是人生的第一所学校，

① 中国政法大学法治政府研究院院长王敬波教授在首届"青少年法治教育国际研讨会"的发言。
② 参见中国政法大学青少年法治教育中心《我国青少年法治教育发展报告（2018）》。

412

"有什么样的家教，就有什么样的人"①。我国青少年法治教育历来重视家庭教育的开展，在一五"普法"期间，就设立家长学校，加强家校联系。因历史文化传统及社会经济现状，我国家庭教育重智育、轻德育，忽视法治教育的情况还较为普遍。家长不懂法、不守法，给青少年带来很大负面影响。"留守儿童"、孤儿等特殊群体则因种种原因，缺少家庭关爱和关心，在一定程度上成为青少年法治教育的短板。2016 年安徽省发布的"未成年人刑事审判白皮书"及典型案例中就指出，2012～2015 年，全省留守未成年人犯罪占未成年人犯罪总数的 42.82%。"几乎每一个'问题少年'背后都有一个'问题家庭'"，家庭教育不当或缺失，成为导致未成年人走上犯罪道路的重要因素。②

高校、志愿组织等社会力量参与青少年法治教育的深度和广度还有待于提升。当前，如北京青少年法律援助与研究中心等社会机构在青少年法治教育中的作用虽然不断增强，但我国缺乏青少年法治教育的专业化社会机构的现实没变。青少年法治教育志愿服务体系还有待健全，高校师生尤其是法学专业大学生参与青少年法治教育的程度和我国法学教育规模、人才培养目标完全不相称，与《青少年法治教育大纲》提倡的大学生积极参与法治实践的目标差距不小。

（四）青少年法治教育短板有待补齐

近年来，各级各类学校作为实施法治教育的主体，取得了显著成绩。但相对于我国法治建设的发展以及青少年成长成才需求，还存在发展不平衡等问题。其中，地区、校际发展不均衡的现象尤为突出，农村、边远地区因为基础教育薄弱，法治教育的效果欠佳。同时，因种种原因，高中阶段法治教育相对不足。相对于义务教育阶段，普通高中和职业高中专门的法治课的开设情况较差，这导致青少年的法律常识认知并未随着年龄的增长而提升，高

---

① 见 2016 年 12 月 12 日，习近平在会见第一届全国文明家庭代表时的讲话。
② 《安徽首次发布未成年人刑事犯罪审判白皮书》，http://ah.people.com.cn/n2/2016/0531/c358266-28431989.html，最后访问日期：2021 年 4 月 5 日。

中生的法律认知水平相对于对该年龄段的要求而言较低，高中生遵守和应用法律的意识也比较薄弱。① 最高人民检察院《未成年人检察工作白皮书（2014—2019）》就指出未成年人犯罪中 14～16 周岁未成年人犯罪人数明显减少，低龄未成年人犯罪情况逐步向好。高中（技校）及大专以上人数逐渐增多，占比从 8.98% 上升到 12.32%。另外，如何针对留守儿童、少数民族地区的儿童以及青少年违法越轨者等特殊群体开展精准性和个性化的法治教育仍是需要深入探讨的问题。

青少年法治教育互联网阵地亟待加强。随着当前互联网治理的深入，风清气正的网络环境正在形成，一批青少年法治教育的优秀网络产品也不断涌现。但相对于青少年法治教育的需求而言，我国网络文化产品的原创性、针对性和亲和力还有待于提升，更是缺乏精品爆款和拳头产品，对于青少年的吸引力和覆盖面还不够。

（五）青少年法治教育评价有待健全

教育评价作为教育活动体系中必不可少的部分，对于优化管理，提升教育质量具有重要意义。科学的青少年法治教育评价机制，全面考察青少年法治教育效果，有利于激发青少年学习法治知识、发展法治能力、提高法治素养、参与法治实践的自觉性，有利于激发学校、教师开展法治教育的主动性和创造性，促进青少年法治教育形式与内容的不断改进和创新。②

长期以来，我国青少年法治教育缺乏科学体系化的评价机制，基本沿用全民普法活动中传统的考评模式：通过测试、考试看青少年法律知识掌握的程度；通过审阅材料、听取汇报了解课程开展、师资建设、措施保障、活动数量、参与人数等情况；另外就是通过走访现场，直接观察具体的法治教育活动的开展情况。在形式上，多以教育、司法等部门组织的各类专项检查、评比为主，评选范围也主要针对各级各类学校。这种评价机制在早期普及法律知识

---

① 参见中国政法大学青少年法治教育中心《我国青少年法治教育发展报告（2018）》。
② 参见《青少年法治教育大纲》。

和开展法制教育宣传阶段对于青少年法治教育具有重要的促进作用。但随着社会主义法治建设的深入以及对全民法治素养要求的提高，其问题逐渐暴露：这种行政主导型的评价机制固化，评价对象固定，不能反映青少年法治教育发展的全貌；评价标准的主观性大，很难客观准确地反映青少年的法律知识和法治素养水平；评价方法单一，缺少整体化、体系化的统筹安排，考核要求形式大于内容；评价结果和责任落实脱节，缺乏后续激励保障措施的跟进，等等。

四　新时代青少年法治教育的未来展望

"孩子们成长得更好，是我们最大的心愿！"对此，践行立德树人的初心，不断深化认识、创新形式和增强实效，是新时代青少年法治教育的责任和使命。针对当前制约青少年法治教育的问题和难点，笔者提出以下建议。

（一）始终坚定社会主义法治的方向和立场

青少年法治教育要牢牢把握正确的政治方向，坚决抵制各类非马克思主义的错误思想进入学校，进入课堂，要将"有权利就有义务、有权力就有责任"的社会主义法治理念贯彻于青少年法治教育的始终。法治教育作为青少年思想道德建设和社会主义核心价值观教育的重要内容，对于青少年系好人生成长的第一粒扣子具有重要意义。《道德与法治》等课程作为新时代学校思想政治理论课课程体系重要组成部分，亦是立德树人的关键课程。青少年法治教育避免陷入"法制教育"的窠臼，沦为法律知识学习的应试教育，要准确把握住讲授法治知识和培养德法兼修、价值引领和知识学习、法治教育和道德教育、正面引导和批判反思、课堂教学和实践教学等一系列关系，将道路自信、理论自信、制度自信、文化自信贯穿于教育教学全过程，将社会主义法治理念的种子厚植于学生内心。

（二）不断健全多方协同的合力育人机制

健全青少年法治教育的政府－学校－家庭－社会四维机制，实现多方资源协同。党的领导是我国青少年法治教育发展的根本保障，进一步压实各级党委政府的领导责任，要将青少年法治教育纳入地区社会发展和法治建设的规划，明确领导机构和部门责任，健全部门协同机制。教育部门要积极统筹各层次、各类型的学校，保障资金投入，规范教材使用，强化监督管理，加强教学研修和培训，充分挖掘法治教育资源推进法治教育的网站、实践基地建设。司法、行政部门要发挥普法综合协调的职能，积极将法治教育资源对接学校需求，各级人民法院、人民检察院以及行政执法部门要严格落实"谁执法、谁普法"的责任要求，以多种形式参与青少年法治教育。

强化学校开展青少年法治教育的主体责任，各级各类学校都要落实政策要求，配齐配强队伍，开足开好法治教育课程，要立足地区和本校特色开设校本课程，完善学校的法治教育课程体系。同时，加强校内外的法治教育实践活动和校园法治文化环境建设，积极推进依法治校，营造法治教育的良好氛围。

积极形成家庭教育和学校教育的合力，进一步强化青少年法治教育的家庭阵地，教育、引导广大家长教之以方，重言传、重身教，教知识、育品德，塑造优良家风，时时处处给孩子做榜样，用正确行动、正确思想、正确方法教育引导孩子，① 培育孩子的优良品德和法治意识，帮助孩子扣好人生的第一粒扣子，迈好人生的第一个台阶。通过家长、学校建立家校合作机制及时了解家庭的教育需求，提升家长自身的法治素养和教育能力，预防违法行为的产生。

充分发挥社会力量对青少年法治教育的积极推动作用，不断强化、优化全社会关注法治教育的良好氛围。要着重发挥高校、科研机构对青少年法治教育的人才和知识支持，开展青少年法治教育研究，合作开发青少年法治教育课程和活动项目等。发挥大众传媒在青少年法治教育中的积极作用，尤其是注重互联网媒体对于青少年法治教育的正向引导作用，打造一批弘扬法治精神的图书、期刊、网络游戏、动漫作品、少儿节目等文化产品以及创意作

---

① 见 2014 年 5 月 30 日，习近平在北京市海淀区民族小学主持召开座谈会时的讲话。

品，做到润物细无声，运用各类文化形式，生动具体地表现社会主义核心价值观。[1]

（三）全面加强青少年法治教师队伍建设

各级政府及教育部门要从培养社会主义接班人和建设者的高度来重视青少年法治教育教师队伍的建设，建设一支德才兼备、专兼结合的教师队伍。要从人员编制、经费保障上配齐、配好法治教育专任教师队伍，明确从事道德与法治课教学等青少年法治教育工作专任教师的准入标准，并给予工作考核、职称评定以及发展激励等方面政策上的倾斜。进一步完善法治教育教师培训体系，通过构建综合培训和专题培训相结合、理论培训和实践培训相结合、学历培训和能力培训相结合、知识培训和方法培训相结合、资格培训和提升培训相结合的五结合培训体系，不断提升现有教师队伍的法律专业素养和知识水平。

积极吸纳优秀的检察官、法官、律师等专业法律工作者担任法治副校长、辅导员，走进校园开展法治讲座，弥补专职教师队伍的不足。注重发挥"五老"即老干部、老战士、老专家、老教师、老模范等在青少年法治教育中的重要作用，形成良好示范作用。进一步规范法治教育的公益服务管理，共青团、妇联、工会等群团组织要起到带头示范作用，引导企事业单位以及各类社会组织积极参与到青少年法治教育中来。

积极推进大中小学的思政建设一体化，立足于人才培养和社会服务相结合，采用委托项目、课题等方式依托高校、科研机构开展青少年法治教育研究，鼓励、引导法学等相关专业师生走进校园、社区积极开展普法志愿活动。同时着眼长远，加强专业人才培养，由政府和教育部门统筹法学类和师范类等高校资源，采用订单式培养等形式，培养一批懂法律、懂教育，政治思想素质过硬的高素质人才，为青少年法治教育队伍的可持续发展奠定基础。

---

[1] 习近平在中共中央政治局第十三次集体学习时的讲话（2014年2月24日）。

（四）着力补齐青少年法治教育短板

坚持以问题为导向，针对当前青少年法治教育存在的发展不平衡等问题，要全方位统筹资源，推进青少年法治教育整体上的均衡发展，实现对重点群体的精准关怀和个性教育。

加强对农村、边远地区的投入，以区域合作和资源共享等方式，推进青少年法治教育均衡发展。当前，随着脱贫攻坚即将赢得全面胜利和乡村振兴战略的全面推进，农村、边远地区教育基础设施得到了全面改观，师资匮乏已成为青少年法治教育发展的重大瓶颈。对此，要通过财力、物力、人力等方面一系列政策的倾斜，给予这些地区以特殊的法治资源的输送和补充。国家、省以及各地区可统筹建立青少年法治教育对口支援机制，实现先进地区和后进地区、先进学校和后进学校之间的帮扶和合作，以师资交流培训、课程资源共享、学生交流交换等方式推进均衡发展。增加特岗教师中法治教育教师数量，通过大学生普法志愿者专项援助计划等，吸引优秀人才加入法治教育教师队伍。

贯彻落实《青少年法治教育大纲》的要求，将法治教育贯穿于大中小学的培养全过程。积极推进大中小学思政课一体化建设，在教材编写、课程设计和考试安排上实现法治教育内容的衔接、层次递进、螺旋上升。在中、高考中适当增加法治知识内容，将法治素养作为学生综合素质考核的重要组成部分。尤其是针对高中生、留守儿童以及少数民族地区儿童群体的特点开发喜闻乐见、寓教于乐的法治教育课程和活动，实现教育内容的精准聚焦，以体验式、情景式、互动式激发学生的内在动力，提升其法律知识水平和法治素养。

运用新媒体技术不断增强青少年法治教育的传播力和影响力。充分借助5G、VR、AI、AR[①]等高科技，面向广大师生建设青少年法治教育的融媒体

---

① AR 是（Augmented Reality）增强现实；AI 是（Artificial Intelligence）人工智能；VR 是（Virtual Reality）虚拟现实。

平台，聚合慕课、直播、视频、课件、动漫、期刊图书的优质资源，构建第一课堂、第二课堂和网络课堂相融合的课程体系，借助网络形式实现优质的法治教育师资资源、课程资源以及活动资源全社会共享。

（五）积极构建导向明确的评估机制

坚持立德树人的宗旨，以培养青少年社会主义法治观念为教育目标，结合社会诚信体系建设、精神文明创建等机制，探索建立综合性的青少年法治素养评价机制。

构建分层分级的多维度评价指标。宏观层面的整体效果评价，侧重于青少年群体法治观念的水平，以未成年人犯罪率、青少年权益保护情况、政府经费投入、学校课程师资建设等整体评价作为重要量化指标。对于学校的评价，将学校法治教育实施情况、依法治校的落实情况、预防青少年违法犯罪和"平安校园"的创建等统筹考虑。对于青少年个体的评价，则将知识、技能、理解、价值观以及行动事实融合起来，将外在客观评价和内在认知统一起来，实现对学生法治观念知行合一的全面评价。

实现过程性评价和结果性评价统一。综合运用观察法、问卷法、座谈访问法、测试法、听取汇报法以及收集文件资料法，将必要的法律常识纳入不同阶段学生学业评价范畴。结合青少年的学习和生活，将反映法治思维、法治观念的行为、态度和实践作为评价的重要内容，开展区域乃至全国范围内的抽样问卷，充分利用大数据等技术进行资料分析和数据统计，增强评价的科学性和有效性。

强化评价主体的公正性和公信力。评价主体应当具备相应的专业知识和技能，深入了解青少年法治教育的规律和实践，更重要的是具备公正品质，能够秉承倡导、践行法治的初心以公正公平的态度进行评价。对此，教育部门可以联合司法部门组织或者委托第三方对学校、区域的青少年法治教育的整体情况进行评价。有条件的高等学校、科研组织也可以充分发挥专业开展青少年法治教育评价的研究与实践。近年来，中国政法大学青少年法治教育中心相继发布《我国青少年法制教育调查报告 2013》《我国青少年法治教育发展报告（2018）》，对高校、科研机构服务青少年法治教育做出了很好的示范。

科学合理使用评价结果。要将青少年法治教育评价结果与相应奖惩措施挂钩，压实政府、学校等各级各类主体的责任。将青少年法治教育纳入综合考评的范畴，落实"一把手"要求，并根据绩效给予相应的财政支持和奖励，对于未能达标的，则应进行相应的诚勉谈话，取消评优资格等。

上海市青少年法治教育教师
队伍教育现状调查

李敏　张俊　闫引堂　俞慧文　张涛*

摘　要：　法治教育教师的素养决定青少年法治教育的质量。对上海市中
小学校长和青少年法治教育教师的调查表明，青少年法治教育
教师队伍能适应法治教育的需求，区域教研和校本教研的效果
较好，对法治教育教师的专业发展有重要的作用。从法治教育
教师的人数来看，小学段最多，而且兼职教师较多，初中和高
中阶段，法治教育教师相对稳定。上海市青少年法治教育教师
教育面临的主要问题是法治教育教师的本体知识不足，市级及
以上法治专题培训与教研的接受面、普及面较窄，优质的培训
资源的辐射面和受众面较小。法治教育教师培训的针对性、系
统性和持续性有待加强。法治教育教师职前教育、职后教育缺
乏有效的融合。要提升青少年法治教育教师的素养，需吸引法
学专业的毕业生从事青少年法治教学工作，加强职初教师法治
知识的系统化学习。围绕核心知识模块，加强对法治教育教师
教学转化能力的培养，注重法治教育教师培训者队伍建设。

* 李敏，上海市师资培训中心德育与师德研究部主任、副研究员；张俊，上海市师资培训中心
正高级教师；闫引堂，上海市师资培训中心中学高级教师；俞慧文，上海市师资培训中心德
育与师德研究部副主任、中学高级教师；张涛，上海市师资培训中心交流协作部主任、中学
一级教师。本报告撰写过程中，得到了上海市师资培训中心思政学科正高级教师周增为老师
的悉心指导，特此感谢。同时参与本调研的还有上海市师资培训中心陈晨、陈飞、姚媛媛、
陈秀清以及上海市建平中学思政教师刘宏福等，一并致谢。

关键词：　青少年　法治教育　教师教育

近年来，国家强化中小学法治教育，出台了一系列加强青少年法治教育的政策，对青少年法治教育提出新的要求。青少年法治教育教师是当前法治教育的主要承担者，法治教育的效果好不好，关键在于在中小学从事系统的法治教育的教师，这些教师的专业素养和职后培训，直接决定青少年法治教育的效果，甚至关系到一代代青少年法治意识的培养，关切未来社会的法治基础，其重要性不言而喻。

教育部颁发的《中小学法制教育指导纲要》（2007）中明确提出："各地教育行政部门要有规划地培养专兼职相结合的法制宣传教育队伍，鼓励有条件的中小学聘任法制教育专、兼职教师。要对全体教师进行有关法制教育基本知识和必备能力的培训；对学科教师、法制教育辅导员要加强专业技能的培训，尤其对品德与生活、品德与社会、历史与社会、思想品德、思想政治课程教师加强法律专业知识的培训，培养、壮大和提高法制教育的师资队伍。"[①]

一　调查背景

初步的文献和实证考证发现，目前中小学法治教育教师是一个特殊的群体，主要是由教授道德与法治、思想政治课的教师群体构成，思政教师基于国家课程中的法治知识，对学生进行较为系统的法治精神的培育和法治知识的传授等。有鉴于此，同时为了保证调研的效度，本调查主要以中小学校长和思政课教师为调查对象，从目前法治教育教师的基本情况、法治教学能力以及在职前、职后所接受的相关教育和培训等方面探讨法治教育教师教育的现状，并基于调查数据，对法治教育教师的教育改进，尤其是职后培训的改进提出相应的建议。

[①]　教育部颁发的《中小学法制教育指导纲要》（2007），详见 http：//www. moe. gov. cn/s78/A06/s7053/201410/t20141021_ 178447. html，最后访问日期：2007 年 7 月 24 日。

关于中小学法治教育教师的专项调查相对较少，目前所能看到的专门针对法治教育教师的调查主要以区域性的调查为主，如黄纶田等（2019）的《广州市中小学道德与法治教师专业素养的调查研究》、程骏等（2019）的《小学道德与法治教师队伍建设的问题与建议——以安徽省部分县区为例》等，这些调查针对道德与法治教师的现状进行了较为细致的分析，[①] 本调查吸收了这些调查的成果。

客观而言，在法治教育已然成为落实培养公民法治精神的重要途径的背景下，我们更需要进一步思考承担这一关键职责的法治教育教师的现实状况：现有的法治教育教师队伍，其职前职后的总体状况究竟如何，如何结合统编教材的最新体系进一步提高当下法治教育教师的教学胜任力，如何持续提升法治教育教师的专业素养等。对于这些问题的根因探究和对策探索，对于青少年法治教育的有效推进具有重要意义。有鉴于此，本课题组以长三角部分地区（主要以上海市若干区域）为例，在客观调查的基础上，基于证据，形成对中小学法治教育教师教育的有效对策，为提升区域青少年法治教育教师队伍专业知能提供科学的依据。

据此，本次调查要聚焦以下两个问题。

（1）青少年法治教育教师教育的现状如何。

（2）青少年法治教育教师培养的对策与建议可以有哪些。

二 调查方式与过程

（一）调查对象的确定

目前中小学的法治教育，主要是通过思政学科中的法律知识模块进行

---

① 有关中小学法治教师的专项调查近年来持续增加，较为典型的成果有，黄纶田、左璜、罗羽乔、魏国武：《广州市中小学道德与法治教师专业素养的调查研究》，《中小学德育》2019年第5期，第70~74页；程骏、季文华、盛宏宝：《小学道德与法治教师队伍建设的问题与建议——以安徽省部分县区为例》，《中国德育》2019年第16期，第26~30页。

的，相关教学工作主要由思政学科教师承担。同时教育部颁发的《中小学法制教育指导纲要》（2007）中，将思政学科教师放在法治教育队伍的突出地位，这些教师应该成为上海市青少年法治教育教师教育状况的主要调查对象。因此，本次调查的对象之一确定为目前在职在岗的思想政治和道德与法治课程的学科教师，他们的职前和职后教育应该是本次调查的重点。

同时，中小学校长对法治教育的实施推进起到至关重要的作用，他们对法治教育教师队伍建设的重要性认识、重点和难点问题的把握以及具体提升教师整体素质的意见和建议，对中小学法治教育教师队伍的建设具有重要参考价值。因此，本次调查的对象之二确定为目前在任的中小学校长。

（二）调查内容

为了客观、准确地了解上海法治教育教师职后教育培训的现状，我们主要通过问卷和访谈两种方式展开调查，问卷主要分为四个模块：

1. 法治教育教师法治教育能力现状；
2. 法治教育教师的教育（主要是职后培训）现状；
3. 法治教育教师的教育（主要是职后培训）面临的问题；
4. 法治教育教师的教育（主要是职后培训）的需求和建议。

围绕这四个模块，我们分别设计了校长问卷和教师问卷。其中，校长问卷包含选择题11题，开放题1题；教师问卷包含选择题26题，开放题1题。

访谈作为辅助调查方法，我们主要对中小学校长、中小学思政课教师和教研员、高校法治教育专家进行了10次访谈，这些资料作为问卷调查的补充，对深入了解法治教育教师教育的整体状况具有重要的意义。

（三）调查样本

为确保抽样的科学性和代表性，调查对象分为校长和教师两类。

1. 校长

校长问卷的发放对象包含上海16个区的中小学校长，采取随机抽样的原则，每个区选择不同学段、不同类型学校的校长作为调查对象。2021年2

月开展调查,发放问卷260份,收到有效问卷260份,回收率100%,本次抽样样本基本情况见表1。

表1 学段分布

选项	问卷数量(份)	比例(%)
小学	97	37.3
初中	51	19.6
九年一贯制学校	83	31.9
完中	10	3.8
高中	19	7.4
总计	260	

本次调查中,有23.85%的校长是法治教育特色学校的校长,76.15%的校长不是法治特色学校的校长(见表2)。

表2 法治教育特色校校长

选项	小计	比例(%)
是	62	23.85
否	198	76.15
总计	260	

在被调查的学校中,有40.38%的学校有法治教育校本课程,59.62%的学校没有开发和形成法制教育特色校本课程(见表3)。

表3 法治教育校本课程(含特色课程、拓展课程)

选项	学校(所)	比例(%)
有	105	40.38
没有	155	59.62
总计	260	

2. 教师

教师问卷按照分层抽样的原则,从上海中心城区、近郊、远郊三个维度，选取6个区进行抽样调查。在区域内，学段按照全样本调查。由区教育学院思政学科教研员组织问卷调查，总计样本5500人左右，这些教师在一定程度上能够反映上海市青少年法治教育教师的整体状况。2020年9月开展调查，发放问卷5500份，收到有效问卷5436份，回收率98.8%，本次抽样样本基本情况见表4、表5。

表4 区域分布

选项	问卷数量（份）	比例（%）
A、黄浦	673	12.38
B、徐汇	1105	20.33
C、闵行	1843	33.9
D、宝山	831	15.29
E、金山	627	11.53
F、崇明	357	6.57
总计	5436	

表5 学段分布

选项	问卷数量（份）	比例（%）
A. 小学	4481	82.43
B. 初中（含一贯制）	645	11.87
C. 高中	308	5.67
D. 职校	2	0.04
总计	5436	

区域内各学段人数的分布情况见图1，小学、初中、高中的占比基本上与各区各学段的规模一致，表明本次抽样具有一定的代表性。

（四）数据分析工具

数据分析，主要采用SPSS统计软件展开，本次调查主要是准确了解当前法治教育教师教育的现状，故我们主要进行基本的描述性统计，通过数据，客观地展现当前法治教育教师的基本状况、所接受的职前职后教育的现

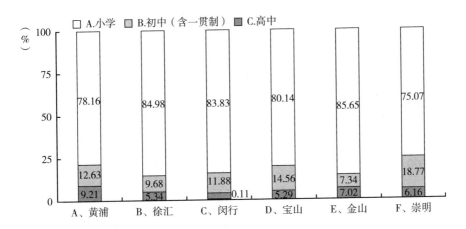

图1 各区域法治教育教师学段分布

状及面临的主要问题，重点在于描述现象，对于法治教育教师教育背后的影响因素没有作深入的探讨。

三 研究结果

（一）青少年法治教育教师的基本状况

本次调查中，课题组首先从学历、本科专业、职前法治知识的学习途径等方面，展示法治教育教师的职前教育状况，其次还从法治教育教师的任职状态、职后法治知识更新等方面，展示了法治教育教师任职和学习的基本情况。

1. 目前法治教育教师职前教育的状况

（1）法治教育教师的学历主要以大学本科为主，占比74.10%，其次为大学专科，占比12.93%，硕士研究生占比12.91%，博士研究生占比0.06%（见图2）。

（2）教师本科所学专业和学科知识的积累，是教师教学能力的重要基础。数据显示，目前法治教育教师的学科背景较为复杂，职前所学专业与法学学科相关的占比较低，法治教育教师的本科专业占比最高的为教育学

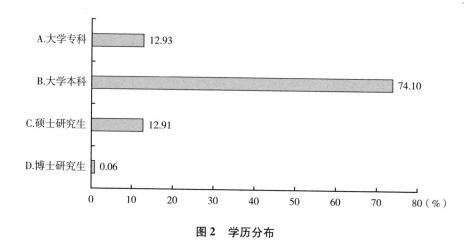

图2　学历分布

（39.20%），其次为文学（23.84%）、法学（10.72%）、管理学（9.42%），法学专业的占比为10.72%，理学、工学、农学、医学等专业的法治教育教师也占有一定的比例。传统的文科专业，如历史学、哲学、经济学、艺术学也有一定的占比（见图3）。学科的多样，相对弱化了法治教育教师的专业地位，也为职后培养增加了难度。

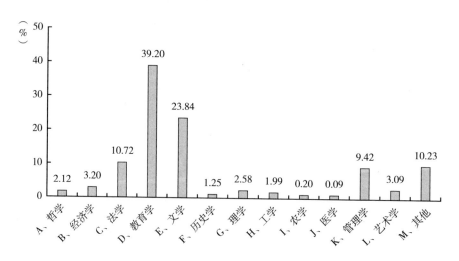

图3　本科所学的专业（含双学位）（多选题）

当校长被问及"学校法治教育教师队伍中,具有法学专业背景的教师占比"时,43.08% 选择"没有",41.92% 选择"百分之十以内",8.46% 选择"百分之十到百分之三十",3.08% 选择"百分之三十到百分之五十",1.54% 选择"百分之五十到百分之一百",1.54% 选择"百分之一百"(见图4)。可见,目前青少年法治教育的教师队伍中,法学专业背景的教师还相对缺乏。在这一点上,校长的调查结果与教师的调查结果基本上一致。

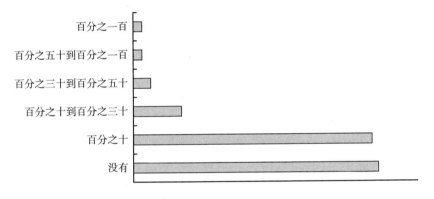

图4　法学专业背景教师占比(校长调查)

(3)职前接受法治教育的状况

被调查的教师中,43.3% 的教师接受过职前的法治专业教育。需要说明的是,职前的法治专业教育与法治学位教育是有差异的,前者可以是短期的法治专业学习项目,也可以是法治专题研修项目。56.7% 的被调研教师期望能够得到进一步的法治知识的学习和普及,他们认为这也是提升自身教学能力的必要基础(见图5)。

2. 法治教育教师的任职情况

(1)法治教育教师的任职时间较为稳定,超过50% 的教师工作在7年以上,有近33% 的教师是1~3年的职初教师(见表6)。

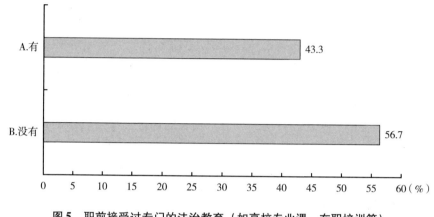

图5 职前接受过专门的法治教育（如高校专业课、在职培训等）

表6 参与法治教育教学工作的时间（含各学段思政课）

选项	人数	占比（%）	
A.1 年及 1 年以内	795		14.62
B.2~3 年	930		17.11
C.4~6 年	828		15.23
D.7~10 年	544		10.01
E.11 年及以上	2339		43.03
总计	5436		

（2）职后法治教育教师的知识更新和学习方式以个人研读教参、参与培训、校本研修为主。从校长问卷结果来看，主要是教师自学教材或教参，占比75.8%，其次为各类师训课程（69.6%），校本研修（65.8%），区级及以上教研活动（66.5%）（见表7）；从教师问卷来看，主要是法治教育教材或教参的研读，占比63.94%，其次为区级及以上教研活动（63.02%），校本研修（46.65%）（见图6）。可见，法治教育教师职后系统化的研修有待进一步强化，在研修形式上应更加多样化。

表7 贵校法治教育教师的法治教育知识获得途径（校长问卷）

选项	小计	比例（%）
教师自学教材或教参	197	75.8
校本研修	171	65.8
区级及以上教研活动	173	66.5
各类师训课程	181	69.6
其他：（请列举）	6	2.3
本题有效填写人数	260	

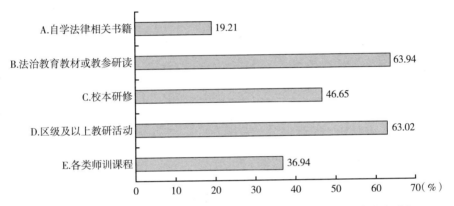

图6 担任法治教育教师后，法治（教育）知识获得的途径（教师问卷）

（二）法治教育教师教育能力的基本状况

法治教育教师是否能胜任学校法治教育工作？校长问卷中显示：超过一半的校长认为自己学校的法治教育教师能够胜任，完全能胜任的占比11.92%，能胜任的占比45.38%，有点吃力的占比8.08%，完全不能胜任的占比0.77%（见表8）。结果显示，目前校长对法治教育教师能力总体满意，但仍有部分教师的能力不足。同一问题教师问卷结果显示：有一半教师觉得自己能胜任教学工作，完全能胜任的教师占比9.68%，能胜任的教师占比40.91%，有10.61%的教师有点吃力，有近1%的教师表示完全不能胜任法治教学工作（见图7）。教师的教学效能感对教师教学表现有直接的影响，对自己的教学胜任力有较高自信的教师在教学中表现较好。

表8 法治教育教师能否胜任目前青少年法治教育的工作（校长问卷）

选项	小计	比例(%)
完全能胜任	31	11.92
能胜任	118	45.38
一般	88	33.85
有点吃力	21	8.08
完全不能胜任	2	0.77
总计	260	

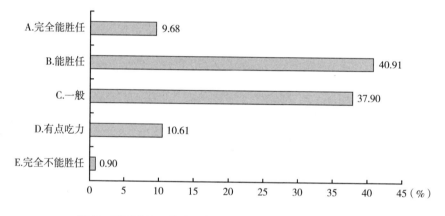

图7 能否胜任目前青少年法治教育的工作（教师问卷）

从学段分布来看，能胜任法治教学工作占比最高的是初中教师，占比约64%，其次为高中，占比约59%，小学段占比约48%，而有点吃力和完全不能胜任教学工作占比最高的是小学教师，占比为12.07%，其次为高中，占比为12.01%，最小为初中，占比7.44%（见表9）。可见，从学段来看，初中教师的教学效能感最强，其次为高中，小学段较低，这可能是因为小学段法治教育教师的非法学专业从教教师比例较高，教师缺乏基本的法治本体知识和教学经验。

表9　学段间法治教育教师教学胜任力比较

X\Y	A. 完全能胜任	B. 能胜任	C. 一般	D. 有点吃力	E. 完全不能胜任	小计
A. 小学	391(8.73%)	1768(39.46%)	1781(39.75%)	497(11.09%)	44(0.98%)	4481
B. 初中(含一贯制)	98(15.19%)	312(48.37%)	187(28.99%)	46(7.13%)	2(0.31%)	645
C. 高中	37(12.01%)	143(46.43%)	91(29.55%)	34(11.04%)	3(0.97%)	308
D. 职校	0(0.00%)	1(50%)	1(50%)	0(0.00%)	0(0.00%)	2

（三）法治教育教师教育的现状

本项调研主要从法治教育教师职后教育的开展情况和效果展开，涵盖普及面、深度、广度和成效等方面。

1. 培训的参与度和培训类型

（1）在被调查的教师中，在近一年内，有55.92%的教师没有参与有系统设计、持续时间在一周及以上的培训，近44.08%的教师参与过有系统设计、持续时间在一周及以上的培训（见图8）。

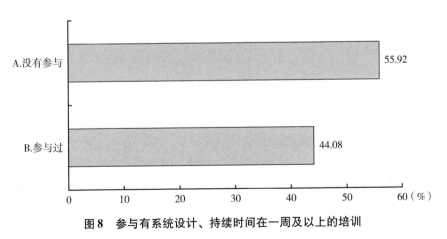

图8　参与有系统设计、持续时间在一周及以上的培训

从学段差异来看，高中学段有74.68%的教师没有参与过培训，初中有60%的教师没参与过培训，小学法治教育教师中54.03%的教师没有参与过培训（见图9）。学段之间在教师培训上存在一定的差异。

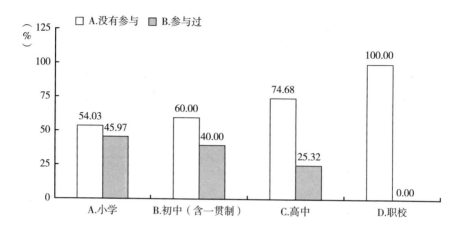

图9　法治教育教师参与培训的学段比较

（2）法治教育教师参与的培训主要以区级和校本培训为主，区级培训占比66.12%，市级及以上的培训较少，占比近6%（见图10），可见，市级及以上法治专题培训与教研的接受面、普及面较窄。

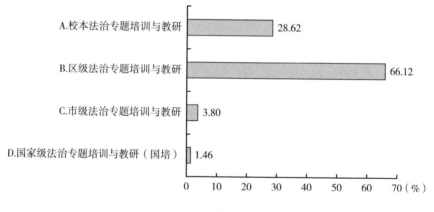

图10　参与培训的类型

2. 法治教育教师培训的质量

参与过法治教育专题培训的2397名教师对法治培训的内容、模式和效果有较高的认可度（见图11~15）。

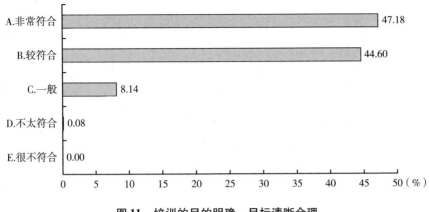

图11 培训的目的明确，目标清晰合理

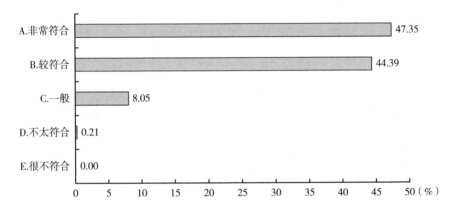

图12 培训的内容设计合理、有针对性，符合教师法治教学的实际需求

数据分析表明，目前上海已经开展的法治教育教师培训中，教师对培训的目的、内容、活动、培训资源、效果等有较高的认可度，法治教育教师培训有明显的成效，而这些培训主要是由区级教研和校本教研构成。由此可以推断，目前上海市各区的法治教研活动在法治教育教师职后培养中发挥了重要的作用。

（四）法治教育教师教育面临的问题

整体而言，上海市青少年法治教育教师队伍能适应当前法治教育的需

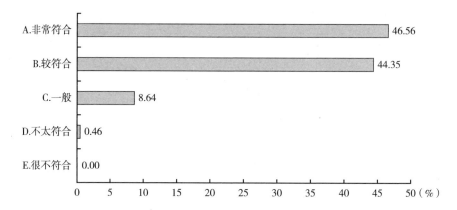

图13 培训采用的方法（包括帮助教师深入理解法治知识、分析案例、形成法治教育的思维方式等）得当

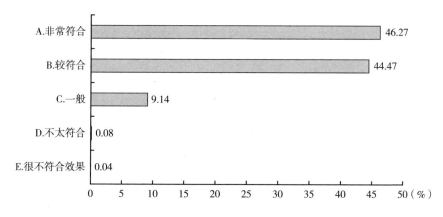

图14 培训对自己的法治知识积累、法治教学设计和法治教育实施产生积极效果

求，法治教育教师队伍的整体质量在持续稳步提升。但由于法治知识模块在中小学道德与法治、思想政治教育课中的比重不断增加，相应地对法治教育教师的专业素养提出更高的要求，现有的思想政治学科教师的法治知识、法治教学能力等都需要进一步提升。

前期文献研究中，课题组查阅到了全国其他省市地区中小学法治教育教师现状的专项调查报告，其中具有代表性的主要是广州、安徽等地的中小学

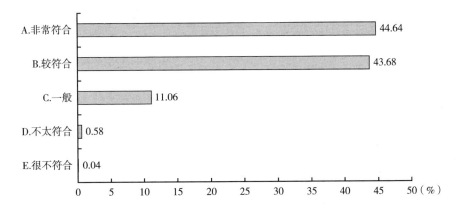

图15　培训的教育教学资源（主题资源、课例资源、信息资源）丰富多样

法治教育教师队伍调查，这些报告虽个别数据稍有出入，但均有提出一些当前青少年法治教育教师队伍建设中具有普遍性而又关键性的问题。鉴于问题的重要性和报告的完整性，再次呈现本次调研当中发现的法治教育教师队伍建设当中的若干问题，以期引发更多思考和探索。

1. 法治教育教师队伍建设中突出的问题

被调查的校长们认为目前法治教育教师队伍建设中突出的问题主要为，缺乏专职教师队伍（90.38%）、缺乏系统的职后培训（76.54%）、学校和社会各界对法治教育不够重视（23.08%）、法治教育教师准入门槛较低（11.54%）（见表10）。这表明，缺乏专职队伍和专门培训，是目前法治教育教师队伍建设最突出的问题。

在被调查的教师中，认为法治教育教师队伍建设存在的问题主要是缺乏专职的教师队伍（64.86%）、缺乏系统的培训（22.85%）、对法治教育教师重视程度不够（7.67%）（见图16）。可见，对于形成专职的法治教育教师队伍，法治教育教师的职后系列化、主题化的培训相当重要。

表10　法治教育教师队伍建设中的突击问题（校长问卷）

选项	小计	比例(%)
法治教育教师准入门槛较低	30	11.54
缺乏专职教师队伍	235	90.38
法治教育教师缺乏系统的职后培训	199	76.54
学校和社会各界对法治教育不够重视	60	23.08
其他：　　　　　　　（请列举）	2	0.77
本题有效填写人数	260	

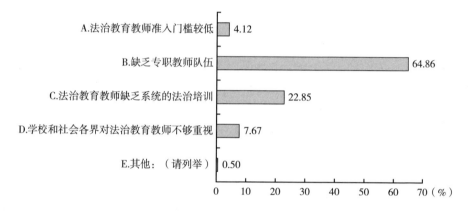

图16　目前法治教育教师队伍建设中最突出的问题（教师问卷）

2. 法治教育教师教学面临的主要问题

校长问卷反映出法治教育教师教学面临的主要问题依次为，运用知识进行案例分析的能力欠缺（71.54%）、法治教育资源和环境支持不足（71.15%）、法学知识缺乏（64.23%）、法治教学策略选择能力不足（57.69%）等（见表11）。同一问题教师问卷反映的主要问题依次为，本体知识缺乏（47.88%）、案例分析能力弱（47.13%）、缺乏教学策略（26.93%）、法治教学资源搜集能力欠缺（21.21%）、法治教学设施场所缺乏（21.12%）等（见图17）。

这表明，当前法治教育教师教学中面临的最大问题是学科知识和学科教学知识需要进一步丰富。从法治教育教师的教学能力和素养来看，法治知识对于一些非法学专业的教师而言，都是教学有效开展的基础。教师在系统掌握基本的法治知识的基础上，如何将这些知识转化为学生可以接受的素材，通过怎样的方式和表征，把法治知识有效地传递给学生，对于非法学专业的教师而言，在教学上都是很大的挑战。这需要在法治教育教师的培养中，更关注教师的学科知识和学科教学知识，特别是围绕具体法治知识的案例教学对于法治教育教师培养是相对有效的。

表11 法治教育教师在教学中面临的主要问题（校长问卷）

选项	人数	比例（%）
法学知识缺乏	167	64.23
运用知识进行案例分析的能力欠缺	186	71.54
法治教育资源和环境支持不足	185	71.15
法治教学策略选择能力不足	150	57.69
法治教学资源搜集能力欠缺	104	40
其他：　　　　　　（请列举）	3	1.15
本题有效填写人数	260	

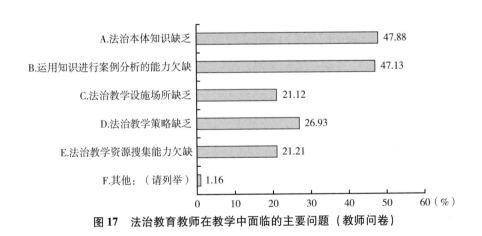

图17 法治教育教师在教学中面临的主要问题（教师问卷）

具体而言，在学科知识方面，不同学段的教师在具体知识模块的学习上有很大差异。下面的数据较为详细地表明，小学、初中和高中法治教育教师迫切需要培训的学科知识模块，小学法治教育教师更关注"我们的国家机

构""法律保护我们健康成长"单元的学习，初中法治教育教师更关注"崇
尚法治精神"单元的学习，高中教师更关注"民事权利与义务"单元的学
习（见表12）。不同学段对单元内容的关注点差异，对于后续法治教育教师
学科知识的培训内容设计上有一定的参考价值。

表12 本学段法治教育中需要重点培训的单元

选项	小计	比例（%）	
A. 小学《法治专册》第一单元 公共生活靠大家	809		14.88
B. 小学《法治专册》第二单元 我们的守护者	296		5.45
C. 小学《法治专册》第三单元 我们是公民	724		13.32
D. 小学《法治专册》第四单元 我们的国家机构	1173		21.58
E. 小学《法治专册》第五单元 法律保护我们健康成长	1352		24.87
F. 初中《法治专册》第一单元 坚持宪法至上	231		4.25
G. 初中《法治专册》第二单元 理解权利义务	143		2.63
H. 初中《法治专册》第三单元 人民当家做主	122		2.24
I. 初中《法治专册》第四单元 崇尚法治精神	203		3.73
J. 高中必修二《经济与社会》第一单元生产资料所有制与经济体制	28		0.52
K. 高中必修二《经济与社会》第二单元经济发展与社会进步	18		0.33
L. 高中必修三《政治与法治》第一单元坚持党的领导	26		0.48
M. 高中必修三《政治与法治》第二单元人民当家作主	17		0.31
N. 高中必修三《政治与法治》第三单元全面依法治国	89		1.64
O. 高中选必二《法律与生活》第一单元民事权利与义务	124		2.28
P. 高中选必二《法律与生活》第二单元家庭与婚姻	20		0.37
Q. 高中选必二《法律与生活》第三单元就业与创业	7		0.13
R. 高中选必二《法律与生活》第四单元社会争议与解决	54		0.99
本题有效填写人数	5436		

3. 法治教育教师培训面临的主要问题

法治教育教师培训面临的最主要问题，校长选择依次为：缺乏专门针对
法学知识模块的培训（75.77%）、法治教育教师培训资源不足（72.31%）、

法治教育培训目标、内容、方法缺乏系统设计（70.77%）（见表13）。同一问题教师选择依次为：缺乏专门针对法治知识模块的培训（40.89%），法治教育教师培训资源不足（30.28%），法治培训目标、内容、方法缺乏系统设计（27.76%）（见图18）。

可见，现有的法治教育教师培训中，知识模块、培训资源存在较为突出的问题，需要引起重视。从培训的角度而言，培训的知识模块是最根本的，能否设计出系列化、结构化的主题，突出符合法治教育教师教学需求的知识模块，引导法治教育教师系统掌握法治知识，充实法治教育教师的本体知识，是法治教育教师培训的重点所在。

表13　法治教育教师培训面临的最主要问题（校长问卷）

选项	小计	比例（%）
缺乏专门针对法学知识模块的培训	197	75.77
法治教育培训目标、内容、方法缺乏系统设计	184	70.77
法治教育教师培训资源不足	188	72.31
法治教育教师培训机制不健全	160	61.54
其他：　　　　　（请列举）	1	0.38
本题有效填写人数	260	

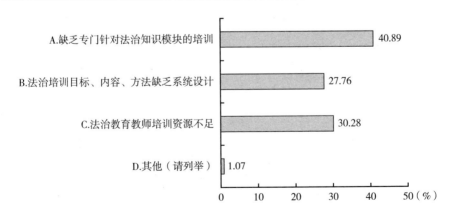

图18　法治教育教师培训面临的最主要问题（教师问卷）

（五）法治教育教师教育改进的建议与措施

1. 切实围绕法治教育教师的教学实践问题，应对法治教育教师的培训需求，开展以教学问题解决为导向的系列化培训。培训要围绕教学实践展开，让更多具有丰富法治教育教学实践经验的教研员和一线教师承担培训任务，培训内容要体现出对教学实践的关注，避免培训的随意性和碎片化。

在被调查者中，有71.43%的教师认为培训要有清晰具体的目标，解决当前法治教育教师教学中遇到的真实问题；45%的教师认为，培训者应为一线有丰富法治教育教学实践经验的教研员和教师；44.04%的教师认为，培训内容模块应包括法治知识解读、法治教材编写者分析教材、教研员进行单元教学设计解析、一线教师开展教学经验和案例分享（见表14）。可见，法治教育教师培训要尽可能围绕教学中的真实问题，开展系列化、专题性的培训，提高教师的教学实践能力。

表14　教师培训的需求

选项	小计	比例（%）
A. 培训要有清晰具体的目标,解决当前法治教育教师教学中遇到的真实问题	3883	71.43
C. 培训者应为一线有丰富教学经验的教研员和教师	2446	45
D. 培训内容模块应包括:法治知识解读、法治教材编写者分析教材、教研员进行单元教学设计解析、一线教师开展教学经验和案例分享	2394	44.04
E. 培训要尽量避免碎片化、随意性	1244	22.88
B. 培训时间至少持续在一周及以上	832	15.31
F. 其他(请列举)	50	0.92
本题有效填写人数	5436	

2. 法治教育教学的经典课例研讨、法治教育知识的专题学习以及围绕学科知识的案例学习被认为是法治教育教师培训的重要方法，有待进一步强化。

关于提高当前法治教育教师队伍的整体素养的对策，校长选择依次为：

法治教育教师教学的经典课例研讨（75.77%）、法治教育知识的专题学习（73.46%）、围绕具体法治问题的案例学习（73.46%）、提供高质量法治教育教师培训课程（63.46%）、学校设置专职的法治教育教师岗位（56.15%）、校本法治教研活动的优化完善（52.69%）（见表15）。同一问题教师选择依次为，法治教育教学的经典课例研讨（60.30%），法治教育知识的专题学习（60.19%），围绕具体法治问题的案例学习（58.9%），学校设置专职的法治教育教师岗位（40.95%），提供高质量法治教育培训课程（23.88%），校本法治教研活动的优化完善（23.03%）等（见图19）。

表15　提高当前法治教育教师队伍的整体素养的对策（校长问卷）

选项	小计	比例（%）
法治教育知识的专题学习	191	73.46
围绕具体法治问题的案例学习	191	73.46
法治教育教师教学的经典课例研讨	197	75.77
校本法治教研活动的优化完善	137	52.69
加强个体学习动机与知识积累	89	34.23
学校设置专职的法治教育教师岗位	146	56.15
提供高质量法治教育教师培训课程	165	63.46
给予绩效考核及政策倾斜支持	111	42.69
其他：　　　　　（请列举）	1	0.38
本题有效填写人次	260	

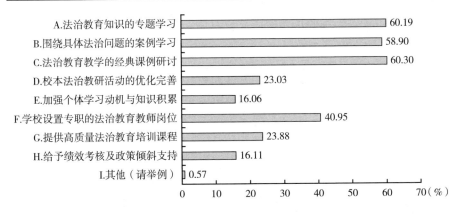

图19　提高当前法治教育教师队伍的整体素养的对策（教师问卷）

四　青少年法治教育教师教育改进的对策建议

（一）主要结论

1. 青少年法治教育教师教育的主要特点

上述数据分析显示出当前上海市青少年法治教育教师教育具有如下特点。

（1）青少年法治教育教师队伍能满足法治教育的需求，法治教育教师的数量与学校法治教学实际相一致，基本能完成法治教育的任务。

（2）区域教研和校本教研对法治教育教师的发展有重要的作用，并且培训的整体效果较好，教师的认可程度较高。

（3）学段之间法治教育教师教育的状况有明显的差异，从法治教育教师人数来看，小学段最多，而且非法学专业教师较多，这些教师的学科知识如何丰富、教学技能如何培养，是较为棘手的问题。而初中和高中阶段，法治教育教师相对稳定，区域的教研和培训较为扎实和系统，对于这些教师的发展具有积极的作用。

2. 青少年法治教育教师教育面临的困境

（1）法治教育教师队伍的结构并不合理，其构成主体以道德与法治、思想政治课教师为主，其他学科教师利用学科教学对学生进行法治教育的机制并不完善，在一定程度上造成法治教育只有思政学科教师来承担的现状。

（2）首先，法治教育教师的本体知识不足，突出体现在目前法治教育教师本科专业为法学学科的较少，教师的学科知识明显不足。这是目前职前教师培养体系和思政学科的整体地位所决定的，是一个值得关注的问题，要通过多种渠道解决这个问题，形成相应措施。其次，从法治教学来看，法治教育教师教学中面临的问题主要是法治知识的不足，不能把法治知识融入课堂情境，由于法治知识体系在不断变化，教师如何分析和解读教材，如何以适当的教学方式和教学手段，将这些知识有效地在课堂上进行传授，对教师的学科教学知识有很大的挑战。在开放题中，有老师提出，"法学本体知识有待更新，民法典相关内容缺乏系统了解"。

（3）法治教育教师的培训面临的主要问题是，培训针对性、系统性和持续性方面需要进一步改进和提升。法治教育教师目前缺乏高端的培训，优质的培训资源难以供给更多的教师。在访谈中，很多老师认为法治教育教师培训要注重内容，多开展一些围绕教学实际问题的案例分析，提高培训的针对性。有教师提出，法治教育教师培训"不要折腾，多做实质培训"。

（4）关于法治教育教师职前教育、职后教育的融合问题，目前上海市青少年法治教育教师队伍中，非法学学科教师占主体，而且大多数教师缺乏专门的法治知识的学习。如何在现有的教师培养体系中，提升教师的法治知识根基，强化教师的法律意识，是一个值得深入探讨的问题。从教师的发展而言，尤其是本体知识的学习而言，职前教育承担着重要的责任，但由于在职前教育中，法治教育学专业并没有纳入师范教育体系中，法学专业的学生数量无法满足法治教育扩张的需要，而且大多数法学专业的学生选择在其他行业就业。

在法治教育教师队伍中真正具有法治知识背景的教师不到一成。而其他学科的教师，对法治知识本身的理解和掌握程度就会有一定的欠缺。在职前教育中，尤其是大学本科教育中开设通识性的法治知识教育，或者在师范教育中开展法治专题的学习，对于未来从事法治教育工作的教师而言都是权宜之计。因此，要解决后续法治教育教师法治知识的缺乏问题，需要统筹兼顾，既要重视职前、职后的整合，也要重视职后教育中普及性法治知识的学习，这对于法治教育教师本体知识的充实会有一定的弥补作用。

（二）青少年法治教育教师教育的对策建议

1. 从源头上，吸引法学专业的毕业生从事青少年法治教学工作

在法治教育教师的准入机制上，建立青少年法治教育教师专项制度，激励更多法学学科背景的毕业生，充实到中小学法治教育教师队伍中，整体上提升法治教育教师的专业水平。这需要相应就业优惠政策的倾斜，以鼓励优秀的法学专业学生进入青少年法治教育教师队伍。

2. 职前法治教育教师的培养

思政专业的学生在本科学习期间，要学习一定量的法治知识，修够一定数量的学分，这需要在课程设置中有明确的规定。在思政教师职前培养中，要强化法治知识的系统学习，尤其与中小学法治知识的模块相对应，开设相应的法治知识课程，要求未来从事法治教育的学生系统理解和全面掌握中小学现有的法治知识，从更高的层面理解这些知识模块。这需要在职前的思政教师培养中，形成相应的法治知识模块课程，进行职前法治知识模块的系列化学习。目前思政专业的本科学习中，有一门法学概论课程，主要是对法律基础知识的学习。

3. 在职初教师培养中，加强法治知识的系统化教育

法治知识是一种独特的知识，有其独特的结构和特质，从事法治教育的教师要系统地学习和掌握，尤其对于一些兼职或者缺乏法律知识背景的教师而言，更显重要和迫切。在见习教师培训中，要开设法治知识的专题，对不同学段法治知识的教材进行分析，强化法治知识的系统学习。[①] 特别是对1~3年的职初教师的培训，要根据其学科背景进行区域和市级层面的统筹规划，形成相应的法治知识标准，强化职初法治教育教师法律知识的系统学习，"进行专职化培训"。

4. 要强化法治教育教师职后专题培训

由于目前法治教育教师大多数没有接受过系统的法治知识的学习，也缺乏法治教学的经验，对这些教师的法治专题培训显得非常重要。要以法治知识的解读和系统培训为主题，形成分层分类的培训。在培训方面，要开展如下工作。

（1）开发更多优质的法治教育教师培训资源

目前，上海市法治教育教师的培训主要以校级、区级的培训为主，市级及以上的培训虽然也在不断开展，但难以满足教师的需求，尤其是高质量的

---

① 朱小蔓、王坤：《初中〈道德与法治〉教材使用对教师的期待与引领》，《中国教育学刊》2018年第4期，第24~28页。

法治教育教师培训资源，还较为缺乏，受众面较小，需要开发高端的法治教育教师培训资源，让更多的教师能接受高质量的培训。校级和区级的研修较容易操作，受众面较宽，但培训质量如何提升，内容如何设计，如何开展培训活动，提高培训的质量等问题均需引起重视。

要开发出高质量的培训资源，并且把法治教育资源网络化，把培训资源在线上传播，形成相应的培训资源库，让更多的教师能便捷地在线上学习，获取更多的法治知识，紧跟法治教育的前沿，提升教师的法治教育能力和素养。还要探讨法治教育教师培养的路径和方法，提升法治教育教师培训的质量。

（2）注重培训模式的更新，采用课例分析、案例研究等多种形式，设计高质量的培训模式，探索法治教育教师培训的有效模式。

中小学法治教育的根本任务在于引导学生掌握基本的法治知识，培养学生的法治意识。这需要具备丰富的学科知识和学科教学知识。在课堂上，教师要将法治知识的讲授融入具体的法治问题中，引导学生探究、对话，培养学生的法治素养。在教学过程中，教师不能仅仅是讲授，而且要通过活动，引导学生在情境中掌握法治知识，形成对法律知识的推理和认知，这种知识的习得是一个情境学习的过程，这对法治教育教师的教学能力提出较高的要求，需要探讨法治教育教师的专业成长规律，通过经典课例的研讨、法治专题教学工作方法的优化，提升培训的效果。①

（3）法治教育教师教育要注重系统性和针对性，开展分层分类的法治教育教师培训。

目前上海市的法治教育教师培训已经积累了很多资源，但这些培训的系统性和针对性有待提升，法治教育教师的学科背景、教学能力存在明显的差异，如何创设多样丰富的资源，对法治教育教师进行分类培养，满足不同层次、不同学科背景法治教育教师培养的发展需求，是法治教育教师教育整体

---

① 桑国元、叶碧欣：《道德与法治教师的专业发展模式构想》，《中小学德育》2018 年第 11 期，第 22～25 页；肖宝华、傅添：《道德与法治教师法律素养及养成》，《中小学德育》2019 年第 6 期，第 12～15 页。

效能提升的关键。这需要在市级层面进行顶层设计，使法治教育教师的培训形成相应的分层培训模式和机制。

在培训内容上，要对法治教育教师采取分类、分层培训。尽可能围绕法治教育教师的学段、学科背景、发展需求，进行分类的培训，在内容上，分为通识性的法治知识和专门针对学段差异的法治知识，开发符合法治教育教师不同发展需求的培训内容，设计相应的培训内容和模式。正如有研究者指出："要统筹各级教研力量，加强分级分层在职培训，以校本教研为基础，明确省市区教研重点，扩大小学道德与法治教育教师受训覆盖面，提升专兼职教师队伍的专业能力。"[①]

在培训形式上，培训设计要采取主题化、系列化的形式，切实围绕法治教育教师教学中遇到的真实问题，形成专题化的培训框架。教师学习的关键在于设计有深度的学习内容，引导教师主导学习、主动建构，要有一定的持续性，要激发教师的系统反思，这是经过大量的培训经验的梳理形成的对教师培训核心要素的整理，法治教育教师的有效培训也应符合这些特点。如何在法治教育教师培训中体现这些要素，需要对培训过程做系列化的设计，提升法治教育教师培训的成效。[②]

在培训过程中应以实践为导向，培训者应以法治教研员、法治教育教师为主体，开展案例、情境式的培训，进而构建实践导向的法治教育教师培训模式和框架。这种实践导向的培训需要深入突破，采取多种策略，整合多种资源，进行市、区、校之间的融合。[③]

5. 加强法治教育教师培训者队伍建设

青少年法治教育教师教育的整体改进，尤其是法治教育教师职后培训质量的提升，需要建立一支专门的法治教育教师培训者队伍。目前，区域法治

① 罗嫣才：《教研参与对小学道德与法治教师专业发展的影响研究》，《课程·教材·教法》2020 年第 5 期，第 93 ~ 98 页。

② 魏国武、左璜、罗羽乔、黄纶田：《中小学道德与法治教师培训中的问题与对策》，《中小学教育》2019 年第 1 期，第 5 ~ 9 页。

③ 桑国元、叶碧欣：《道德与法治教师的专业发展模式构想》，《中小学德育》2018 年第 11 期，第 22 ~ 25 页。

教育教师队伍的培训，主要由市教研室和区教育学院的思政学科教研员承担，这些教研员围绕法治知识专题，进行大量的主题研修活动，对法治教育教师的整体专业素养的提升起到积极的作用，但作为法治教育教师的专职培训者，这部分教师的法治知识的持续更新、法治教学能力的持续提升，也应引起足够的重视。需要在市区层面构建法治教育教师培训者队伍建设的整体框架，加强法治教育教师培训者队伍建设。

本次调研我们只进行上海市青少年法治教育教师状况的描述性分析，主要是对法治教育教师的整体状况及培训面临的问题展开探讨，更期望通过客观的数据来展现法治教育教师的现状、培训和需求等方面的一些真实的信息，没有对法治教育教师状况的影响因素进行细致的相关分析，我们的目的主要在客观了解青少年法治教育教师教育的基本状况，为提升法治教育教师教育的针对性提供合理的依据。

Contents

I

Construction of the Legal System for Minors

Li Hongbo, Ma Xinxin and Jiang Qian / 001

Abstract: Since the promulgation of the law of the people's Republic of China on the protection of minors in 1991, China's juvenile legislation has been continuously promoted, and a juvenile legal system has been formed, which is based on the law on the protection of minors and covers the systems of juvenile education and judicial protection, and has become an important part of the socialist legal system with Chinese characteristics. With the steady development of the central legislation, all parts of the country use their own legislative power, combined with the local actual situation, to refine the implementation of the central law, at the same time, they also carry out active exploration, and have made obvious achievements. At present, with the development of the rule of law for minors, the central and local legislation needs to further improve the relevant legal system, introduce new laws, revise the old laws, create a more complete and excellent legal system for minors, and provide solid institutional support for the protection of minors.

Keywords: the Legal System of Minors; Central Legislation; Local Legislation

Contents

Government Protection for Children   *Yuan Ningning* / 026

Abstract: From the perspective of the change of legal provisions, the mechanism of government protection institutions for children is constantly strengthening the trend of the combination of unification and decentralization and extending to the grassroots. At present, the main mechanisms of the government in charge of the protection of children include the women and children working committee of the State Council, the inter ministerial joint conference system of the State Council for the care and protection of rural left behind children and the protection of children in difficulties, the local children protection committees and the government departments closely related to the protection of children. The responsibilities of government protection of children mainly include promoting family education, ensuring the balanced development of compulsory education, promoting the development of infant care services and preschool education, promoting vocational education, ensuring special education, ensuring the safety of campus and its surrounding areas, promoting places and facilities suitable for children' activities, promoting children' health care services, implementing classified security for children in difficulties, establishing temporary and long-term government organizations, setting up a national unified Hotline for the protection of children, setting up an information inquiry system for specific offenders, and promoting the development of the support system for the protection of children.

Keywords: Government Protection of Minors; Integration of Unification and Decentralization; Institutional Mechanism

Research on the Progress of China's Social Protection of Minors

Xia Yinlan, Zhang Aitong / 051

Abstract: Minors are the hope of the state and the future of the nation, and the whole society should make joint efforts to play a positive role in the protection of minors. As important representatives of the social forces for the protection of minors, the Women's Federation, the Communist Youth League and other social organizations have been actively engaged in the protection of minors for many years, taking measures to protect the legitimate rights and interests of minors and their healthy growth. Among them, the Women's Federation has played an important role in promoting the protection of girls, the protection of left behind children in rural areas and the protection of minors suffered from guardianship infringements; the Communist Youth League has made great progress in improving the rights protection mechanism of minors, preventing juvenile delinquency and coordinating and leading relevant youth groups to strengthen the protection of minors. In addition, other social organizations have also played important roles in the protection of minors. On the one hand, other social organizations have given full play to their auxiliary functions and assisted government departments, the Women's Federations and the Communist Youth League in their work. On the other hand, other social organizations have actively played their subjective initiative to promote the social protection of minors in their own professional fields. Facing the future, in order to promote more effective participation of social forces in the protection of minors, firstly, it is recommended that the position of the Women's Federation and the Communist Youth League should be made clear, so as to play the role of bridge and link. Secondly, it is suggested to continue to develop forces and cultivate professional social organizations for the protection of minors. Finally, it is of great significance to further improve the mechanisms to guide, coordinate and promote the construction of volunteer teams.

Keywords: Rights of Minors; Social Protection; the Women's Federation; the Communist Youth League

The Practice of Internet Protection for Minors in China

Li Hongbo, Wang Yifei, Li Yuhang and Ouyang Yi / 078

Abstract: After the revision of the Law of the People's Republic of China on the Protection of Minors, a special chapter on "Internet protection" has been added. This is the first time that special provisions concerning Internet protection in the field of minors have been introduced since the implementation of China's Cybersecurity Law. At present China has basically formed the minors network protection system, to ensure the safety of minors online from several aspects, but still need to further complete the legislation, strengthen the supervision of the Internet enterprise, promote network literacy of guardians of minors, form a family-school-society-government complete protection closed loop, to protect minors' online safety.

Keywords: Minors; Network Protection; Network Literacy

Judicial Protection of Minors

Wang Zhenhui, Zhu Jiyun and Wang Dake / 109

Abstract: Judicial protection of minors is an important part of our country's comprehensive protection system for minors. The judicial protection of minors is first reflected in the development of some relevant judicial institutions. The construction of special judiciary institutions for juveniles in our country started late and developed rapidly and tortuously. There are still problems in practice. In terms of juvenile criminal justice protection, our country's judicial organs, on the basis of adherence to the basic principles established by relevant laws and judicial interpretations, implement various specific systems, and at the same time strengthen the protection of juvenile victims and witnesses. In practice, it has been revealed that the criminal justice protection of juveniles in our country has the problems of unclear responsibility subjects, unsatisfactory system effects, biased protection objects and low social participation. Therefore, it is necessary to clarify the rights and responsibilities of relevant subjects, change traditional judicial concepts, and strengthen the protection of juvenile victims and witnesses, and build a professional social support team. Regarding the civil judicial protection of minors, our country has also established a series of systems but still not perfect. In the future, we must adhere to the special protection of minors, establish a civil litigation system and procedures that conform to the physical and mental characteristics of minors, and at the same time improve the regulations on civil procuratorial work for minors. As a new system, the protection of minors in public interest litigation has achieved certain results in standard construction and practical work. In the future, a long-term mechanism should be formed, the construction of the talent team should be strengthened, and the role of typical cases should be emphasized.

Keywords: The Rights of Minors Judicial Protection; Criminal Justice Protection for Minors; Civil Judicial Protection for Minors; Minor Public Interest Litigation

Implementation of International Human Rights Treaties Related to the Juveniles　　*Zhang Wei, Liu Linyu and Zheng Xueyi* / 171

Abstract: China has ratified a series of international human rights treaties related to the children. In order to implement a series of international conventions related to minors, the Chinese government adheres to the principle of giving priority of children's maximum benefits and takes various measures to ensure the realization of children's rights. The government also actively submits reports to the treaty bodies, makes conversation with them, and responds to their concerns. From the perspective of children's rights, this paper summarizes how Chinese government implement the international human rights treaties related to the children. China emphasizes the effect of economic development on proception of children's rights, and attaches importance to the role of laws and data indicators in promoting children's rights. However, the reform of major policies related to children's rights is slow. The quality of China's reports has also improved. It is pointed out that China should further improve the monitoring and evaluation mechanism implement the principle of non-discrimination, reform the institution and focus on narrowing the gap in resource allocation among regions.

Keywords: Minors; Children's Rights; International Conventions on Human Rights

The Present Situation of the Research on the Protection of

Minors and Crimes   *Li Cheng, Chen Baiheng and Pan Huajie* / 199

Abstract: Since the 1980s, with China's accession to various international conventions related to the protection of minors and the gradual improvement of China's laws on the protection of minors and the prevention of crime, scholars' research of the protection and crime of minors in China gradually becomes thorough, and the research domain also unceasingly expands. This report summarizes scholars' research on the rights and welfare of the child, the juvenile delinquency, the juvenile justice system, juvenile correction, juvenile legal education, school bullying, Convention on the rights of the child, Beijing Rules, the Riyadh rules among others during the period from 1980 to 2020. Also, it summarizes the key points and academic controversies of the research on the protection and crime of minors in the past 40 years. The nature research, the problem research, the reason research and the countermeasure research involved in each field are analyzed and sorted out in the essay. On the whole, Chinese scholars have gone through a process from shallow to deep and layer by layer in the research of juvenile protection and crime. However, most scholars analyze and prove it from the angle of theoretical research, and there are few literatures about empirical research. In addition, the study of juvenile correctional facilities and the study of the international conventions related to the protection of minors in the subsector still have the problem of a small amount of research literature.

Keywords: Protection of Minors; Juvenile Delinquency; Children's Rights; International Law

II

Prevention and Correction of Juvenile Crime from the

Perspective of Procuratorate

—From the Perspective of Juvenile Criminal Prosecution in Beijing

Wang CuiJie , Pang Tao , Rong Jie and Liu Xingchun / 232

Abstract: In recent years, the Juvenile Procuratorial Department has carried out various work on the prevention and correction of juvenile delinquency and achieved substantial results. This paper takes the relevant work and results carried out by the Procuratorial Departments of Beijing as an example to analyze the new situation and new tasks in the stage of juvenile delinquency prevention and correction work. In particular, under the background of the implementation of the revised "Two Laws", the paper summarizes the new problems in practice and thinks about how to solve them. On the basis of this, this paper puts forward the new direction and new thinking of the future professional development of this work for the readers in the theoretical research and practical work.

Keywords: Juvenile Prosecution; Crime Prevention; Crime Correction

An Empirical Study on the Prevention and Punishment of Sex

Crimes against Minors

Wang Jingshu , Ji Lihui , Gong Kaixi and Cao Xiaoying / 268

Abstract: Sex crimes against minors cause serious harm to children. To prevent and punish such crimes, an effective criminal punishment is one of the critical measures among others. By analyzing the judicial statistics in last 5 years of the People's Court of Haidian District in Beijing, the research finds some common characteristics of these sex crime cases, which include the gender and age of victims and criminals, the role of guardians, the method and possible locations of the sex crimes etc. With the findings, we can adapt laws and policies, as well as adopt more targeted measures to reduce the risk of children being sexually assaulted. Restricted by the not-so-developed criminal law in this theme and lacking supporting measures, the criminal punishments to several kinds of sex crimes against minors are not matching the serious consequences, and the relief for victims are not so sufficient. Moreover, supplementary measures such as community corrections are not carry out effectively. For example, some criminals become recidivists due to sexual psychological disorder or other mental illnesses, however, they received no proper modification therapy after their first offense. It's necessary to promote a more systematic protection framework, with join forces of law and policy, as well as supportive social measures, to protect children from sex crimes.

Keywords: Sex Crimes against Minors; Criminal Justice; Judicial Protection

Protection of Minors' Right to Education from the Perspective of Gender　　*Huang Zhouzheng, Shen Feifei and Liu Xiaonan* / 296

Abstract: The guarantee of minors' right to education is an important part in achieving national development and human rights protection. Gender equality is a basic national education policy that has always been implemented in China. During the three decades from the 1990s to the present, in the protection of minors' right to education, gender equity in education has been consolidated. Gender equality in educational opportunities for minors has been achieved, and a gender-equal educational environment and sex/gender education system have been initially developed, but challenges still exists. There is a need to consolidate the achievements made in the protection of minors' right to education from a gender perspective by accelerating support for the development of preschool education, improving the gender-equitable educational environment, and promoting the implementation of sex and gender education.

Keywords: Gender Perspective; Minors; Right to Education; Gender Equality

The Construction of China Child Welfare and Protection System has Entered A New Historical Stage   *Zhang Liu, XiongTaisong* / 331

Abstract: 2020 is a decisive year for China to win the fight against poverty, to build a moderately prosperous society in all respects, and to finish the implementation of the National Program of Action for Child Development in China (2011 −2020). At the time of the new round of the national five-year plan and the ten-year plan for children's work, it is of great significance to review the construction of the children's welfare and protection system in the past decade, which will provide experience for the comprehensive construction of the modern children's welfare and protection system with Chinese characteristics in the next decade.

Keywords: Children's Welfare; Children's Protection; Children's Policies

Investigation on the Status Quo of Bullying Behavior Involving Minors   *Research Group on Minor Bullying* / 368

Abstract: School bullying is an important issue in the protection of minors. Minors may either becomes perpetrators or victims of bullying. In terms of the harm of malicious behavior, it can be divided into bad behaviors, general illegal behaviors and criminal behaviors. There are many manifestations of bullying, it mainly in the violation of minors' rights to property rights, sexual autonomy, right of health, etc. The causes of bullying by minors are more complicated, including physical and psychological development factors during their growth, family education, school education, and social effects. In order to prevent school bullying, it is fundamentally necessary to optimize the growth and educational environment of minors, to cultivate awareness of rules for minors, reduce the soil for the growth of tyranny and hostility. it's all depends on the collaboration of family, school and society.

Keywords: School Bullying; Prevention; Comprehensive Treatment

Abstract: Education on rule of law for young people is the foundamental engeering of the law-based governance of the country. The Party and country have always attached great importance to it, and insisted starting it with the child. At present, Because of the comprehensive promotion of the basic strategy of the law-based governance of the country and the continuous improvement of the system of socialist rule of law with distinctive Chinese features, the Education on rule of law for young people in our country has developed rapidly. Ahering to the fundamental task of building strong moral character and aiming to training new generaions who are morally, intellectually, physically, aesthetically equipped to carry on the socialist cause. its fundamental pricnciple, system and institution, target and content, method and means are constantly innovated and developed to meet the demands of the times. And its effect of the exhibition has been also constantly highlighted, the awareness of the rule of law and moral quality of the young people have been comprehensively enhanced. Today, respecting the law, studying the law, trusting the law, observing the law, applying the law and defending the law have become the new fashion of the times among the young people.

Keywords: Rule of Law; Education on Rule of Law; Young People

An Investigation on the Education Status of Juvenile Teachers of Legal Education in Shanghai

Li Min, Zhang Jun, Yan Yintang, Yu Huiwen and Zhang Tao / 421

Abstract: The quality of legal education for teenagers is determined by the quality of Teachers of legal education. The survey of juvenile Teachers of legal education in Shanghai shows that the team of juvenile Teachers of rule of law can adapt to the needs of legal education, and the effect of regional and school-based training is better, which plays an important role in the professional development of teachers of legal education. From the point of view of the number of teachers of legal education, primary schools account for the largest share, the majority of whom are part-time teachers, while the number of junior high school and senior high school is relatively stable.

The main problem faced by the juvenile teachers of rule of law in Shanghai is lack of Content Knowledge of rule of law, which shows that the narrow reception and popularization of the special training and teaching research on rule of law is mostly focused on the municipal level and above, while the high-quality training resources have a smaller radiation and audience. The targeted, systematic and sustainable training of teachers of the rule of law needs to be strengthened. There is a lack of effective integration between pre-service education and post-service education of teachers of legal education. In order to improve the quality of juvenile teachers of legal education, it is necessary to attract graduates majoring in the rule of law to engage in legal teaching for teenagers, and strengthen the systematic study of legal knowledge for novice teachers, focusing on the core knowledge module, strengthening the training of teachers of legal education for teaching ability and paying attention to the construction of teachers of legal education on training team.

Keywords: Juvenile; Legal Education; Teacher Education

图书在版编目（CIP）数据

中国未成年人法治发展报告：1991－2021/李红勃
主编．－－北京：社会科学文献出版社，2021.5
ISBN 978－7－5201－8363－5

Ⅰ.①中…　Ⅱ.①李…　Ⅲ.①未成年人保护法－发展
－研究报告－中国－1991－2021　Ⅳ.①D922.74

中国版本图书馆 CIP 数据核字（2021）第 087533 号

中国未成年人法治发展报告（1991~2021）

主　　编 / 李红勃
编　　者 / 中国政法大学法治政府研究院

出 版 人 / 王利民
组稿编辑 / 刘骁军
责任编辑 / 姚　敏
文稿编辑 / 刘俊艳　刘　扬

出　　版 / 社会科学文献出版社·集刊分社（010）59367161
　　　　　　地址：北京市北三环中路甲 29 号院华龙大厦　邮编：100029
　　　　　　网址：www. ssap. com. cn
发　　行 / 市场营销中心（010）59367081　59367083
印　　装 / 三河市龙林印务有限公司

规　　格 / 开 本：787mm×1092mm　1/16
　　　　　　印 张：29.25　字 数：447 千字
版　　次 / 2021 年 5 月第 1 版　2021 年 5 月第 1 次印刷
书　　号 / ISBN 978－7－5201－8363－5
定　　价 / 168.00 元